*EMMANUEL LE ROY LADURIE*



# *O ESTADO MONÁRQUICO*

## *França, 1460-1610*

Tradução:
MARIA LUCIA MACHADO

COMPANHIA DAS LETRAS

Título original:
*L'état royal*
*De Louis XI à Henri IV*
(*1460-1610*)

Capa:
*Ettore Bottini*
sobre frontispício de um manuscrito das
*Mémoires de Philippe de Commynes*,
Musée Dobrée, Nantes

Ilustração do frontispício:
*Sagração de Luís XII*, gravura em madeira

Preparação:
*Marcia Copola*

Índice remissivo:
*Valter Ponte*

Revisão:
*Ana Maria Barbosa*
*Lucíola S. de Morais*

A publicação desta obra contou com o apoio dos ministérios da Cultura e de Relações Exteriores do governo francês

Dados Internacionais de Catalogação na Publicação (CIP)
(Câmara Brasileira do Livro, SP, Brasil)

Ladurie, Emmanuel Le Roy
O Estado monárquico, França, 1460-1610 / Emmanuel Le Roy Ladurie ; tradução Maria Lucia Machado. — São Paulo : Companhia das Letras, 1994.

ISBN 85-7164-368-7

1. França — Reis 2. França — História — Século 15 3. França — História — Século 16 4. França — História — Século 17 I. Título.

93-3343 CDD-944.03

Índices para catálogo sistemático:
1. França: História, 1460-1610 944.03

1994




EDITORA SCHWARCZ LTDA
Rua Tupi, 522
01233-000 — São Paulo — SP
Telefone: (011) 826-1822
Fax: (011) 826-5523

# *ÍNDICE*

## Terceira parte
## O VERDOR DO BOURBON

O presente volume sobre a França e sua seqüência, *O Antigo Regime, de Luís XIII a Luís XV* (*1610-1774*), tratam do período dito "moderno" de nosso passado, em outras palavras, pós-medieval e pré-contemporâneo. Essas obras definem, juntas, uma longa época; ela começa com a morte de Carlos VII (1461), que coloca o ponto final, *post festum*, às gigantescas crises das Guerras dos Cem Anos (o adjetivo, nesse caso, não é demasiado forte). A mesma época "moderna" será encerrada, na direção de sua foz, pelo trespasse de Luís XV (1774). Para além desse fim de reinado vai começar, com efeito, sob os auspícios do infeliz Luís XVI, uma "Revolução Francesa" bastante alongada, que François Furet fará ir de Turgot a Gambetta (de 1775 a 1880 aproximadamente). A unidade dos três grandes séculos que nos estão reservados (1461-1774) lhes vem das notáveis permanências de uma realeza que doravante se sente bastante segura de si (a despeito dos provisórios abalos ocasionados pela Liga Anticapetíngia, por volta de 1590). Assim se impõe a "monarquia clássica", sobre a qual se encontrará, em seguida, uma exposição de conjunto, e de ordem pré-judicativa, quanto aos anos que vão de Luís XI a Luís XV.

Essa exposição prévia vai servir de "pórtico" em relação ao presente tomo e ao seguinte, em sua homogeneidade trissecular. Daí a inevitável retomada de certos temas, vistos, entretanto, a cada vez, sob o ângulo de uma cronologia diferente: nós os encontraremos plenamente desenvolvidos na presente introdução. E os reencontraremos em seguida, e quase imediatamente, no capítulo posterior, de alcance demográfico, econômico e social, intitulado "Uma Renascença" (infra pp. 41 a 65), capítulo que se refere estritamente aos anos 1460-1560.

Tratando-se, no entanto, do vasto período trissecular que acabamos de evocar (da Renascença às Luzes), digamos que a unidade desses dois tomos, a longo prazo, surge também da relativa consolidação de uma demografia, de uma sociedade, de uma economia que, por mais "tumultuadas" que eventualmente possam ser, não estão mais sujeitas, doravante, aos fenômenos de apocalipse desintegrador que intervieram outrora entre a Peste Negra e os tempos difíceis de Joana d'Arc ou do jovem Carlos VII.

A história estritamente estatal não constitui o ponto de partida e de chegada, longe disso, de nossa contribuição: esta diz respeito também ao devir propriamente social do reinado dos últimos Valois e, depois, dos Bourbon. A evolução particular do Estado justifica, no entanto, *in situ*, a periodização que vai dar sentido à divisão de nossa contribuição em dois volumes sucessivos. O primeiro deles, intitulado *O Estado monárquico*, examina a época que vai de Luís XI a Henrique IV, no decorrer da qual o aparelho do governo e da "função pública" (a expressão existe) funciona ainda, e sobretudo — chanceler à frente — como um Estado justiceiro, um Estado de crescente "abertura" também, expressão que não implica, por certo, que os sistemas postos em causa sejam necessariamente eqüitativos para todos os súditos! O tomo seguinte, de 1610 a 1774, situa-se na perspectiva do que muitas vezes é chamado por um termo apressado, o "absolutismo"; poderia ser simplesmente, ao gosto de um vocabulário balzaquiano, uma real "busca do absoluto", nem sempre coroada de êxito. Durante os 165 anos que transcorrerão, assim, do gesto regicida de Ravaillac à varíola terminal de Luís XV, o reino será confiado de início a um Estado militar, o de Luís XIII e sobretudo dos dois cardeais-ministros, Richelieu e depois Mazarino; será colocado em seguida sob a responsabilidade de uma monarquia administrativa, ou mesmo absoluta, cujos sucessos serão diversos, desde Colbert até o triunvirato de Aiguillon, Maupeou, Terray.

## Introdução

# A MONARQUIA CLÁSSICA

A noção de monarquia clássica comanda o devir político dos países franceses entre 1450 e 1789: ela corresponde a um Antigo Regime muito ''alongado'' que se escoa, e depois se esboroa, em paz ou furor, desde o fim das Guerras dos Cem Anos até o declínio do reinado de Luís XVI. Durante esses três densos séculos, vários ''sistemas'' poderiam ilustrar o conceito geral de monarquia. Além da dinastia francesa dos últimos Valois e dos Bourbon, incluiriam, em um espírito comparativo, as realezas em nome das quais são governados diversos Estados da Alemanha e da Itália, a Espanha, a Inglaterra dos Stuart e dos primeiros hanovrianos. Fora da Europa, o xogunato japonês da época Tokugawa (séculos XVII-XIX) poderia fornecer, a título puramente externo, úteis pontos de referência.

Um primeiro traço ''central'' põe em relevo o caráter sagrado da instituição monárquica. As cerimônias da sagração (exaltadas desde a Idade Média para fazer oposição ao Império) e o toque régio das escrófulas, com seu efeito curativo ou miraculoso, são-lhe a expressão conhecida. Esse toque incorpora um vasto conjunto de ritos. Em Versalhes, fatos tão diferentes quanto o toque dos escrofulosos, a coleta para os pobres e o despimento vesperal do monarca ao clarão de um vela fazem figura de *cuidados* respectivamente corporais ou monetários. Eles são administrados aos doentes e aos pobres pelo rei, ou aplicados pelo primeiro camareiro ao corpo de Sua Majestade. Esses cuidados são inseparáveis de práticas religiosas: o toque das escrófulas é precedido pela comunhão do rei, evocando (de longe) a Eucaristia sob as santas espécies, sendo estas, em princípio, reservadas aos padres. O despimento real é acompanhado de uma prece noturna pronunciada pelo capelão de serviço etc. Esses diversos procedimentos implicam a escolha de certos companheiros, momentaneamente eleitos, que o rei distingue por ocasião de tais ritos entre os aristocratas de alta posição. Assim se conjugam, em virtude de um velho esquema ternário, em torno do próprio ser do soberano, concebido como síntese, as cerimônias cultuais, o destaque de uma suprema nobreza com vocação guerreira e, enfim, os cuidados concedidos ao corpo, popular ou real, do qual decorre metaforicamente a fecundidade, inclusive econômica, de um conjunto mais vasto.

As sacralidades soberanas têm outros efeitos, menos cerimoniais e mais dramáticos: o rei, em sua sagração, faz juramento de erradicar a heresia do reino. A monarquia clássica, na França e alhures, é, portanto (ao menos em princípio), intolerante no plano religioso, mesmo se se impõe, vez por outra e por uma duração bastante longa, tal fenômeno de coexistência limitada com a heterodoxia; por exemplo, em diversos momentos das Guerras de Religião, ou durante o período que vai do Edito de Nantes (1598) à sua Revogação (1685). As tendências ao monopólio religioso são persistentes e se gabam dos apotegmas do século XVI: "Uma lei, uma fé, um Rei", e ainda *cujus regio*, *ejus religio* (a religião do reino é também a dos súditos). O interesse bem compreendido ou aparentemente bem compreendido do Príncipe o incita a manter certa conformidade de fé entre os reinícolas. Ele obtém assim, para si mesmo, a salvação eterna. O Estado estabelece com esse fim a unidade religiosa; conclui um pacto de ordem social em todos os sentidos do termo* com a Igreja estabelecida. As conseqüências desastrosas que resultam por vezes desses comportamentos monopolistas não se revelam à primeira vista à massa dos contemporâneos cegos. Maquiavel, a despeito ou por causa de seu cinismo, foi o primeiro a pregar a conversão forçada dos não-conformistas. Nesse ponto, os reis célebres como perseguidores (Luís XVI, por exemplo) não têm uma conduta especialmente atroz, quando os comparamos a seus colegas. A Espanha da Renascença expulsa seus judeus e seus mouros; a Inglaterra, a partir de Elisabeth, sob pretexto de leis penais, entrega-se à discriminação contra os papistas, e não apenas quando são irlandeses. O distante Japão extermina sua minoria cristã na época de nosso Luís XIII. O exemplo da tolerância holandesa suscitará discípulos na França apenas no tempo de Bayle ou Voltaire; os resultados práticos se farão esperar por muito mais tempo.

A essência sagrada da monarquia se inscreve, por outro lado, no interior de um sistema de entidades simbólicas e de funções. A Renascença as aclara: elas incluem as noções de dignidade real e de justiça, esta fundamental em relação à instituição soberana em seu conjunto. Essa justiça e essa dignidade são imortais ou, pelo menos, sobrevivem à pessoa efêmera

(*) Esse pacto implícito se situa, com efeito, na ordem do social; contribui também, em um sentido prosaico, para a manutenção da ordem social, doravante baseada em um lealismo total dos fiéis, simultaneamente político e religioso.

dos reis sucessivos. Confirmam as máximas do século XVI: "O rei, a Coroa e a justiça não morrem jamais"; ou, ainda, "a justiça não cessa". Para melhor figurar essa perpetuidade da função real, os juristas ingleses da época elisabetana propuseram a teoria dos dois corpos do rei: um é mortal, como o de qualquer um. O outro, que encarna a instituição monárquica, é imortal; é transmitido regularmente do rei predecessor ao sucessor. Na França (texto de 1538) o monarca tem dois anjos da guarda, um para a sua pessoa privada, o outro para a sua dignidade oficial. Quando Francisco I morre, a perenidade da função suprema é representada pela efígie do defunto, manequim em tamanho natural; assemelha-se-lhe a ponto de se confundir com o caro desaparecido; o fantoche é vestido de vermelho à imagem de seus parlamentares justiceiros; desfila em pé e alteado, boneco gigantesco, em bom lugar no cortejo fúnebre do falecido rei. Os membros do Parlamento, de toga escarlate, acompanham a majestosa marionete; conformam-se, assim, aos usos que foram observados por ocasião do fim dos reinados precedentes, tanto pela efígie do monarca quanto pela parada dos acompanhantes. A ausência de luto ou de traje preto é sublinhada pela vestidura brilhante usada pelos magistrados; melhor do que um discurso, ela lembra que a justiça não morre jamais, como membro principal da Coroa ou como corpo exterior e imperecível do rei. Assim se manifestam os diversos aspectos da primeira função, para nossos antigos chefes de Estado: sacralidade, justiça, e logo soberania. Jean Bodin definirá esta última em 1576 nos seis livros da *República*. O porte da espada da França, pelo estribeiro-mor corcoveando em seu cavalo nos postos avançados da efígie do defunto monarca, evoca a segunda função, guerreira, inerente ao ofício real.

O século XVII, à morte de Henrique IV, mantém o elemento justiceiro: o *lit de justice* do Parlamento, convocado desde o assassinato do bearnês [Henrique IV], entroniza a regente Maria e o pequeno Luís XIII, pouco depois do homicídio (1610). O absolutismo, entretanto, está em pleno desenvolvimento no tempo dos primeiros Bourbon. Doravante sublinha-se para a circunstância, em detrimento da dignidade impessoal dos reis, a pregnância biológica e puramente familiar de seu sangue, transmitido de pai para filho; em outros termos, a mística do sangue. Não é mais, como no tempo de Francisco I, a inumação do rei morto que marca o verdadeiro fim de um interregno, mesmo breve e reduzido a algumas semanas. Presume-se que a transmissão dos poderes se faça no próprio momento do falecimento do *De cujus*: o morto apossa-se do vivo e o novo príncipe, como sol ou fênix, emerge em sua realeza, sem esperar, nos minutos que se seguem ao trespasse de seu genitor ou de seu ascendente. O astro do dia foi obscurecido apenas alguns instantes pelas nuvens da morte. O reino de Luís XIII vê coexistir, assim, a afirmação puramente dinástica da qualidade "sanguínea" do soberano absoluto com a manutenção e a expansão de um Estado de justiça caracterizado doravante pelo aumento do número dos funcionários e pela perenização hereditária de seus cargos. Sob Luís XIV e Colbert, a função financeira, por sua vez, afirma uma força e uma autonomia específicas em relação aos papéis propriamente justiceiros que haviam sublinhado os períodos anteriores. A Chancelaria, encarnação da lei e da eqüidade (em princípio), conserva sua precedência; mas perde seus poderes em relação ao Controle Geral das Finanças, cujo título por si só vale todo um programa, e do qual o importante detentor será Colbert.

Sacralidade, eqüidade, soberania, belicosidade, fiscalismo não excluem, realmente falando, a "popularidade". Sejamos precisos: o rei permanece semipresbiteral e reivindica uma eleição divina ou, pelo menos, uma delegação do Altíssimo; mas a idéia de um laço da instituição monárquica com o povo, a "nação", com o reino, em todo caso, permanece viva, mesmo se não adquire ainda o esplendor contratual que lhe dará tardiamente Jean-Jacques Rousseau. "Um rei no auge de seu poder", escreve Saint-Simon,[1] "não deve esquecer que sua coroa é um *fideicomisso** que não lhe pertence em particular, e do qual não pode dispor, que a recebeu de mão em mão de seus pais a título de substituição, e não de livre herança (deixo de lado as condições revogadas pela violência e o poder soberano que se tornou despótico); conseqüentemente, que ele não pode tocar nessa substituição; que, vindo a acabar pela extinção da raça legítima pela qual todos os indivíduos masculinos são respectivamente convocados pelo mesmo direito que revestiu a ele próprio, não cabe a ele (ao supracitado rei) nem a nenhum deles dispor da sucessão que jamais verão vacante; que o direito dela retorna à nação, da qual eles próprios receberam a coroa solidariamente com todos os indivíduos masculinos de sua raça, enquanto dela houver vivos; que as três raças [merovíngia, carolíngia e capetíngia] não transmitiram a coroa por simples edito e por vontade absoluta de uma a outra; que, se esse poder estivesse neles, [...] cada rei seria senhor de deixar a coroa a quem bem lhe parecesse, a exemplo de Carlos VI..." (exemplo detestável para Saint-Simon, já que esse rei louco deserdara seu filho em benefício do soberano da Inglaterra). A tradição francesa e européia, do século XV ao XVIII, depende então firmemente, assim como Saint-Simon (por outro lado, tão conservador), para certos direitos do povo, das três ordens ou, como se dirá mais tarde, da nação,

(*) "Dom ou legado que aquele que recebe a liberalidade deve entregar mais tarde a uma outra pessoa" (Littré).

em relação ao soberano. As fórmulas variam: no século XV, é questão de um corpo civil ou místico de todo o reino, corpo ao qual pertence a monarquia, e do qual ela depende. O século XVI, mais terra-a-terra, evoca as bodas do monarca com o reino; o dote trazido por este (em outras palavras, o domínio real) é inalienável, o que quer que queira ou faça o soberano reinante, assim como o dote de uma mulher é sagrado para seu esposo. O modelo eclesiástico, nesses diversos casos, é essencial, quer se trate do corpo místico do reino, análogo ao da Igreja, quer das bodas místicas do rei com seus súditos, comparadas aos esponsais de um bispo com sua igreja diocesana. No século XVII, pensadores não conformistas como Claude Joly (anti-Mazarino) e Pierre Jurieu (huguenote contestador) vão mais longe; falam de um contrato, de um pacto entre o rei e seu povo.

Sem adotar tais extremos, os juristas franceses mais oficiais sempre lembraram que a legitimidade real acompanha-se inevitavelmente de uma legalidade das instituições e dos costumes, na qual o monarca não pode tocar. E, se se afirma a regra *Princeps legibus solutus est* (o Príncipe está desobrigado das leis), é menos para submeter os súditos à arbitrariedade de um só do que para afirmar, na falta de coisa melhor diante do imobilismo dos Parlamentos, o direito do soberano à iniciativa em matéria de Poder Legislativo, tal como o exigem as necessidades cotidianas da mudança social, mesmo moderada. Mas de arbitrariedade tirânica, nada. Ao menos como princípio. De direito, os governados têm sua palavra a dizer desde que não saiam do quadro da lei; basta-lhes exaltar esta última, para a defesa de seus direitos e de seus bens.

Concretamente, as diversas formas de participação nacional encarnam-se nas instituições representativas das três ordens do reino, *alias* Estados Gerais; eles foram reunidos com freqüência nos séculos XV e XVI. Depois de 1614, não serão mais convocados até 1789. Mas seu ser viverá ainda na memória coletiva, como fonte de legitimidade sempre possível. A assembléia nacional das três ordens, mal amada pelos Bourbon e que no fim lhes será fatal, completa-se na província por uma pirâmide de assembléias representativas. Pode-se contestar-lhes o caráter democrático. Ninguém negará, contudo, que encarnam os membros dos diversos *Estados*, presentes em tal ou qual região. Evoquemos os Estados do Languedoc, onde tomam assento os barões, os 22 bispos dessa província e os representantes das cidades: sob esses Estados meridionais funcionam regularmente as *assiettes* ou assembléias microrregionais em cada uma das 22 dioceses da região. Elas são compostas da mesma maneira que a assembléia geral da província; reúnem os clérigos, os barões e os cônsules das cidades e dos povoados. Outras regiões "periféricas" (Provença, Bretanha,

Normandia) usufruem também de assembléias particulares: no caso normando, elas não se reúnem mais desde a segunda metade do século XVII, em razão dos processos "centralizadores" que ocorrem sob Mazarino e Luís XIV. Na península Ibérica, as Cortes de Aragão, de Castela e de Portugal funcionam de maneira similar e sobrevivem amplamente às suas homólogas francesas. O Parlamento inglês é oriundo de reuniões do mesmo tipo, Comuns e Lordes. Seu prodigioso sucesso histórico, enquanto modelo para as instituições representativas no mundo inteiro, ou como mãe dos Parlamentos, não poderia mascarar sua origem: em um estilo particular, ele procede igualmente de um sistema de Cortes ou de Estados Gerais, mas convocados de maneira infinitamente mais regular do que no caso da França. Evocar-se-á enfim, sob os auspícios de um monarca factício, a Dieta polonesa com seu *liberum veto*: o menor magnata podia usar esse procedimento para criar obstáculo aos votos da assembléia, ainda que ela fosse quase unânime.

No que concerne à França, a despeito da fachada absolutista, que vai progressivamente se fender no século XVIII, o Antigo Regime continua a ser (entre outras coisas) sociedade de ordens ou de *Estados*. Ao longo da grande cadeia dos seres, o rei e os Estados Gerais ou provinciais são as porções manifestas de um conglomerado muito mais vasto; ele é feito de comunidades, corporações, instituições representativas. Na falta de reunião efetiva dos Estados Gerais, desde Richelieu até Luís XVI, os Parlamentos, e especialmente o de Paris, erigem-se em instâncias com vocação nacional. Participam da ressurreição do corpo místico do reino, restabelecido de 1715 a 1788..., e desmistificado desde 1789.

A monarquia, sob sua forma clássica, liga-se ao funcionamento de uma Corte, centrada em torno do soberano. Itinerante no tempo dos Valois. Fixada em Paris, Fontainebleau, e sobretudo Versalhes, sob os Bourbon. Entre outros fins, a instituição "curial" visa neutralizar os magnatas. No Japão dos Tokugawa, os *daimyo* são os grandes senhores regionais, dotados de um poder efetivo sobre sua respectiva província. Ora, eles se dirigem regularmente a Edo (Tóquio) para ali fazer, em princípio, sua corte ao *shogun*. Este garante, assim, um controle freqüente e repetitivo sobre esses potentados descentralizados; seu deslocamento curial os transforma em reféns periódicos. Na França, Luís XIV prende a si os grandes senhores e os torna dóceis por uma outorga de pensões que implica a residência em Versalhes, em tempo parcial pelo menos. Sistema caro, mas rentável em termos de paz interna do reino. Doravante "os nobres estão agrupados em torno do trono como um *ornamento* e dizem àquele que ali toma lugar o que ele é''.[2] Apesar dessa evolução ornamental, os senhores não se tornam por isso escravos do Rei-Sol. No máximo marionetes! Sua reunião em Versalhes permite à Sua Majestade dominar os fios aranhosos de uma teia clientelista: os grandes aristocratas (Harcourt, Condé, Villeroy) estão à frente de uma rede piramidal de relações deferentes. Elas os unem a seus amigos, a seus vassalos e arrendatários, aos camponeses de que são os senhores. A Corte se superpõe a todas essas tramas, como princípio dominante e central. Senhoria na base, monarquia no topo. Esta submete a si a pesada espada dos cavaleiros, mas também a croça e o aspersório dos prelados: os bispos, com efeito, assim como os senhores, vão e vêm entre Corte e província. Mesmo piedosos e habitualmente residentes na diocese, têm obrigação de aparecer de maneira regular na proximidade imediata do monarca, sob a pena de incorrer, com o tempo, em seu desfavor. Ora, dirigir os bispos assim convocados à Corte é manipular por seu intermédio as dezenas de milhares de vigários e de curas. Na falta de uma burocracia especializada, que estivesse estabelecida no lugar, estes se tornam os subdelegados naturais do poder, sem se fazer rogar.

Na França, mas também na Espanha e em Viena, a Corte erige-se em lugar geométrico das hierarquias. Elas sustentam o sistema monárquico ou são subentendidas por ele. Nunca foram tão aparentes como na antevéspera de sua extinção revolucionária. O espírito hierárquico fixa-se em alguns aspectos: subdivisão cada vez mais extensa das posições, ao longo de um eixo vertical, que desce da família real aos simples fidalgos, passando pelos duques e pares. Referência às distinções entre o sagrado e o profano; e também entre o puro e o impuro, o bastardo e o legítimo. Divisão da Corte em cabalas ou facções, que germinam em torno dos diferentes ramos e gerações da família real. Contrafenômenos de renúncia cristã em relação à Corte ou ao mundo, de um lado. E feitos de hipergamia feminina, de outro lado: as mulheres, graças ao casamento, obtêm, pelo artifício de um grande dote, maridos mais distintos do que elas próprias, e uma posição mais elevada que a de seu nascimento. Assim, como trutas, sobem ao longo da torrente dos desprezos. Vindas de níveis relativamente modestos, mas endinheirados, chegam de maneira regular aos planos mais altamente colocados da Corte.[3]

Fora da Corte e da sede governamental, a monarquia clássica se distingue por um sistema de administração que é apenas em parte, por vezes fracamente, centralizado. Na Inglaterra, uma nobreza de província (*gentry*) detém com freqüência o essencial do poder local por meio das *justices of the peace*. Na França, os governadores de província ou seus lugar-tenentes gerais gozavam localmente de um poder que lhes vinha do rei, mas dispunham também, até o começo do século XVIII, de uma situação de grandes senhores, autônomos ou semi-independentes. Constituíam para si uma clientela local, com ou sem a permissão do monarca. As coisas vão mudar, sem dúvida, quando da generalização dos intendentes: pouco a pouco instaurados no século XVI, multiplicados por Henrique IV, Luís XIII e sobretudo por Richelieu, instalam-se por toda parte com posto fixo (depois de seu colapso da Fronda) por ordem de Luís XIV e Colbert. Em uma escala considerável para a época, mas ainda modesta segundo os critérios contemporâneos, esses intendentes de generalidades ou comissários regionais aparecem como os ancestrais dos prefeitos e superprefeitos cujo poder só decrescerá realmente (?) com a lei de descentralização de 1981. A rede dos intendentes de outrora será então apresentada por Tocqueville, não sem motivos, como a encarnação do centralismo. Contudo, quando os vemos funcionar em suas cidades-sedes administrativas, sob o Luís XIV quadragenário ou qüinquagenário, damo-nos conta de que a centralização, em muitos casos, ainda está apenas em germe. Tomemos o exemplo, nessa época, da generalidade de Alençon, nem muito próxima, nem muito afastada da capital. O intendente aí aparece sobretudo como um árbitro, um negociador; passa seu tempo a tergiversar com os poderes locais ou nacionais: administração das talhas, arrendamentos dos impostos indiretos e das gabelas; comunidades de cidades, controle geral situado em Versalhes; exército real, em descanso em seu quartel de inverno na Normandia, e cujos soldados de bolsos vazios conseguem alguns rendimentos com o contrabando de sal; bispos, tribunais de bailiados... As máfias urbanas, os detentores de cargos que preexistiam, ambos, à intendência, continuam a deter a parte principal dos poderes que, em seu caso, não merecem tecnicamente o epíteto de "centralista". Em relação a eles, o intendente não faz figura de senhor imperioso, obedecido com certeza; antes desempenha um papel de mediador, moderador e, seguramente, coordenador; participa, assim, da operação de aproximação e reagrupamento das diversas elites, que constitui um dos traços do reinado de Luís XIV. Por certo, esse monarca e mesmo seus sucessores ou subordinados tiveram a pretensão, por momentos, à onipotência. Mas, apesar do culto da personalidade que cerca os soberanos e compensa *de facto* as reais fraquezas de seu poder, a monarquia clássica permanece objetiva e subjetivamente descentralizada, em todo caso nitidamente menos centralizada que os sistemas políticos que a ela sucederão no século XIX; é *a fortiori* menos tentacular do que o são inúmeros regimes do século XX; eles se intrometem, em muitos casos, na esfera dos interesses privados e nos domínios específicos da sociedade civil.

O próprio termo "sociedade civil" nos leva a dizer algumas palavras sobre certas "subestruturas" profundas, em relação à monarquia clássica, do século XV ao XVIII. Entre estas, colocaremos muito simplesmente a demografia e mesmo a família.

A monarquia clássica é inseparável, em primeiro lugar, de certo tipo de demografia, resumido em uma conjuntura longa. Digamos que ela diz respeito essencialmente a um período aproximativo de três séculos e meio (1450-1789), no decorrer do qual as catástrofes são, por certo, abundantes; mas já não têm o caráter desintegrador ou ultratraumatizante de que se tinham revestido ao longo dos períodos anteriores. Não evoquemos mais que para uma breve reminiscência, no curso do primeiro milênio depois de Cristo, as invasões bárbaras, a regressão econômica e demográfica que as acompanha ou que as segue, o vigoroso retorno das florestas no terreno dos antigos campos cultivados e, de maneira correlata, a derrocada das antigas estruturas imperiais para sempre arrasadas (a despeito de sua parcial ressurreição carolíngia em tempos posteriores). Para encontrar uma segunda vez uma ruína comparável, embora de amplitude um pouco menor, é preciso descer o curso do tempo até os séculos XIV e XV, até a Peste Negra e as Guerras dos Cem Anos: entre 1340 e 1450, a população francesa cai para a metade, de 20 milhões de almas para 10 milhões, *grosso modo*, nos limites convencionais do hexágono. Tratando-se do Estado propriamente dito, a árvore monárquica encontra-se entalhada até o cerne. A realeza experimenta então uma crise que, no momento, pode parecer (erroneamente) irremediável. As linhagens inglesa e francesa pretendem-se, ambas, legítimas; confrontam-se no território do reino. Ao termo dessa prova, depois de 1453, a unidade territorial reconstituiu-se mais ou menos; a retomada econômica e demográfica está assegurada; a construção da monarquia clássica pode começar ou prosseguir em melhores condições. Assim se revela progressivamente a unidade do período no decorrer do qual se vê viver, crescer e finalmente declinar essa grande instituição, da década de 1450 à de 1780. As características originais da longa época assim posta em questão reduzem-se a isto: ela não é mais interrompida por uma catástrofe gigante no gênero das pestes da baixa Idade Média ou das Guerras dos Cem Anos, e que dividiria por dois, ainda que durante algumas dezenas de anos, o efetivo da população global do país. Por certo, atravessam-se períodos difíceis, Guerras de Religião, Fronda, fomes sob Luís XIV (1694, 1709...). Umas e outras podem fazer baixar o povoamento da França no máximo em um décimo de seus efetivos globais. É bastante para fazer sofrer a maioria; já não é suficiente para inverter o crescimento do aparelho estatal. E, de resto, a *massa* francesa não é mais recolocada em questão: de um século ao outro, fornece às empresas do Príncipe uma base que não mais se enfraquece. Mesma observação quanto à Inglaterra, em plena expansão demográfica do século XVI ao XVIII. Nota análoga para a Espanha, apesar do amontoamento moderado dos efetivos humanos na península por volta de 1600.[4] No Japão a população saltará, depois se estabilizará, nem mais nem menos, do século XVII ao XIX, após a unificação realizada pelos Tokugawa. O exemplo da Alemanha, *a contrario*, é bastante esclarecedor: nessa grande área étnica e cultural, a monarquia clássica, na Idade Moderna, não alcançou de modo algum sua expansão "normal", de tipo francês, inglês, espanhol; e isso a despeito de importantes realizações, na Áustria, Prússia, Baviera etc. Ora, constata-se, e o fato é tanto mais notável quanto no coração da Germânia, precisamente, intervém entre 1620 e 1650 uma catástrofe demográfica: ela se assemelha muito (com maior brevidade) àquela que o Ocidente inteiro experimentara nos séculos XIV e XV. As perdas nas regiões situadas entre o Oder e os Vosges atingiriam 40% da população total.[5] A ausência de um Estado central e sólido na Alemanha, suscetível de afastar ou de dissuadir os exércitos estrangeiros, é evidentemente uma das causas desse desastre (que, por sua vez, desencorajará por muito tempo a criação do dito Estado unificado). Os exércitos, durante essa Guerra dos Trinta Anos, puderam, em tais condições, entregar-se a ela "à saciedade"; praticaram crueldades sangrentas; os soldados e os refugiados errantes disseminaram um pouco por toda parte o germe epidêmico; a soldadesca invasora propagou a insegurança, requisitou os cavalos de lavoura, comprometeu as colheitas e aumentou os perigos de penúria. Contra riscos tão graves, a França, a Inglaterra e a Espanha se tinham vacinado ou prevenido dotando-se, depois do "tempo dos distúrbios" (séculos XIV-XV), de monarquias clássicas relativamente firmes, cujas forças militares eram capazes de "santuarizar" o território nacional. A existência desses exércitos permanentes e a construção de fortalezas fronteiriças conduzem a resultados bastante apreciáveis: Paris não experimenta mais ocupação pelas tropas inimigas até 1814. Entretanto, essa santuarização comporta um preço e podemos falar, a esse respeito, de exteriorização dos custos.* Generalizemos o que acaba de ser dito a propósito da Alemanha: os povos que não se beneficiam da proteção de uma monarquia clássica, nem de um Estado forte, dotado de um exército permanente, estão expostos de maneira freqüente aos perigosos passeios organizados em seus territórios, abertos aos quatro ventos, pelos chefes militares, surgidos das monarquias vizinhas. O custo dessas incursões guerreiras é por vezes devas-

(*) Exteriorização dos custos: transferência dos custos de um empreendimento para entidades ou populações que lhe são externas.

tador; nossos vizinhos além dos Vosges e além do Reno experimentaram, portanto, no segundo quarto do século XVII, uma demografia-tobogã e uma situação de apocalipse com sangria dos efetivos humanos, na metade ou em um terço, tal como os outros países ocidentais, favorecidos doravante por uma certa taxa de unificação monárquica, não conheceram mais depois de 1450 ou 1500. Dir-se-á o mesmo da Polônia.[6] Em uma época que em cronologia francesa corresponde ao fim de Mazarino e ao começo de Colbert, esse país desmorona demograficamente, em proporções catastróficas, que evocam os desastres mais precoces da Alemanha das Guerras dos Trinta Anos. As carências de um Estado polonês que não evolui absolutamente para a monarquia clássica devem ser postas em causa na circunstância, ao lado de outros fatores entre os quais figura essencialmente o cerco do país pelas etnias russa, escandinava e, logo, germânica. De um ponto de vista puramente institucional, em todo caso, a introdução da prática do *liberum veto* em 1652 prevê que todas as decisões da Dieta serão tomadas por unanimidade. Esse ato contradiz as estruturas pelo menos semi-autoritárias de nossas monarquias clássicas. Ele antecede de pouco a destruição demográfica da Polônia pelas guerras e invasões russas e suecas (1654-67). Vice-versa, a monarquia clássica acompanha-se, através dos séculos que a vêem florescer, da manutenção contínua de um mínimo de integridade demográfica. Ela implica mesmo diversas fases de crescimento da povoação nos territórios que controla.

A demografia não se reduz simplesmente à célebre fórmula: "Contai, contai vossos homens; contai, contai-os bem". Ela inclui também alguma consideração das estruturas familiares. Ora, estas não são indiferentes à instituição monárquica. A casa real em qualquer tempo, e também na época clássica, comporta-se como "família ampliada" no sentido mais vasto do termo. Abriga sob o teto de um grande palácio o monarca, sua esposa, sua eventual amante, seus filhos e netos; assim como os cônjuges de uns e de outros e sua respectiva progenitura. Pelo menos essas diferentes personagens, assim como a rainha-mãe quando sobrevive, vêm regularmente ao "Castelo" para ali efetuar visitas ou estadias mais ou menos longas, a fim de fazer sua corte ao soberano. Além disso, o vasto edifício abriga de maneira permanente ou momentânea um grande número de domésticos e cortesãos.

Essa espécie de família "ultra-ampla" e dirigida por um prestigioso patriarca, na pessoa do detentor do trono, corresponde, ponto a ponto, a tipos de famílias similares, embora mais modestas, no seio da sociedade global. Naturalmente, os lares dos simples súditos e súditas, que assim evocamos, dispõem, em cada unidade, de efetivos humanos muito mais reduzidos do que no caso da imensa *familia* que reside em Blois, Fontainebleau ou Versalhes. Admitido esse ponto, constatemos que no Sul da França, ainda no século XVIII, a família ampliada, com dócil co-residência de um filho casado, ladeado de sua progenitura, e que vive incrustado no domicílio de seus velhos pais, permanece extremamente difundida e mesmo canônica, ao menos nos meios rurais e montanheses.[7] No Norte da França, ao contrário, a família patriarcal é sobrepujada pelas famílias simplesmente compostas dos pais e dos filhos, e ponto final. E, no entanto, mesmo nessas regiões setentrionais, um certo número de lares dispõe (além do pai, da mãe e dos filhos) de um ascendente ou de um colateral em domicílio; sem falar, é claro, das criadas e dos criados, numerosos nos solares dos fidalgos. A porcentagem de tais "famílias ampliadas" pode alcançar 10% do número total dos lares na região de Valenciennes sob o Antigo Regime, e mesmo 17% em Longuenesse, no bailiado de Saint-Omer.[8] Ademais, uma família pode ter congenitamente vocação para a ampliação, e não ser "ampla" no instante preciso que vê passar os agentes recenseadores ou os curas contadores de almas. Toda família ampliada, que comporta no lar a presença de filhos, de uma mãe, de um pai e de sua velha mãe viúva, "começou", com efeito, por ser nuclear (quando o homem era jovem celibatário, e quando a futura viúva habitava com esse filho solteiro e seu próprio esposo ainda vivo a casa em questão). De resto, depois do falecimento da viúva, essa mesma família voltará a ser nuclear por algum tempo, e assim por diante. É um ciclo familiar; mas, de qualquer maneira, a ampliação posterior ou espasmódica da família permanece constantemente presente segundo as perspectivas de seus membros, mesmo quando não é ainda ou não é mais realizada nos fatos.

Há, então, efeito de espelho: a monarquia forma sistema patrimonial e patriarcal; ele se funda especialmente na vasta ampliação do lar soberano. Reflete à sua maneira o arranjo mais simples, mas ainda complexo, de centenas de milhares de "famílias amplas" (um lar em dez, na França) em que o chefe de família reina não apenas sobre mulher e filhos, mas também sobre colaterais, ascendentes, netos, domésticos etc. A legitimidade do poder monárquico vem também do fato de que os súditos o identificam facilmente com os laços hierárquicos que experimentam a cada dia em seu quadro familiar e privado. Poder do costume...

Outra subestrutura, indispensável às bases monárquicas: a comunidade camponesa ou de aldeia. Ela é infinitamente mais antiga que nossas realezas. Precedeu-as. Sobreviverá a elas. Surgidas de uma distante e tácita proto-história, ou então nascida, por segunda origem, de tal confraria religiosa e local que foi formada *in situ* na Idade Média (por exemplo, a confraria do Espírito Santo nas aldeias e povoações do Sudeste francês), a comunidade camponesa se transformou, chegado o momento, em instrumento precioso, dentre os poderes nos quais se apóiam o rei e os seus. Para receber o imposto, os soberanos estão, com efeito, mal servidos, se podem contar apenas com as senhorias territoriais que constelam aos milhares a superfície do reino. Os senhores que as dirigem são tentados a conservar para si mesmos o dinheiro que deveriam normalmente depositar no Tesouro real. O Império Romano, quando de sua decadência, sofrera muito com tais procedimentos, da parte dos proprietários dos grandes domínios. Daí a outra solução governamental, cuja fecundidade será confirmada por sua história: dirigir-se não aos senhores, mas às comunidades; deixar de lado os nobres senhores do solo e, dessa maneira, levantar o imposto "na fonte". Assim fazendo, o Estado realça o papel e a dignidade das comunidades; e depois, paradoxalmente, por contragolpe, abre-lhes as vias posteriores da revolta antifiscal. Em suma, trava-se uma relação de amor/ódio entre Estado monárquico e comunidades; ela se traduz por alguns slogans famosos das revoltas antifiscais: "viva o rei sem talha e sem gabela", ou "viva o rei apesar de tudo". De qualquer maneira, e pelo próprio fato dessa relação privilegiada com a aldeia, os representantes do poder, e sobretudo, em fim de percurso, os intendentes, farão questão de imiscuir-se nos negócios internos, e principalmente contábeis, do "povo" rural. Assim, impedirão os aldeões de despender demais com seus pequenos assuntos municipais ou com o pagamento dos juros das dívidas da comuna. Pois, na hipótese de um puro e simples *laissez-faire*, Sua Majestade correria o risco de ser privada de parte das receitas do fisco, já que os camponeses seriam decididamente muito pobres para fazer face a duas séries de retiradas simultâneas: uma local, a outra estatal. Essa ingerência do poder central nas deliberações correntes das coletividades camponesas será típica, na França, dos anos 1660-80, ditos colbertianos; contudo, na ausência de fiscais e de coletores das contribuições, que seriam nomeados pelo Estado, a comunidade camponesa do Antigo Regime, paradoxalmente, conserva poderes mais consideráveis do que aqueles que serão detidos, no campo, por nossas municipalidades contemporâneas. Ela permance encarregada, com efeito, da fixação da base e da coleta dos impostos.

Depois das aldeias, as cidades. Depois dos peões, as peças grandes, no tabuleiro de xadrez monárquico. Por certo, a Europa mediterrânea ou germânica soube desenvolver redes de cidades livres: Maquiavel descreveu as cidades alemãs "em grande liberdade, obedecendo ao imperador quando lhes agrada, não temendo nenhum de seus vizinhos, tanto mais que todas elas têm fossos e muros suficientes, artilharia em grande quantidade, e sempre, em seus armazéns públicos, alimento, bebida e lenha para um ano''.[9] Na Alemanha, sob a Renascença, a vida urbana implica, portanto, segundo o autor florentino, grossos muros, garantias da independência comunal. Ao contrário, a *boa cidade*, na França e talvez em outras partes, caracteriza os grandes Estados propriamente monárquicos no século XVI; eles esquecerão o nome, mas conservarão a coisa nas épocas seguintes. Perante a boa cidade, o Príncipe, individual ou coletivo, é nitidamente mais intervencionista em nosso país do que o é, alhures, o fraco Império Germânico. Protegidas das invasões pelo exército real, nossas cidades aprenderão gradualmente a dispensar muralhas, segundo uma evolução que se generalizará durante as Luzes. Essa desmilitarização das periferias citadinas transformará os muros espessos em grandes bulevares: ela nascerá da segurança aumentada que as iniciativas monárquicas espalharão no território do Estado. O orçamento urbano poupará dessa maneira gastos importantes de alvenaria tanto para construir como para reparar as muralhas.

No plano político, a boa cidade ou simplesmente a cidade clássica é um misto de poder real e de poder comunal, ''uma sociedade mista''. Compromisso lógico. Duas entidades coexistem, estatal e citadina: o rei, nessas condições, não poderia sufocar nem mesmo enfraquecer completamente os notáveis das cidades. Tem necessidade deles, tanto quanto eles do rei. Os monarcas Bourbon intervirão cada vez mais nas eleições dos edis, escabinos e outros cônsules; a oligarquia local, anteriormente, controlara-os mais. A interferência real vai necessariamente aumentar; a colaboração entre elites urbanas e poder monárquico se torna parte beneficiária das estruturas normais do reino. Mesmo nesse caso, contudo, o governo central não anula, afinal, os notáveis citadinos. Os homens *do* poder real são também homens *de* poder local.

Veja-se o exemplo de Domfront,[10] no começo do século XVIII: o senhor de Surlandes é prefeito e tenente de polícia,[11] mas é também subdelegado do intendente, e cunhado do coletor das talhas. Representante simultâneo da cidade e do rei, está imerso até o pescoço nos negócios, por vezes suspeitos, da cidade, da prefeitura e dos campos circundantes. Levando em conta o grande número de personagens que se encontram no mesmo caso, pode-se considerar que o poder da intendência (em outras palavras, do monarca presente na província) não se concebe sem o apoio das ''máfias'' urbanas das quais esses poderosos fazem parte. Elas são capazes de se fazer respeitar; intimidantes e postadas nos elos estratégicos do social, reforçam, ao mesmo tempo, a administração monárquica, de que constituem oficiosamente o braço secular. O intendente de Alençon fica muito feliz de utilizar os serviços de toda espécie que lhe pode prestar um Surlandes. Essas cadeias de cumplicidades urbanas contribuem para tecer as redes de autoridade que subordinam a cidade ao Estado e o campo à cidade.

Para que tais laços e tantos outros possam estabelecer-se, um mínimo de população urbana é indispensável: o bom funcionamento da monarquia clássica e das outras instituições dirigentes (Igreja etc.) a partir do século XV requer objetivamente que pelo menos 10% da população do reino esteja concentrada nas cidades, onde estão situados os principais organismos de poder, de negócio, de dominação religiosa etc. De resto, esse mínimo incompressível será progressivamente ultrapassado no decorrer dos séculos, e de muito: por volta de 1725, 16% dos "franceses" vivem em cidades de mais de 2 mil habitantes. E as porcentagens podem superar 45% nas três generalidades (Lyonnais, Forez e Beaujolais) dominadas, entre inúmeras pequenas cidades, pelas grandes cidades de Lyon e de Saint-Étienne.

Na sua totalidade, as cidades francesas contavam pouco mais de 10% da população "nacional" no começo do século XVI; elas sobem a quase 20% por volta de 1788-9. Esse crescimento é particularmente forte na capital política: Paris atingia precisamente os 300 mil habitantes à véspera das Guerras de Religião. Mas o conjunto formado por Paris e Versalhes, onde estão concentrados os serviços centrais da monarquia, já ultrapassa meio milhão de pessoas[12] no fim do reinado de Luís XIV.

Tal massa humana engendra necessariamente efeitos significativos de excitação ou de "indução", pelos quais a monarquia clássica se comunica indiretamente com toda a economia nacional ou parte dela. Wrigley e Hayami, historiadores dos séculos XVII e XVIII, fizeram a demonstração disso respectivamente para Londres e Tóquio.[13] Mas Paris-Versalhes e nossa rede de sedes administrativas regionais ou sub-regionais não ficam a dever: uma nobreza de serviço ou de ociosidade se concentra na cidade, levando a uma desfeudalização do campo. Os consumos de luxo assim estimulados multiplicam o número e a qualificação dos artesãos no setor urbano. Paris cria em torno de si os círculos de uma economia-mundo, por impacto ou ricochete do político sobre a produção: tanto que a Bacia Parisiense, na época dos Bourbon, é progressivamente remodelada pela demanda de vinho, lenha, carne e trigo exercida pela capital à margem das explorações agrícolas, por outro lado auto-suficientes.*

(*) A maior parte das explorações agrícolas, sobretudo as pequenas, destina-se em primeiro lugar a alimentar a família do agricultor e a aldeia próxima; elas não podem contribuir mais do que "marginalmente" para o abastecimento das cidades.

Paradoxalmente, quando mais fraca é a produtividade agrícola, mais numerosas são as explorações rurais atingidas pela demanda centralizada de alimento, bebidas, combustível etc. É preciso que os citadinos comam, se vistam, se aqueçam. O primitivismo agrícola não extingue, ao contrário, exacerba o efeito de mercado, o que quer que pensem disso os nossos eminentes economistas. Um *zoning*, ou sistema de auréolas, se desenha; áreas parcialmente concêntricas vêem ser implantados jardins e vinhedos de massa no próprio subúrbio, trigais na Beauce, pastagens bovinas na baixa Normandia.* Assim se materializa a demanda ou o apelo de uma imensa cidade, de uma cidade dupla, Paris e Versalhes. Nada disso teria sido plenamente concebível se não se houvesse manifestado em primeiro lugar, nessa conurbação geminada, uma essência política e primeiramente real: a monarquia clássica na França é também a campina da região de Auge ou o grande vinhedo de Argenteuil no tempo de Luís XV. Fenômenos de entreposto ou de "terminal" se produzem ao longo dos rios que abastecem de perto ou de longe a capital: Rouen no Sena, Orléans no Loire cumprem essa função de trânsito. Um fluxo crescente de informações percorre a partir dos mercados da Île-de-France o território nacional e começa a ajustar uns aos outros os movimentos regionais dos preços agrícolas. De muitas outras maneiras, a grande cidade soberana retroage sobre seus campos: o par Paris-Versalhes, fortemente povoado, desenvolve nas zonas cerealistas da Bacia Parisiense, que abastecem de grãos a dupla cidade, um grupo de empresários agrícolas — grandes lavradores e coletores de senhorias. Eles já não têm muita coisa a ver com o camponês tradicional, "mulo do Estado", do qual falava habitualmente Richelieu. Supunha-se que esse dócil animal produzisse no máximo sua subsistência e a de sua família. Quanto ao resto, rogava-se-lhe firmemente que pagasse seus impostos sem se queixar demais e que não fizesse se falar muito dele. De fato, desde a época do ministro-cardeal, o grupo dos grandes exploradores agrícolas das regiões de aluvião, ligados aos mercados frumentícios da capital, funcionava já de maneira eficaz. A imagem do "mulo do Estado", pertinente talvez para outras regiões, estava amplamente ultrapassada a propósito dessa elite agrária (tal observação seria ainda mais verdadeira, tratando-se dos ricos *farmers* da bacia de Londres: também eles trabalham para as necessidades de uma metrópole; são mesmo mais avançados, do ponto de vista técnico, e mais providos de

(*) Esses grandes "vinhedos de masa" (para a produção dos vinhos comuns) contrastam com os vinhedos de qualidade que se encontram já na Borgonha etc. A rica pastagem para bois na Normandia está tecnicamente "avançada" em relação aos magros pastos tradicionais.

capital do que o são seus homólogos franceses). Novo avatar da "mão invisível";* a monarquia clássica modela, sem querer, um novo tipo rural de *homo oeconomicus*; o grande camponês economicamente motivado situa-se doravante além das puras e simples necessidades da subsistência e do imposto; prolifera acima da plebe camponesa, nas bacias sedimentares e férteis que circundam as capitais do Ocidente.

À vista de tais fenômenos, o conceito de monarquia clássica deve incorporar a si os efeitos induzidos que engendra fora de seu próprio domínio e no campo econômico ou social. Esses efeitos repercutem, por sua vez, nas estruturas políticas do poder local, difusas no conjunto da sociedade: elas subjazem ao fato estreito das instituições monárquicas. Veja-se a comunidade aldeã já examinada: na área da Bacia Parisiense, ela se moderniza à sua maneira. Os lavradores, comerciantes, artesãos[14] que estimulam o crescimento monárquico da capital e o desenvolvimento correlato do mercado formam mais do que nunca a ossatura vigorosa do corpo político das municipalidades, decisivo no plano microterritorial.

A monarquia, por esse aspecto assim como pelo do fisco (ver supra), é, portanto, multiplicadora de poder local, paralogismo que é apenas aparente, tratando-se de um poder soberano que se descreve depressa demais como centralista a despeito de tudo. De fato, pela excitação que provoca em relação às trocas, o Estado infunde um sangue novo na comunidade camponesa; ela é guiada agora por aldeões mais "mercantis", cujas atitudes já não são inteiramente as de seus ancestrais. Ela permanece, para os homens do rei, como interlocutora autodeterminada e privilegiada.

Uma outra espécie de comunidade funciona igualmente perante o Estado real como exploradora do domínio agrícola e mesmo como parte beneficiária. É a guilda, negociante ou artesanal; a corporação, comunidade ou juranda, ou mesmo confraria de ofício: a consideração dos diversos agrupamentos profissionais permite ir além do simples truísmo segundo o qual a monarquia clássica só pode desenvolver-se convenientemente em um meio social em que grandes comerciantes e pequenos artesãos sejam numerosos.

As guildas se desenvolvem muito na França desde a fase de renascimento que se segue à Guerra dos Cem Anos. Vacas leiteiras do poder monárquico! Ele arranca-lhes[15] taxas variadas, sob pretexto de multas, coti-

(*) A "mão invisível" de Adam Smith (*Riqueza das nações*, IV, 2) é a resultante de forças involuntárias que, no domínio do mercado, da economia etc., produzem efeitos benéficos para a população.

zações, outorga inicial dos estatutos etc. Simultaneamente, o monarca oferece às jurandas e guildas uma legitimidade como contrapartida do tributo financeiro que lhe asseguram. Elas tiram disso prestígio e coesão na cidade, percorrida com data fixa, em boa ordem, pela procissão cívica e religiosa dos donos de tenda e de loja. Uma vez mais, a monarquia não sufoca absolutamente, nesse caso, mas estende até o fundo das províncias a criatividade múltipla, comunitária e pululante dos ofícios jurados, que serão por muito tempo fatores de crescimento. Só mais tarde eles se tornarão os freios malthusianos que serão denunciados como tais por Turgot.

Em suma, a monarquia não se concebe sem um mastro trípode e comunitário no topo do qual se empoleira: ela confedera em feixe as comunidades de aldeia, de cidade, de ofício.

Depois desses poucos dados sobre as "subestruturas" da instituição monárquica, gostaria de abrir a caixa-preta e descrever não o detalhe dos mecanismos, mas a economia geral das engrenagens e das molas: elas fazem mover a instituição e lhe dão poder sobre a sociedade global. Distingamos os modos de apropriação ou de gozo do poder monárquico e, de outro lado, o estilo de trabalho de seus organismos.

Entre os modos de apropriação e de gozo, caracterizam-se os cargos, os arrendamentos e, enfim, o uso dos funcionários assalariados que anunciam nossos burocratas modernos.

O cargo, escreve Roland Mousnier,[16] permite a seu detentor cumprir em defesa do rei "funções essencialmente ligadas às jurisdições e à administração destas". O cargo existe em virtude de um edito ou de "cartas de provisão". Só pode ser criado pelo rei ou por seus agentes devidamente autorizados. (Em certos casos, contudo, ele pode emanar de uma grande senhoria, fora do estrito poder do soberano.) O cargo confere honra e privilégios, aí incluídas eventualmente a nobreza e a isenção de impostos. É remunerado em espécies e por ordenados: estes, pequenos, podem corresponder apenas a 2% do valor em capital do cargo que estipendiam. O cargo é estável: o rei só pode destituir o funcionário muito dificilmente, e isso limita na mesma proporção a arbitrariedade da monarquia dita absoluta. O cargo "detém o poder pelo poder". Evoca por antecipação outras instituições judiciárias ou parajudiciárias que constituirão obstáculo ao Executivo e ao Legislativo em nossas modernas democracias: ação da Corte Suprema e, mais geralmente, dos tribunais nos Estados Unidos; inamovibilidade dos juízes, sentenças do Conselho de Estado e decisões do Conselho constitucional na França contemporânea.

No topo de sua carreira histórica (séculos XVII-XVIII), o cargo, de maneira legal, pode ser comprado com toda a propriedade por aquele que se tornará seu titular, depois será revendido, ou legado, herdado... A criação de uma taxa anual chamada *Paulette* regulariza, desde 1604, essas transmissões hereditárias. As necessidades de dinheiro da monarquia durante as guerras do século XVII e depois destas asseguram a longa sobrevivência da dita contribuição anual. Cargos e funcionários se multiplicam na França entre o começo do século XVI e a época de Colbert. Essa proliferação pode ser encarada sob o ângulo oportunista das necessidades do Estado: de Luís XIII a Luís XIV, ele cria e liquida sem cessar novos fragmentos de poder público. Loteia-os a candidatos compradores, a fim de encher seus cofres. Simultaneamente, colocam-se questões de princípio: o que assim se persegue é o crescimento do Estado monárquico, e o enquadramento cada vez mais aprofundado da sociedade por este. Há no mínimo 4041 funcionários, de fato 5 mil no total, no reino, em 1515. Mas 46 047 funcionários em 1665, um número quase dez vezes maior.[17] A abolição dos cargos, decretada pelo despotismo esclarecido de Frederico II na Prússia, será frustrada na França pelas reformas sem conseqüências dos anos 1770; ela será finalmente conseguida pela Revolução de 1789. No século XVII, o cargo público, tanto ou mais que a manufatura, foi um dos grandes terrenos de investimento da burguesia francesa.

Muito cedo, o sistema dos cargos se diversificou, pelo menos em seu topo: em Paris (acompanhada tardiamente por Versalhes), encontra-se uma toga do Parlamento, povoada de funcionários da alta magistratura; e uma toga do Conselho* formada igualmente de funcionários, mas que estão amplamente engajados no grupo supremo da Decisão; são chamados de relatores; constituem, com os conselheiros de Estado, os ministros e secretários de Estado, e os intendentes das províncias, o essencial do poder soberano diretamente emanado da majestade real. Pierre Goubert falou, no que lhes diz respeito, de uma classe política, e Pierre Chaunu, de uma tecno-estrutura;[18] essa expressão vale, contanto que os "decididores" não se remetam de fato a simples encarregados ou escreventes, para a parte principal das tarefas de execução, mesmo e sobretudo quando estas concernem ao essencial.

Depois do cargo, vem a rede dos *arrendamentos*. Parafraseando Roland Mousnier,[19] digamos que, nos termos destes, "o rei arrenda o rendimento de seus impostos principalmente indiretos e de seus domínios e arrendatários". Notemos de passagem a palavra *domínio*: o monarca, de início, comportou-se simplesmente à imagem dos grandes senhores e pro-

(*) Confrontamo-nos aqui com o contraste entre o Parlamento, tribunal supremo em uma vasta região (parisiense, no caso), e o Conselho do rei, cristalizado em torno do alto Conselho, precursor de nosso atual Conselho dos ministros.

prietários fundiários do Antigo Regime, ao norte da França; estes consideram normal dar seus direitos, e sobretudo suas terras, em arrendamento a um ou vários arrendatários para poupar-se as preocupações da exploração direta. Desse ponto de vista, a monarquia adota uma conduta *patrimonial* (segundo a expressão de Max Weber). Portanto, o rei "concede seu direito fiscal ou dominial por um tempo limitado (*arrendamento*), em troca de um aluguel anual e previamente ajustado". A diferença entre a soma que o soberano recebe de seus arrendatários e o rendimento que estes recebem efetivamente dos contribuintes e devedores, diminuído dos gastos irredutíveis de coletoria, "constitui o lucro próprio dos ditos arrendatários". É precisamente isto que os incita a lançar-se em tal operação. O Estado é eximido, então, das preocupações e despesas de cobrança dos impostos, mas é muitas vezes roubado por seus arrendatários, contra os quais exerce sua punição de tempos em tempos por meio de uma bancarrota ou de um tribunal excepcional chamado câmara de justiça. Os arrendatários emitem, como antecipação de suas receitas, letras negociáveis: estas favorecem o desenvolvimento do crédito, ameaçado vez por outra pelas citadas bancarrotas. A fragmentação desses "arrendamentos" franceses no século XVI é talvez prejudicial ao bom recebimento do imposto. Desde 1559, tenta-se um reagrupamento dos arrendamentos financeiros do rei,[20] sob a forma de um "arrendamento geral". Essas tentativas antigas se concretizam no tempo de Henrique IV com os "cinco grandes arrendamentos" de Sully, seguidos por outros "amálgamas" na época de Luís XIII e de Colbert. Os arrendamentos abarcam os vastos setores do imposto do sal (*gabela*); das *traites*, em outros termos, alfândegas internas e externas; dos *impostos indiretos*, ou taxas de consumo sobre os vinhos, sidras e aguardentes; do *domínio* real, ele próprio dividido em domínio corporal (terras, senhorias, florestas) e incorporal (direito de timbre e, a partir do fim do século XVII, controle dos autos dos tabeliães). Aos arrendatários que se incumbem dessas empresas é preciso acrescentar os arrematantes de impostos e financistas, que se encarregam de negócios ditos extraordinários (vendas de cargos, refundição de moedas...). Eles são destinados a salvar as receitas "orçamentárias"[21] de Sua Majestade em tempo de guerra. Acrescentemos enfim, com Roland Mousnier,[22] os simples, porém substanciais, *emprestadores de dinheiro* que eventualmente se colocam a serviço do Estado momentaneamente endividado. E, depois, os "consultores": estes concebem a idéia de uma nova taxa; ela é destinada a fazer entrar numerário ou crédito no "Tesouro" real.[23] Em caso de aceitação e de sucesso de sua tentativa, eles são remunerados de uma maneira ou de outra pelos agentes do monarca. O conjunto de tais personagens (arrendatários, arrematantes de impostos e consultores) forma o que se chama o grupo dos financistas; eles são muito mais ligados ao Estado do que o serão hoje os seus homônimos. Os financistas do Antigo Regime se organizam em torno do sistema do Arrendamento, em anéis concêntricos, sem se confundir inteiramente com ele.

Daniel Dessert destruiu a imagem corrente do financista ou do arrematante de impostos "saído do nada", filho de criado ou ele próprio pequeno lacaio em seus começos, vindo depois a ser riquíssimo, e permanecendo vulgar no supremo grau; de fato, os financistas nasceram muitas vezes de personagens que foram elas próprias enobrecidas, ou seus ascendentes, a serviço do rei; na falta de tais origens, os financistas não se privam de logo adquirir, ao longo de sua carreira, uma condição nobre, pela compra de um cargo *ad hoc*. Longe de ser milionários, estão muitas vezes endividados, a exemplo de Fouquet. Por certo, vêem passar por suas mãos enormes somas destinadas ao rei ou aos seus fornecedores; mas elas escorregam-lhes entre os dedos. Eles não praticam necessariamente a acumulação primitiva do capital, mesmo que a desejem. São simplesmente parte beneficiária, e, por vezes, parte perdedora no grande sistema do débito-crédito que caracteriza as questões fiscais. Daniel Dessert vê nessa alta finança um dos quatro ou cinco "pilares" que sustentam o edifício monárquico. Entre eles, a grande aristocracia de corte e de espada; a alta função pública dos "decididores" (toga do Conselho); os magistrados de posição mais alta (toga do Parlamento); e a finança. Esses diversos grupos são aliados uns aos outros por casamentos, regulados segundo o princípio (majoritário, pelo menos) da hipergamia feminina. (Com dotes substanciais, as filhas de financistas desposam filhos de magistrados; e as filhas de magistrados se casam com jovens aristocratas, bem situados na escala social.) A aliança entre meios dirigentes floresce também no mercado comum do episcopado.* Aí se encontram os piedosos senhores destinados ao celibato, nascidos dessas diversas frações das classes dominantes.

A quadripartição (aproximativa) da elite, assim exposta aos olhares do historiador, não poderia fazer esquecer certos estereótipos depreciativos: segundo a estima pública, um magistrado de "velha cepa" representa mais que um financista; e um senhor da corte pesa mais que um magistrado importante, pelo menos até o fim do século XVII.

Esse desdém visa os grandes togados, eventualmente esnobados pela nobreza de Corte. Ele vale *a fortiori* para os financistas, destinatários de uma estima social que se mostra menor ainda: "É preciso esterco nas me-

(*) O episcopado, em escala nacional, constitui, com efeito, uma reserva de postos prestigiosos e lucrativos onde marcam encontro os rebentos, inicialmente ordenados padres, das quatro frações da elite dirigente (nobreza de corte e de espada, toga do Conselho, toga das cortes soberanas, e finança).

lhores terras'', dizia a sra. de Grignan a propósito das bodas de seu filho, que desposava a filha ricamente dotada de um arrematante de impostos. Quanto à duquesa de Chaulnes, ela declarou a seu filho, duque de Picquigny, que acabava de se casar com a filha do opulento financista Bonnier: ''Bom casamento, meu filho [...]. É preciso que busqueis esterco para fertilizar vossas terras''.[24] Desta vez, tratando-se de financistas, o menosprezo social chega a evocar o caráter fecal de sua riqueza, como manipuladores do fisco e do crédito real. Epítetos excrementiciais ou de estrumação, igualmente infligidos aos bastardos.[25] Sem ir tão longe no desprezo, admitir-se-á que classificar ou taxionomizar é hierarquizar. Distinguir, dentre os servidores ou os subalternos da monarquia, os grandes aristocratas, os funcionários e os financistas é também situar uns e outros ao longo de uma escala de valores à qual aderem os contemporâneos. Esta pode apoiar-se em anedotas mais ou menos exatas[26] e inscrever-se, contudo, no mais profundo das mentalidades da época. A França, desse ponto de vista, não está sozinha: as atitudes ''antifinancistas'' na Inglaterra, Espanha ou Áustria não eram muito diferentes das nossas.[27]

Geograficamente, os arrendamentos de impostos são empregados em mais de um reino. Historicamente, sua força, na França, aumenta no próprio ritmo do crescimento do Estado: sob Mazarino, os impostos indiretos constituem menos de um quarto ou de um quinto das receitas do Estado. Sob Colbert, e mais tarde, atingem e algumas vezes ultrapassam a metade destas.[28]

Sob certos aspectos, o rei que distribui arrendamentos e cargos faz pensar, repitamo-lo,[29] em um grande proprietário fundiário de tipo semi-senhorial. Esse fidalgo de província dá em arrendamento temporário parte de suas terras. Loteia em concessões perpétuas ou por várias vidas, contra pagamento, outra porção de seus bens, com a condição de que seus descendentes recuperem mais tarde, e não sem dificuldade, as numerosas concessões assim parceladas, depois de várias gerações de enfiteutas.* Arrendatários agrícolas e foreiros em torno dos grandes proprietários. Arrematantes de impostos e funcionários na vizinhança dos monarcas sucessivos...

Depois desses funcionários, arrendatários e financistas, mencionemos um terceiro tipo, e de grande futuro, o dos servidores da monarquia. Essa

(*) Os foreiros de um senhor são enfiteutas, na medida em que gozam das pequenas heranças ou ''concessões'' que a família do dito senhor lhes concedeu, a eles e aos seus descendentes, por uma longuíssima duração, mediante o pagamento, em seu proveito, de um encargo geralmente leve.

nova categoria, por sua vez, é subdivisível: ela compreende os comissários e os comissionados que prefiguram, respectivamente, nossos altos funcionários e nossos funcionários (mas, para seguir novamente a metáfora dominial, observar-se-á que os grandes proprietários senhoriais do Antigo Regime que acabam de ser evocados têm também à sua disposição comissionados assalariados, além de seus foreiros e arrendatários).

Os comissários reais, como seu nome indica, receberam do soberano, por cartas patentes, o poder de desempenhar certas tarefas funcionais, em virtude de uma "comissão". Entre eles figuram os embaixadores, os conselheiros de Estado, os governadores das províncias, seus lugar-tenentes gerais e os intendentes das generalidades regionais. Algumas dessas personagens, antes da outorga de sua comissão, gozavam de um estatuto de funcionário. Assim ocorre com os intendentes, que muitas vezes emergem do viveiro dos relatores do Conselho de Estado. Segundo os casos, podem (ou não) acumular o ordenado de seu cargo e eventuais salários, referentes ao seu novo estatuto de comissários. Os comissionados geralmente têm um teto salarial de um nível nitidamente inferior a estes. (Mas há exceções: um Pecquet, que foi comissionado nas Relações Exteriores sob Luís XIV e na Regência, faz figura de verdadeiro deliberante, por certo menos importante que seus patronos Torcy ou Dubois, mas de modo algum negligenciável.) A situação dos comissionados da monarquia não é muito diversa da dos funcionários nos séculos XIX e XX, com a diferença de que sua efetivação, até Luís XV e Luís XVI, permanece antes de fato que de direito. "Eles recebem, com efeito, salários hierarquizados segundo a antiguidade, gratificações anuais, gratificações excepcionais quando se instalam em Versalhes, quando se casam ou casam suas filhas, recompensas vitalícias, isentas de quaisquer tributações, por seus serviços. Suas pensões de aposentadoria são por vezes iguais aos vencimentos, e são então denominadas salários conservados, com reversibilidade de uma parte à viúva e de uma outra aos filhos."[30] O sistema dos comissionados corresponde já até certo ponto às exigências específicas da burocracia. Os interessados, com efeito, tomam lugar em uma hierarquia de estatutos: tal "primeiro comissionado", em Versalhes, destaca-se nitidamente do resto do pelotão. A atividade que exercem prende-se às suas competências técnicas e jurisdicionais; o recrutamento tende a efetuar-se segundo critérios em via de universalização que diminuem o papel do nascimento nobiliário e mesmo do favoritismo. Os rendimentos são de tipo salarial. Não prebendas, nem proventos, mas vencimentos: eles permitem aos recipiendários "levar uma vida honrosa e decente de acordo com as exigências de sua condição".[31]

Pareceu legítimo, aqui, classificar junto os comissionados e comissários, sob a rubrica do funcionalismo em formação. Por certo, a distância social podia mostrar-se grande entre estes e aqueles. Os intendentes das generalidades olhavam do alto os modestos comissionados, ou mesmo escreventes que penavam no ponto mais baixo da pirâmide, nos escritórios administrativos, em Paris ou na província. E, no entanto, esses dois grupos eram já modernos, em relação às estruturas de cargos e arrendamentos, marcadas pelo arcaísmo institucional. O Consulado de Bonaparte sela retrospectivamente a comunidade de destino entre comissários e comissionados: consagra o fim dos cargos e dos arrendamentos, decretado pela Revolução. Assegura o triunfo de uma burocracia hierarquizada de funcionários assalariados, oriundos dos comissionados do velho sistema. Instala os prefeitos sobre um pedestal que será bissecular: esses altos funcionários prolongarão e aumentarão os papéis dos comissários intendentes das generalidades, tal como já grassavam quando da culminação de uma monarquia clássica.

Esta se mostra, então, organismo compósito, onde se acotovelam o cargo, o arrendamento e o funcionalismo. O estilo de trabalho da realeza, também, olha para um certo passado mais do que é portador de futuro. A monarquia clássica aprecia as tomadas de decisão que se efetuam ao termo de sessões deliberativas, no alto Conselho e nos outros *conselhos* de governo, entre as companhias das cortes de justiça ou dos eleitos etc. A sociedade local, quer seja civil, quer religiosa, não fica a dever. Vide suas deliberações múltiplas: elas animam os conselhos de cidade, os capítulos de cônegos... Na Espanha, o governo por conselhos é amplamente difundido: aí se conhecem, em 1721, os conselhos de Castela, das Finanças, das Índias, da Marinha, das Ordens, da Guerra[32] etc. Na França, a Polissinodia de 1715 não é inovação radical, mas tentativa de extrapolação: os conselhos que já não eram raros são simplesmente multiplicados, abertos à aristocracia e têm seu poder aumentado. Por certo, em 1718, a experiência polissinódica será bruscamente interrompida. Mas o poder central (em princípio...) permanecerá partidário do tradicional "Conselho do rei", com suas subdivisões canônicas.

Em época monárquica, existe, contudo, um outro modo de decisão, não coletivo. Ele reina no exército, por cadeias de decisões individuais e autoritárias; elas caem em queda implacável sobre a inclinação vertical das graduações e dos comandos. No máximo vêem-se os grandes chefes, e por vezes o próprio rei, às vésperas de uma batalha, deliberar coletivamente, o traseiro na sela, enquanto seus cavalos formam círculo, garupa para fora, focinho para dentro. Aí também, aguardar-se-á com freqüência* o desaparecimento da monarquia do Antigo Regime para que enfim o es-

(*) Mas nem sempre: a relação de Richelieu com os intendentes das generalidades está já (muitas vezes) baseada no comando autoritário mais do que na deliberação coletiva.

tilo solitário da decisão transponha os limites da soldadesca e contamine o poder civil. Os elos de poder que Bonaparte instalará, por meio dos ministros, prefeitos, subprefeitos e seus subordinados, romperão com muitos hábitos de direção colegiada. De alto a baixo, refletirão as decisões autoritárias de personalidades responsáveis, inclusive no domínio não militar.

Em suma, a monarquia clássica aparece, enquanto poder e soberania, como uma imagem hiperbólica da sociedade global: como um resumo pedagógico desta, no qual as elites e, em particular, a nobreza são sobre-representadas, a ponto de eliminar os camponeses e de colocar em minoria os burgueses ou pequeno-burgueses. Não é preciso dizer que os protegidos diretos do monarca conservam, nas cúpulas do aparelho real, à custa de vastas frustrações em outrem, muitos meios de ação essenciais. Salvo essa restrição, os nobres de serviço, de espada, de corte, de finança, de pena, de magistratura e de prelatura monopolizam, ou quase, os planos superiores da instituição. Colaboram sem muitos problemas no seio do *establishment* oficial ou oficioso com uma minoria de não-nobres que são de alto nível, e isso no interior de especialidades diversas, tais como toga, pena e finança. Esses oligarcas estão divididos entre si quanto aos objetivos estratégicos e à cultura. Não obedecem apenas a estreitos interesses de classe que seriam tolamente calcados nas necessidades da aristocracia. Os serviços de base do sistema real, por outro lado, são assegurados, especialmente na província, por agentes muitas vezes plebeus, que não são simples executantes. Seu poder local se mostra considerável. Conflitos sociais de espécie variada se reproduzem *no interior* do aparelho monárquico; refletem e interpretam a seu modo as contradições que dividem a coletividade geral, não estatal.

Até o momento, consideramos a monarquia clássica apenas em si mesma ou em sua relação com as sociedades que a cercam. Ela está ligada também, e de maneira estreita, à tecnologia de seu tempo, sendo esta, por sua vez, inseparável das relações sociais. Examinarei aqui três domínios da técnica, intimamente conectados às instituições. Em primeiro lugar, as armas de fogo, e inevitavelmente o exército permanente. Em seguida, as mídias: papel (antigo) e sobretudo imprensa (recente). Enfim, as importações de metal precioso, ouro e prata; elas implicam uma certa ambiência tecnológica; esta diz respeito à arte das minas, euroamericanas; e à arte da navegação transatlântica, enquanto, a jusante, aparecem enormes repercussões no plano do sistema fiscal e das reações hostis que suscita.

* * *

*Armas de fogo e militarização de uma parte da sociedade*: os novos métodos do tiro para matar como para destruir, e as massas de homens especialmente treinados que os utilizam, constituem poderosos trunfos para a monarquia clássica a partir dos séculos XV e XVI. A realeza espanhola deve-lhes, em parte, a conquista do México. O Japão lhes é devedor, talvez, de sua unidade nacional, ou pelo menos xogunal: esta se realizou progressivamente durante a segunda metade do século XVI a partir de combates que logo puseram em jogo até 10 mil arcabuzes imitados dos modelos portugueses.[33] Quanto à França, é nítida a correlação entre o advento de nossa monarquia clássica desde o fim de Carlos VII até o término do século XV e o desenvolvimento de um exército permanente, poderosamente equipado de bocas-de-fogo; elas são já bastante eficazes sob Carlos VIII. Aumento do poder de tiro, elevação dos efetivos: no século XIV, o núcleo estável do exército real *em tempo de paz* contava apenas 2 mil homens; mas 10 mil a 15 mil depois de 1450... e 135 mil no século XVIII (sempre durante os períodos pacíficos). Os numerosos militares doravante recebem seus soldos em ritmo regular (em princípio). Esses soldos são hierarquizados segundo a graduação, e não mais segundo as condições dos oficiais mais ou menos nobres. Corpos de especialistas aparecem na artilharia, na fabricação das pólvoras etc. As despesas militares da monarquia se elevam; elas explicam em grande parte o aumento dos encargos fiscais. Os gastos com o exército,[34] difíceis de calcular, atingiriam já um terço do "orçamento" real sob Henrique IV, a metade sob Luís XIV (e até 70% em tempo de guerra). O exército real, com seu considerável poder de fogo, à base de armas leves ou pesadas, eleva-se a 300 mil homens durante uma grande guerra (como por volta de 1710); a unidade de base para o exército permanente de uma grande potência européia, mesmo em paz, limitava-se a mil homens durante o século XIV, mas a dezena de milhares durante a Renascença, e a centena de milhares no século XVIII. Em tempo de guerra, durante alguns grandes conflitos do fim do reinado de Luís XIV e do de Luís XV, um adulto do sexo masculino e francês em seis ou sete é regular ou episodicamente ativo no exército; aí desempenha o papel de soldado permanente, ou de miliciano, ou simplesmente de requisitado temporário. De um extremo ao outro do período examinado, o progresso técnico é balizado pelos nomes dos grandes administradores da artilharia como Bureau (morto sob Luís XI), o homem dos canhões de bronze, das colubrinas e do lento declínio das fortalezas medievais. E, depois, Gribeauval: no declínio do Antigo Regime, ele dá ao reino os canhões que a Europa invejará sob o Primeiro Império.

* * *

*Antigas e novas mídias.* Outra série de inovações tecnológicas, e cuja incidência é forte na monarquia clássica: os sistemas das mídias. Eles aparecem, não sem defasagens, no fim da época medieval: trata-se do papel e da imprensa, em suma, a "galáxia Gutenberg". Escrevinhadora, a realeza francesa o era desde o século XIV, pouco depois da introdução do papel. No período seguinte, os moinhos de papel são numerosos na Bacia Parisiense; fornecem a matéria-prima aos organismos de Estado, ou aparentados: o Parlamento e a Sorbonne são consumidores de escritos e produtores de arquivos. A imprensa, sob Luís XI, vem de além dos Vosges. Imediatamente ela é centralizadora, ou antes "bicentralista": floresce, por certo, em Paris, onde as organizações locais, sejam funcionais, estatais ou universitárias, dela fazem amplo uso. Simultaneamente, ela se desenvolve em Lyon, porta do Sul; inunda as terras provençais de impressões lionesas, portanto, francófonas; assegura a conversão do Sul à linguagem oficial do poder, em suma, ao francês. Nisso, é mais eficaz que as ordenações reais, ainda que fossem de Villers-Cotterêts.[35] O século XVII verá, sobretudo na aglomeração parisiense, o reagrupamento dos impressores, ativos e prestigiosos; eles renovarão, assim, a união, muitas vezes consumada, de seu ofício com o Estado. Cedo esse casamento tem aspectos repressivos: desde o fim do século XVI, instala-se uma censura oficial; decreta-se, procedimento de dois gumes, a outorga de permissões, monopólios e privilégios reais para a impressão dos livros; os autores, por esse motivo, são a um só tempo protegidos e submetidos a vexações. As novas mídias sustentam a difusão de um saber universitário, colegial e mesmo primário; ele é indispensável para a formação dos funcionários da categoria; e para a dos agentes modestos, às ordens do Estado ou das comunidades. O número desses homens, nos diversos níveis, aumenta muito. A monarquia clássica, portadora e desejosa de um mínimo de educação, é contemporânea de um povoamento no qual 10% dos indivíduos masculinos, pelo menos, são capazes de assinar; em si, essa porcentagem é apenas um sintoma; revela a difusão inicial de algumas Luzes, mesmo fuliginosas ou veladas; implica uma voga crescente e subjacente da imprensa. Essa proporção de homens educados cresce de maneira bastante contínua, ao longo dos séculos; em fim de percurso, aproxima-se, no tempo de Luís XVI, dos 50% de adultos masculinos que sabem assinar; entra-se então em uma zona perigosa, tempestuosa: a soma das frustrações engendradas pela supereducação relativa de homens colocados muito baixo na escala social tende a superar a soma das vantagens que o Estado tira desse capital incessantemente aumentado de instrução pública. A monarquia clássica arrisca-se, então, a ser devorada por um turbilhão educativo cuja instauração aceitara, se não encorajara. A coisa tem duplo gatilho: a imprensa e a educação, perante o Estado, foram por muito tempo estimuladoras. Tornam-se finalmente desestabilizadoras. De qualquer maneira, certas necessidades são irredutíveis: a realeza, do século XVI ao XVIII, faz amplo uso do pequeno cartaz com inúmeros exemplares, da circular e do formulário administrativo, os três saídos das prensas e das oficinas. Não há função pública, sobretudo real, que não tenha seus impressores, oficiais ou oficiosos.

*Metais preciosos*. Depois das armas de fogo e das novas mídias, o terceiro "salto para a frente" de que se beneficia a monarquia clássica diz respeito às moedas, disponíveis em quantidades muito maiores. Pode tratar-se do uso ampliado dos novos instrumentos creditícios: as letras de câmbio serão muito úteis para o transporte de uma receita fiscal da província à capital; ora, elas existiam para as necessidades do comércio desde o século XIV. Passarão por alguns aperfeiçoamentos suplementares[36] do século XIV ao XVIII. As mudanças de base, contudo, não são referentes à circulação do próprio "papel" bancário, mas às massas de metais preciosos nas tesourarias públicas e privadas. Os contrastes de conjuntura longa e mesmo ultralonga são capitais sob esse aspecto. Seja a crise dos séculos XIV e XV, seguida de uma renascença e de uma expansão que desabrocham no belo século XVI. Sublinhou-se a esse respeito a causalidade demográfica: despovoação de 1348 a 1450, depois retomada, e recuperação até por volta de 1560. Mas os fatores monetários também têm sua importância.

O desenvolvimento da monarquia clássica, com base em um fisco aumentado e mais regular a partir da segunda metade do século XV, implica o fim das carências crônicas de ouro e prata; elas são abolidas tardiamente graças a toda uma panóplia de iniciativas parcialmente tecnológicas. Uma enorme crise de liquidez, grande penúria monetária, grassara entre 1395 e 1415. Suas causas eram mais ou menos próximas: o balanço comercial[37] da Europa com o Oriente desde o ano 1000 foi sempre deficitário em conseqüência das compras de especiarias, sedas e pérolas, em conseqüência também das peregrinações, cruzadas, resgates; essa má balança comercial desabara ainda mais baixo já por volta de 1400, em razão dos desastres internos do Ocidente acompanhados, o que não melhorava nada, pelas compras crescente de especiarias, e pelo esgotamento do ouro sudanês. Na França, pouco diferente nesse ponto da Inglaterra, Espanha, Itália, Flandres e Borgonha, o pior decênio, o mais desprovido de dinheiro, coincidira com os anos 1392-1402. Em Brioude, no coração de um maciço central profundo e isolado, estava-se reduzido a cunhar moedas de chumbo por volta de 1423-5! Para a totalidade da Europa Ocidental, os estoques de metais preciosos caíram, cifra aproximada, de 2 mil toneladas de equivalente-moeda por volta de 1340 para mil toneladas por volta de 1465. Por contraste, o crescimento que sucederá essas perdas é extraordinário; "pulveriza" todos os recordes anteriores: só a Inglaterra terá 1,1 mil toneladas de estoques de equivalente-moeda em 1700; a França, onde os primeiros sinais de retomada se manifestaram nitidamente desde o reinado de Luís XI, terá 2,5 mil toneladas por volta de 1700, das quais 40% serão recicladas anualmente no orçamento do Estado. Toda a Europa, em 1809, manter-se-á em 50 mil toneladas de equivalente-moeda, ou seja, cinqüenta vezes mais que no pobre século XV e 25 vezes mais que durante o "rico" ou, digamos, o menos pobre século XIV. A prata alemã e húngara, depois o ouro das Antilhas, sucessivamente, "salvaram", assim, o Ocidente de 1460 a 1530; em seguida foi a vez da prata peruana e mexicana entre 1560 e 1625. Mais tarde, depois de algumas panes no século XVII, menos graves do que se disse, o ouro do Brasil e mais uma vez a prata mexicana farão a substituição nos anos 1720-80. Tudo isso não se concebe sem vastos progressos tecnológicos, sem "grandes descobertas" também, no sentido usual desse termo: a técnica das minas profundas se aperfeiçoa desde a primeira Renascença; os engenheiros e publicistas alemães dão testemunho de tal progresso no século XVI. As explorações transoceânicas, por outro lado, e o amálgama de mercúrio tornam possível, nos anos 1500-70, uma primeira extração dos tesouros do Novo Mundo, especialmente argentíferos.

Esses dados técnicos e "metálicos" colocam em uma perspectiva nova o futuro do sistema fiscal. Por certo, este é muito antigo, e admitir-se-á que os Estados monárquicos, inclusive a França, "passaram gradualmente do imposto excepcional de guerra ao imposto regular de guerra, depois ao imposto regular de paz, *evolução praticamente consumada em 1360*".[38] Mas, da proclamação de um princípio à multiplicação dos meios efetivos, a margem é grande. Ela só será de fato transposta mais de um século depois dessa data fatídica de 1360. Retomemos as coisas bem de longe: sob Filipe, o Belo (1285-1314), antes mesmo da grande mutação fiscal mas puramente jurídica dos anos 1350-60, os rendimentos totais do Estado alcançam 46,4 toneladas de equivalente-moeda, das quais 39% fornecidas pelo domínio, sendo o resto (já majoritário) fornecido pelo "extraordinário", em outras palavras, pelos impostos ainda irregulares da época. Em 1355-6, as somas votadas pelas assembléias de Estados (não incluído o domínio) atingiriam 24 toneladas. Nos anos 1430, a França mutilada de Carlos VII alcançaria 52,5 toneladas. O reino reunificado do mesmo Carlos VII, em fim de reinado, situa-se em 75 toneladas: o nível "Filipe, o Belo" é, então, simplesmente melhorado (+ 60%). A revolução fiscal ainda não é muito espetacular. Luís XI, entretanto, ultrapassa as cem toneladas de equivalente-moeda (135 toneladas em tempo de guerra; nisso, o domínio real não desempenha mais que um papel insignificante; o imposto propriamente dito fornece já quase tudo). Henrique II beira as 190 toneladas no fim dos anos 1550. Henrique IV tem na balança quase duzentas toneladas ao fim de seu reinado. Mazarino sobe alegremente a mil toneladas de despesas comprometidas, cifra que permanecerá mais ou menos canônica até o começo do reinado de Luís XVI, salvo em períodos de grandes conflitos (Sucessão da Espanha, Guerra dos Sete Anos). Nesses casos graves, pode-se chegar a 1,6 mil toneladas de despesas comprometidas (por volta de 1705-10), e em seguida a 1,8 mil toneladas (depois de 1760). Mas tais tetos, que são muito dispendiosos, mantêm-se apenas brevemente.[39] A verdadeira revolução fiscal com duplicação regular da tonelagem orçamentária não se inicia, portanto, com João, o Bom, e sua famosa espoliação em meados do século XIV, como sustentam historiadores demasiado formalistas; de fato, ela ocorre a partir de Luís XI, de Henrique II e, finalmente, dos Bourbon, desde Henrique IV até o muito jovem Luís XIV. É isso *também* a monarquia clássica, ou pelo menos é um de seus aspectos essenciais. O ressentimento antifiscal, pai das revoltas, vê-se aumentado por esse acréscimo do recolhimento estatal.

Metais preciosos, imprensa, canhões: as proezas da tecnologia dos tempos modernos afetam a monarquia clássica em todo o seu ser. Elas orientam e estimulam seu crescimento, mesmo e sobretudo quando este é repassado de antagonismos externos ou internos...

*Primeira parte*

# *OS VALOIS FLORESCENTES*

# 1

# *UMA RENASCENÇA*

O presente volume pretende-se, entre outras coisas, história do Estado e sobretudo do Poder, representando, um e outro, diversos grupos de homens, facções, camarilhas etc. Nada de Estado, contudo, sem sociedade civil, território, economia, religião, cultura... O espaço francês, losango no tempo de Luís XI, hexágono apenas esboçado sob Henrique IV, permanecia encerrado, *grosso modo*, nos anos 1460, nos antigos limites do tratado "divisório" de Verdun. Este foi concluído, como todos sabem, em 843 da nossa era, entre os netos de Carlos Magno. E as fronteiras traçadas desde essa época no centro do Império foram progressivamente reconhecidas, muito mais tarde, ao termo de uma lenta progressão capetíngia, dispersa por vários séculos. À morte de Carlos VII (1461), o Rhône, a Saône e o Escaut balizam, assim, os pontilhados de uma linha a um só tempo viva e permeável. Só transborda na direção leste, e para além do Rhône, a excrescência do Delfinado, obtido a título de apanágio desde 1349. Os novos avanços, pós-medievais, até o fim do século XVI, situar-se-ão na Provença e nos confins da Lorena. Simultaneamente, Flandres, destinada tardiamente a formar parte da atual Bélgica, é perdida pela França, de maneira definitiva. Essas progressões e regressões evocam o procedimento paciente e roedor que praticaria um tabelionato provincial. São elas atingidas de insignificância retrospectiva? Durante a mesma época, ou posteriormente, a Espanha e Portugal, depois a Rússia e a Inglaterra, preparam-se para apoderar-se de subcontinentes, cada um vasto como quinze ou trinta vezes o campo quadrado da França: trata-se das duas Américas, da Austrália, da Sibéria... Mas não afundemos no anacronismo! Se nos limitarmos aos simples critérios da Renascença, que são menos exigentes que os nossos, o espaço francês continua gigantesco: o homem médio dos anos 1500, supondo-se que não queira bater um recorde, precisa um mês para atravessar o país de norte a sul, e três semanas e meia de leste a oeste.

O território total oscila, então, entre os 425 000 km² do reino de Carlos, o Calvo,* dos quais Luís XI, herdeiro de quatro séculos de esforços, recupera mais ou menos os contornos; e os 460 000 km² da "França" do final do século XVI (contra 551 000 km² em 1987). Tais superfícies aumentam também, embora muito pouco, por razões puramente naturais: o aluvionamento do Ródano e das correntes marinhas coloca pouco a pouco no interior das terras certos portos mediterrâneos ou fluviais como Arles, Lattes, Montpellier, Narbonne; contudo, eles haviam acolhido os grandes navios em diversos períodos da Antiguidade ou mesmo da Idade Média. Nas costas do Atlântico ou da Mancha, e nos rios que aí se lançam, fenômenos análogos (assoreamento, recuo das superfícies líquidas) afetam ou ameaçam Bayonne, Luçon, Niort, Brouage, Lillebonne, Harfleur e Abbeville: salgada ou doce, a água recua — sob sua forma "normal". Ela avança, ao contrário, a partir da segunda metade do século XVI, no momento em que é solidificada em massas glaciárias. Na Savóia (não ainda francesa), no Delfinado, ao longo dos anos 1590, as geleiras locais chegam a derrubar algumas pequenas aldeias, à força de transbordar. Esses fenômenos são diminutos, no plano geológico. Encarnam, no entanto, uma ínfima piora do clima. Trazendo consigo verões úmidos e fortes gelos que são prejudiciais às colheitas, ela pode agravar as fomes ou torná-las mais freqüentes: é o que acontece no decorrer dos decênios 1560 e 1570, assim como em 1709, e entrementes durante diversos períodos do longo século XVII, especialmente durante os frios anos 1690.

A consciência "territorial" ou "espacial" da França demora a despertar. As novas técnicas provenientes de Gutenberg disseminam os primeiros mapas do reino, vagos, parciais ou medíocres. São editados fora das fronteiras, em Ulm, Nuremberg e Florença, entre 1480 e 1500. A cartografia especificamente francesa é mais tardia; dará importantes resultados com os trabalhos de Oronce Finé (morto em 1555), e sobretudo com o *Guia dos caminhos da França*, de Charles Estienne (1552).

Providos ou não de mapas, os reis e seus agentes têm um conhecimento empírico dos limites de seu domínio próprio; ele tende a coincidir progressivamente, por processo autófago, com os do reino, no sentido mais amplo do termo. A monarquia espanhola é confederativa; unifica diversas coroas: Aragão, Castela etc. A realeza francesa é anexionista: é

(*) Carlos, o Calvo (823-77), neto de Carlos Magno, dividiu com seus irmãos em 843, no tratado de Verdun, o Império Carolíngio: a parte que lhe coube sob o nome de *Francia occidentalis*, a oeste do Escaut, da Meuse, do Saône e do Rhône, corresponde aos territórios históricos que foram geograficamente as bases da França tradicional.

fagocitária em relação a vários territórios, anteriormente principescos; aos poucos, eles caem na área administrativa em que prevalece diretamente a autoridade soberana. O gás se molda aos contornos do balão: assim é recuperada a Borgonha, desde 1477-9, depois da morte violenta de Carlos, o Temerário. De 1470 a 1486, a mesma sorte sobrevém à herança de Armagnac, assim como às terras do bom rei René, compostas de Anjou, Maine, região de Mortain e Provença. A autofagia se estende para o interior do reino, e apaga pouco a pouco os grandes enclaves territoriais cujos senhores, no impulso do século XV, haviam acreditado poder conservar por muito tempo uma forte dose de autonomia administrativa, ou mesmo de independência. Durante um século XVI "defasado", que se estende de 1515 ao reinado de Luís XIII, o condado de Angoulême, a Bretanha, as terras ao norte e ao sul do Loire, do condestável de Bourbon (Auvergne, Bourbonnais, Beaujolais etc.) e, enfim, a complexa herança dos Bourbon-Navarra, que ultrapassa amplamente a Aquitânia, voltam cada um por sua vez ao regaço real. Para encontrar ainda principados vivos, logo será preciso deixar a França e atravessar o Reno, para além do qual serão legião até a era clássica. Do lado de cá dos Vosges, o domínio real, no sentido estatal do termo, cobria 60% do reino no início do governo de Luís XI; ele o controla quase em 100% por ocasião da elevação ao trono de Luís XIII.

A demografia se inscreve nos quadros convencionais do héxagono dos anos 1700, que está longe de estar inteiramente realizado na metade do século XV. Essa ficção territorial é cômoda; permite instituir, a longa distância de tempo, as comparações em termos de efetivos humanos. A população "francesa" assim delimitada aproximava-se dos 20 milhões de pessoas por volta de 1330. De 1340 a 1440, uma quádrupla série de desastres (pestes, guerras, fomes e crises econômicas ou demográficas em espiral, que se geram ou se agravam umas às outras) manifesta conseqüências anemiantes: a povoação, para fronteiras comparáveis, cai a uma dezena de milhões de almas (ou menos?) na fase mais sombria de Carlos VII. Jamais a França foi nem será tão despovoada, entre os séculos XII e XX. Posteriormente, de 1450 a 1560, um "hiperséculo" se intercala, de retomada lenta, vigorosa, ininterrupta. As guerras, doravante, são quase puramente *externas*. De bom grado conduzidas pelos reis, custam relativamente pouco aos contribuintes franceses; elas ainda não são capazes de arruinar, ou mesmo de despovoar (muito moderadamente) o país, como farão mais tarde sob Luís XIV, a golpes de tributações excessivas. Por volta de 1560, reencontra-se simplesmente o "teto" de uma vintena ou quase vintena de milhões de pessoas, que já se tivera no começo do século XIV, antes das fúnebres ceifas, pestilentas e guerreiras, do tempo das desgraças, ele próprio iniciado nos anos 1340. O hexágono está repleto de homens sob Filipe, o Belo; meio vazio no tempo de Joana d'Arc; mais uma vez cheio como um ovo nos últimos anos de Henrique II. História imóvel ou, antes, pendúlar? Metáfora à parte, houve efetivamente, no longuíssimo prazo, destruição parcial de um povoamento, seguida de recuperação pura e simples, ou quase isso. Toca-se, a exceção não faz a regra, em estruturas profundas: de 1300 a 1715, essa população *atinge seu teto* mais ou menos constantemente, um pouco mais, um pouco menos, por volta de uma vintena de milhões de pessoas. Ainda que possa desabar para 10 milhões, durante o excepcional período das catástrofes (1340-1450), ou voltar a subir posteriormente, no sentido inverso, e segundo o mesmo ritmo, até a norma costumeira de 20 milhões durante o século que se segue (1450-1560), e se manter em seguida nessa norma, não sem oscilações, porém modestas e freqüentemente positivas, no decorrer do longo século XVII (1560-1715).

Tanto quanto se possa julgar, a "regra" mais que quadrissecular dos 20 milhões de almas se deve também a constantes ecológicas: levando em conta as técnicas agrícolas (pouco sofisticadas), considerando também certa regularidade das agressões microbianas durante essa época interminável, a influência combinada da miséria, das penúrias, do racionamento alimentar *de facto*, dos contágios mortais e do casamento eventualmente tardio, empregado, na falta de coisa melhor, como "arma contraceptiva", é suficientemente forte para aparar a crista ou aplainar toda superação substancial da cifra fatídica dos "20 milhões de almas". No século XVIII, essa velha barreira, que por muito tempo pareceu intransponível, é enfim removida. Desde então, a partir de 1700-15, o povoamento nacional passará por uma verdadeira progressão, já não sendo esta tão-somente, como outrora no século XVI, recuperação de um antigo recorde. Doravante os tetos serão transpostos. Encaminhar-se-á alegremente, por elevação mais ou menos contínua, desde a Regência até os anos 1815, para os 30 milhões de franceses. Mas de Luís XI a Luís XIV, não se chega a isso! Entre 1340 e 1560, uma demografia-tobogã se instalara: esboroava-se, depois saltava novamente; a inversão de tendência ocorria por volta de 1450. O segundo movimento anulava progressivamente o primeiro. Tratando-se do segundo período, dito de subida, retomada ou recuperação (entre 1450 e 1560), três fatores são suscetíveis de explicá-lo. São eles: fecundidade mais forte; nupcialidade mais precoce (que, portanto, prolongaria o período efetivamente fecundo das mulheres casadas); mortalidade menos intensa. De fato, o primeiro elemento pouco atuou como tal. Se avaliarmos aproximadamente a fecundidade das mulheres pelo intervalo entre dois nascimentos, o belo século XVI não é muito diferente do melancólico século XVII. Sob Francisco I assim como sob Luís XIV, na ausência de contracepção bem desenvolvida, as jovens esposas estão sujeitas à regra do parto bienal. Um filho a cada 24 ou trinta meses: o tempo de pôr no mundo um bebê, amamentá-lo, depois conceber e carregar o seguinte.

Em compensação, devido às incitações de uma economia momentaneamente mais estimulante ou em conseqüência de hábitos antigos, o casamento era, parece, mais precoce sob Francisco I do que o será no tempo do Rei-Sol. As esposas normandas da "Renascença" se casavam aos 21 anos em média, em vez de 24 ou 25 durante o Grande Século. Esses quatro anos de diferença davam já dois bebês a mais. Tal bônus não era desprezível, no ativo do *boom* demográfico dos sessenta primeiros anos do século XVI.

A morte foi, enfim, na época examinada, estatisticamente menos cruel que em outros tempos. Houve, com efeito, períodos bastante bons entre 1455 e 1560, e especialmente até 1520. No decorrer destes, durante alguns anos favoráveis, a taxa de mortalidade geral podia cair ao nível relativamente baixo de 30% ou 31%: motivo para acumular maciçamente excedentes demográficos que as pequenas (?) desgraças dos decênios seguintes (depois de 1520) não conseguirão suprimir por completo. De 1460 a 1520, em virtude das razoáveis demandas cerealistas de uma população que, graças à abundância das terras ainda disponíveis, permanece relativamente esparsa durante um período apreciável, as fomes são bastante raras. (Elas se multiplicarão mais tarde, com a ocorrência de um pico demográfico.) Os salários, por muito tempo elevados, do fim do século XV, revelam também um nível de vida popular que permanece "correto". Ele favorece a "povoação", e diminui certos riscos de morte, sendo a população relativamente bem nutrida, menos vulnerável, em conseqüência, à miséria fisiológica e à morbidade. Posteriormente, as condições salariais e alimentares se deterioram, por ocasião das penúrias dos anos 1520 e seguintes. A conjuntura epidêmica, em compensação, parece ter melhorado. A lepra regride decisivamente depois de 1536. As catástrofes pestilentas intervêm sempre, mas se tornam menos freqüentes a partir de 1525. Esse espaçamento das pestes, sob Francisco I e Henrique II, explica-se talvez pelas medidas de quarentena tomadas doravante pelo mundo urbano; elas são relativamente eficazes, e os camponeses delas se beneficiam por conseqüência.

Constatemos então, sem pretender explicá-la em todos os seus detalhes, a brilhante recuperação demográfica entre os últimos anos de Carlos VII e o começo de Carlos IX. Era normal, em suma, que uma elevação salutar se instaurasse (além de 1450) depois de um século de despovoamento aprofundado (de 1340 a 1450).

Conseqüências dessa retomada: as obsessões relativas ao trespasse, sem desaparecer, deixam de ocupar os pontos mais altos da cultura, religiosa ou leiga. Feliz mudança, em comparação ao século XV das danças macabras, das esculturas de mortos corroídos de vermes e das meditações mórbidas sobre a podridão do cadáver.

Num plano menos glorioso, o movimento browniano se apodera das populações. Multiplicadas, para elas não se trata de amontoar-se no lugar simplesmente. Não saberiam mais como se virar! Tornam-se girovagantes. Os deslocamentos migratórios tomam formas diversas: *avanço urbano*; *migrações de passagem* (artesãos, peregrinos, escolares ou estudantes); *migrações da miséria* (mendigos e simples proletários avançam ou descem em grande número desde as terras pobres da Bretanha e de Rouergue para as boas regiões do Languedoc, Vexin, Normandia); *repovoamento dos campos*; *imigrações de reconquista*, enfim, em regiões muitas vezes promissoras, como o Bordelais vitícola; inúmeras aldeias, na Gironda, haviam sido abandonadas em conseqüência das guerras inglesas; os novos colonos vindos das zonas occitanas ou francófonas para ali acorrem com tanto mais energia a partir da época de Luís XI. Enfim, há por vezes alguma emigração: a França (meridional e central) povoa a Espanha no momento mesmo em que a Espanha povoa ou repovoa, por sua vez, as Américas índias recém-descobertas.

É preciso alimentar toda essa gente e assegurar-lhe o mínimo vital, fora dos anos de penúrias. Uma agricultura de estilo tradicional se empenha nisso o melhor que pode. A produção de grãos se recupera vivamente, também, de 1450 a 1500. Essa animação cerealista se explica pela fácil revalorização das terras que foram anteriormente abandonadas durante a Guerra dos Cem Anos; sua simples capina não constitui obstáculo insuperável. Mais tarde, as remessas de cereais aumentarão muito mais lentamente, até atingir seu teto por volta de 1550-65. Pois as últimas terras arroteáveis ou disponíveis se mostram doravante marginais, pouco férteis, difíceis de valorizar, ou afastadas das grandes vias de comunicação e de comercialização; daí, no século XVI, uma forte alta dos preços dos grãos; eles são exasperados pela demanda crescente e muitas vezes insatisfeita: são estimulados, por outro lado, em razão da maior abundância de ouro e de prata (que vem da Europa Central e depois, sobretudo, do Novo Continente). Essa carestia vai culminar, de tempos em tempos, em grandes fomes: mais uma vez elas estão presentes depois de 1520. De resto, a produção vegetal se diversifica, mas sem excesso: os vinhedos aumentam perto dos portos exportadores, como Nantes, ou nos arredores dos mercados de consumo, que têm sua força em dezenas ou centenas de milhares de bebedores: Lyon, Paris... O gado é muito procurado pelas zonas urbanas. Alhures, a criação permanece letárgica: a pastagem, com efeito, é com freqüência sacrificada aos trigais, de que se tem a mais urgente necessidade, já que sua produção, em ano medíocre, basta exatamente às necessidades nacionais, em razão de produtividade insuficiente. A carência de criação de animais conduz à falta de adubação que, por sua vez, rebaixa a produtividade cerealista. É o famoso círculo vicioso da antiga agricultura, do qual os flamengos (mas não os franceses) começam a sair nesse tempo, em nome de um círculo virtuoso. Enfim, as florestas permanecem imensas por volta de 1550; não fica excluído que cubram ainda *um terço* do território nacional. Com o tempo, essa presença florestal é sufocante e coloca, *a contrario*, problemas de subsistência: pois o homem não vive apenas de madeira. As forjas, as vidrarias, as necessidades gerais de vigamento e de combustível contribuirão, nos séculos seguintes, para rarefazer a árvore; conseqüentemente, expandir-se-ão as terras de cultivo; os humanos serão alimentados mais facilmente.

Na aldeia, os grupos sociais que são assim responsáveis por uma agricultura um pouco inadequada provam-lhe diversamente dos frutos. Do Languedoc à Île-de-France, os pequenos terrenos rurais estão sujeitos a uma onda de fragmentação, e são retalhados em parcelas cada vez menores. É o inevitável efeito da elevação demográfica do "belo" século XVI: ela divide a cada geração as posses rústicas, já que os filhos que sobrevivem são mais numerosos que os parentes que perecem. As cláusulas de herança, oriundas dos direitos costumeiros locais compilados sob a Renascença, tentam favorecer um dos filhos, freqüentemente o mais velho, à custa de seus irmãos e irmãs. Essas cláusulas apenas freiam bastante mal a ação da cutela sucessória. Daí um processo de pauperização de que sofrem os pequenos exploradores e foreiros: cada um deles tem menos hectares ou fração de hectare que seus predecessores. De qualquer maneira, por razões de imobilismo tecnológico, a produtividade de cada hectare quase não aumenta; portanto, não se compensa o déficit quantitativo das superfícies pelo aperfeiçoamento qualitativo dos procedimentos agrícolas, excetuando-se, é claro, tal ou qual situação local que se mostre mais favorável, como no caso da viticultura em Nantes. As tendências ao empobrecimento rural *per capita* se agravam em razão da baixa dos salários reais: estes sofrem classicamente com a alta dos preços; são sobretudo vítimas do aumento da oferta de mão-de-obra que, diante de oportunidades de emprego antes letárgicas, faz cair o valor das remunerações do trabalho. No conjunto, essa dupla tendência à pauperização afeta os diaristas agrícolas, domésticos de exploração agrária e outros trabalhadores braçais e, por outro lado, os pequenos lavradores; estes vêem reduzir-se, de pai para filho, o punhado de hectares ou de centiares de que dispõem. Em compensação, os arrendatários importantes, aristocratas do arado, são levados num fluxo de prosperidade conveniente: o mercado lhes é favorável; os salários reais que pagam a seus trabalhadores estão em baixa; a renda que devem entregar ao proprietário do solo permanece por vezes estável ou, em geral, aumenta razoavelmente.

A classe proprietária (nobres, funcionários, senhores, alto clero, comerciantes e burgueses importantes) detém cerca da metade do solo francês (a metade restante pertence aos camponeses); esse grupo dominante vê eventualmente essa parte aumentar, em razão da política de compras fundiárias conduzida pelos grandes proprietários, ou por aqueles que aspiram a essa posição. O direito de primogenitura nobre e a mão-morta clerical* poupam muitas vezes essa alta classe das agruras da fragmentação sucessória e fundiária. Ela perde rendimento pela desvalorização dos direitos senhoriais, que por vezes caem a quase nada; mas recupera essa falta de ganho, e bem mais, graças à alta freqüente dos arrendamentos reais; graças também à indexação das dízimas;** estas acompanham, sem mais, os (modestos) progressos da produção agrícola, até ser algumas vezes ameaçadas, nos anos 1530-60, pelas primeiras greves*** dos camponeses sujeitos à dizima; eles são incitados de perto ou de longe pela influência huguenote. A senhoria sabe mudar de registro; passa da predominância

(*) No caso da mão-morta servil, a herança do servo falecido sem filhos legítimos cabe ao seu senhor. No caso da mão-morta clerical, os bens da Igreja não dão lugar a herança, pois que pertencem a pessoas morais e perpétuas que supostamente jamais morrem (abadias, arcebispados etc.).

(**) A dízima recolhida pelo clero representa uma porcentagem determinada da produção agrícola: 10% em princípio, algumas vezes 9%... Por esse motivo, o volume da dízima se modifica com o tempo, no mesmo ritmo que as próprias produções agrícolas; ela é "indexada" por estas.

(***) As greves camponesas contra as dízimas no segundo terço do século XVI consistem em que os "grevistas", continuando o trabalho dos campos, recusam-se a pagar os grãos da dízima ao clero. Elas diferem das primeiras greves operárias, de tipo já clássico, tais como as praticam os tipógrafos de Lyon desde o século XVI.

dos direitos senhoriais* à supremacia das rendas fundiárias, baseadas nos arrendamentos. Mais piloto que parasita, o sistema senhorial desempenha muitas vezes um papel de animador durante a reconstrução dos campos e por ocasião da renascença que a prolongará, até o obstáculo das Guerras de Religião.

A conjuntura das cidades, do comércio e da indústria não é fundamentalmente diferente da dos campos e da agricultura. Em cronologia, o paralelismo é notável: arrancada urbana desde meados do século XV, seguida de um crescimento rápido; desaceleração eventual por volta de 1515; mas esta deixa lugar, até por volta de 1560, a uma muito honrosa prosperidade de ordem comercial e manufatureira. Prosperidade mal distribuída! O crescimento demográfico que a sustenta lança no mercado de trabalho, com efeito, mão-de-obra excedente; ela faz baixar os salários reais. Essa pauperização salarial aumenta, por certo, os lucros dos empresários, mas impede, a longo prazo, que cresçam de maneira espetacular o consumo das massas e, portanto, a produção de massa. (As especialidades de luxo, em compensação, tais como sedas e a indústria e comércio da seda, experimentam uma forte expansão.)

Mesmo refreado, o crescimento das trocas, das cidades e das oficinas terá apenas um tempo. As Guerras de Religião encarregam-se de interrompê-lo. Os primeiros combates dos anos 1560-5 são muito bem suportados, mas a partir de 1567-75 a grande animação da economia citadina não passa de uma lembrança. Ela dá lugar ao marasmo ou à ruína. As diversas curvas de que dispomos (gabelas ou taxas do porto de Marselha, tráfico das especiarias em Lyon, exportação dos vinhos de Bordeaux, pastel-dos-tintureiros em Toulouse, rendimentos dos pedágios do Loire e do Rhône) ratificam essa periodização: crescimento secular, depois estagnação e baixa. O avanço geral do Ocidente, ligado às recuperações de toda espécie, demográficas e outras, revigorara a partir dos anos 1450 as atividades das cidades, das lojas, dos entrepostos, das oficinas. Nessa questão, o papel dos tesouros vindos da América, como provedores de abundância monetária, fora apenas marginal (a partir de 1500). O grande impulso das importações argentíferas do Peru, mais precisamente do Potosí, é, de fato, bem posterior ao início do século XVI e data de cerca de 1560.

A expansão do setor não agrícola, estendida por mais de um século (1450-1560), é essencialmente recuperação do alto nível anterior à Peste que

(*) Direitos senhoriais: a senhoria fundiária se decompõe em duas porções: o domínio propriamente dito, alugado (como hoje) a um arrendatário, que paga um aluguel ou arrendamento; e, por outro lado, os direitos senhoriais em espécie ou em dinheiro, recolhidos sobre as pequenas culturas dos camponeses foreiros que circundam o grande domínio senhorial.

se experimentara desde os anos 1300-40? Ou se trata de um crescimento-foguete que transpassa os tetos e pulveriza os recordes de outrora, tal como se haviam estabelecido antes do "tempo das desgraças"? No domínio agrícola, como vimos, os fatos de recuperação pura e simples prevalecem sobre os fenômenos de verdadeiro crescimento. O setor urbano, em razão de sua maleabilidade, é *ipso facto* mais inovador; em certos casos, contudo, a "retomada" aí não é sequer completa; em Bordeaux, por exemplo, as exportações vínicas do belo século XVI permanecem bem inferiores, apesar de uma elevação honrosa, aos extraordinários recordes do começo do século XIV: nessa época, o grande porto girondino remetia regularmente 850 mil hectolitros de vinho por ano para as zonas setentrionais, e particularmente para a Inglaterra. Será preciso esperar a segunda metade do século XVII para que esses recordes medievais sejam atingidos e, enfim, ultrapassados. Em compensação, assiste-se alhures a verdadeiras aberturas de caminhos; elas fazem empalidecer as façanhas, doravante superadas, da Idade Média anterior à Peste: Rouen, por exemplo, *extra* e *intra muros* tem 35 mil habitantes no século XIII e talvez 41 mil em 1347. Ora, a cifra correspondente, desde 1560, situa-se provavelmente em 70 mil pessoas e se manterá mais ou menos nesse nível, com altos e baixos, até a Revolução.[1] Do século XIII ao XVI, estamos em presença de um episódio de verdadeiro crescimento, de guinada multissecular e irreversível, em que os anteriores tetos malthusianos, tão esmagadores no setor agrário, já não atuam muito, ou agem menos. Essas superações sem precedente são claras, nos domínios dinâmicos, com forte elasticidade: o Estado, a cultura... Mas não exageremos sua importância, pelo menos quanto às cidades: a França dos anos 1500, com seus 10% de população urbana, ainda não saiu de um certo subdesenvolvimento, mesmo em relação aos critérios pouco exigentes da época. Por contraste, Espanha e Portugal, nesse mesmo período, tomam de assalto os oceanos e os continentes. Certas redes capitalistas, em grande parte povoadas de italianos, neerlandeses, alemães e ibéricos, instalam-se às margens do reino dos Valois e apoderam-se da praça de Lyon. Os reinícolas, por seu lado, permanecem muitas vezes timoratos quanto às empresas distantes.

O papel do Estado e do bom governo, em matéria de desenvolvimento industrial e comercial, não deve ser superestimado. As primeiras tendências "mercantilistas" aparecem sob Luís XI e ganham corpo até 1560, na espera da continuação; elas se reduzem a um "nacionalismo moderado dos tempos de prosperidade".[2] Trata-se de atrair ou de conservar no território do reino o ouro e a prata (metais que a Igreja, em compensação, considerara como estéreis desde a Idade Média, tanto mais que geravam a usura e, portanto, o pecado). Trata-se também de banir o luxo e os tecidos de ouro ou de seda; na época, eles são sinônimos de importações que acarretam a saída e a perda das divisas. Trata-se, enfim, de encorajar as minas e as produções da indústria nacional, que se destinam à exportação ou ao mercado interno; espera-se que farão retornar as ditas divisas ou que as impedirão de deixar o reino.

Carlos VII era sobretudo um reconstrutor, não desprovido de habilidade. Luís XI concebeu, em primeiro lugar, algumas das medidas de ordem econômica que se pretendiam protetoras dos recursos e atividades nativos. Nisso esse monarca era bem de sua época, e filho de uma primeira Renascença: meditara, sem dúvida, sobre a carência de numerário, patente desde 1400. As decisões que foi levado a tomar para atenuá-la (como farão também seus sucessores) eram mais sintomáticas ou homeopáticas que eficazes; com ou sem elas, o desenvolvimento da economia ter-se-ia desencadeado de qualquer maneira, a tal ponto enraizava-se nas profundezas do demográfico e do social. Quanto aos objetivos de Luís XI ou de Francisco I, na matéria, visavam tornar mais sadias as finanças reais, graças ao eventual enriquecimento do país. Evocavam-se por antecipação as riquezas das nações, mas se pensava em primeiro lugar nas receitas do governo; desejava-se acrescer estas, com toda a inocência, pelo aumento daquelas.

Para a agricultura, em plena fase de recuperação, esse cálculo estatal é pertinente; mas, no caso, a política governamental em relação aos aldeões limita-se ao absoluto *laissez-faire*, salvo por confiscar pelo imposto uma parte das mais-valias rurais (à medida que estas emergem graças à retomada de longa duração). Assim se desenvolvem, em diversos séculos, as estratégias orçamentárias e vorazes de Luís XI e Richelieu. Será preciso esperar... os fisiocratas dos anos 1760 para que o ministério tenha enfim uma política de incitação agrícola, e que não seja puramente fiscal.

Quanto ao comércio e à indústria, as veleidades de ação governamental caem, entre nós, sobre um terreno menos favorável do que seria o caso entre povos comerciantes, de tipo flamengo ou do Norte da Itália. Os grandes negociantes, na França, são freqüentemente de origem estrangeira: italianos em Lyon, portugueses ou flamengos na costa atlântica. Os comerciantes franceses se ocupam sobretudo do tráfico interno, ou *silent trade*, sem dúvida importante, mas de fraca envergadura, e que não faz falar muito de si. A despeito do excepcional sucesso da praça lionesa (devido sobretudo aos italianos, acessoriamente aos alemães), os degraus canônicos da ascensão social "deportam" rapidamente o comerciante bem-sucedido, assim como seus filhos e seus capitais, para a compra de cargos e para a aquisição da nobreza hereditária: ora, segundo esta, salvo exceção marítima e por certo substancial, traficar é cometer indignidade.

De qualquer maneira, o mercado interno, tratando-se das especulações mais rentáveis, é estreito. Depois de 1500, os processos de pauperização, por baixa dos salários reais e por fragmentação sucessorial dos pequenos terrenos, reduzem as possibilidades de crescimento do consumo de massa (sem as anular, contudo). Em compensação, a alta dos rendimentos dos proprietários favorece a ascensão do luxo; é certamente um trunfo para os tráficos distantes mas que prescreve limites pouco transponíveis à expansão destes. O desenvolvimento constante do "capitalismo" implicaria, com efeito, compras populares capazes de aumento contínuo, como será o caso dos tecidos de algodão (por exemplo) a partir da Revolução Industrial. Nada de semelhante, no tempo da Renascença.

Uma visão de conjunto do comércio exterior dá uma idéia precisa desses limites estreitos; façamos abstração, com relação a isso, das "importações" de ouro e prata: elas assinalam simplesmente o caráter positivo da balança de pagamentos. Estabelecido esse ponto, constata-se que as importações francesas, em valor, no decorrer dos anos 1551-6, compõem-se em 54,3% de seda e tecidos de seda! Essa porcentagem que diz respeito a gêneros de puro luxo parece enorme; demonstra o caráter marginal do dito comércio exterior em relação às massas gigantescas e autárquicas da ruralidade francesa. De fato, esse tráfico internacional, em mais da metade, concerne a um punhado de consumidores privilegiados que são amantes de sedas; ele deixa indiferente a maioria silenciosa dos reinícolas. No segundo posto importador, depois das sedas e tecidos de seda, vêm as armas, a metalurgia, os metais (os três somados, 20,8% das importações). Essa cifra assinala evidentemente uma das fraquezas estruturais da França, menos dotada do ponto de vista mineral do que são a Alemanha ou a Inglaterra (algumas tentativas de exploração mineira nos Vosges e no Lyonnais argentífero, de Luís XI a Henrique II, não podem mudar grande coisa nessas carências geológicas, em um reino que dispõe, no entanto, sob esse aspecto, de recursos diversos, especialmente ferrosos). Enfim, o terceiro posto importador é o das especiarias, do açúcar e do alume, três gêneros que também estão ligados ao consumo elitista: contam 8,1% das importações francesas e acentuam ainda mais as características originais destas, muito pouco conectadas com o consumo popular.

Importadora de produtos luxuosos e caros, a França exporta em contrapartida bens de fraco valor agregado: eles provêm do setor primário (agricultura e salinas) ou secundário (indústria). Em um estilo mais simples, essas saídas de mercadorias contêm sobretudo cinco palavras: cereais, sal, vinho, tecidos de lã, telas. Os vinhos e o sal seguem para o Norte. Envia-se para o Sul um pouco de trigo, e sobretudo lãs do Languedoc em direção ao Levante. As telas de cânhamo fabricadas na Bretanha e nos arredores do Lyonnais dão asas aos navios, camisas aos vivos e mortalhas aos falecidos; vão para a Itália, o Oriente Médio e cada vez mais para a Espanha. Tudo isso não é consistente quando se pensa que, mesmo com uma balança comercial em excedente, as entradas de divisas assim proporcionadas compensam em boa parte as saídas de ouro e de prata destinadas à importação dos produtos de luxo, sedas e especiarias, cuja compra interessa apenas uma pequena minoria: o caráter relativamente minúsculo das importações certifica por jogo de espelho a insignificância das exportações, sendo estas comparadas ao enorme produto bruto de uma agricultura autoconsumidora da qual vivem quase diretamente 80% da vasta população nacional. Seguramente, certas indústrias de ponta e especialmente a imprensa lionesa se desenvolvem na França, mas, em um país ainda bastante iletrado, elas são quantitativamente diminutas, mesmo mostrando-se decisivas por seu efeito de desestabilização cultural.

Sob o ângulo financeiro, o desempenho do reino não é desprezível, em primeira análise. Desde 1475, o país dispõe de uma moeda sólida, o escudo de ouro; a libra tornesa, moeda de cálculo, desvaloriza-se apenas muito lentamente; equivale a 22 g de prata em 1475; a 14 g durante os anos 1560. É verdade que a riqueza-metal que funda nosso cálculo do valor das moedas tende ela própria a perder grande parte de seu poder de compra, em razão da alta dos preços de diversos produtos no século XVI. Não comentemos longamente as causas dessa alta (entre estas figuram o efeito inflacionário das chegadas de prata americana e sobretudo a elevação demográfica: esta aumenta a demanda e estimula, portanto, a subida das cotações em vista de uma oferta de bens de consumo e principalmente de produtos alimentares que permanece inadequada). Constatemos simplesmente que o índice dos preços parisienses passa do nível cem, por volta de 1510, para 606 por volta de 1580. Ou seja, uma taxa de inflação de 2,6% ao ano,[3] já inabitual e considerável, segundo o gosto do Antigo Regime; ela permanece nitidamente inferior aos ritmos galopantes de nosso século XX inflacionário, em que os 10% anuais de alta dos preços não serão raros, em certos grupos de anos.

Inflação e expansão, no total, atuam em limites bastante estreitos: vemo-lo bem pelo espetáculo das cunhagens monetárias francesas no século XVI: elas "cunham" justamente... sua modéstia de fato. Expressas em libras tornesas,[4] e calculadas por períodos sucessivos de cinco anos, ultrapassam os 2,5 milhões de libras tornesas por volta de 1500, os 3,2 milhões por volta de 1525; atingem os 6 milhões por volta de 1550, e superam os 7 milhões por volta de 1575. Gloriosa ascensão! Mas, se se expurgam essas cifras da inflação do século, recalculando-as a preço constante, e reduzindo-as, por exemplo, ao seu equivalente-trigo, observa-se um quadro menos alegre: os mesmos qüinqüênios de cunhagem monetária[5] equivalem então a 2 164 000 sesteiros* de trigo por volta de 1500; 1 171 000 por volta de 1525; 1 544 000 por volta de 1550; 822 mil por volta de 1575. A última cifra corresponde aos três maus anos das Guerras de Religião, mas as três outras, em tempo de paz interna, no entanto, não indicam crescimento nítido, bem ao contrário. As cunhagens monetárias, efetuadas em nome do rei, materializam um contato entre o Estado e a economia. Sua relativa letargia durante a Renascença obriga a banir qualquer triunfalismo, tratando-se de desempenhos estatais, econômicos e financeiros, nessa época. Por certo, o banco é bem organizado, em Lyon; um sistema original de pagamento, nas feiras dessa cidade, permite evitar a maior parte dos gastos em metais preciosos; os homens de negócios aí regulam suas dívidas mútuas mediante movimentos de escritura. Lyon, como praça financeira, influi bem longe no espaço francês, a ponto de ser paradoxalmente (com Rouen e Bordeaux) uma das capitais de nossos seguros marítimos sob Henrique II. Mais geralmente, as obrigações notariais (na base) e as letras de câmbio (no topo) tecem um vasto sistema de crédito rodaniano, que permite aos comerciantes e aos produtores dispensar dinheiro vivo. O próprio Estado apela a diversas categorias de emprestadores; altos funcionários tais como os tesoureiros da França e generais das finanças; burgueses de Paris por intermédio dos títulos da prefeitura** (1522); financistas italianos e alemães de Lyon, no fim do reinado de Francisco I e sob Henrique II. Os processos contra representantes de fortes dinastias financeiras (e que, no caso do superintendente Semblançay, levam o interessado à força, em 1527), as falências retumbantes como as do Grand Parti de Lyon (1558) permitem ao Estado libertar-se periodicamente da dívida com os banqueiros, mesmo tendo de solicitá-los novamente quando se atenua a desagradável lembrança da bancarrota. As aberturas de caminho dos bancos privados para o financiamento e para a gestão dos orçamentos relativos às cidades, às alfândegas, às senhorias e às igrejas não poderiam dissimular, no total, o relativo subdesenvolvimento de nossas estruturas bancárias e financeiras, ou mesmo

(*) O sesteiro de trigo de Paris corresponde a um volume de 1,56 hectolitro de grão.

(**) Títulos da prefeitura: capitais emprestados ao rei por particulares, mas cujos juros eram pagos ao credor de maneira relativamente segura. Esses juros eram recolhidos, com efeito, sobre taxas parisienses, que atingiam a carne, o peixe, o vinho etc., e que eram administradas e garantidas pela prefeitura da capital.

sua ausência pura e simples, excetuando-se Lyon e algumas outras cidades de menor calibre. Os franceses só se apropriarão de sua rede fiduciária, até então mantida por estrangeiros, a partir do fim do século XVI.

Geograficamente, esse misto de atividades de ponta (minoritárias) e de retardamento (majoritário) que é o reino deixa-se definir muito bem: os pólos do poder estão em uma vasta zona setentrional, que inclui a Normandia, a Île-de-France e o Norte da Borgonha (depois da anexação desta por Luís XI). Apenas é preciso desbloquear, desentalar esse grande Nordeste. A reabertura do istmo francês do Norte ao Sul e a busca dos mares quentes acompanham o novo destino de Lyon, estimulado pelos transalpinos. Essa será mesmo, no século XVI, uma das justificações, certamente nebulosa, das guerras da Itália. Desde 1465, há deslocamento estratégico, e importante: os Medici transferem para Lyon sua sucursal de Genebra. Em 1502, mais de quarenta firmas florentinas estão muito perto de suas atividades na confluência do Saône e do Rhône. Lyon importa as sedas e tecidos de seda da Itália, os metais e as telas da Alemanha, as lãs da Inglaterra; exporta o tecido e a ferragem francesa; enfim, produz no local o livro e logo alguns tecidos de seda. Essa animação acarreta uma alta demográfica que se mostra bem mais que proporcional, em comparação com a simples duplicação populacional que em um plano mais amplo é registrada. Havia 20 mil lioneses sob Luís XI, mas 65 mil no tempo de Francisco I. A aglomeração humana conduz à proletarização, como alhures na França urbana e rural. O poder de compra do salário lionês calculado em equivalente-trigo passa do índice 110, por volta de 1510, para o índice 85 por volta de 1560. Em um período mais longo, o rebaixamento do poder de compra popular seria de metade, entre 1505 e 1595.

A felicidade lionesa, para dizer o mínimo, é desigualmente distribuída. Ela não exclui o deslocamento de certas rotas comerciais: "o eixo francês", depois da decadência das feiras de Champagne, corre de Rouen e Paris para Lyon e o Midi, pelo Loire médio e superior, ou pela Savóia. Mas o Midi, por sua vez, muda de base e de definição geográfica: era occitano e de margem direita do Rhône; portanto, centrado em Aigues-Mortes e nos outros portos languedocianos (Agde, Montpellier, Lattes) para a entrada das especiarias e para a saída das lãs vindas do Norte ou de Carcassonne. Com a inclusão da Provença no reino dos Valois (1481), Marselha, englobada ao mesmo tempo, torna-se o último porto de armamento dos tráficos Norte—Sul da França e desvaloriza, em conseqüência, os portos languedocianos. A expansão do tráfico portuário estava já fortemente iniciada em Marselha na metade do século XV: o crescimento anual do imposto sobre as transações se situava, com efeito, em 5,02% de 1438 a 1465, para se estabilizar em 1,03% de 1465 a 1515 e 2,8% de 1515 a 1540. O impulso demográfico, nessas condições, é nitidamente superior à média nacional: 10 mil marselheses por volta de 1500; mas 30 mil em 1554. A cidade, como se vê, não se torna gigantesca; os marselheses, que não têm de modo algum a envergadura de seus amigos ou concorrentes italianos, instalam-se, sem muita previsão, no Levante e na África do Norte; aí traficam grãos, peles, e praticam a pesca do coral em águas profundas. Às margens do Lacydon firma-se a fortuna dos Forbin, descendentes de um peleiro de Langres que chegou à Provença no fim do século XIV; dominam a prefeitura e a Canebière desde 1475-84, até ter descendência de arcebispos, de almirantes e de cavaleiros sob Luís XIV. No total, as novas fortunas de Marselha e de Lyon poderiam compreender-se inteiramente, se se evocasse a seu respeito a anexação da Borgonha por Luís XI: ela abriu para a França a heróica passagem do eixo Rhône—Saône.

A fachada atlântica, em princípio, oferece-se a horizontes mais vastos do que é o caso do eixo continental Paris—Lyon—Marselha; à primeira vista, eles parecem quase infinitos para um século XVI sem litorais. Infelizmente, os portos ocidentais do reino, à diferença de Antuérpia, Lisboa ou Sevilha, não se apropriam de sua justa parte dos novos negócios transoceânicos. Nantes, por exemplo: a dominação francesa sobre essa cidade, em 1491 (dez anos depois de Marselha), dá o último retoque favorável a uma conjuntura que, de qualquer maneira, era secularmente positiva. Um segundo plano nacional (na direção do vale do Loire e dos trasbordos parisienses) torna-se mais aberto ainda aos habitantes de Nantes. Seu desempenho, no entanto, permanece modesto. O povoamento dessa cidade portuária, que se acreditaria prestigiosa, passa simplesmente de 15 mil habitantes (fim do século XV) a 25 mil (fim do século XVI). As pestes aí continuam freqüentes até o começo dos anos 1550. Elas entravam o desenvolvimento. Os negociantes espanhóis se implantam nos cais do baixo Loire, mas os 2 mil barcos, geralmente cascas de noz, que freqüentam Nantes, limitam-se, e já é muito, a exportar vinho, assim como a importar sal ou bacalhau, cujo iodo marinho atenua os bócios dos homens. A fixação de uma Câmara de Contas em Nantes, no início do século XVI, não muda grande coisa nessa expansão de rotina. Nada de muito notável em Bordeaux, igualmente. Ali também, vinho, sal, óleo de oliva, ameixa seca e pastel-dos-tintureiros toulousiano na saída; bacalhaus na entrada, trazidos por pescadores bascos financiados por capitais da Gironda. Por certo, os contatos decisivos são feitos ou retomados entre o estuário do Garonne e a Inglaterra ou os Países Baixos, mas as mutações estruturais da cidade ainda estão por vir; elas intervirão no século XVIII com a importação/exportação dos gêneros coloniais, das aguardentes e dos vinhos finos. As Luzes bordelesas identificar-se-ão com o mundialismo conquistador de Montesquieu, pensador e vinicultor; a Renascença girondina preferia ater-se, tardiamente, ao ceticismo crítico do senhor de Montaigne.

Por mais estranho que isso possa parecer, nesse século XVI francês o verdadeiro Atlântico está na Mancha. Os comerciantes de Rouen, com efeito, sentem o apelo da América e da Ásia, mas não seriam mais que mercadores de fundo de loja se não fossem sustentados, em sua hinterlândia, pela forte influência do mercado parisiense, isto é, em última análise, pelo Estado protocentralizado. Rouen, que sufoca em sua bacia, tem 45 mil habitantes por volta de 1510, e já 70 mil em 1560. Três vezes Nantes. No século XV que finda, e já prospera, as trocas rouanesas permanecem clássicas: trigo e vinho na saída; arenque e sal na entrada. De 1475 a 1515, as importações de sal são multiplicadas por seis! Mas muito depressa o crescimento quantitativo acompanha-se de uma diversificação: em 1508, dezesseis anos apenas depois da descoberta da América, os marítimos da alta Normandia se interessam pela Terra Nova. Em 1542, sessenta barcos deixam o baixo Sena por essa grande ilha e pela pesca do bacalhau. O Havre é fundado como reforço, embora com outros fins, em 1517. A tecelagem de Rouen, graças aos moinhos de apisoar, aumenta sua produtividade; troca seus produtos pela lã castelhana, o alume da Itália central, a pimenta e o açúcar vindos de Lisboa, Sevilha, Madeira. Os marítimos de Rouen fazem vir a tintura vermelha do Brasil. Outros comerciantes rouaneses irão até a África, Madagáscar, Sumatra. Seus empreendimentos não têm a envergadura dos de Antuérpia, mas sobrepujam amplamente as tentativas de Nantes, Marselha ou Bordeaux.

Uma história do Poder, como esta, não poderia definir a "base" de seu tema apenas pela colocação em causa dos centros de negócios e do mundo rural, ou pelo estudo das relações entre economia e demografia, meios de subsistência e população. A rede das cidades, como enxame social, deve ser evocada por sua vez, sob diversos pontos de vista: peso específico, sociabilidade, cultura de massa, laços com o Político.

A França, em seus limites da Renascença, inclui 1,2 mil "cidades fechadas", portanto, encerradas em grossos muros; seja uma cidade fechada para 10 mil, e depois para 15 mil camponeses, à medida que se amplia a população do reino; entre elas, enumeram-se quinhentas sedes de tribunais reais ou sedes administrativas de judicatura; e, "coroando" o todo, trezentas boas cidades; ou seja, no fim das contas, três ou quatro boas cidades em média para cada um de nossos atuais departamentos; em linhas gerais, uma boa cidade por distrito (contemporâneo). Entre os traços particulares das boas cidades, citar-se-ão a força militar, a presença da administração, a atividade de um grupo de homens de lei e, enfim, a "influência" dos comerciantes urbanos sobre os artesãos-camponeses do campo. À frente da rede urbana, Paris, desde o fim dos anos 1460, recuperou seus 150 mil habitantes do decênio 1400, em contraste com os baixos efetivos dessa cidade por volta de 1420-30. A grande cidade de Île-de-France encaminha-se gradualmente, de geração em geração, para um nível "recorde" de 300 mil pessoas: essa cifra será talvez alcançada por volta de 1560, depois se recairá nas 200 mil almas no fim das Guerras de Religião. Carlos VII, no limiar de nosso período, desertara Paris, da qual guardava má recordação depois dos complôs anglo-borgonheses. A seu exemplo, os reis Valois da Renascença abandonarão freqüentemente o Louvre para residir às margens do Loire ou em Fontainebleau. Esse abandono não prejudica muito, no entanto, os dinamismos próprios de Paris, que permanece capital administrativa do reino, na falta de ser, em todos os casos, sede da decisão política.

Depois dessa "sede administrativa" principal, vêm as cidades muito grandes (50 mil habitantes), grandes (20 mil habitantes), médias (5 mil a 10 mil) e pequenas (2 mil); não negligenciaremos igualmente as cidades minúsculas, as "pulgas". Elas podem ter, no extremo, menos de mil habitantes.

O fim dos mecanismos de decréscimo, a partir de meados do século XV, enfraquece paradoxalmente alguns centros que, fortalecidos por uma posição estratégica e por um desvio momentâneo dos eixos comerciais em seu benefício, haviam prosperado... graças às Guerras dos Cem Anos. Por exemplo, Foix, Tarbes, Bayonne. Mas, essencialmente, o setor urbano experimenta a expansão contínua entre 1450 e 1560; isso não exclui de modo algum "os altos e baixos", em outras palavras, a alternância das fases de forte e de menor crescimento. A expansão, segundo os casos, recupera o nível anterior à Peste (Romans, Périgueux no fim do século XV) ou o ultrapassa bem amplamente (é o caso de Rouen no decorrer do século XVI). Em fim de período, por volta de 1560, o número total dos citadinos (se nos limitarmos às localidades de mais de 2 mil habitantes) não deve ultrapassar muito 2 milhões de pessoas; ou 2,5 milhões, no máximo.

As cidades, onde o casamento das moças é mais precoce do que o será nos séculos XVII e XVIII, podem crescer por si mesmas, se é que o permitem os cortes sombrios das epidemias. Mas, principalmente, a imigração as incha, vinda dos campos; ela provoca a alteração incessante do estoque de antroponímia citadina,* a "tormenta das linhagens". Os maiores centros podem contar até 30% ou 40% de imigrados (geralmente nascidos no reino) no seio de sua população total. Esse bônus demográfico amplia as famílias urbanas: elas atingem quatro ou mesmo cinco pessoas por fogo (como em Carpentras em 1473), em lugar de três por lar quando do nadir de 1420-30. O fluxo ascendente da conjuntura irriga prioritariamente os setores ativos da vida urbana: ofícios da alimentação, pessoal doméstico, profissões jurídicas e legais... Certas cidades são especialmente ativadas pelo crescimento das trocas, ou por uma momentânea situação de capital: Tours está nesse caso e experimenta, desde Luís XI, uma febre de especulação fundiária ou de loteamento. Em certos domínios, fica-se longe do esperado: as pontes sobre os grandes rios (Sena, Garonne) haviam orgulhado os séculos XIII e XIV em Rouen, Agen etc. Ora, várias delas serão reconstruídas apenas no século XVIII.

Um fenômeno de integração acompanha o desenvolvimento urbano e limita, sem anulá-lo, o efeito de anarquia que ele poderia acarretar. Os ofícios jurados ou corporações, cada vez mais numerosos, estimulados pelo poder real, enquadram os artesãos: estes, em compensação, na metade do século XV, beneficiavam-se ainda, em muitos casos, da liberdade de empreender. O corporativismo é especialmente ativo no Norte da França. As "jurandas" assim formadas pagam ao monarca, que não exige coisa melhor, um imposto no padrão do fisco. Depois de 1500, elas contribuem para frear um pouco a mobilidade social... que lhes dera origem: os companheiros chegam mais dificilmente aos postos de patrão de oficina. A expansão do artesanato engendrará, então, o congelamento corporativo, que muito mais tarde acabará por entravá-la, por sua vez.

Por volta de 1500-30, o dinamismo artesanal permanece vivo, no entanto: ao lado das jurandas, de essência teoricamente leiga, as confrarias religiosas ou cultuais se estabelecem um pouco em toda parte. Gozam do patronato de um santo. São "espontâneas ou suscitadas, festivas, profissionais, devotas, políticas, corteses, teatrais, hospitaleiras ou caritativas".[6] Dão prova de liberdade, ou mesmo de fantasia. Elas se fixam em torno de um ofício, mas também a partir de uma paróquia, de um bairro, de um território. Esse bulício celular multiplica igualmente as abadias alegres, em forma de pseudocleros monacais, abertos apenas aos leigos: elas disciplinam, por meio de tumultos bem regrados, o protesto selvagem que os jovens expressariam de bom grado contra a ordem sexual ou conjugal.

(*) A noção de "estoque de antroponímia" é útil aos historiadores das populações antigas que tentam medir as migrações e oscilações demográficas pela renovação dos nomes de família ao longo das décadas ou das gerações.

As "abadias" divertidas, sob o título de *Bongouvert* ou *Maugouvert*, encorajam a solidariedade "diagonal". Unem os jovens de dezoito a 36 anos, casados e não casados. Integram os imigrados. Ensinam, sobretudo depois de 1500, a cortesia em relação às mulheres e moças, que dançam nos dias de festa, em companhia dos "fradinhos" do "mosteiro" de Maugouvert:* o segundo sexo, nos tenros anos, não se confina mais inteiramente na sociabilidade tradicional do forno, do lavadouro e do moinho. Jurandas, confrarias e "abadias" funcionam, à sua maneira, como escolas de poder; regularizam a vida urbana; contribuem para produzir, no plano de base, um funcionamento relativamente harmonioso das cidades, no quadro global do reino.

As forças comunitárias e de atração mútua entre cidadãos não se resumem de modo algum ao corporativismo confraternal ou pseudo-abacial dos artesãos e dos jovens. Tiram também sua substância de uma cultura citadina que se propaga tanto entre as pessoas modestas como entre as abastadas. Delas só se excluem os marginais ou os homens muito pobres. Cultura de um só andar!** Ela mescla na nave, assim como no átrio das igrejas, o sagrado e o burlesco; faz alternar a bênção do Santo Sacramento e o desfile dos asnos com uma mitra na cabeça. Com o risco de chocar os cristãos rigorosos, considera que Deus, eventualmente, não desdenha ser tomado por inextinguíveis gargalhadas. Ela aumenta a coesão coletiva pelo uso repetitivo das "sotias, moralidades, sermões, cavalgadas triunfais". Entrega-se, unanimemente, à desoladora rebelião antijudia, pelo menos em algumas cidades provençais. Do ponto de vista "comunitarista", a alta cultura elitista, por sua vez, vai mais longe; recorrendo à história local, celebra um patriotismo urbano. Disso dão testemunho, em Metz e em outras partes, os escritos de Philippe de Vigneulles*** ou de seus homólogos.

De fato, depois do "buraco negro" das Guerras dos Cem Anos, a moda educativa faz furor novamente nas boas cidades, e não apenas para uso da elite. Ela deixa inteiramente de lado somente o povo miúdo (40%

(*) Bom governo ou mau governo; os dois termos, habitualmente humorísticos no caso, são eventualmente intercambiáveis.

(**) A expressão "cultura de um só andar, espécie de prato único" pode surpreender. Corresponde, no entanto, aos fatos reais, em nossos dias, em certos setores do audiovisual em que o quadro superior e o operário vêem muitas vezes a mesma transmissão de variedades ou de futebol na televisão. De maneira análoga, mas não homóloga, a missa dominical, o teatro religioso e o Carnaval misturavam as classes sociais, unidas pela visão de um mesmo espetáculo, nas cidades da Renascença.

(***) Philippe de Vigneulles (1471-1527), nascido na burguesia de Metz, é o autor de uma crônica com caráter histórico, que diz respeito a Metz e à Lorena.

do efetivo total). Excetuado esse grupo, as pedagogias, cada vez mais seletivas, propõem a alfabetização primária, depois a grande escola a partir dos dez anos. Vem em seguida o aprendizado notarial ou mercantil. A universidade, enfim, é freqüentada por alguns até 28 anos, e lança no mercado de trabalho, em cada cidade importante, algumas dezenas de graduados, promovidos, no melhor dos casos, aos cargos prestigiosos ou de alta rentabilidade.

A penetração das Luzes, mesmo primitivas, orienta os espíritos do melhor nível para o estudo das antiguidades da cidade; elas são fontes de orgulho e de comemoração espetacular. O brio citadino se estende aos monumentos comuns. Seria exagerado falar de urbanismo; este se materializa apenas provisoriamente nos cenários, de madeira e tela, que se realizam para as entradas principescas, e que são aplicados sobre a desordem das ruelas. Os equipamentos coletivos, contudo, não são desprezíveis: incluem as muralhas, a torre do relógio (chegou-se a medir o tempo), a seta da igreja catedral, a prefeitura, e os bordéis centralizados, que trabalham a serviço da coisa pública. Uma reação moralizante intervirá apenas depois de 1490-1500, quando a sífilis ''desbordelizará''* as ruas e as consciências, logo ajudada nessa tarefa despoluidora pela ofensiva puritana dos primeiros protestantes. Ao exaltar as instituições gerais do mercado, a Renascença e sobretudo a Reforma o especializarão; destiná-lo-ão ao comércio propriamente dito, e desejarão retirar-lhe certos setores, como o do amor (prostituição doravante malvista) e da religião (indulgências de agora em diante desconsideradas).

O século XV é o tempo das capitais: Paris, evidentemente, mas também Tours, Avignon, que mesmo sem a presença física do papa conserva alguns belos vestígios de seu anterior poder pontifical, financeiro etc. Citemos também as cidades que são sedes administrativas dos ''príncipes apanagistas, grandes feudatários e dinastas dos principados periféricos''[7] (Dijon, Rennes...). Elas são descapitalizadas depois das conquistas francesas; mas sua influência é confirmada pelos Valois. Sem hesitar, eles lhes outorgam Parlamentos, universidades, câmaras de Contas. Senão, poderiam elas enquadrar as novas províncias?

(*) O verbo, ou o neologismo, que propomos aqui poderá chocar certos leitores. Como quer que seja, parece bem estabelecido que a sífilis, vinda da América para a França via Espanha e as guerras da Itália do fim do século XV, contribuiu para desvalorizar, por causa nova de perigo venéreo, as ''casas públicas'' ou bordéis nas cidades; ela contribuiu também para difundir mentalidades mais ''puritanas'' (*avant la lettre*), em suma, mais amedrontadas diante da sexualidade que se tornou perigosa, o que não era o caso na Europa e na França antes da descoberta do Novo Mundo.

De maneira mais geral, de Luís XI a Henrique II, a lealdade das cidades francesas afirma-se em muitas circunstâncias. Será preciso, considerável ruptura, que uma clivagem ideológica e religiosa, de origem huguenote, se manifeste em escala nacional para que uma "liga" católica e facciosa se forme, em troca, contra a dinastia legítima. No início do século XVI, não se chegou a isso: as fontes do lealismo urbano são a uma só vez vivas e antigas; historicamente, as cidades contestavam os senhores muito mais do que afrontavam os monarcas. Por volta de 1500 ou 1550, na província, os funcionários reais, no local, vivem em simbiose com a prefeitura. Os melhores teóricos do centralismo monárquico, no século XVI, recrutam-se... em Toulouse.* Erraríamos ao imaginar essa cidade (em razão apenas de sua localização meridional) como federalista ou a favor da independência.

Típicos, nesse terreno, foram já os comportamentos de Luís XI: encorajou com todas as suas forças a criação dos corpos e conselhos de cidade. Assim fazendo, emancipava os núcleos urbanos. Mas não era, por isso, desinteressado: esperava converter as cidades aos seus projetos políticos, manipulando a irresistível alavanca das isenções fiscais. Estas aumentavam proporcionalmente, por efeito de transferência, as taxas que pesavam sobre os rurais, eternas vítimas do sistema. O poder de Estado, apesar de suas aspirações e uma onipotência de fachada, era *de facto* descentralizado ou regionalizado. O Conselho do rei funcionava em relação às cidades como tribunal administrativo, muito mais que como Conselho dos ministros. "Os governadores e lugar-tenentes gerais das províncias eram vice-reis, não superprefeitos." Tanto em Paris como na província, os Parlamentos, por suas capacidades regulamentares, teriam podido desempenhar um papel quase prefeitoral. Mas essas altas assembléias judiciárias, na realidade, compunham-se de funcionários oriundos da elite local ou integrados a esta; isso basta para diferenciá-los dos prefeitos que serão utilizados por nossas autoridades contemporâneas.

Muitas vezes livre de impostos, pelas boas graças do soberano que considerava menos perigoso sobrecarregar o campesinato, o mundo urbano se autotaxava por sua própria decisão e bem livremente pelo lado dos encargos indiretos ou arrendamentos comunais. Eles diziam respeito às alfândegas e consumos de gado, farinha, vinho etc.: quanto mais se bebia na cidade, mais se tinha dinheiro para reconstruir as muralhas à sua volta; o vinho salvava os muros, as tabernas consolidavam as muralhas. O fim do século XV, em plena fase de recuperação ou de desenvolvi-

(*) O mais eminente deles é Charles de Grassaille, autor, em 1538, de uma *Regalia da França*, fortemente absolutista.

mento econômico, foi a idade de ouro das finanças urbanas; seu produto aumentava no ritmo da expansão dos tráficos e das indústrias. A monarquia renascente abeberava-se nesse pactolo, pelas técnicas dos empréstimos e, depois, dos títulos da prefeitura (Paris, 1522), que já conhecemos. Os juros destas, pagos com regularidade, ofereciam garantias de rendimento e de segurança (relativa) às famílias credoras, que pertenciam muitas vezes à elite ou simplesmente à *sanior pars* da cidade.

Integração intra-urbana; entendimento bastante cordial com o centro monárquico... Colocada sem nuances, essa dupla asserção se tornaria simplificadora. De fato, a cidade se divide: no topo, uma *sanior pars* ou *senior pars*,* forma a elite, no sentido amplo; personagens de peso a compõem, nem sempre estando na primeira juventude. Uns são funcionários, membros do aparelho judiciário, outros são bons comerciantes; permanecem com freqüência próximos uns dos outros, no último terço do século XV. Mas, depois de 1500, tendem a divergir um pouco ou a cindir-se: "Traição dos letrados". Os funcionários, doravante, isolam-se do comércio; sua endogamia se precisa ou aumenta. Fixam-se como *noblesse de cloche* ou pré-nobreza de função: ela se beneficia de superisenções fiscais. A *sanior pars*, encarada grosseiramente como um todo, persiste, contudo, em dominar o artesanato, mesmo organizado; esnoba ainda mais os camponeses que continuam numerosos *intra muros*; eles constituem, com efeito, até 20% a 30% do efetivo total do povoamento urbano, em particular no Midi. Contrastes! Notamos que a cultura citadina, em certos domínios, implica simbolicamente apenas uma categoria, folclórica e festiva, à qual quase todos têm acesso. Mas comporta, por outro lado, suas torrentes de desdéns; elas não farão mais que aumentar e estender-se, na medida em que a pauperização na base e o luxo relativo no topo farão separar-se os grupos sociais.

De fato, as tensões vão aumentar nas cidades e colocar alguns problemas aos Poderes, se não ao rei, a partir do momento em que se distancia a idade de ouro dos salários e dos "altos" níveis de consumo plebeu; eles haviam culminado[8] por volta de 1450-75, em razão do despovoamento estabelecido por algum tempo; em razão também da interrupção das guerras, acompanhada de uma rápida reutilização dos solos fornecedores de víveres. Não se trata, por certo, de pintar em cor-de-rosa esse bem-estar modesto! Com 26 quilos de carne por ano e por habitante em Carpentras em 1483, e sem dúvida mais na França setentrional, não se estava ainda no paraíso das proteínas. Os ingleses, a começar por

(*)Trata-se respectivamente da parte mais sadia (em sentido figurado) e da parte mais idosa da população.

John Fortescue,* não se privavam de zombar dos padrões de existência franceses, nitidamente mais baixos que os deles. No entanto, esse nível de vida simplesmente conveniente, na segunda metade do século XV, era mais elevado, inclusive quanto às rações de carne, do que será durante a fase de empobrecimento que se vai seguir, depois de 1500; esta nascerá da inchação demográfica, em período de alta insuficiente das produções agrícolas. Múltiplos são os caminhos dessa pobreza aumentada que, com certeza, não é radicalmente nova: espacialmente, ela acentua o *zoning* urbano** que, de qualquer maneira, permanece bastante incompleto! Repele os pequenos, parcialmente, para os subúrbios e para os andares mais altos das casas, quando estes existem, por exemplo, em Paris e em Lyon. Engendra uma certa contestação, ao passo que as revoltas urbanas, antes, durante a segunda metade do século XV, haviam deixado de ser muito importantes. Haviam mesmo "cedido", notavelmente, de Carlos VIII ao jovem Francisco I. Recobram alguma pugnacidade na França atlântica e especialmente em Bordeaux, durante os anos 1540. Guardadas as proporções, quer se esteja em período de fluxo, quer de refluxo contestador, a estrutura ética das revoltas persiste, entre 1450 e 1560; ela fornece um modelo às rebeliões vindas da base: são mais simbólicas que mortíferas; "elas destroem mais do que pilham; dilapidam mais do que roubam".[9]

A violência urbana, pensando bem, ultrapassa amplamente o quadro tacanho dos questionamentos da autoridade política, municipal, real. Como simples delinqüência, criminal ou civil, essa violência é costumeira. Brota de grupos relativamente integrados (pessoal doméstico, lacaios, estudantes); não se limita a impulsionar as personalidades marginais. Ela pena com a Justiça e com os magistrados; mas goza da ausência de uma polícia profissional, mais ou menos suprida pelos *clamores de protesto*: estes dão a cada um o direito de correr atrás dos ladrões e de calar o bico do crime, autorizando-se da majestade coletiva do grupo urbano, ofendido pelo ato delituoso.***

Em suma, um equilíbrio relativo instaurou-se durante a primeira Renascença no interior mesmo das cidades; e também fora delas, em suas rela-

(*) Sir John Fortescue, jurista inglês, morto muito idoso, por volta de 1479: suas observações efetuadas sobre o continente na época de Luís XI permanecem preciosas para uma história social comparada, de um lado ao outro da Mancha.

(**) O termo *zoning* é empregado hoje pelos urbanistas para caracterizar o sistema de auréolas de nossas cidades (as pessoas ricas no centro, os pobres na periferia; ou então, nos Estados Unidos, o inverso). Ele já teria sido pertinente, embora em um grau bem menor, no século XVI.

(***) Amplamente atestado na Normandia até sob o Antigo Regime, o uso do clamor de protesto parece ter sido difundido em outras regiões da França setentrional na Idade Média.

ções com os poderes superiores. Ele resiste mal aos desenvolvimentos novos do século XVI.

A Reforma protestante, a partir da década de 1550, vai introduzir cortes ideológicos nos quais bem pouca gente teria pensado cem anos antes. O Estado em crescimento inaugura com feliz lentidão sua empresa de corrosão dos poderes locais. A artilharia deprecia as muralhas tradicionais: elas ainda tinham aparência altiva sob Luís XII, tornam-se menos eficazes sob Henrique II, *a fortiori* no tempo de Henrique IV. Uma parte da burguesia, a dos cargos, "trai" seu grupo social para formar uma nobreza urbana; ela olha com arrogância os bons negociantes das ruas comerciais. Enfim, a explosão demográfica aumenta o número dos miseráveis; torna menos operante a distinção clássica, proposta até então pelas cidades, entre os "pobres de Cristo", que eram socorridos porque filhos da cidade, e os pobres estranhos, que se deixavam perecer friamente ao pé das muralhas. O ano de 1560 dava, então, o toque de finados de um certo unanimismo urbano que talvez fosse apenas de fachada...

# 2
# *A ROSEIRA DAS GUERRAS**

Cem anos antes, por volta de 1460, na elevação ao trono de um rei cuja força pouco a pouco saberá impor-se, ainda não chegamos lá. Os conflitos ideológico-religiosos ainda estão por nascer, o sistema político se decifra, com toda a simplicidade, no plano das estruturas de poder e das oposições de interesses.

O meio político no qual se inscreve o reinado de Luís XI certamente não é mais "feudal", no sentido completo do termo; isso não impede que, em nome de um "feudalismo bastardo", sejam ressuscitadas ou criadas de alto a baixo ordens de cavalaria (Toison d'Or, da Borgonha; Saint-Michel, para os franceses). Seu objetivo, em um quadro sagrado, equivale, se possível, em estilo cavalheiresco, a subordinar os altos nobres ao poder do Príncipe. Dispensada de taxas fiscais, a nobreza em geral não é de lastimar, nem é maltratada *a priori* pelo Poder, em um mundo em que permanece exato o apotegma de Philippe Contamine: "Nobreza é igual a status".

A monarquia francesa, desde a década de 1460, é, no entanto, administrativa e taxadora: os funcionários e os impostos, na elevação ao trono de Luís XI, podem parecer pouco consideráveis no absoluto, mas são já, de um ponto de vista relativo, respectivamente os mais numerosos e os mais pesados, em comparação com outras regiões da Europa. O sentido do Estado, da nação, da pátria, do reino ou do país (essas palavras permanecerão muito tempo intercambiáveis) difunde-se nas elites e, até certo ponto, nas massas, inclusive rurais. Esse sentido e esse sentimento fixam-se na pessoa e na centralidade do rei. Propagam-se por meio de uma língua,

(*) Modificamos (a fim de dar título a este capítulo sob os auspícios do florescimento francês e da ocorrência dos conflitos belicosos) a denominação literal que foi dada a uma coletânea de textos políticos e morais, redigidos a partir do ditado que deles fez pessoalmente Luís XI.

o francês: além dos dialetos, ela é comumente conhecida, no modo passivo e muitas vezes ativo, até o Sul do Loire. Inaugura, assim, sua longa marcha meridional em direção ao baixo Rhône e a Garonne, à custa das línguas de *oc*. Quanto ao monarca, já não é obrigado a identificar-se estritamente com a impossível e sedutora imagem de Príncipe virtuoso. Os teóricos admitem doravante que ele use de *finura* ou de astúcia, com a condição de salvaguardar as aparências. Maquiavel não é nascido, mas não está longe. O Príncipe, quando é francês, passa por imperador em seu reino; é, portanto, soberano "direto" de todos os *súditos*, grandes inclusive, cujos deveres são agora mais pesados do que o eram outrora os dos poderosos *vassalos* de tipo feudal. A vaga revolucionária dos anos 1350-1420 que, em prejuízo dos monarcas, deu tanta importância às assembléias representativas, começa a refluir. Estas, porém, sob o nome de Estados Gerais e provinciais, conservam um certo papel, embora subordinado. A Igreja da França se denomina há muito tempo galicana, portanto, nacional, mesmo quando admite uma certa superioridade da parte do bispo de Roma: ganha em coesão interna o que perde em autonomia em relação ao soberano. Ela não é, o que quer que diga Michelet, a grande vítima do "regime" dos Valois renascentistas. Assim como não o é a nobreza.

O corpo dos funcionários, *alias* oficiais,* beneficia-se de uma estabilidade do emprego; esta chega às venalidades dos cargos, produtoras de uma certa nobreza por vir e admitidas entre personagens privadas, na falta de ser legitimadas de maneira direta pelo Estado, como o serão no século seguinte. Contra os principados regionais que permanecem vigorosos, o Estado real encoraja a auto-afirmação das cidades; elas não pediam tanto; figuram, contudo, entre os melhores auxiliares de Luís XI, em luta contra as autonomias principescas.[1] Estas passarão de moda, em um reino em que François Hallé, luminar do Parlamento, proclama, em relação aos grandes outrora rebeldes, uma nova divisa de ressonâncias quase imperiais: "A ninguém cabe impedir os direitos do Rei".** É verdade que entre os direitos eminentes da monarquia figura o de fazer ou, antes, de mandar fazer boa justiça e, portanto, de estar sujeito, ainda que regiamente, aos imperativos éticos desta.

(*) Os dois termos não são absolutamente sinônimos: mas o segundo se inscreve efetivamente no lugar social que, em nossos dias, será ocupado pelo primeiro.

(**) François Hallé, agente devotado de Luís XI, rei que favoreceu sua carreira, foi arcediago de Paris, advogado geral no Parlamento, presidente da corte soberana de justiça da Normandia, arcebispo de Narbone; portanto, togado de toga e togado de Igreja ao mesmo tempo. Sua divisa, datada de 1480, contrasta com as palavras do grande feudal Dunois que, em 1465 ainda, "ousava" declarar que se preocupava com Luís XI como com um "excremento de cachorro".[2]

Nascido em 1423, "pequena flor raquítica no jardim da França", o futuro Luís XI é solidamente formado no latim, no cristianismo, na relativa felicidade dos súditos e do rei por seu preceptor Jean Majoris. O gabarito físico e a aparência exterior do herdeiro de Carlos VII não impressionam muito. Criança, recebeu, no entanto, educação guerreira: atira com arco, brande a lança e a espada. Devoto dos santos e da Mãe de Deus, visita seu reino com a velocidade impressionante dos serviços postais da época. Bom cavaleiro, apesar das crises de hemorróidas, busca as peregrinações, mesmo ínfimas; aproveita-as para realizar tarefas políticas ou diplomáticas. Homem de sua geração, bem assentado no fim vigoroso do gótico, esse cristão, embora introvertido, não desmerece da religião flamejante da época. Ele generaliza a recitação do *Angelus* e "se lança de joelhos" em inúmeras igrejas. A Virgem, as cruzes, as relíquias são uns tantos trunfos em seu jogo dos poderes, que nem sempre é muito católico. Luís estabelece, em 66 artigos, os estatutos da nobre Ordem de Saint-Michel, a Legião de Honra do século XV; ela tira seu nome de um arcanjo cuja abadia normanda, ameaçada pelo mar, jamais caiu em mãos britânicas. O monarca francês imita assim, repitamo-lo, a Toison d'Or borgonhesa, que sintetizava mitologia pagã e cavalaria cristã: Luís XI une às preocupações com o sagrado o cuidado de exaltar a nobreza, com a condição de que ela se disponha a se disciplinar em relação ao soberano; com a condição de que pratique com um espírito novo os ritos da homenagem cavalheiresca, agradavelmente condimentados de isenção fiscal.

Personagem cultivada, temível falador, Luís XI não é ainda um homem da Renascença intelectual ou greco-romana, como o será Francisco I. Mas esse príncipe inteligente, hábil em semear a divisão entre os inimigos, funciona já no modo pré-maquiavélico (sendo o pensador florentino o homem de uma técnica pura do poder, indiferente às considerações éticas ou transcendentes). Melhor do que faziam os reis-sacerdotes da Idade Média, ou que se pretendiam tais, Luís XI separa instintivamente a categoria do religioso, à qual presta uma homenagem sincera, da categoria do político, onde astúcia e violência, mesmo servidas pela piedade de Igreja, são comuns. Humor negro, cinismo e crueza ornamentam mais de uma vez sua correspondência. Luís é capaz de gentileza e de afeição. Suas crueldades individuais ou coletivas se situam, sem mais, nas normas de seu tempo. A desconfiança, nele, agravar-se-á no decorrer dos últimos anos. Mas tem a preocupação de poupar os povos, tanto na França como na Itália. Nesse ponto, mostra-se exemplar por várias vezes. Conduz-se como rei cristão, no plano dos fins que busca, se não dos meios que emprega. O Bem Comum, no espírito de Aristóteles e de santo Tomás, permanece presente em seu pensamento. Esse Bem, no espírito de Luís, adquire forma monárquica e nacional, à custa das intrigas regionais que são próprias dos príncipes de linhagem real.

Inimigo dos príncipes e protetor dos nobres, Luís permanece o primeiro gentil-homem de seu reino: pretende-se grande caçador, como o serão até 1789 seus sucessores Valois e depois Bourbon. A arte cinegética é um derivativo para os sedentarismos das horas de gabinete. Piedoso, Luís não é um homem de mulheres. A instituição das amantes reais inaugurada por Carlos VII com Agnès Sorel terá prosseguimento até Luís XIV (Montespan) e Luís XV (Pompadour ou Du Barry). Tratando-se de Luís XI, ela salta uma geração. Nosso homem seduziu algumas burguesas, a façanha não era sobre-humana. Se conduz mulher com ele, é na caçada e na garupa de seu cavalo, a fim de mesclar um gosto comedido pelo amor aos ardores autênticos da destruição da presa. Esse esposo frio torna-se, com a idade, um marido fiel. Em compensação, foi mau filho, com algumas razões para isso, já que o pai de modo algum o alimentou com o leite da ternura humana. Luís não ama seu genitor Carlos VII e se revolta contra ele (1440) bem antes de chegar ao trono. O antagonismo ou, pelo menos, o vivo contraste entre as gerações reais, as do pai e do filho, ou mesmo do neto, acompanhadas de suas respectivas "cabalas", será recorrente até Luís XV, ao ponto de desenhar com freqüência a rede dos partidos ou facções políticas. Ainda delfim, Luís XI dele propõe um primeiro modelo.

Durante 22 anos, o rei habilidoso mantém o essencial do poder, com a assistência de um Alto Conselho, cuja composição varia. Ela inclui príncipes, prelados, grandes senhores. Mas o recrutamento desse areópago se dirige também a fidalgos de pequena nobreza, ou mesmo estrangeiros (flamengos, suíços, italianos ou ibéricos), assim como a homens, geralmente nobres, oriundos do poder local ou regional: bailios, senescais, governadores. Minoritários em relação às personagens da segunda ordem, os togados, parlamentares, juristas, homens de finança e outros plebeus têm naturalmente seu lugar no Conselho, assim como os médicos do rei, como Adam Fumée, para quem a intimidade vale o favor. Já se afirma o papel dos relatores do palácio (real). Eles encarnam a justiça própria do soberano; são pouco numerosos: cinco ou seis no total sob Luís XI, contra setenta no tempo de Luís XIV. Essa meia dúzia inicial expressa as dimensões ainda reduzidas de um aparelho de Estado que, no entanto, não é desprovido de eficácia. Com vagar, os relatores distribuem, sob a égide do monarca, as cartas de remissão; elas perdoam tal ato delituoso. Membros da elite do poder, eles chegam, em seguida, a postos de bispos ou de senescais.

A realeza permanece, então, judiciária: os Parlamentos são a eflorescência coletiva do rei-juiz. Mesmo semi-autônomos, ele tem necessidade deles para fazer oposição aos príncipes e principados territoriais cujo *puzzle* cobre um quarto do reino: os Parlamentos de província se criam ou se desenvolvem em Toulouse, no Delfinado, em Bordeaux, na Borgonha, em Rouen, em Aix-en-Provence e mesmo em Perpignan; cada um deles é ocupado por vinte a trinta conselheiros togados. Cabeça de fila, o Parlamento de Paris esforça-se por estender um controle mais estrito ao vasto *no man's land* meridional em sua jurisdição, graças à realização de sessões solenes ou especiais em Auvergne (1481). Por certo, Luís XI submete a vexações de toda espécie a alta assembléia parisiense: influencia pesadamente a nomeação dos presidentes e simples membros; contudo, os parlamentares afirmam o caráter perene de sua própria "judicância" coletiva, em razão da oficiosa e freqüente hereditariedade de seus cargos. Atravessam o reino perseverando em sê-lo; para a instituição, aí reside o essencial.

A justiça, com Chancelaria e Parlamentos, ocupa a frente da cena. Mas o Estado de finanças, graças ao poderoso aperto fiscal aplicado por Luís XI, ganha também certo desenvolvimento e afasta a era anterior da realeza nos faustos (bastante relativos) de uma era em que o imposto pesava pouco. Com Luís XI o recolhimento fiscal passa de 1,2 milhão de libras tornesas para 4,6 milhões de libras, ou ainda (calculado em toneladas de prata) de 50/75 toneladas para 100/135 toneladas. Tais cifras revelam as fortes capacidades contributivas de uma economia e de uma demografia em pleno crescimento. Encontrar-se-ia o equivalente destas, na mesma época, na Inglaterra de Eduardo IV, também ela dinâmica, a despeito da Guerra das Duas Rosas. Luís descobre que o reino pode pagar. Além disso, esse fisco francês não é demasiado opressivo para o comércio e as trocas, já que no fim do reinado o essencial dos recursos vem do imposto direto. A parte das contribuições indiretas (gabelas e taxas diversas sobre a circulação dos produtos) é pequena (14%); a contribuição do domínio real (floresta, senhorias etc.) é já desprezível (2%). Sinal de modernidade!

Do lado das despesas, em tempo normal, quase a metade dos recursos estatais vai para os exércitos, já permanentes. Essa será, como sabemos, uma constante da realeza até a Revolução: o cetro da justiça não funciona sem o braço armado. O que se pretende justo deve ser forte. Grandes despesas (16%) são consagradas, por outro lado, à Corte e à Casa do rei, esta menos avarenta do que se dirá, assim como às pensões (32%). Corte e pensões propõem aos grandes um modelo alternativo, que os dissuade (pelo menos, espera-se) de reinar por sua própria conta em um território de província. A função pública ("ordenados") não inclui sob Luís XI mais que um vigésimo das despesas: os "oficiais" (titulares de cargos, juízes e outros) são obrigados a arredondar suas magras remunerações com a ajuda das gratificações ou "espécies" que recebem diretamente dos contribuintes, sem intermediários. Os generais de finanças, eleitos, coletores gerais, tesoureiros da França etc. asseguram a base, a coleta e o recebimento dos impostos diretos e dos rendimentos dominiais. Uma e outro se efetuam sem muitos choques, em razão de uma prosperidade geral simbolizada, um pouco em toda parte, por incessantes criações, régias e outras, de feiras e mercados; para a maior felicidade do "comércio" e da "subsistência" dos súditos. Luís XI não é obrigado, portanto, a escolher espasmodicamente, entre os altos financistas, um ou vários bodes expiatórios, logo destinados a ser sacrificados, executados, a fim de mascarar tal malogro ou de apaziguar o furor popular. Esses "bodes" pertencem ao passado (Marigny, Jacques Coeur) ou ao futuro (Semblançay, Fouquet). Não vamos imaginar, porém, que o recebimento dos impostos vai necessariamente "de vento em popa". Os distúrbios urbanos (Tricoterie de Angers, Miquemaque de Reims na elevação do rei ao trono, agitações de Aurillac, de Bourges, de Senlis e do Puy nos anos 1470) põem em cena, esquema que se tornará usual, artesãos contestadores e notáveis discretamente cúmplices. Estes e aqueles acusam os diversos abusos que emanam da oligarquia municipal ou das pessoas encarregadas de arrecadar o imposto por conta do monarca. Fora das cidades, os rurais, salvo exceções minúsculas, permanecem bem tranqüilos no tempo de Luís XI; pagam a taxa estatal sem resmungar demais. Essa conduta benigna dos campos sugere, *a contrario*, que as cidades, quando se "agitam", procuram sobretudo proteger o privilégio que as coloca a salvo da parte mais pesada dos impostos, lançados *ipso facto* sobre a área rural. Precaução judiciosa: elas gritam antes de ser escorchadas ou esfoladas. Outro indício de uma situação social, ou fiscal, que não é tão má mesmo que em caso algum se deva imaginá-la idílica: algumas magras colheitas geram problemas de subsistência em 1482, mas não sublevações generalizadas, *intra muros* ou nos campos. A política econômica (um grande termo, sem dúvida) de Luís XI tendeu constantemente, por meio de quase uma centena de atos oficiais, "a facilitar o comércio e a vida produtiva em geral, a impedir a exportação de metais preciosos, a reservar aos operadores franceses uma parte bem determinada do tráfico e a prejudicar diversos inimigos ao agir sobre as trocas".[3] As circunstâncias eram amplamente positivas sob esse aspecto. O undécimo Luís é em primeiro lugar um rei de boa e mesmo de excelente conjuntura. Ele não tem grande participação nisso...

Nessas condições, o peso dos impostos aumentou fortemente (triplicou, no Anjou, em vinte anos), mas permanece suportável e tolerado. Sob certos aspectos, as redistribuições estatais do dinheiro e da riqueza estimulam mesmo a economia. Elas visam, em primeiro lugar, pagar as despesas de um exército que cresce e cujo núcleo continua formado pela cavalaria, agrupada em "lanças" de quatro combatentes cada uma. O reino dispõe de 1,7 mil lanças no começo do reinado; e de 4 mil lanças, ou seja, 16 mil combatentes de choque às vésperas da morte de Luís XI. O conjunto do corpo de batalha, além da elite dos "lanceiros", pode subir, eventualmente (em tempo de guerra), a 60 mil homens. É pouco, em comparação com as centenas de milhares de homens de que disporá Luís XIV, ou com os milhões de soldados de nossas guerras mundiais. Mas o essencial prende-se ao relativo: basta ser mais forte que o vizinho; em comparação com essas 4 mil lanças, a Bretanha, no máximo, não alinha mais que quatrocentas; a Borgonha do Temerário, 2,2 mil; o ducado de Milão, uma centena... A França, ou a entidade chamada por esse nome, dispõe então, nessa época, do primeiro exército do mundo, provido de canhões ultramodernos que, antes de estourar por fadiga, podem atirar até cem balas de ferro e, logo, de cobre! Estas correm à velocidade do som, no triplo do desempenho de suas predecessoras das Guerras dos Cem Anos.

Esse poderio, de início, não é evidente: a França dos anos 1460 hesita entre um modelo propriamente francês ou inglês, ou mesmo espanhol, o de uma monarquia que se pretende unificadora, embora ainda não centralista, e na qual o rei efetivamente governa com a ajuda de um círculo de conselheiros quadragenários, nobres e (em menor número) plebeus, altos funcionários ou especialistas; e, por outro lado, um sistema de tipo alemão ou italiano, em que príncipes e cidades, no modo policêntrico, levam vantagem sobre o imperador (além do Reno), ou mesmo sobre a ausência de imperador, mal compensada pela presença do sumo pontífice (além dos Alpes). Na França, muitos fatores poderiam levar à fragmentação do país, em direção de um conglomerado de principados à maneira alemã: as Guerras dos Cem Anos não haviam deixado de caminhar nesse sentido. O espectro cada vez mais evanescente da balcanização nacional só será definitivamente conjurado no século XVII, com as decisões de Richelieu e, depois, com as intendências de Colbert.* Na elevação ao trono de Luís XI, o problema permanece terrivelmente real: pois os príncipes de sangue capeto se ramificam ao sabor dos ramos da grande linhagem de que são oriundos. A casa de Orléans, vinda de um irmão do rei Carlos XI,

(*) Richelieu, com efeito, será o homem da pesada centralização monárquica; Colbert dará às intendências provinciais, que representarão com força o rei fora de sua capital, um desenvolvimento rigoroso e sistemático.

avô de Luís XI, é possessora no Orléanais, no Valois, no Angoumois (5000 km$^2$ no total). Torna-se ilustre, sem muitos perigos para o trono, graças ao poeta Charles d'Orléans e ao bastardo Dunois, ex-camarada de Joana d'Arc; as relações desse ilustre guerreiro com o novo rei carecem de calor. As casas de Anjou e de Borgonha, de que voltaremos a falar, vêm da fratria e da posteridade do rei João, o Bom, trisavô de Luís XI: Anjou, conduzido pelo bom rei René, assim como pelo irmão e pelo filho deste, mantém o Anjou precisamente, mais a Provença e o Barrois (32 000 km$^2$), com posições suplementares na Lorena e em Nápoles. Alençon (6000 km$^2$) vem de um irmão do primeiro rei Valois (morto em 1350). Bourbon, cujos destinos posteriores, de Henrique IV ao atual Juan Carlos, passando por Luís XIV, serão prodigiosos, sai de um filho caçula de são Luís (morto em 1270). Bourbon detém 38 000 km$^2$ no centro do reino (Bourbonnais, Auvergne, Forez, Beaujolais). Bretanha, enfim, vem de um neto do irmão de Luís VII (morto em 1180), tendo esse neto desposado em 1213 a herdeira legítima do ducado. Notemos que, em boa regra de sucessão feminina, a independência da Bretanha tinha, por esse motivo, um fundamento jurídico mais sólido que a das regiões borgonhesas; estas haviam escapado momentaneamente ao reino apenas em conseqüência de um desvio sucessorial e feudo-dinástico, que nada impedia, de resto, que fosse irreversível (não o será absolutamente). O risco de autodeterminação dos grandes principados se agrava ainda mais quando Luís XI, em 1461, "entrega" o Berry (14 000 km$^2$) a seu irmão caçula "Monsieur Carlos": os perigos globais são pesados para o novo rei ameaçado em seus territórios pelos dois "ossos duros de roer" (Bretanha, Borgonha), e vulnerável também em razão da "falta de fibra" do Bourbonnais. A essas entidades disjuntas, determinadas pouco a pouco pela genealogia dos Capetos, acrescentam-se outras preocupações, causadas por algumas grandes linhagens feudais não oriundas da família monárquica e, sobretudo, possessoras no Sudoeste (Albret, Armagnac, Foix).

O problema crucial continua a ser borgonhês, e será resolvido, de maneira violenta, apenas ao fim de dezesseis anos do reinado de Luís XI. As terras da Borgonha foram separadas por João, o Bom, em 1361, em proveito de seu filho caçula, Filipe, o Ousado; isso teria podido constituir no máximo um problema "franco-francês", simples disputa entre o soberano dos lises e os primos de Dijon, teoricamente subordinados à sua pessoa enquanto rei Valois. Mas os descendentes de Filipe, o Ousado, tornaram a coisa inextricável, à força de estender seus domínios (por meio de bodas habilmente arranjadas) até os territórios neerlandeses e aos Países Baixos meridionais de língua romana: Liège, Namur... Portanto, desdobraram sua influência sobre um dos dois grandes centros europeus do capitalismo mercantil, digamos o pólo antuerpiano (sendo o outro pólo o Norte da Itália, que será visado por Luís XII). Uma civilização "borgonhesa", meio flamenga, meio francófona, afirmou-se desse modo no século XV, com instituições parcialmente centralizadoras, e que freqüentemente são calcadas nas dos Valois; aí reencontramos um Grande Conselho, um Parlamento, Estados Gerais, e a influência do direito romano: a vida da Corte é refinada; ela servirá de modelo à Europa curial, fascinada pela Toison d'Or; acompanha o desabrochar de uma cultura; esta se encarna na obra dos historiadores Chastellain e Monstrelet, na escultura de Sluter e da cartuxa de Champmol, na pintura de Van Eyck (*O cordeiro místico*) e de Van der Weyden. A entidade mista assim criada, onde se freqüentam de longe os vinhateiros da Borgonha, como ramo separado da França, e os comerciantes de Bruges nos postos avançados de uma Germânia sem margens, era viável? Podia ela formar o núcleo de uma Lotaríngia, intermediária entre latinos e germanos? Não está demonstrado: de fato, os cinco séculos seguintes privilegiarão (excluindo-se Suíça, Lorena e Bélgica) construções de Estados que se isolarão firmemente em uma ou outra das vertentes lingüísticas, romana ou alemã, trate-se da França ou da Savóia, da Holanda ou da Baviera, ou muito simplesmente do Império. Havia aí para Luís XI e para as ambições de uma monarquia territorial, fundada na elite francófona, um desafio de combinação, mas que deixava aos Valois possibilidades de vitória não desprezíveis. Elas serão efetivamente aproveitadas.

Mais amplamente, de um ponto de vista conceitual, a guerra civil dita do Bem Público, que se desencadeia contra Luís XI a partir de 1465, propõe uma opção: monarquia unificadora com vocação protocentralista; ou espelho quebrado dos principados parcelares.* O Bem Público é um conceito aristotélico, que coloca em primeiro plano o interesse do corpo político. Mas esse corpo, os conspiradores guerreiros de 1465 o entendem no sentido nominalista, como composto de partículas principescas, cada uma das quais defende seus investimentos próprios, sob o pretenso e por vezes sincero pretexto dos interesses gerais. A rebelião põe em cena, assim, uma personagem apagada, Carlos, irmão caçula de Luís XI; os rebeldes fazem dele um líder. Luís XI, ainda delfim, no tempo da Praguerie (1440), ocupara a frente da cena como filho revoltado contra seu pai,** Carlos VII.

(*) O laço entre a questão borgonhesa e a Liga do Bem Público se deve a que os príncipes ou duques, em suma, os "grandes" coligados contra Luís XI em nome do suposto bem público compreendem o próprio "Borgonha" (na pessoa de Carlos que logo ficará na história com o epíteto de Temerário), mas também alguns poderosos senhores do interior ou da periferia ocidental do reino, como os senhores de Bourbon, Bretanha, Armagnac, Albret, Nemours...

(**) No decorrer da Praguerie (1440), assim chamada por analogia com as agitações hussitas da Boêmia e de Praga ao longo das décadas anteriores, o futuro Luís XI, então

Uma situação análoga se manifesta em 1465 no tempo do Bem Público: os mesmos grandes senhores, um quarto de século mais velhos, figuram muitas vezes na direção da nova revolta. Mas desta vez, no topo, não é mais filho contra pai, é irmão contra irmão: Carlos diante de Luís, no lugar de Luís diante de Carlos. A família do rei, pelo jogo das querelas entre gerações ou entre primos, e até no interior de sua própria fratria, permanecerá, sob os Valois e Bourbon, a matriz de uma guerra de chefes, dos quais alguns, ladeados pelos grandes, erguem-se contra seu parente próximo, que é justamente o soberano legítimo; a ação assim conduzida pode ser militar ou simplesmente contestadora. As grandes idéias, os grupos sociais em luta ligam-se a um ou outro líder principesco. Desse ponto de vista, a Liga do Bem Público é já uma Fronda ou simplesmente uma efervescência aristocrática, ou mesmo dinástica, como ocorrerá com freqüência até o século XVIII. Será preciso a Revolução Francesa para pôr fim a isso definitivamente.

A Liga do Bem Público tem, no entanto, suas características originais: os principados que se aliam contra o desconfiado rei apresentam-se muitas vezes como verdadeiros Estados, dotados de órgãos centrais e regionais. Esse não será mais o caso para aqueles territórios franceses que serão clientes dos Condé contestadores por volta de 1650, *a fortiori* dos Orléans por volta de 1789. Os objetivos explícitos ou inconfessos do Bem Público são ultradescentralizadores, pois que chegariam, em caso de vitória, a dar *de facto* uma autonomia a alguns príncipes do mais grosso calibre; mas essas ambições se dirigem também, de maneira paradoxalmente "central", às cúpulas do Estado cujos degraus os grandes, como tão freqüentemente sob o Antigo Regime, querem escalar e das quais querem obter o controle, com o risco de se trucidar mutuamente uma vez alcançado o objetivo. Dunois* é um dos cabeças políticos da revolta; eles aí não floresciam em grande número: deseja um domínio dos conjurados sobre as finanças reais, sobre a distribuição dos cargos, sobre o exército, sobre a pessoa do monarca (que se tenciona derrubar) e sobre seu governo. Assim se encontra definida, de maneira premonitória, a essência de um Estado renascentista ou clássico: justiça, polícia, exército, finanças e poder de decisão supremo. Os conspiradores querem ao mesmo tempo ocupar o centro, todos juntos, supondo-se que isso seja possível; e controlar a periferia cada um por si. Quadratura do círculo? Não nos limitemos, contudo, a depreciar sua ação, qualificando-os de "feudais prestes a voltar".

---

delfim, conspirou contra seu pai Carlos VII em companhia de outros príncipes capetos, especialmente Charles de Bourbon e Jean d'Alençon.

(*) Jean, conde de Dunois (c. 1403-68), é o filho bastardo de Louis d' Orléans, irmão de Carlos VI. Herói (com Joana d'Arc) da expulsão dos ingleses sob Carlos VII, ele conspira posteriormente contra Luís XI, com o qual se reconcilia mais tarde.

Em condições diferentes, o domínio dos grandes e sobretudo dos nobres sobre o Estado teria podido constituir o ponto de partida de uma evolução à maneira inglesa; a aristocracia, na espera dos outros grupos sociais, teria tentado controlar a máquina governamental, os impostos etc. Apenas teria sido preciso que os conjurados passassem pela convocação dos Estados Gerais que efetivamente seus manifestos reivindicavam. Supondo-se que essa assembléia nacional fosse operacional, o que não será o caso sob o Antigo Regime, teria formado o núcleo de um sistema representativo...

A empresa do Bem Público encerrava, além do mais, contradições: podia-se, simultaneamente, querer a felicidade do rebanho e desejar esfolá-lo ainda mais? Um dos rebeldes, Nemours, revelava o segredo: declarava ingenuamente que se devia aliviar o povo e que era preciso, no entanto, aumentar as gordas pensões que a Corte pagava aos senhores.

Em seu apogeu, o Bem Público reunia contra o monarca legítimo a maioria das grandes casas oriundas da família real ou aliadas a esta por antigos casamentos; entre elas, Borgonha, Bourbon, Berry, Alençon, Bretanha; tudo isso formando, não sem fragilidades, uma ponte continental no Norte da França. A que se acrescentam algumas grandes linhagens feudais do Midi: Albret, Armagnac. Desde março de 1465, os sinais de agitação anti-real aparecem na Bretanha e no Centro. Em abril, a iniciativa do contra-ataque é aproveitada pelo monarca, favorecido *a priori* pelo prestígio da dignidade real e pela posse de uma força armada. Ele ocupa pontos estratégicos em Berry e Bourbonnais, zonas rebeldes ou suspeitas de sê-lo. A ameaça bretã e principalmente borgonhesa contra Paris o obriga, porém, a partir novamente às pressas para o Norte, a fim de conseguir a adesão dessa grande cidade. Não distante dela, em Montlhéry, uma batalha indecisa (16 de julho de 1465) opõe as forças reais aos membros da liga: os borgonheses de Carlos, o Temerário, prejudicados pelo amolecimento de uma longa paz anterior e por sua logística insuficiente, nascida de um sistema fiscal demasiado fraco, não estão em condições de alcançar a vitória. Luís XI, escaldado mas não esfolado, recolhe-se na segurança do refúgio parisiense. Sua força militar e a desconfiança das massas em relação aos grandes ganham-lhe a simpatia dos citadinos. No entanto, sente-se por demais ameaçado para resistir; contemporiza e cede espaço para ganhar tempo; dá a Normandia a Monsieur Carlos, seu irmão indócil. Seguro de suas superioridades militares, retomá-la-á um pouco mais tarde. No flanco leste, deixa a Borgonha às voltas com os "agitados" de Liège e da Valônia. Em 1467, os três duques (Bretanha, Borgonha e "Normandia", novo título de Monsieur Carlos) retomam a guerra civil*

(*) Os três duques são Francisco II, que dirige a Bretanha, como duque, de 1458 a 1488; Carlos de França, irmão caçula de Luís XI e duque de Berry, depois da Normandia (em 1467), em seguida da Guyenne; enfim, Carlos, o Temerário, duque da Borgonha.

contra Luís XI: ele a vence, pois, de saída, seu exército permanente é mais poderoso no campo de batalha. Mas utiliza igualmente, com fins vitoriosos, o dinheiro, a guerrilha, a propaganda e o apoio que lhe proporciona a embrionária "opinião nacional". A Bretanha se resigna à paz de Ancenis (10 de setembro de 1468). Carlos, irmão do rei, renuncia à Normandia, assim como ao Berry (1469); ele anula desse modo, para grande alívio de Luís XI, a eventualidade de um traço de união rebelde entre Bretanha e Borgonha. Entrementes, os Estados Gerais do reino reuniram-se na primavera de 1468: afirmaram a inalienabilidade da Normandia, em outras palavras, a estrita vinculação dessa província ao domínio da Coroa; assim decidindo, os Estados agiram por lealdade monárquica, mas também por solidariedade com os contribuintes, pois a criação de um grande apanágio (normando) teria significado uma falta de ganho para o tesouro e, portanto, uma sobrecarga dos impostos.

A seqüência, que não estava garantida por antecipação, situa-se na lógica dessas primeiras vitórias "antifeudais", não sem dissabores intermediários. Em Péronne (outubro de 1468), no decorrer de uma conferência de cúpula mal preparada pela França, Luís XI, que queria absolutamente encontrar Carlos, o Temerário,* coloca-se sem querer à sua mercê. Enfurecido pela revolta de Liège,** que ele acusa Luís de haver fomentado, Carlos da Borgonha humilha o rei e o obriga a reprimir Liège em sua companhia. Depois ele o deixa partir. "A raposa enlameada escapou do covil do lobo." A lição é proveitosa para o monarca Valois; depois de Péronne, Luís XI negociará novamente, mas será ainda mais precavido do que antes. Por contraste, seu adversário megalômano acumula os solecismos. Ainda passa que, em junho de 1472, fracasse diante do Beauvais, animado contra ele pelo patriotismo dos citadinos e das citadinas: Jeanne Hachette glorifica-se na primeira fileira dos combatentes. Luís XI não se ilude com isso e, como de hábito, concede, como recompensa, alguns privilégios a

(*) Carlos, o Temerário (1433-77), filho de Filipe, o Bom, governa a Borgonha *de facto* desde 1465 e torna-se-lhe oficialmente o duque a partir de 1467. Intransigentemente apegado às suas posses dos Países Baixos, da Borgonha e do Franche-Comté, ele encarna diante do Estado territorial e nacional de Luís XI a alternativa principesca e as possibilidades (nebulosas, porém gloriosas) de uma civilização com dois pilares lingüísticos, neerlandês de um lado, e francês do outro. A atual Bélgica é o resquício, não desprezível, dessa esperança abortada.

(**) Os habitantes de Liège estavam em conflito com seu príncipe-bispo e com o duque da Borgonha. Enquanto Luís se encontrava em Péronne, à mercê do borgonhês, este soube da nova chama da rebelião de Liège (outubro de 1468), e, não sem razão, responsabilizou parcialmente por ela Luís, até o obrigar, com o risco de uma sorte pior ainda, a participar das repressões borgonhesas contra Liège, cidade que, no entanto, era em princípio aliada da França.

essa cidade, como a tantas outras. O Temerário, que se toma por César ou por Aníbal, volta sua empresa de conquista, quase imperial, para o Leste dos Países Baixos, a Lorena, a Alemanha e a alta Alsácia, que tiraniza. Espera ele, via Nancy, unificar seus domínios flamengos e borgonheses, como síntese lotaríngia? Esses projetos fantásticos atolam o borgonhês no cerco de Neuss, na Renânia (1474-5). O rei da França, contudo, permanece no desconforto: em julho de 1475, Eduardo IV da Inglaterra, aliado da Borgonha, desembarca em Calais, com um exército de 23 mil homens. O que se segue ficará como a obra-prima diplomática de Luís: recurso sutil à inteligência, para evitar o uso sanguinário e caro da força. Trata-se, em suma, de uma elegante economia dos métodos: no melhor de suas capacidades intelectuais, Luís XI já se arranjara, ardilosamente, para desarmonizar o Temerário com o "traidor" Saint-Pol,* condestável da França e principal cúmplice dos anglo-borgonheses no continente. Por seus agentes, o astucioso rei se mantém bem informado da irresolução dos ingleses: apesar da invasão que acabam de efetuar, eles não estão prontos para uma guerra total. Seguro das cumplicidades que mantém no campo britânico, Luís XI organiza então negociações, seguidas de um encontro de cúpula, desta vez perfeitamente preparado (a memória de Péronne é ainda pungente e os conselhos de Commynes,** ex-servidor dos borgonheses, agora a serviço da França, não são inúteis). Eduardo e Luís se encontram, portanto, em Picquigny (agosto de 1475). Enormes pagamentos de dinheiro, imediatos e posteriores, compram a partida do exército invasor: ele retornará à ilha sem ter combatido. Até que os britânicos se retirem, Luís mata-lhes a sede com o conteúdo de trezentos carroções cheios de barricas de vinho. É Rabelais ou Bruegel: mesas cobertas de víveres e de cântaros, propositalmente ladeadas de convivas barrigudos, tentam os guerreiros de além da Mancha, que não pedem mais do que chafurdar ali. Entretanto, algumas personagens irresponsáveis, gascões e

(*) Louis de Luxemburgo, conde de Saint-Pol (1418-75), nasceu de uma grande família, foi amigo e por vezes inimigo (não sem oscilações) de Carlos VII, Carlos, o Temerário, e Luís XI. Condestável da França, esposo da irmã da esposa de Luís, ele acaba por cair na rede de suas próprias intrigas e por romper definitivamente com o Valois e com o borgonhês. Em dezembro de 1475, Luís mandou executá-lo por traição depois de sua condenação à morte pelo Parlamento de Paris. Assim mandando matar seu cunhado, ele demonstrava mais uma vez a "lei" da importância das divisões no interior da família real, como princípio de diferenciação das cabalas.

(**) Philippe de Commynes, nobre de Flandres; a serviço de Carlos, o Temerário, em 1468, contribui, em Péronne, para tirar Luís XI da dificuldade; um pouco mais tarde, ainda jovem, abandona a Borgonha pelo rei da França em 1472. Confidente e conselheiro de Luís, depois caído em desgraça diversas vezes após a morte deste, deixará preciosos volumes de *Memórias*.

outros, vão rumorosamente zombando da situação ridícula em que se colocou o exército de Eduardo. Luís XI os adula ou paga, para que aceitem calar-se. A qualquer preço, deve-se evitar que os homens de Londres tenham a impressão de ter perdido o prestígio. Triunfo simultâneo da encenação báquica e da prudência discreta... Assim têm fim de maneira definitiva, com que estetismo dos métodos, as mais que centenárias guerras franco-inglesas. Elas só serão reativadas muito mais tarde, no fim do século XVII. A riqueza de uma França em pleno desenvolvimento permite e permitirá, pelo lado do recolhimento fiscal, pagar aos ingleses a pensão ou, dizem eles, o "tributo" (humilhante em relação ao Valois, mas que importa?) que financia por décadas sua não-ingerência. Para dizer a verdade, os vizinhos setentrionais não se fazem de rogados, desde que se trate para eles de encerrar-se uma primeira vez, excetuando-se Calais, no esplêndido isolamento de sua insularidade: cada vez mais, e Luís XI intuitivamente o sente, eles têm vocação para afastar-se das aventuras continentais. Por seu lado, Luís, nessa questão, buscou sem tréguas o bem comum dos súditos reinícolas, concebido segundo as normas, certamente rejuvenescidas, de um tomismo outonal.*

Nesse impulso, mas de maneira humanamente mais penosa, o rei da França consegue, nos anos seguintes, desembaraçar-se com brilho dos temíveis problemas da Borgonha. Por certo, inúmeros jovens vão morrer para chegar a tais fins, mas os milhares de vítimas serão mercenários da Suíça, da Lorena ou do Temerário, e não nacionais diretos do rei da França, sempre preocupado em poupar o sangue dos seus. Na ótica da época, como de tantas outras, isso é o essencial. Com a pele dos outros, comprada com grandes gastos, vence-se o inimigo. O duque Carlos é então derrotado em Grandson, depois em Morat..., pelos suíços, que se alarmam com sua política alsaciana e, mais geralmente, alemã. Traído por seus subordinados, ele é morto em Nancy (janeiro de 1477), no momento mesmo em que seus exércitos são destruídos por uma coalizão helvécio-lorena, que Luís XI financiara ricamente. O sonho lotaríngio desaba. A gentil Marie da Borgonha, filha órfã do Temerário, depois de algumas tergiversações compreensíveis, acaba por se lançar nos braços de Maximiliano da Áustria; casa-se com ele em agosto de 1477: daí novas guerras, indecisas e cruéis, nas fronteiras do Nordeste, entre o austríaco e o rei da França. Marie morre, entrementes, em conseqüência de uma queda de cavalo (março de 1482). A paz de Arras é assinada em dezembro: a Casa da Áustria instala-se por séculos nos Países Baixos, que preservam uma indomável

(*) A filosofia tomista (ou de santo Tomás de Aquino) colocava em primeiro plano, na linhagem de Aristóteles, a preocupação com o bem comum para o reino e para os súditos.

identidade e conservam má recordação das incursões militares de seus vizinhos do Sudoeste. A França adquire ou conserva, no entanto, "a Picardia, o Boulonnais, a Borgonha" e, em pontilhados cronológicos, o Artois e o Franche-Comté. *Exit Lotharingia*. Dissipa-se a louca e bela esperança de uma cultura dual, franco-neerlandesa, no seio de uma Borgonha que teria sido indefinidamente ampliada. Exorciza-se também definitivamente o espectro da "grande conspiração", borgonhesa e bretã, principesca, ducal e mesmo inglesa, cujos promotores, em 1474-5, tencionavam ainda retalhar o reino e liquidar moral ou fisicamente o soberano.

Na França da Renascença, as relações Leste-Oeste não são separáveis das relações Sul-Norte, *oc-oïl*: com Luís XI, dois séculos e meio depois de Simon de Montfort, a Occitânia vai ser ligada ao reino pela segunda vez. Sem dúvida, seria bastante tolo apresentá-la como uma espécie de colônia sob as ordens de um "Setentrião" opressor. Sob Carlos VII, o Midi, Languedoc à frente, Bordeaux menos, havia sido o bulevar das liberdades francesas contra a dominação setentrional dos ingleses. A "zona não ocupada" repetirá de maneira absolutamente caricatural essa situação entre 1940 e 1942. Nada impede que a simples diferença lingüística e a vitalidade das línguas occitanas ou provençais criassem toda espécie de possibilidades particularistas: ora, os anos 1470-80 infligem a estas golpes decisivos. Carlos de Guyenne, ex-Berry, irmão do rei, morre em 1472. João V de Armagnac é assassinado em Lectoure em 1473.

Mais hábil, o outro grande feudal da região, Gastão IV de Foix, teve a inteligente idéia de morrer em seu leito em 1472; com isso, deixa o poder de fato, em seu condado pireneu, aos representantes diretos de Luís XI. Resta o último dos grandes Armagnac, Nemours, *alias* "pobre Jacques": sua cumplicidade com Saint-Pol, condestável "desleal", custa-lhe a execução capital em 1477, pela qual Luís XI, na agonia, conceberá tarde demais alguns remorsos. Em 1480, a morte de René d'Anjou, o bom rei René, cujas realizações culturais na Provença serão mais tarde exageradas, deixa essa província meridional ao rei da França (para além do "reinado" intermediário de Carlos II do Maine). Luís dela toma posse definitiva no ano de 1481, com o concurso muitas vezes desonesto da grande família provençal dos Forbin. A dominação sobre Marselha, cuja importância Luís XI conhece, completa um eixo essencial da vida francesa. Ele corre desde a cidade marselhesa, via Rhône, Saône, Loire e caminhos terrestres, até Paris, passando por Lyon. A bem dizer, esse "traço" estava em preparação havia muito tempo: desde 1378, o recrutamento dos cortesãos da corte pontifical de Avignon se operava ao longo de uma linha Rhône—Saône, prolongada na direção do Yonne e do Sena, do Marne, Somme, Meuse e Moselle.

Apenas escapa à França, na região de *oc*, o Comtat Venaissin, protegido dos homens de *oïl* pela dominação papal: com isso a cultura de Avignon apenas se beneficia; torna-se célebre na época por uma grande escola pictórica, sob influências italianas e francesas, em torno de Enguerrand Quarton ou Charreton.

Em matéria política, o reforço administrativo da presença dos Valois no Midi, por meio dos agentes de Luís XI, não exprime mais que metade da história... A outra parte do díptico é cultural: a imprensa em língua francesa, especialmente em Lyon, inaugura, com efeito, sob a Renascença, o que não haviam podido realizar, e com toda a razão, as cruzadas antialbigenses do século XIII, por mais afrancesadoras que fossem *a priori*. Assim, será levada nas asas dos panfletos e dos livros a língua de *oïl*, até as margens do Garonne e as costas do golfo do Lion. Desde Luís XI, com quinze ou vinte anos de atraso em relação à Alemanha, as novas técnicas de impressão se instalam em Paris e depois na província. A política de "desfeudalização" da França, eficazmente conduzida pelo ardiloso rei, não teria podido obter nem, sobretudo, consolidar seus êxitos em razão apenas das iniciativas militares e institucionais, mesmo consideráveis. A imprensa dá início à unificação, por pouco que seja, da linguagem escrita, ou mesmo oral, dos súditos do rei; vai gradualmente concretizar, durante o belo século XVI, a começada fusão do Sul e do Norte, em benefício unilateral da língua do Setentrião.

"Occitanista" à sua maneira..., que é bem francesa, Luís XI não é desprovido, igualmente, de política mediterrânea: deixemos de lado suas desavenças com os aragoneses, dos quais arranca o Roussillon (1462-75). Não por muito tempo! A solução definitiva das questões catalãs apenas se materializará em 1659, sob Mazarino, depois de nove séculos de tergiversações, desde Pepino, o Breve: o prelado unirá enfim ao reino de Luís XIV as terras do Roussillon, que Carlos VIII, anulando as conquistas de Luís XI, entrementes restituíra à Espanha (1493).*

(*) Não é inútil precisar aqui, em nota, alguns pontos destacados dessa cronologia do Roussillon que, na falta de tais esclarecimentos, poderia deixar o leitor perplexo:

1. No Império Carolíngio (nascido das iniciativas prévias de Pepino, o Breve), Roussillon e Catalunha são um pequeno espaço latino-católico, ou mesmo galo-franco, cravado em uma Espanha então islâmica. Daí talvez uma certa vocação francocêntrica em Perpignan... e mesmo em Barcelona.

2. De 1462 a 1475, por meio de inúmeras peripécias, por vezes sangrentas, uma transferência de soberania faz passar o Roussillon (portanto, Perpignan) de João II de Aragão a Luís XI da França.

3. Em 1493, Carlos VIII restitui o Roussillon à Espanha, no quadro de uma política geral de distensão com as grandes potências vizinhas da França (até a fase de tensão com diversos Estados italianos).

4. No tratado dos Pireneus (1659), a Espanha cede definitivamente o Roussillon à França.

No que se refere à Itália, a política de Luís XI se resume em algumas palavras: impor "respeito" ao papa; e preservar, como um honesto intermediário, o equilíbrio peninsular. Tratando-se do primeiro objetivo, a palavra *respeito* é portadora de significações diversas. De um lado, Luís XI quer tirar dos clérigos da França as possibilidades de autodeterminação e de eleições livres (para a escolha dos bispos, dos abades dos mosteiros...) que eles haviam recebido, em princípio, da Pragmática Sanção de Bourges (1438). Mais poderoso que o ainda fraco Carlos VII dos anos 1430, Luís XI (cujos desideratos, de qualquer maneira, variam segundo as circunstâncias e os anos) ora revoga ora renegocia a Pragmática outrora outorgada por seu pai. Faz pressão sobre os padres provinciais para os obrigar a eleger seus bispos entre seus protegidos, que muitas vezes são grandes senhores. Controlando, assim, os prelados (e, por outro lado, subjugando, no domínio leigo, os ofícios jurados,* assim como os conselhos de escabinos), Luís XI adquire incontornáveis meios de dominação sobre as cidades. Com o tempo, porém, o aliciamento real do episcopado desagrada a Igreja, mesmo e sobretudo galicana; ela é ciosa de sua independência, em todos os sentidos, com relação ao Estado e a Roma. Para reforçar sua própria posição, Luís XI precisa, então, apoiar-se na terceira força disponível em matéria de poder eclesiástico (além dele mesmo e da Igreja da França), o papado, que para ele não passa de um amigo duvidoso, tratado habitualmente com grandes insultos, mas que assim mesmo pode ser um aliado. Daí, entre outros exemplos de uma política instável, a ordenação real de outubro de 1472, que se batizará de Concordata de Amboise, promulgada depois de negociações com a Santa Sé; esse texto reconhece ao papa, durante uma parte de cada ano civil, a colação dos benefícios eclesiásticos, mas o pontífice, por sua vez, deve ouvir a opinião do rei para a outorga dos benefícios importantíssimos, em outras palavras, os bispados... Uma comum hegemonia monárquico-papal se estabelece, assim, sobre a Igreja da França, servida doravante por um clero real que ora se aflige e ora usufrui dessa situação simultaneamente privilegiada e subordinada.

Na Itália propriamente dita, as relações de Luís, mais tarde, vão azedar-se, contudo, perante um papado dominador. Contra este, a França apóia-se, em 1478, nas grandes potências "capitalistas", ou pelo menos mercantis, na península: Florença, Milão, acessoriamente Veneza. Luís XI, entretanto, utiliza para esse fim os meios puramente diplomáticos e de modo algum militares; contrariamente à reputação de crueldade que

(*) Observamos supra, p. 24, que a monarquia, sob a Renascença, tendia a controlar estreitamente os ofícios jurados, corporações ou guildas, "especialmente por meio de taxas variadas, sob pretexto de multas, cotizações, outorga inicial dos estatutos etc.".

se lhe vestirá *post-mortem* (nem sempre injustamente), ele se limita essencialmente, no caso, aos caminhos de brandura. A península se beneficia com isso e lhe deve, assim como a alguns outros responsáveis, várias décadas de calma interna, que não são inúteis às grandes realizações da Renascença dos Medici. Carlos VIII e o "bom" Luís XII, ao contrário, ensangüentarão as regiões para além dos Alpes. Surpreendente figura de Luís XI (por mais ardiloso que seja, ou mesmo mau) como príncipe da paz, no oposto das representações diabólicas que dele farão Walter Scott e o romantismo. Príncipe da paz, mas também rei da retomada das produções e das trocas: iniciada desde a metade do século, esta adquire forma e vigor definitivos por volta dos anos 1470-80.

Luís XI morre a 30 de agosto de 1483. Seu filho e sucessor Carlos VIII está com treze anos. Pelos oito anos que se vão seguir, ele abandona a administração efetiva ou "tutela" do reino à sua irmã mais velha Anne, inteligente e séria, excelente jogadora de xadrez; ela é o retrato de seu pai, menos algumas atrocidades inúteis; ele a considerava "a mulher menos insensata que há neste reino, pois sábia não há nenhuma". O marido dessa dama, Pierre de Beaujeu, irmão caçula do duque de Bourbon, desempenha também um papel não desprezível nesse interregno que é regência de fato. Necessariamente, contra os métodos por vezes brutais e sobretudo onipresentes do falecido Luís XI, que tudo queria ver e controlar por si mesmo, uma reação desafiadora dos grandes feudais procura abrir caminho.

Diante desta o grupo dos Beaujeu, mesmo e sobretudo quando se pretende liberal, representa em linha reta as estritas permanências da autoridade monárquica. Ele precisa negociar, porém, com duas camarilhas adversas; elas estão reunidas (especialmente) em torno de diversos príncipes de sangue real. Uma delas apóia o duque de Orléans. Ele reinará, sob o nome de Luís XII, depois da morte de Carlos VIII, que desaparecerá em 1498 sem deixar herdeiro direto. A outra cabala se arma em torno de dois primos do rei, mais afastados: o duque de Bourbon, irmão mais velho de Beaujeu; e um Valois-Anjou, René II da Lorena, neto do bom rei René em linha materna. As três *sodalités** assim confrontadas se interessam antes de tudo pelo poder: os contrastes ideológicos entre elas são pequenos; vê-las-emos alternadamente, e uma contra a outra, reivindicar a reunião dos Estados Gerais, segundo um hábito bem enraizado dos grandes

(*) *Sodalité*: grupo de interesses, de famílias, de clientelas, de ambições e eventualmente de idéias. A palavra vem da Antiguidade romana. Georges Dumézil, pouco antes de sua morte, indicava-me que esse termo bem poderia aplicar-se às cabalas, facções, camarilhas da época moderna, ou mesmo contemporânea.

do Antigo Regime, sejam ou não contestadores; esse desejo emanará dos Beaujeu desde 1483, e do duque de Orléans nos anos seguintes. De fato, essa personagem, uma vez convertida em Luís XII, quinze anos mais tarde, não terá, nesse terreno, uma política muito diferente da de Carlos VIII! Todavia, as posições que ocupam uns e outros quando da elevação ao trono do jovem Carlos são diversas: o casal Beaujeu está mais próximo do poder real do que o estão seus dois concorrentes; assim se introduzem certas divergências. Os Beaujeu foram favorecidos pelas últimas vontades de Luís XI, mas correm o risco de ser submersos por uma turba de adversários e competidores que desejariam introduzir-se no alto Conselho, tal como ele insiste em sê-lo depois do trespasse do rei desconfiado. Anne e Pierre vivem os difíceis problemas de uma regência que serão experimentados depois deles por Catarina e Maria de Medici, Ana da Áustria e Filipe de Orléans. Eles aceitam de bom grado, então, convocar os Estados Gerais: esperam opor a vontade popular, ou supostamente tal, encarnada por essa assembléia representativa, aos apetites dos príncipes, Orléans, Bourbon, Lorena-Anjou e outros "feudais"; estes, por seu lado, desejam derrubar do poder a família dos novos "regentes".

Os Estados Gerais, reunidos em Tours em janeiro de 1484, no plano das três ordens, procedem de eleições que, nas condições da época, não são fictícias; elas ocorreram nos bailiados ou nas cidades. Philippe Pot, nobre borgonhês, tornara-se, depois da conquista de sua província, colaborador da França: aproveita a convocação dos Estados de 1484 para reivindicar, em um discurso famoso, a soberania do "povo", incluindo neste os clérigos e os nobres. Ele chega mesmo, contra as altas personagens de sangue real, a colocar (platonicamente) o princípio da eleição dos reis pelos súditos ou pelos Estados do reino. Retórica tradicional, inspirada na Antiguidade, na teologia medieval e em certas práticas de outros países da Europa. Poderia, eventualmente, revelar-se revolucionária. Convém aos Beaujeu, pois que, pelo tempo de uma manobra, fazem o papel do "povo" contra os príncipes.

Façanha muito notável da parte dos Estados de 1484: a decisão de baixa nacional das talhas. Ela é consentida previamente, em consideração por essa alta assembléia, pelos Beaujeu e outros conselheiros de Carlos VIII: as únicas contribuições *diretas* caem de 4 milhões de libras (era o seu nível aproximado nos últimos anos de Luís XI) para 1,5 milhão de libras em 1484.[4] Prodigioso declínio: enfraquece o exército real, sem o destruir. Este permanecerá suficientemente forte para vencer os príncipes em sua próxima sublevação de guerra insana. Sobretudo, essa poderosa redução das taxas mostra a elasticidade do aparelho estatal. Ele é bastante pequeno e maleável para suportar sem destruições gravíssimas uma diminuição de 62,5% de seu padrão de vida fiscal e monetário! É verdade que os funcionários da época, por assalariados do rei que fossem, não viviam apenas de seus magros ordenados, mas também de espécies e de terras familiares: a monarquia do adolescente Carlos VIII suporta galhardamente uma amputação orçamentária que em nossos Estados mastodônticos de hoje seria impensável ou desastrosa.

A médio prazo, esse aperto fiscal "às avessas" é mesmo uma das "causas", entre outras, de uma próxima reviravolta estratégica. Em lugar de guerrear na Borgonha e na Bretanha, logo apaziguadas, o exército real irá entregar-se, desde 1494, a efêmeras conquistas na Itália. Ele ali viverá com os habitantes, sem custar grande coisa ao contribuinte francês.

Os abatimentos fiscais se farão sentir até o fim do século XV e mesmo em seguida. Em seu apogeu, em 1482, a retirada fiscal de Luís XI seria elevada (incluindo as taxas indiretas) a 5,4 milhões de libras, ou seja, 130 toneladas de prata fina. Posteriormente, e para além de seus mínimos de 1484-5, ela evolui para algo em torno de 2,35 milhões sob Carlos VIII, ou seja, sessenta toneladas de prata. Em seguida, realiza uma leve ascensão, sob Luís XII (1498-1515), até 3,5 milhões: estes, considerando as desvalorizações da libra ocorridas nesse entretempo, equivalem apenas a 63 toneladas de prata. Fica-se longe, portanto, dos tetos fiscais que foram registrados sob Luís XI. As modestas retiradas que assim se fazem em benefício dos sucessores desse rei não impedem de modo algum que se prolongue a expansão militar do reino em direção à península, à custa dos italianos, naturalmente.

Além disso, tais fenômenos acontecem no decorrer de uma fase de expansão econômica e demográfica, no fim do século XV e no começo do XVI, quando a população francesa está a caminho de reencontrar suas dimensões do "mundo cheio", os 20 milhões de almas dos anos 1320, 1550, ou 1560-1720. Desse ponto de vista, a mansuetude da "bomba de finanças", a partir de 1484, estimula poderosamente o crescimento em curso, ele mesmo produzido por uma conjuntura secular. Os particulares, atraídos pela redução fiscal, constroem e arroteiam, tanto mais que não são desencorajados ou empobrecidos pelo imposto muito pesado.

Os Estados Gerais se dispersam em março de 1484. Nem os Beaujeu, nem Carlos VIII, apesar de certas promessas, os convocarão novamente. Sua dissolução marca o fim de uma fase de regência liberal, privilegiada pela baixa espetacular dos impostos e pela acolhida às queixas das elites; chega-se a um tipo de governo mais autoritário e que, no entanto, não restabelece totalmente, longe disso, os métodos por vezes tirânicos de Luís XI. Notável, em todo caso, é a incapacidade dos Estados Gerais (que se reunirão doravante, durante os 130 anos seguintes, de maneira descosida e espasmódica) para se transformar, como acontecerá entre os ingleses, em um sistema de controle pelo Parlamento, suscetível de refrear duradouramente o poder real. De onde vem essa inaptidão francesa e (mais amplamente) continental? Talvez convenha inverter os termos do problema. Sublinharemos, nessas condições, a excepcionalidade do exemplo insular, o "milagre inglês": além da Mancha, a organização do Parlamento, ainda embrionária sob a Renascença, tornar-se-á, ao termo, "a forma afinal encontrada" de uma estrutura representativa que, em seguida, bastará exportar (não sem dificuldade), no decorrer da época contemporânea, para os outros países, da Europa e de outras partes. A França renascentista, ao contrário, é demasiado grande, demasiado heterogênea e diversa, muito pouco unificada para que aí se elejam regularmente Estados Gerais em escala nacional. Os contribuintes consideram que uma operação de tal envergadura é dispendiosa, ou mesmo inútil ou insensata. Os Estados provinciais de inúmeras regiões (Languedoc, Normandia), algumas das quais, por si só, equivalem a pequenas nações, bastam à felicidade dos súditos quando estes estão em via de "participar". Fora das zonas de *oc*, a nobreza francesa de *oïl*, salvo no estratos mais altos e eminentes, está um pouco afastada do processo de decisão estatal ou real. Mas se satisfaz com o privilégio fiscal: ele lhe permite não pagar impostos, diferentemente da aristocracia britânica que paga taxas reais, assim como o faz a plebe dos simples *commoners*.* Os nobres franceses são isentos de taxas e de responsabilidades; ao contrário dos fidalgos ingleses, que se querem contribuintes e responsáveis.

Do lado de cá da Mancha, a situação nobiliária, um pouco humilhada, não deixa de ter, então, um certo conforto, mesmo que a longuíssimo prazo a monarquia dos lises corra o risco de sofrer por isso; a configuração francesa é, com efeito, incapaz de secretar as estruturas de participação aristocrática, e depois plebéia, graças às quais, em um terreno muito diferente, será consolidada (por contraste), depois de muitos sobressaltos, a realeza inglesa. Os franceses de *oïl*, em sua defesa, podem invocar, entretanto, a existência de circuitos originais, menos decisivos além do canal, em virtude dos quais o poder do Valois é levado a considerar a autonomia de certas elites: o mundo e o poder dos cargos, dos "Parlamentos" no sentido francês do termo, com efeito, dá às instituições judiciárias da Bacia Parisiense e de outras partes uma vasta liberdade de ma-

(*) Os *commoners* ingleses, como a plebeidade francesa, são aqueles que não pertencem às duas primeiras ordens da sociedade, clérigos e gentis-homens, sendo, de resto, a discriminação assim praticada em relação ao povo "comum" menos rigorosa na Inglaterra do que na França.

nobra em relação ao rei; em razão desta, as influências e pressões, vindas de baixo, sobem um tanto, por intermédio da magistratura, até as cúpulas do aparelho de Estado.

Apenas separados, os Estados Gerais de 1484 deixam atrás de si duas questões abertas, que o poder monárquico e os talentos de Anne de Beaujeu vão resolver a título inicial, durável ou definitivo, segundo os casos: trata-se da guerra civil e da Bretanha.

Guerra civil ou *insana*, em primeiro lugar; esta, mau *remake* da Liga do Bem Público, estende-se de dezembro de 1486 a julho de 1488. Ela simplifica os clãs em confronto: ao partido da dama de Beaujeu, que passou a ser Bourbon em 1488, opõe-se a facção do duque de Orléans, primeiro príncipe da linhagem real. No auge de suas forças contestadoras em 1486, Orléans, futuro Luís XII, alia-se ao "rei dos romanos" Maximiliano* e ao duque Francisco II da Bretanha; seu campo inclui os grandes senhores do reino ou alguns deles: o condestável de Bourbon, parente dos Beaujeu, logo se esquivará de seus avanços, mas o sire d'Albret, o conde de Angoulême, o cardeal Pierre de Foix e muitos outros grandes participam... Falta aos príncipes conjurados,** e com toda a razão, o apoio fundamental das cidades, a começar por Paris. Falta-lhes também o apoio do Parlamento, da universidade. Uns e outros desconfiam dos projetos de uma camarilha de grandes senhores. Depois de diversas peripécias militares, Louis d'Orléans, que "não tem gabarito" diante da artilharia e dos mercenários dos primos do ramo mais velho, é vencido em Saint-Aubin-de-Cormier (atual Îlle-et-Vilaine) ao mesmo tempo que seus aliados (27 de julho de 1488). A guerra insana certamente não devastou a França, então em pleno desenvolvimento, como o haviam feito, em compensação, as Guerras dos Cem Anos. Mas o affaire de Saint-Aubin está longe de ser um divertimento: 7 mil cadáveres, dos quais 21,4% são dos realistas, ficam no campo de batalha. Um jovem e (para a ocasião) brilhante estrategista, La Trémoille, de uma grande família em plena ascensão, venceu os coligados e, ao mesmo tempo, os armoricanos (o caso será

(*) Maximiliano, filho do imperador Frederico III, foi eleito "rei dos romanos" pela dieta de Frankfurt em 1486; tornar-se-á, portanto, imperador, mas apenas em 1493, com a morte de seu pai.

(**) Distingamos a esse respeito, entre os magnatas supracitados, Jean II, duque de Bourbon e condestável da França (que falecerá em 1488), e que não se deve confundir com seu irmão caçula Pierre II sire de Beaujeu, marido de Anne de França, filha de Luís XI; ela própria, por suas bodas, tornou-se Anne de Beaujeu. Chamar-se-á definitivamente Anne de Bourbon em 1488, quando Pierre II for o sucessor no ducado de Bourbonnais em conseqüência da morte de seu irmão mais velho, o citado condestável Jean II, precedentemente duque de Bourbon.

pleno de conseqüências para a Bretanha). Feito prisioneiro, Orléans vai errar de fortaleza em fortaleza; seu cativeiro dura perto de três anos: em junho de 1491, Carlos VIII, sem prevenir sua irmã Anne de Bourbon, ex-Beaujeu, toma a iniciativa de libertar o Encarcerado que, no momento, estava detido na torre de Bourges. Os dois jovens, rei e príncipe, caem nos braços um do outro. Esse ato político honra a inteligência do jovem Carlos, tão freqüentemente depreciada. Anne, mulher das soluções duras, é tomada de surpresa pelo pequeno putsch que assim se realiza; ele reconcilia os dois ramos, até então inimigos, no interior da família real. De agora em diante o caminho está livre para uma pacificação duradoura das querelas aristocráticas: sua energia intrínseca poderá voltar-se para fora do reino, e escoar-se especialmente para a Itália, que de bom grado a dispensaria. O entendimento assim restabelecido no clã dos Valois não é estranho, igualmente, à preparação das soluções definitivas do problema bretão.

Este não é o único em causa: existe também uma questão meridional, um irredentismo antiquado, mas sempre possível, das terras do Oeste da região de *oc*, em suma, do que hoje chamamos de Aquitânia ou de Sudoeste. Os príncipes rebeldes, Comminges, Angoulême, Albret, Foix dominam essa grande área no tempo da guerra insana, desde as Charentes até os Pireneus. Seus súditos, é verdade, não os seguem, e são mais realistas que regionalistas. De fevereiro a março de 1487, uma notável campanha de inverno conduzida por Anne e Carlos submete toda a zona que vai de Saintes a Bordeaux e de Bayonne a Parthenay. Carlos precisa apenas casar o ex-rebelde Angoulême com a temível Louise da Savóia, em bodas das quais nascerá um dia... Francisco I.

A Bretanha é uma outra história. Ela é dupla, e lingüisticamente dividida; francófona a leste, e de língua celta a oeste. Até 1341, data da morte do duque Jean III, podia-se considerar a península como um "feudo inconteste do reino da França". Mas, depois de um período de crise, a tentação renovada do independentismo atravessa como uma linha vermelha o principado dos cinco duques, desde Jean V que governou 43 anos (de 1399 a 1442) até Francisco II, no fim da lista (1458-88). O ducado cunha moeda. Suas instituições próprias — pequeno Conselho, Câmara de Contas — são vigorosas. Dois mil navios bretões, muitas vezes de tonelagem modesta, constatam a renascença econômica; traficam desde a Zelândia e as costas inglesas até a Espanha. Uma arte flamejante se manifesta durante o século XV nas margens armoricanas a partir da informal escola de arquitetura e de escultura do Folgoët.*

(*) Finistère atual, distrito de Brest, cantão de Lemeven. Um ateliê de escultura sob proteção ducal aí funciona de cerca de 1425 a 1455, fornecendo obras-primas e, portanto, modelos aos artistas bretões.

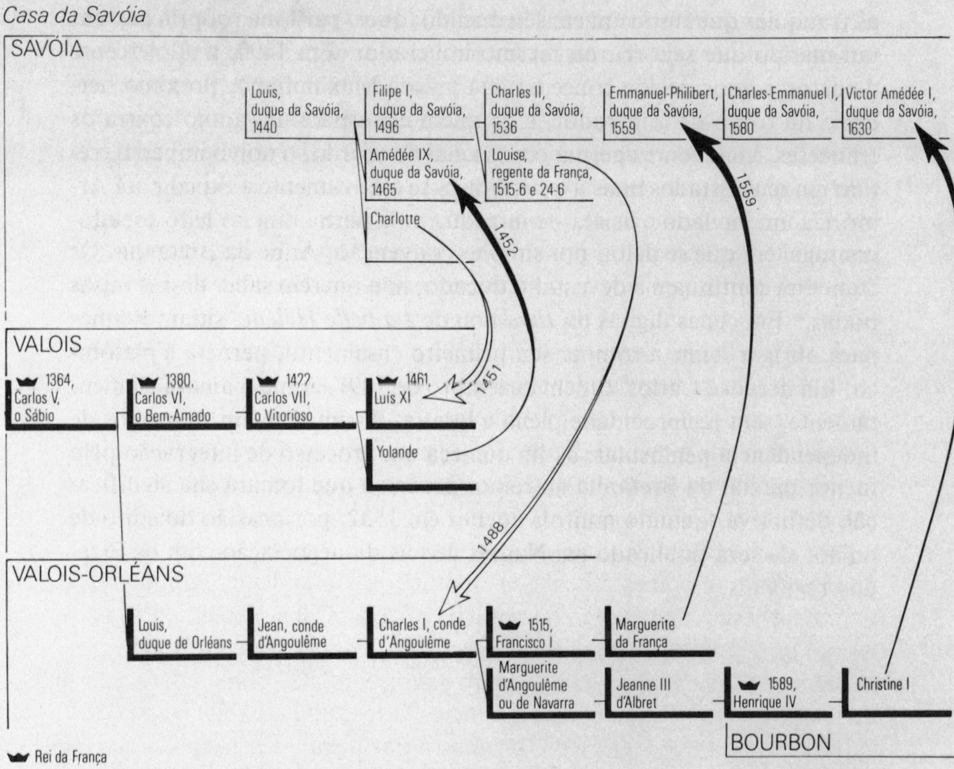


As proezas de todo tipo no domínio cultural e material não bastam de modo algum para fundar uma independência nacional. De qualquer maneira, as vitórias pelo menos parciais obtidas por Luís XI contra os príncipes que invejavam seu poder sobre o território francês deixam o principado bretão cada vez mais isolado; por isso, ele está condenado, nos anos 1480, à busca de comprometedoras alianças fora do reino, em direção do Império, da Inglaterra, da Espanha... A participação do duque Francisco II da Bretanha na coalizão aristocrática de guerra insana fornece pretexto à invasão francesa dirigida por La Trémoille, e que devasta a península. Os bretões, ao mesmo tempo que o duque de Orléans, são derrotados em Saint-Aubin-du-Cormier. O tratado de Sablé, ou "tratado do Verger" (agosto de 1488), e a morte do duque Francisco II (setembro) suscitam candidaturas ao casamento: elas cobiçam a mão da jovem filha do falecido duque, Anne da Bretanha. Mulher pequena e fina, cultivada, cabeça-dura armoricana, que um folclore posterior transformará em duquesa de tamancos, Anne desejaria salvaguardar na medida do possível as franquias que restavam em seu ducado; quer, para sua própria pessoa, um marido que seja rei, ou mesmo imperador. Em 1490, a adolescente de catorze anos decide conceder sua mão a Maximiliano, próximo herdeiro do trono de imperador, e de quem ela espera um apoio contra os franceses. Mão contra perna: como sinal de acordo, o noivo imperial, retido em seus Estados mais a leste, limita-se efetivamente a expedir até Armórica um enviado oficial que introduz uma perna nua no leito pseudoconjugal em que se deita, por simples convenção, Anne da Bretanha. Os franceses continuam a devastar o ducado; não querem saber dessas falsas bodas.* Em cenas dignas da *Ilíada* ou de *La belle Hélène*, sitiam Rennes para obrigar Anne a romper seu primeiro casamento, perneta e platônico. Ela desposa Carlos VIII em dezembro de 1491. Anne o amará ciumentamente, sem reciprocidade plena e inteira. Assim têm fim os sonhos de independência peninsular; assim começa um processo de integração pelo menos parcial da Bretanha ao reino, processo que tomará sua significação definitiva (quando muito!) apenas em 1532, por ocasião do edito de união; ele será publicado em Nantes depois da negociação com os Estados regionais.

(*) O tratado do Verger estipulara, com efeito, que as filhas do duque bretão François II não poderiam casar-se sem o conselho, parecer e consentimento do rei da França.

# 3
# O EXUTÓRIO PENINSULAR

Os meses de maio-junho de 1491 vêem a entrada definitiva de Carlos VIII "nos negócios". Sua irmã Anne de Beaujeu, depois Bourbon, que foi por muito tempo preponderante, acaba de dar à luz uma menina e se afasta um pouco da política ativa: de qualquer maneira, ela tende a retrair-se, de muito bom grado, por causa das iniciativas recentes e conciliadoras tomadas por Carlos. Por conta própria, ele restituiu liberdade e amizade ao primo Louis d'Orléans. Na primavera de 1491, Carlos é efetivamente "maior". No físico, é tão pequeno que quando cavalga tem-se a impressão de ver apenas uma cabeça sobre uma montaria. É feio, beiçudo, com um grande nariz aquilino, cabelos longos, barba arruivada. Os olhos são pretos, saltados, esbugalhados. O olhar é vivo e penetrante. O rosto não tardará a emagrecer e enfear-se. Esportivo, o rei, cuja escrita é firme, sabe fazer-se majestoso e secreto, sonhador e místico. Mas sejamos objetivos: Carlos está muito longe de ser genial. Razoavelmente apaixonado por história romana e francesa, por livros de sabedoria, vidas de santos, arquitetura, pintura e romances, compreendendo o latim e o italiano, passa por ser bastante cultivado, mais, em todo caso, do que o são geralmente os príncipes franceses que, desse ponto de vista, são objeto de zombaria da Europa erudita e sobretudo da Itália, nos anos 1490. No alto Conselho, a clarividência não é traço permanente do novo rei que o sr. Quilliet,[1] com algum exagero, qualifica mesmo de "débil de primeira grandeza"; Carlos demonstra, contudo, nesse supremo areópago, afabilidade, espírito de decisão e um otimismo contagioso que "absorve o obstáculo", nem sempre o anulando.

Caçador, Carlos partilha o quarto com a rainha, com os escudeiros e os cães: estes mordem as tapeçarias e urinam nos móveis. Jogador e torneador (maneira como qualquer outra de organizar manobras militares), ele se impregna de mentalidade cavalheiresca e preside os destinos corteses da Ordem de Saint-Michel, sob a proteção pictórica de um arcanjo.

Homem do ar livre, enamora-se de muitas damas, e sem fogosidade; ama apenas moderadamente sua esposa Anne, devotada, possessiva. A piedade de Carlos é cotidiana e profunda. Dominada pelo persistente desejo de partir em cruzada, ela redobra de ardores desde 1497. Essa piedade autoriza, nos inícios, muitos amores passageiros, mas impede o reinado, a título oficial, de uma amante duradoura. Leal, valente, capaz de ternura e de afeição, generoso, voluntarioso, justo, bom, cercado de jovens combativos, excelente artilheiro, Carlos encarna, não sem gafes, o ideal de uma monarquia religiosa, eqüitativa; ela se pretende guerreira fora do reino, mas com poucos gastos. Estamos longe, no que se refere a esse homem, dos estereótipos mantidos até nossos dias por excelentes historiadores; de maneira sumária, eles apresentam o penúltimo rei do século XV como ininteligente, ou mesmo inconsciente.[2]

A política externa do soberano juvenil cabe em duas palavras: neutralizar, com as menores despesas, a coalizão das três grandes potências, Império, Inglaterra, Espanha, que atormentaria o reino; e fazer valer, na Itália, uma soberania sobre os territórios napolitanos; o rei da França crê tê-los herdado, com ou sem razão, em virtude de sua ascendência angevina.[3]

Do lado inglês, pelo tratado de Étaples (1492), a França compra uma vez mais, por alto preço em prata, a partida ou a não-intervenção do monarca de Londres, a respeito das províncias setentrionais. Esse texto garante que a Bretanha, convertida em satélite dos Valois, não será mais pomo de discórdia entre as monarquias francesa e britânica. O apetite mercantil dos loiros vizinhos do Norte se tornará proverbial: por ora, ele é abastecido mais uma vez, e de maneira útil, em moeda metálica, pelos agentes de Carlos VIII. De qualquer maneira, como já observamos, a Inglaterra, desde o início dos anos 1450, entrara em um processo de insularização simbólica: a loucura de Henrique VI desde 1453 anunciara os acertos de contas da Guerra das Duas Rosas. A prata derramada sobre o Pas-de-Calais por Luís XI e depois por seu filho ajuda a estabelecer os fundamentos do que se tornará a potência dos Tudor, interna e marítima; ela se desprende das aventuras continentais.

Em 1493, em outras frentes, algumas concessões territoriais vêm apaziguar o Império e, momentaneamente, a Espanha. Para abrandar esses grandes Estados, a França se desfaz, contra compensação em fardos de ouro e de seda, dos marcos que Luís XI fixara no Franche-Comté, no Artois, no Roussillon. Aí também, o argumento armoricano é capital: esses "abandonos" franceses nas fronteiras do Leste (e do Sul) incitam Maximiliano, em contrapartida, a renunciar de maneira implícita às pretensões bretãs que poderia formular em razão de seu breve "casamento" com a duquesa Anne. Seria o caso de dizer que a França, assim tranqüilizada quanto à sua fachada atlântica, realmente sacrificou garantias preciosas, inseparáveis de suas "fronteiras naturais", em suas modalidades ocidentais ou meridionais... Nada é menos certo. Os três territórios "abandonados", Artois, Comté, Roussillon, só serão definitivamente ligados ao reino muito mais tarde, sob Luís XIV. Há um certo anacronismo em declará-los "perdidos", por antecipação, desde o fim do século XV. Ainda se estava muito longe, nos anos 1490, de uma imagem hexagonal da nação, projetada bem além do Aisne e do eixo Saône—Rhône. A história não poderia censurar Carlos VIII por ter recusado (sem saber) essa imagem geométrica de seis lados. Só se perde realmente o que se possui de verdade.

Restam os circuitos de caça italianos do jovem rei. Seu fundamento legal, em nossos dias, parece desusado; mas não era desprovido de valor aos olhos dos homens do século XV, imbuídos de juridismo pontilhoso. Por testamento, inatacável, segundo alguns, contestado, segundo outros, Luís XI herdara, em pura teoria, posses da casa de Anjou, incluindo o reino de Nápoles e mesmo o território puramente "imaginário" de Jerusalém. Em janeiro de 1494, a morte de Ferrante I de Aragão, monarca de fato do país napolitano, abre uma sucessão: Carlos VIII pretende aproveitar essa conjuntura e fazer valer suas pretensões históricas contra os sucessores de Ferrante recém-entronizados.* As circunstâncias parecem favoráveis: progressivamente reconduzidos a alguma obediência (não para sempre) por Luís XI e Anne de Beaujeu, os grandes no reino não estão mais em condição nem com desejo de fomentar uma guerra civil, ainda que "insana". A amizade emergiu novamente entre Carlos VIII e seu primo Louis d'Orleans; assim se fechou a brecha por onde poderiam penetrar ainda as lutas armadas entre franceses. Uma Corte reunificada, que já amansa os grandes aristocratas, aumenta seus efetivos em torno do soberano. Ela só fará crescer, embelezar-se, e custar mais caro por ocasião da primeira guerra da Itália (1494-5). Diante desses fenômenos, os cortesãos profissionais, cuja espécie está em via de expansão, não aparecem simplesmente como ex-soldados ou descendentes de ex-soldados em via de autocivilização pacificadora no meio curial. Esses homens são antes guerreiros que a monarquia põe a seu serviço; afasta-os das querelas intranobiliárias para os empregar militarmente na aventura exterior e nacional. De fato, em 1493, ano de paz, os franceses se entediam; ou pelo menos se entedia o sangue azul que ferve em seu nome. Uma parte da

(*) Carlos VIII espreitava havia algum tempo a herança napolitana. A Ferrante I de Aragão sucede localmente Alfonso II a partir do fim de janeiro de 1494; em seguida, depois da abdicação de Alfonso (janeiro de 1495), é a vez de Ferrante II de Aragão, dito "Ferrandino", tornar-se soberano de Nápoles.

*Terceira casa de Anjou*

Filipe IV, o Belo
♛ da França 1285

Charles de Valois
=
Marguerite d'Anjou-Sicile

Filipe VI
♛ da França 1328

João II, o Bom
♛ da França 1350

Carlos V, o Sábio
♛ da França 1364

Louis I 1339-84
conde, depois duque de Anjou 136
conde de Maine 1356,
duque de Touraine 1370,
pretendente aos tronos de Nápoles
e Jerusalém 1382,
conde da Provença e Forcalquier 13
= 1360
Marie de Blois
condessa de Guise † 1404
filha de Charles, duque titular
da Borgonha

jovem nobreza não está descontente de correr atrás da aventura, da glória, ou mesmo da fortuna. A ocasião faz o ladrão: o duque de Orléans, apoiado por uma facção de amigos (da qual faz parte o marechal de Crèvecoeur), gostaria de aproveitar o tempo que corre; desejaria levar a efeito pretensões territoriais sobre o ducado de Milão; elas lhe vêm de uma avó, Valentina Visconti; essas pretensões deixam frio Carlos VIII, que pensa apenas em Napóles. Outras cabalas, entre as quais a dos Beaujeu, recusam discretamente, sem sucesso, os lobbies e as fantasias de expansionismo que cercam o jovem Carlos. A rainha Anne não é muito entusiasta quando pensa nas separações conjugais, mesmo momentâneas, que a guerra além dos Alpes acarretará.

Tudo bem ponderado, permanece exato que o reino, no começo dos anos 1490, está em busca ou mesmo em gestação de uma "política mediterrânea", espécie de monstro marinho que atravessará toda a nossa história, dos Valois aos pompidoulianos. Já não é o tempo em que o Sul languedociano e rodaniano, outrora base de partida para a cruzada de são Luís, funcionava modestamente como último refúgio da monarquia-rabo do jovem Carlos VII. Sob Carlos VIII, fortalecida por sua própria expansão e pelas aquisições de Luís XI, a França voltou a ser o que anacronicamente chamaríamos uma superpotência. A natureza tem horror ao vazio? Não surpreende, em todo caso, que esse excesso de força viva vá propagar-se na direção de uma zona de menor resistência e de sedução máxima: a Itália, renascentista e dividida. A presa peninsular é mais passível de ser tomada do que são a Inglaterra, a Espanha e o Império, trio de parceiros vigorosos, dissuasivos...

A motivação humanista existe, mas não é fundamental. Jean de Ganay, presidente do Parlamento de Paris, acompanha Carlos VIII além dos Alpes; ele se mostra interessado em "explorar as bibliotecas italianas";

VALOIS →

uis II 1377-1417
etendente ao trono de N. e J.* 1384,
que de Anjou, conde de Maine,
Provença e Forcalquier 1384,
nde de Guise 1404
etendente aos tronos de
agão e Valence 1410
= 1400
lande † 1443
a de Jean I, ♕ de Aragão
le Valence

- Louis III 1403-34
  pretendente aos tronos de N.J.A.V.* 1417,
  duque de Anjou 1417,
  da Calábria 1423,
  de Touraine 1424,
  conde do Maine, da Provença e Forcalquier
  = 1431 — sem posteridade
  Marguerite † 1479
  filha de Amédée VIII,
  duque da Savóia
- Marie 1404-63
  = 1422 — VALOIS →
  Carlos VII
  ♛ da França 1422
- René, o Bom 1409-80
  conde de Guise 1417, duque de Bar 1430,
  duque da Lorena 1431
  pretendente aos tronos de N.J.A.V. * 1434,
  duque de Anjou, de Touraine, da Calábria
  conde da Provença e Forcalquier 1434
  ♕ de Nápoles e de Jerusalém, 1435
  = 1420
  Isabelle † 1453, filha de
  Charles I, duque da Lorena
  - Jean I (ou II) c. 1426-70
    duque da Calábria, príncipe de Gerona 1434
    duque da Lorena 1453
    = 1437
    Marie † 1448
    filha de Charles I duque de Bourbon
  - Yolande 1428-84
    duquesa usufrutuária da Lorena 1473
    ♕ titular dos tronos de Nápoles e Jerusalém 1481
    = 1444
    Ferry II (ou VI) da Lorena
    conde de Vaudémont
    - Jeanne † 1481,
      duquesa da Lorena
      = 1474 sem posteridade
  - Marguerite 1430-82
    = 1445 — PLANTAGENETA →
    Henrique VI ♕ da Inglaterra
- Yolande 1412-40
  = 1431 — BRETANHA →
  François, futuro duque da
  Bretanha 1414-50
- Charles 1414-72
  conde do Maine e do Mortain 1434
  de Gien 1442 e de Guise 1444
  duque de Anjou 1442
  = 1444
  Isabelle de Luxemburgo
  condessa de Guise
  † 1472
  - Charles † 1481
    conde do Maine e de Guise 1472
    ♕ titular de Nápoles e de
    Jerusalém 1480
    conde da Provença e Forcalquier
    duque de Anjou
    } *Lega suas posses a Luís XI,* ♛

* N. Nápoles
J. Jerusalém
A. Aragão
V. Valence

mas essas preocupações esclarecidas são pouco difundidas no estado-maior e na burocracia do exército invasor. O florescimento literário e artístico do reino da França será conseqüência próxima ou distante das guerras italianas; no ponto de partida, ele não fornece incitações maiores aos franceses que querem transpor os desfiladeiros. Em Lyon, em Marselha e em todo o Sudeste, a iniciativa "sulista" do jovem rei encontra, entretanto, uma repercussão favorável, inclusive junto aos comerciantes, aos homens de negócios... Ela se apóia igualmente no sempiterno sonho de cruzada que os papas Pio II e depois Inocêncio VIII haviam tentado em vão concretizar: Carlos VIII, motivado ainda criança por são Francisco de Paula, e que além disso é bastante hostil aos heréticos, aí faria a personagem de são Luís, sob a tutela de uma Anne de Beaujeu promovida ao papel de Branca de Castela. Esse onirismo brumoso não é totalmente injustificado: os turcos, entre 1453 e 1490, aparecem ou se instalam em Constantinopla e nas duas margens do Adriático, ou seja, na Albânia, em Otranto e em Ancona. Contra suas ameaças, não se precisa apenas de um santo rei, mas de um novo Carlos Magno, e mesmo das façanhas de um Roland, que combateu os sarracenos melhor do que ninguém: de resto, para tornar a analogia mais completa, Carlos batizou seu filho mais velho Carlos-Orlando, como um *Orlando* mais piedoso e mais furioso. O jovem monarca francês tem sob os olhos o exemplo de Fernando de Aragão: esse rei vence os mouros em Granada e "converte" os marranos; por piedosa crueldade, ele anima assim, contra o inimigo externo ou infiel, as coragens dos barões castelhanos; sem isso, eles cairiam de bom grado na revolta intestina, na Espanha mesmo. No coração do rei Valois, a emulação, mesmo involuntária, em suma, o amor/ódio, prevalece em relação aos aragoneses: deliberadamente, por sua utopia de cruzada, ele tenta imitar a conduta "religiosa" destes na Espanha; copia-lhes também de uma outra maneira os comportamentos, e quase à sua revelia, pois a Itália será para ele como uma América de substituição, mas malograda, no momento em que as caravelas ibéricas já estão nas Caraíbas. Além disso, Carlos pretende (e eis que entra em jogo a inimizade, em vez da admiração) expulsar a dinastia aragonesa de Nápoles; deseja fazer da Itália inteira um "osso duro de roer" que, controlado pela França, barraria à Espanha os caminhos do Levante, em benefício de nossos concidadãos. Pelo menos é o que se espera, em Amboise, em Plessis-lès-Tours, em Lyon. Não zombemos demais das miopias de Carlos, que o fazem negligenciar uma vantagem por uma esperança vã, e a América ou as Índias pelo Mediterrâneo. Nos anos 1490, nenhum monarca da Europa, com a admirável exceção dos reis ibéricos e de seus conselheiros italianos, é capaz de conceber uma grande estratégia que fosse deliberadamente transoceânica.

*As guerras da Itália*

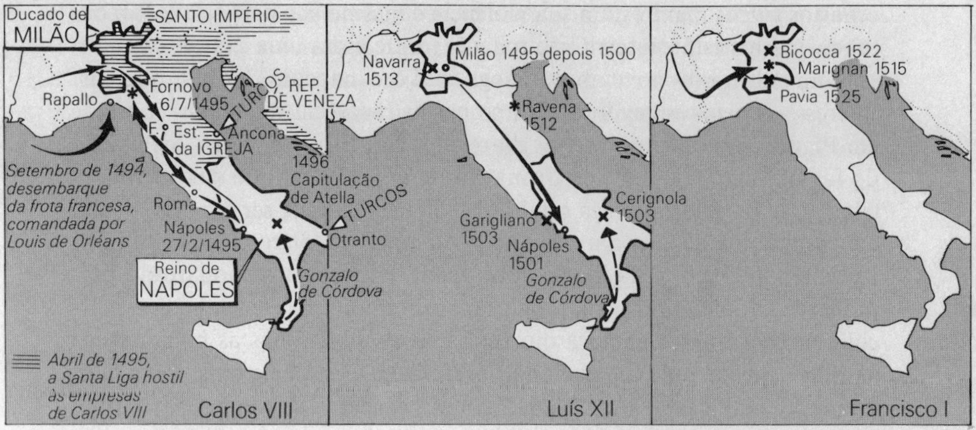


✖ Batalha com derrota ✱ Batalha com vitória F. Florença

A primeira guerra da Itália não é mal preparada, longe disso. Os empréstimos das cidades além dos Alpes, os penhores de jóias e de porções do domínio real, assim como uma elevação de impostos fornecem os 2 milhões de libras necessários para pôr de pé a campanha. Habituado à logística militar, Carlos VIII, em setembro-outubro de 1494, ao fim dos preparativos, dispõe de um exército de 40 mil homens, dos quais 30 mil combatentes, metade franceses, metade estrangeiros (suíços, italianos...); mais uns sessenta canhões e cem navios, entre os quais dez grandes barcos equipados por vezes de maus rapazes, recrutados à força em alguns cárceres do reino. O arcabuz substituiu a balestra. O serviço meteorológico é de qualidade: os astrólogos tinham previsto um outono bonito e seco. O fato lhes dará razão.

Pela primeira vez desde o começo (e o fim) das Guerras dos Cem Anos, o "Estado francês" detém a iniciativa estratégica, fora de suas fronteiras, no sentido estreito ou amplo desse substantivo. Conservá-la-á muitas vezes, na Europa, até Napoleão III; e mais tarde, tratando-se das expedições de ultramar e coloniais, até Lyautey. Quatro longos séculos de passagens ao ato... Nascimento ou renascimento de uma grande potência... A esperança de glória, mesmo de longo fôlego, sob os auspícios de nobreza, cristandade, majestade, valia uma escala napolitana, eventualmente extravagante?

Em Rapallo, perto de Gênova, a frota francesa, dirigida por Louis d'Orléans e por D'Urfé, em setembro de 1494 dá o primeiro exemplo de um desembarque apoiado pela artilharia de marinha; ela canhoneia as praias desde os barcos. Notável operação combinada: revela aos lígurios a artilharia francesa e "a *furia* das tropas do reino, entre as quais os mercenários suíços manifestam sua violência e mesmo sua barbárie''. Em outubro, Carlos está em território milanês, onde visita uma exploração agrícola-modelo. Em novembro, chega à Toscana com 10 mil homens. Interessa-se pelos esplendores da Lombardia renascentista, depois consome em Piacenza excelentes queijos da região. Em Pisa, verifica a inclinação do famoso campanário, e confirma discretamente o partido das liberdades citadinas. Em Florença, da qual os Medici acabam de ser expulsos, vela, em companhia de Savonarola, que o toma por um novo Ciro, os últimos instantes de Pico della Mirandola. Cena poderosa: a monarquia pré-moderna, a inicial reforma religiosa e o humanismo enciclopédico marcam encontro nessa câmara mortuária. Prestadas todas as homenagens às exigências da unidade nacional, preferir-se-á esse belo episódio à ladina intriga de Péronne e à ''Ilíada'' cômica do cerco de Rennes.[4] No total, na região toscana, Carlos é recebido, com ou sem razão, como um restaurador da liberdade.

Em Siena, Carlos é acolhido com amizade pela Loba local, de estilização romana, e por um canto latino à Virgem Maria. Durante esse tempo, em Moulins, Pierre de Bourbon governa a França, e as duas Annes, da Bretanha e de Beaujeu-Bourbon, esperam o retorno (que se faz desejar) de seu esposo e irmão. Mulher de combatente, a rainha gere uma gravidez e aguarda a chegada do correio.

No fim de dezembro de 1494, Carlos entra em Roma: ali, toca algumas centenas de escrófulas, e se mostra filho submisso do papado, mas não do papa; presta homenagem à dignidade pontifical... enquanto instituição apenas, e pretende-se desenvolto em relação à contestável pessoa de Sua Santidade (?) Alexandre VI Borgia: Carlos é bom o bastante para não a derrubar, em benefício de um sucessor mais francófilo; mas lhe impõe a entrega de importantes reféns, entre os quais César Borgia, bastardo do pontífice; submete a Cidade Eterna a uma breve ocupação militar, que afinal é benigna, apesar de alguns excessos dos mercenários do exército francês, logo punidos com enforcamentos pelo jovem soberano. Nessa questão, Carlos se conduz, assim como o farão seus sucessores, como monarca galicano, embora bom católico. Ele se dirige às igrejas de Roma, como prelúdio à sua futura e problemática visita aos Lugares Santos. Mais importante, a longo prazo, é o contato feito, enfim, com os Estados pequenos, mas já pré-centralizados, que são Florença e o Vaticano. A monarquia dos Valois, antes mesmo da publicação de Maquiavel, inspirar-se-á cada vez mais nesses modelos italianos; eles se tornarão familiares aos franceses graças às guerras travadas em zona cisalpina e graças aos inúmeros imigrantes que acorreram a Lyon ou a Paris. Os governantes do reino se afastarão, ao mesmo tempo, de sua própria tradição nativa, cujas tendências específicas se mostravam mais feudalizantes ou descentralizantes.

A 28 de janeiro de 1495, o exército francês deixa Roma, em direção ao Sul. Evita a pequena cidade de Frosinone, cujos habitantes se entristecem de não ver o rei francês que acaba de ser padrinho de batismo de um judeu em Ferentino; consolam-se com a defenestração de seu bispo, pró-napolitano.

A 22 de fevereiro, Carlos está em Nápoles, "em *minha* cidade de Nápoles", como escreve a seu cunhado Bourbon. "Ele está usando esporas de madeira para mostrar que entra como senhor pacífico."[5] À razão de um ou dois tiros de canhão por minuto, sua artilharia domina as fortalezas adversárias. Esquecida a cruzada? Certamente não! Mas o Valois se consagra assim mesmo, prioritariamente, à tomada de posse do terreno recém-conseguido. "O brumoso futuro de Terra Santa é negligenciado pelo efêmero presente napolitano."[6] O invasor protege os judeus, preocupa-se com os pobres e democratiza as estruturas municipais da grande cidade, até então dominadas apenas pela nobreza. Os dirigentes franceses consagram a manhã à missa e à administração regional; a tarde aos assuntos de corte e de coração. Inúmeros militares contraem a sífilis recentemente importada da América via Espanha.* A 12 de maio, Carlos, que acaba de seduzir uma amazona de boa família, entra novamente, mas de modo solene, em sua boa cidade de Nápoles: essa cavalgada é estritamente real, mas os contemporâneos, em conseqüência de diversos malentendidos, atribuem-lhe, erradamente, pretensões imperiais; elas prejudicarão a causa francesa na Itália e na Europa. Desde março de 1495, porém, as duras realidades se haviam manifestado, contra o princípio de prazer que governara até então a incursão peninsular. No começo da primavera de 1495, Carlos é confrontado, com efeito, com um detestável "primeiro-de-abril" que, no entanto, não tem nada de um trote: nos primeiros dias desse mês, uma liga hostil às empresas dos franceses é enfim assinada, declarada e notificada; ela reúne Veneza, o papa, Milão, a Espanha e o Império. Os olhos se abrem: é preciso partir. No fim de maio, o exército real, na vã esperança de conservar, apesar de tudo, o reino de Nápoles, está desguarnecido, à força de deixar no local algumas guarnições de retaguarda; o corpo de batalha não conta mais que 9 mil homens móveis; eles vão deslocar-se para o Norte. Não têm escolha: esmagar os inimigos mais numerosos que lhes barrarão o caminho ou permanecer prisioneiros da armadilha italiana. Os senhores franceses têm pressa de retornar: receiam os grandes calores que virão e mesmo, dizem alguns, ser traídos por suas mulheres que ficaram na região do Loire ou do Sena. Alguns

(*) Esse acontecimento, pai de uma longa série, é capital, tratando-se do "medo do sexo" que gradualmente invadirá e "puritanizará" a cultura ocidental, nos séculos XVI e XVII.

poucos deles, entre os quais o rei, fazem provisões de lembranças e de objetos de arte que são da época romana, ou renascentista e contemporânea. A maioria dos militares se satisfaz com ter provado durante alguns meses do exotismo mais ou menos substancial dispensado pelo consumo dos limões e pela amenidade das napolitanas.

A arte de bater em retirada é o óbvio ululante dos estrategistas. Carlos VIII e seu estado-maior saem-se bem da prova. A longa marcha para o Norte no retorno de Nápoles é uma obra-prima de energia e de inteligência; as tropas suíças a serviço do reino, compostas pelos melhores soldados do mundo na época, têm nisso uma participação importante. A fuga do exército francês em Fornovo, à saída dos Apeninos na direção da baixa região paduana, vale brilhante desempenho (6 de julho de 1495). Ela anuncia (porém com custo humano bem menor) as primeiras batalhas italianas de Bonaparte ou, muito simplesmente, Marengo. É verdade que o objetivo não é conquistar as mais ricas planícies do mundo, em estilo napoleônico; mas evacuá-las o mais depressa possível, atravessando para isso o obstáculo inimigo, a fim de retornar prontamente à metrópole. Em Fornovo, 9 mil "reais" (sob a auriflama de Saint-Denis, símbolo de cruzada) vencem 30 mil adversários, na maioria italianos, que deixam milhares de mortos no campo de batalha. A *furia francese* só pôde agir graças às disposições hábeis que um comando experiente na manobra tomou no fogo da ação. Carlos VIII volta à França no outono de 1495, sem perdas consideráveis para os seus. O balanço territorial da operação é nulo; as últimas guarnições francesas serão deploravelmente expulsas dos territórios napolitanos; não terão resistido ali mais que um único verão. Mas as despesas totais do empreendimento são pequenas; nem a França, nem a Itália saem dele arruinadas. Instrumento de justiça divina, chefe das nações cristãs, reencarnação de Davi, moderador dos assuntos do mundo, novo Carlos Magno, Carlos vê serem-lhe conferidos muitos títulos por uma propaganda bajuladora. A recaída cultural é medíocre em termos imediatos, mas se fará decisiva a longo prazo, a tal ponto é grande a diferença de potencial entre as civilizações francesa e italiana, tendo uma a aprender imensamente com os primeiros contatos com a outra. A força militar do reino se afirmou. Além disso, Carlos, até sua morte próxima (1498), não porá mais os pés fora das fronteiras. No balanço real, as fantasias napolitanas figuram como caprichos de juventude; não pesam muito em forma de passivo, diante de quinze anos de desenvolvimento material e de crescimento interno, que o reinado, na falta de outras qualidades particulares, teve o mérito de não entravar nem frear. O "domínio próprio" da monarquia, composto de terras, senhorias, pedágios etc., e cujos rendimentos são indexados, conseqüentemente, pelo movimento geral das produções e dos tráficos, conhece, quanto ao seu relatório financeiro, uma mais-valia de 74% entre 1484 e 1498: a conjuntura, portanto, é boa, mesmo que essa alta se explique também por um recolhimento mais cuidadoso das contribuições. As talhas que Luís XI elevara a 4,6 milhões de libras em 1481, depois a 3,9 milhões às vésperas de sua morte, baixam para 1,5 milhão em 1484-6, culminam em 2,6 milhões em 1494 e voltam a cair para 2,1 milhões em 1498: Carlos reina a preço baixo,[7] na linhagem dos soberanos poucos dispendiosos que os apóstolos do *laissez-faire* desejarão mais tarde para os povos liberais. O jovem rei morre cheio de dívidas e deixa um tesouro sem um tostão, maneira de dizer que, se ele fez apelo aos ricos emprestadores, não esfolou em excesso, por isso, o contribuinte. As criações de feiras e de ofícios jurados e os inícios de redação dos costumes regionais atestam um Estado até certo ponto consciente de uma expansão econômica (que, incidentemente, não tinha muita necessidade dele para aparecer); um Estado preocupado também em codificar os quadros jurídicos nos quais se movem costumeiramente as populações; renunciando estas (um pouco) à violência e utilizando a um menor custo de sangue, se não de dinheiro, a chicana e a arbitragem dos tribunais. Uma "osmose silenciosa" começa a unir as novas províncias, Borgonha, Provença e Bretanha, à síntese viva e por vezes estapafúrdia que é o reino dos Valois.

Luís XII, tio de Carlos VIII, torna-se rei por sucessão legítima quando da morte acidental deste; ele é neto de Louis d'Orléans *senior* e de Valentina Visconti, da qual lhe vêm pretensões ao ducado de Milão; é o filho tardio do poeta Charles d'Orléans e de Marie de Clèves. Um avô assassinado, um pai por muito tempo prisioneiro dos ingleses e tanto mais empobrecido, uma juventude difícil, agitada, aprisionada, o todo sob controle de um Luís XI desconfiado, não facilitaram a tarefa ao futuro rei. Muito jovem, bodas forçadas, que Luís XI arranjara, uniram Orléans à própria filha do soberano ardiloso, Jeanne da França, digna, terna, corajosa, terrivelmente enferma, estéril e devota. (Vários dos reis, Luís XII, Francisco I, Henrique IV, foram, assim, genros de um soberano predecessor, ao mesmo tempo que herdeiros deste em primeira ou segunda linha apenas em razão da lei sálica:* sem dúvida imaginava-se que com isso sua legi-

(*) A lei sálica pertence ao *corpus* das leis germânicas (estabelecidas especialmente nos territórios hoje franceses) que foram redigidas entre os séculos VI e VIII; ela faz circular a simples herança fundiária (mas não o reino!) em linha masculina. Muito mais tarde, os juristas, em particular sob Carlos VII, a utilizarão (indevidamente) como argumento decisivo para recusar as pretensões inglesas ao trono da França e para estabelecer a sucessão regular dos Capetos e Valois autóctones por ordem masculina de primogenitura. Essa lei será considerada daí em diante, até a Revolução, como uma lei fundamental da monarquia francesa.[8]

timidade se acharia reforçada. O que prova que a lei sálica nem sempre era "evidente" por si só, desde que se tratasse de impor um novo monarca.) O marido de Jeanne não esperava desse casamento nem felicidade, nem progenitura; era bem isso que desejava Luís XI, hostil ao ramo "orleanista" e desejoso de vê-lo extinguir-se. Louis d'Orléans, por sua maioridade, submete-se a um hábito: este exige que em certa etapa biográfica, tal alta personagem da família real conduza a contestação, inclusive violenta, diante do monarca titular: o futuro Luís XI, ainda delfim, mergulhara na Praguerie contra seu pai Carlos VII, titular do trono na época; Monsieur Carlos, irmão caçula de Luís XI, fazia o mesmo, um quarto de século mais tarde, contra seu irmão mais velho, sob o pretexto do Bem Público; Louis d'Orléans, nos anos 1480, é um dos líderes da guerra insana, contra Carlos VIII e sobretudo contra os Beaujeu. Assim, aumenta a antiga inimizade entre Orléans e Anne de Beaujeu; ele a teria tratado, entre os dentes, de todos os nomes e mesmo de "puta". Por seu lado, uma vez reprimidas as insurreições, ela o manda encarcerar durante vários anos no frio, a água, pão e toucinho; por certo, ele mereceu, por indisciplina principesca, esse rude cárcere, que o fará envelhecer e amadurecer. No século XVI, enfim, quando a monarquia surgir inteiramente consolidada, essas agitações feudo-juvenis contra o soberano titular passarão de moda, com o risco de emergir novamente na década de 1560, por ocasião dos conflitos religiosos.

Homem valente, esportivo e grande caçador, razoavelmente desconfiado, autoritário e mesmo violento ocasionalmente, "enérgico e corajoso na adversidade", dotado de uma inteligência acima do medíocre e de uma cultura conveniente, extraordinariamente "conquistador" em sua juventude, mas muito bom marido em segundos esponsais com Anne da Bretanha (depois da anulação do casamento com Jeanne da França), nada cruel, salvo em guerra, Luís XII não é um grande maquiavélico feroz. Sabe dar provas de amistosa magnanimidade em relação a La Trémoille e aos Beaujeu que, no entanto, o maltrataram em sua juventude. Move-se no quadro cultural da monarquia um pouco limitada ou moderada, tal como a esboçará seu contemporâneo e conselheiro Claude de Seyssel.* Em Maquiavel, talvez simplificado, encontram-se os ideais de um poder duro, puro, isento das barreiras éticas, religiosas, sociais... Seyssel, em compensação, filho ilegítimo de um marechal savoiano e, tendo se tornado um dos próximos de Luís XII, propõe ao Príncipe o modelo (não desprovido de astúcia, ou mesmo de cinismo) de uma monarquia entretanto limitada, sujeita ao triplo freio de religião, justiça, polícia; a "polícia",

(*) Claude de Seyssel (*c.* 1450-1520) publica em 1519 sua *Monarquia da França*, elogio da realeza costumeira. Ele termina sua vida no ano seguinte como arcebispo de Turim, em um posto que ocupava desde 1517.

nesse caso, identifica-se às ordenações dos reis predecessores; o monarca deve observá-las, assim como respeita as leis que decretou pessoalmente: pois o próprio Deus está sujeito às suas próprias regras, que promulga em Sua eternidade! Não vamos, contudo, tornar cor-de-rosa em excesso o reinado e a pessoa de Luís XII: sua primeira mulher, Jeanne da França (quando do processo de anulação das bodas, que lhe intentava o real esposo), teve muita dificuldade em recrutar para si mesma advogados titulares e testemunhas favoráveis; apenas esse fato indica bem que Luís, como os outros Valois, irradiava com conhecimento de causa um considerável efeito de intimidação. Esta não impedia absolutamente que se manifestasse, na palavra dos pregadores, hostis ao comportamento "imoral" do rei, o esboço de uma opinião pública, favorável, em seu conjunto, à infeliz rainha repudiada (dezembro de 1498). De resto, Luís XII teve a inteligência e a generosidade de não castigar todos aqueles, leigos e clérigos, que, com justo motivo, difamavam seu comportamento; Jeanne de França morre alguns anos mais tarde (1505), em odor de santidade, tendo fundado a ordem monástica das Anunciadas.

Luís XII, rei da Renascença, demonstra o poder marchando ou cavalgando no meio de uma corte tanto mais móvel quanto pouco numerosa (menos de mil pessoas): "Amboise, Paris, Angers, Parthenay, Orléans, Blois sobretudo, mas também Melun, Bourges, Tours, Rouen, Reims, Troyes, Dijon, Amiens, Abbeville, Saint-Denis-en-France, Noyon, sem falar das múltiplas idas e vindas por Grenoble e sobretudo por Lyon ilustram, todos eles ou todas elas, o caráter itinerante dessa monarquia renascentista".[9] O movimento e o poder, para quê? No ativo de Luís XII, citemos, pela primeira vez na era moderna, a vontade clara e nítida de fazer justiça aos heréticos. De 1501 a 1509, os valdenses da Provença são, assim, defendidos e apoiados pelo rei contra as autoridades locais, e sobretudo romanas, papais, eclesiásticas. Assim começa uma fecunda estratégia de (relativa) imparcialidade religiosa e de abertura. Desde que se deixem de lado (enormes "exceções") os reinados de Henrique II e de Luís XIV, opressivos em relação aos dissidentes religiosos, essa política permanecerá, em muitas ocasiões, típica da realeza francesa. A atitude "aberta" (nesse ponto) é inseparável dos comportamentos galicanos do monarca, que o opõem ao papa, sobretudo a Júlio II, que age como temível inimigo do soberano francês durante as guerras da Itália. De resto, Luís XII faz apelo, nessa luta antivaticana, aos recursos da propaganda teatral: Pierre Gringoire escreve, contra Júlio II, o *Auto do príncipe dos tolos*; conquanto recente ainda, a imprensa, por sua vez, presta seus serviços: Jean Lemaire de Belges, "camareiro" de Luís, publica em Lyon, em 1511, uma *Preeminência da Igreja galicana*, que ofende os delicados ouvidos dos romanos. O apoio dado à comunidade valdense passa necessariamente pela ação favorável e positiva da magistratura, mais ou menos subordinada ao rei; pode tratar-se, por ora, do Grande Conselho (em escala nacional) definitivamente organizado por Luís XII em 1498, ou do clássico Parlamento de Paris: Luís vela pela boa conservação e pelo desenvolvimento dos galhos da árvore da justiça, em suma, de todas as cortes magistrais, desde o Châtelet parisiense até o parlamento de Aix-en-Provence. A redação dos costumes, outra grande idéia do reino, é impulsionada pelo cardeal de Amboise, assistido especialmente, no Parlamento de Paris, pelo primeiro presidente e pelo advogado do rei. Essas duas personagens anunciam, à sua maneira, a alta "nobreza de Estado" dos presidentes de barrete e dos homens do rei no Parlamento, tal como se desenvolverá sobretudo entre os reinados de Henrique III e de Luís XIV, segundo as pesquisas de Denis Richet. O ato de passar a limpo os costumes expressa bem a essência do Poder Legislativo da época, mais preocupado em constatar o que se faz (nas províncias regidas pelo direito costumeiro) do que em promulgar o que se deve fazer e que, nesse caso, sairia, inteiramente concebido, de uma hipotética vontade real, como ocorrerá, de fato, no tempo de Luís XIV e dos grandes "códigos" colbertianos. A escrita dos costumes experimenta, assim, dois tempos fortes, sob Luís XII e mais tarde sob Henrique II. Em compensação, o Estado de finança ao qual Luís XI dera um vigoroso impulso e que desenvolverá inteiramente uma frondescência poderosa no tempo de Sully e sobretudo de Colbert, vegeta ainda na época de Luís XII: este, mais justiceiro que financista, mantém o recolhimento fiscal em níveis ou em volumes muito menos elevados do que o eram quando florescia, vinte anos antes, a dispendiosa "roseira das guerras". O reino permanece, em parte, fora de alcance do demasiado fraco domínio estatal e real, a tal ponto são numerosas as isenções de impostos, para os nobres, para as cidades. Por certo, ele não se torna, por isso, um paraíso fiscal, nem um oásis de eqüidade. Mas tudo indica que Luís XII vale mais que o homem de Estado medíocre a que desejará identificá-lo a talentosa biografia que se acaba de publicar a seu respeito.[10] Conduzido ao trono pelos acasos genealógicos, ele dá demonstração de capacidades que sem dúvida não alcançam absolutamente o desempenho genial de um Henrique IV; elas o classificam honrosamente, apesar de tudo, na série de uma dúzia de monarcas que desfilam em nossa Modernidade.

No plano militar ou diplomático, Luís XII é dotado de obstinação, de perseverança teimosa nas idéias, de uma vontade permanente de colocar os meios arquitetados a serviço de fins claramente concebidos, se não sempre inteligentemente ponderados e perseguidos. O Pai do Povo, como será chamado, pode contar com o vigor das populações francesas; elas passam, na época, por uma febre de saudável crescimento e de atividade construtora. Mas ele nem sempre dispõe de estrategistas que estejam à altura dos planos que são encarregados de executar. La Trémoille envelhece e seus talentos por vezes se obscurecem. Gaston de Foix, grande general, morre muito jovem. Nemours é nulo, em Nápoles. Com ou sem gênio das batalhas, a conquista do ducado milanês permanece no centro dos projetos do rei. Desde 1495, enquanto Carlos VIII pensava apenas em Nápoles, Louis d'Orléans lançara-se à conquista do ducado de Milão, que acreditava dever herdar legitimamente de Valentina Visconti. Bloqueado em Novara por Ludovico, o Mouro, Luís, na época, devia sua salvação apenas ao esforço final do exército do rei Carlos, que se libertara graças à brecha de Fornovo.

Tornando-se monarca por sua vez (1498), Luís não tem nada de mais urgente do que reconquistar "seu" caro ducado de Milão. Antes, contudo, precisa separar-se de Jeanne, a enferma; e depois desposar Anne, a bretã. A favor da independência armoricana, esta, no entanto, está feliz de misturar as pintas negras de arminho do ducado de Armórica às flores-de-lis do reino francês (janeiro de 1499).

Do lado do esposo, os preparativos diplomáticos da empresa milanesa são hábeis: Luís introduz em seu jogo os venezianos que, desse modo, alimentam a esperança de obter uma recompensa territorial em suas margens milanesas. À força de negociações, o papa Alexandre VI (indulgente, de todo modo, com o descasamento de Luís) deixa-se momentaneamente conquistar pela causa francesa. César Borgia, sedutor e perigoso bastardo desse pontífice, recebe do Valois, com efeito, a certeza de obter a mão de uma princesa do Midi, Charlotte d'Albret, adornada de um bom ducado e do colar da Ordem de Saint-Michel destinado ao jovem esposo. Com a ajuda de Luís, César é feito, então, duque de Valentinois. Os suíços, enfim, aceitam momentaneamente os desígnios do monarca da França, preocupados que estão em obter uma parcela de controle sobre o território milanês, cuja planície os abastece de trigo. Nessas condições, temperadas, de mais a mais, com aliança veneziana e savoiana, o exército real (23 mil homens, entre os quais 5 mil helvetos alistados a soldo) apodera-se uma primeira vez de Milão, quase sem dar um tiro, em setembro de 1499; ele aplicou previamente, nos campos da região, uma tática de terror sangrento, que se situa nos hábitos guerreiros da época, os quais não são infringidos de modo algum pelo rude Luís XII, bem-intencionado, aliás, em tempo de paz. A descida para as regiões cisalpinas, por mais violenta que seja, não exclui, contudo, da parte do monarca, certas tendências ao humanismo literário e artístico. Luís o prova, em outros domínios, quando concede seu apoio moral e mesmo material aos latinistas, helenistas ou italianizantes como Budé, Seyssel, Lascaris, contra o chauvinismo galófilo do escritor Jean Bouchet.* Mas ainda estamos longe do triunfal recurso às humanidades clássicas que caracterizará Francisco I...

Repetitiva, a conquista do ducado milanês assim realizada em 1499 é de curta duração. Os franceses logo se tornam impopulares. Ludovico Sforza, dito o Mouro, retorna sem grandes dificuldades à sua capital, da qual é novamente senhor em 1500, à custa dos homens do rei Luís.

Imediatamente, sem se desencorajar, o soberano francês envia La Trémoille acima dos Alpes para uma desforra. Em abril de 1500, em Novara, Ludovico é "dado" às tropas reais por traição. Cena surpreendente! Agrupados por regiões e mesmo por aldeias os mercenários suíços dos dois campos tomam suas decisões comunitárias; põem-se de acordo para trair e entregar o Mouro, que terminará sua vida em Loches, em um triste cativeiro. Milão é reocupado pelos franceses sob a direção do cardeal de Amboise; seduzidos, a exemplo de Carlos VIII outrora, descem para o reino de Nápoles, do qual se apoderam em 1501, cruelmente, com a cumplicidade armada dos espanhóis. Os aliados logo se desentenderam: Gonzalo de Córdoba, abusivamente apelidado de "el gran Capitan", expulsa o exército de Luís para fora do Sul da Bota, ao fim de algumas batalhas (Cerignola, depois Garigliano, onde, no entanto, celebriza-se, em 1503, Bayard, vigoroso protótipo do nobre guerreiro da França). Nápoles é perdida. Luís XII se vinga classicamente desse malogro em alguns financistas metropolitanos promovidos ao papel de bodes expiatórios. Consolo: Milão, pérola dos Visconti, permanece nas mãos dos homens do rei por algum tempo. As ambições napolitanas são sepultadas de maneira definitiva, salvo por sua concretização muito mais tarde graças à entronização dos Bourbon de Nápoles, em 1735, como tronco subordinado das estirpes bourbônicas de Versalhes e de Madri.

A Itália setentrional, nesse século XVI que começa, onde reinam, por volta de 1506, a paz européia, o pão e o vinho barato, permanece, no entanto, "esperança suprema e supremo pensamento" para os que tomam decisões em Blois ou em Paris, e que se apóiam, sem escrúpulos, na já opressiva demografia da França em plena Renascença. A entidade italiana é aposta de opulência ou miragem enganadora? Os genoveses, sobretudo quando são plebeus, subestimam, em todo caso, a resolução francesa a

(*) Jean Bouchet (1476 — *c.* 1550), poeta e prosador com abundante produção "literária"; nascido em um meio de pequenos juristas do Poitou e protegido dos grandes, tomou pesadamente a defesa da cultura propriamente francófona desde o *Romance da rosa* e os troianos (pseudo-) ancestrais dos súditos dos Valois; tudo contra as influências italianas, inclusive de Dante e Petrarca.

esse respeito, e crêem poder revoltar-se em 1507, não sem atrocidades, contra o domínio e a presença de seus vizinhos do Oeste. Um exército de 15 mil homens, entre os quais Bayard, transpõe os montes e castiga Gênova, não muito duramente, sem a fazer sentir o aguilhão (primavera de 1507). O ataque francês na direção de um Oriente muito próximo, ao longo do Pó, vai continuar nos anos seguintes: em 1508-9, a Liga de Cambrai, concluída sob a aparência de cruzada (inabalável pretexto!), une o rei da França manipulado por Margarida da Áustria, e depois o imperador, o rei de Aragão (no entanto, cúmplice dos genoveses no ano anterior, e que faz jogo duplo), enfim, o papa... contra Veneza, mais dura que Gênova. Cada um dos aliados espera dessa união algum aumento territorial.* Enganada ou dopada, a monarquia dos Valois, fortalecida por grandes recrutamentos de infantaria, fornece a falange decisiva à operação. Os reais pensam assim consolidar o penhor milanês por meio de uma expansão *ad libitum* para o Leste da planície paduana. De fato, as tropas de Luís, que combate em pessoa, vencem o exército veneziano por ocasião do sangrento combate de Agnadel (maio de 1509).** Luís XII recebe por isso, em seu reino, uma torrente de nauseantes e bajuladoras felicitações. A França fez, com isso, o jogo de Júlio II, genovês de origem, papa fogoso da Renascença, protetor esclarecido de Rafael, e que quis ligar seu nome à defesa de um certo italianismo "ligúrio" contra os satélites dos lises? O rei, mesmo coberto de elogios, logo sofrerá, à sua custa, os ardis e fúrias do pontífice, materializados pela reviravolta das alianças.

Mudando suas baterias, concedendo sua indulgência a Veneza, Júlio II, que excomunga ou canhoneia como outros abençoam, agora adota o slogan "expulsai os bárbaros"; aplica-o, coisa estranha, aos exércitos invasores da monarquia francesa, o mais moderno da Europa! (mas também, a mais longo prazo, aos suíços, aos alemães, aos espanhóis.) O papa Júlio, espécie de Michelangelo sob a tiara, guerreiro, fornicador ou, como se diz na época, "cervo dos cervos",*** lança ao Tibre as chaves de

(*) A Liga de Cambrai, concluída no fim de 1508, coliga contra Veneza quatro grandes potências (francesa, aragonesa, papal, imperial), todas animadas por rancores e reivindicações territoriais em relação a Veneza, considerada como uma inimiga tradicional (pelo papa) ou como uma aliada pouco segura que é preciso castigar por suas palinódias, assim como por suas traições (é o ponto de vista do imperador Maximiliano e de sua filha Margarida, assim como da França).

(**) Perto da aldeia de Agnadel, não distante do rio Adda, a 14 de maio de 1509, os venezianos inicialmente resistem ao exército real que finalmente os põe em debandada, à custa de quatrocentos mortos franceses e de 9 mil entre seus adversários. É uma carnificina, em que se celebriza Bayard, tático hábil.

(***) Jogo de palavras: o papa é, em princípio, servo dos servos [*serf des serfs*, em francês], servidor dos servidores de Deus.

são Pedro e apodera-se da espada de são Paulo. Reúne a partir de 1510 uma liga hostil a Luís XII; além do Vaticano, aí se encontram os suíços (decepcionados pela insolene avareza de seus comanditários franceses) e os aragoneses, os venezianos, até os ingleses. Em Ravena (abril de 1512), um duelo de artilharia antecede furiosos ataques: os franceses ganham a batalha, mas perdem a guerra. Seu chefe, o extraordinário e muito cavalheiresco Gaston de Foix, com a idade de 24 anos, sobrinho de Luís XII, é abatido pelo inimigo por ter desejado bancar o soldado de infantaria ligeira de ponta, na extrema vanguarda de seus homens. A presença francesa no Norte da Itália se "celebrizara" pouco antes por um enorme massacre de civis em Brescia; doravante, ela vai apenas desmoronar por toda parte, exceto algumas fortalezas. Na primavera de 1513, um retorno, com efetivos consideráveis, do exército do Valois, comandado por La Trémoille e Trivulzio, não tem melhor êxito. Os helvetos põem em debandada os dois capitães, em Novara, no começo de junho. Dezoito meses mais tarde, às vésperas de morrer, Luís, teimoso, pensa em voltar ao ducado milanês! A tarefa será legada ao seu sucessor.

Essa tenacidade de Luís XII não é utopia nem fantasia total. Conservar definitivamente o ducado de Milão seria, com efeito, controlar, pelo menos em parte, a baixa região paduana, desde os Alpes até os Apeninos; seria prover o reino de um poder rentável, mesmo que apenas em termos fiscais, no riquíssimo quadrilátero do capitalismo de vanguarda: Veneza, Florença, Gênova e Milão... Quadrilátero disputado, é verdade, pelo outro pólo (e de maior futuro) da economia pioneira, localizado nos arredores da Antuérpia, Bruges, Amsterdam... Luís XI, quando se apoderava da Borgonha, tinha a veleidade suplementar de lançar vistas sobre os Países Baixos ou sobre seus setores meridionais. Não foi bem-sucedido: os flamengos não apreciavam os franceses e se sentiam animados já por um forte sentimento de identidade coletiva. Luís XII, um quarto de século mais tarde, opera então sobre o outro flanco capitalista, ao longo do Pó. Mas passa de vitória a fracasso, várias vezes; a França está condenada, por algum tempo, a permanecer marginal ou semiperiférica em relação às regiões propriamente capitalistas: Países Baixos e Norte da Itália.

Pois a luta não é igual, nessa segunda zona. Luís XII se choca com vários adversários: o papado (ainda não arranhado por Lutero) vê culminar seu prestígio em termos de cultura, se não de espiritualidade... Munido de um poder temporal em pleno crescimento, ele encarna o melhor possível a Itália vigorosa, porém dividida. A Espanha, no Sul da Bota e nas fronteiras dos Pireneus, apóia o ardor antifrancês do pontífice. Veneza, cujo declínio secular nem sequer começou, beneficia-se do firme apoio que lhe concedem os camponeses de terra firme. Os suíços, enfim, estão sempre prontos a arremessar-se ao ducado milanês, a partir do momento em que a presença francesa, que haviam apoiado, no entanto, em uma primeira fase, torna-se um estorvo, na sua opinião. Diante desse perigoso quarteto, Luís XII praticou, segundo seus hábitos, a política dos pequenos pacotes. Ela consiste em enviar à Lombardia um contingente de 20 mil homens, a cada retomada espasmódica da empresa de conquista. É muito pouco (felizmente) para arruinar os contribuintes franceses e para fazer o rei perder sua amável reputação de Pai do Povo, poupador tanto do sangue como dos impostos dos súditos, e gozando de uma popularidade imensa em seu reino. Mas é muito pouco também para arrebatar no campo de batalha, além dos Alpes, a decisão militar. Além disso, Luís XII, apesar da piedosa devoção papista e ultramontana de sua esposa Anne da Bretanha, não hesita em adular o autonomismo da Igreja galicana, para melhor se opor a Júlio II. Essa política nacional corresponde, sem dúvida, aos votos profundos do clero francês e de uma grande parte da elite leiga. De certa maneira, anuncia as iniciativas anti-romanas de Lutero e anglicanas de Henrique VIII; elas serão coroadas de sucesso em seus respectivos países. Mas, nesse ponto, à diferença do que ousará mais tarde, e triunfalmente, o monarca inglês, o rei da França é demasiado timorato para ir muito longe, pois Luís não é Filipe, o Belo.* Por certo, ele encoraja as teses audaciosas da assembléia dos bispos em Tours e do concílio-rabo de Pisa,** ambos hostis ao Vaticano (1510, 1511). Mas, tendo desaparecido o inenarrável Júlio II, o rei decide submeter-se (não muito gloriosamente...) à sé dos apóstolos e aceitar, desde 1513, as teses firmemente pró-pontificais do concílio geral de Latrão.*** O novo papa Leão X, entronizado em 1513 e menos "terrível" que Júlio, estende a mão de bom grado, é verdade, ao rei muito cristão.

À força de querer desestabilizar a Itália, Luís atraiu por outro lado, em suas próprias fronteiras, alguns aborrecimentos menores, mas irritan-

(*) Filipe, o Belo, nascido em 1268, rei da França (1285-1314), conduziu uma política de luta extraordinariamente enérgica contra o papado, tendo em vista um domínio francês e monárquico sobre este.

(**) Em setembro de 1510, a assembléia dos bispos franceses, convocada em Tours por iniciativa de Luís XII, recusa as guerras temporais do papa contra os príncipes, autoriza, em compensação, os combates reais e nacionais contra o Vaticano, anula antecipadamente toda excomunhão pontifical de que o monarca seria vítima e proclama a superioridade do concílio geral sobre o papado. Em novembro de 1511, o microconcílio de Pisa, quase inteiramente composto de franceses, também se esforça (apesar da indignação dos pisanos) em frear a "onipotência" da Santa Sé.

(***) O concílio geral de Latrão, em maio de 1517, registra a submissão final de Luís XII e dos bispos franceses, reafirmando a inteira autoridade do papa sobre os concílios, para os convocar ou dissolver.

tes. No decorrer dos últimos anos do reinado, os adversários do reino criam dificuldades ao Pai do Povo:* em 1512, Aragão se apodera definitivamente da Navarra meridional e estende, assim, o limite norte da Espanha, em zona navarresa, à cumeada dos Pireneus. Daí o anti-hispanismo da dinastia dos Albret-Bourbon-Navarra, que estará tão vivo ainda nos sentimentos de Henrique IV. Os suíços, por sua vez, vêm atacar as muralhas de Dijon. O hábil La Trémoille, em 1513, só tem como recurso comprar sua partida a preço de prata e à força de concessões territoriais... não ratificadas por Luís XII. Nesse mesmo ano, Henrique VIII desembarca em Calais, e ridiculariza a "debandada" do exército francês na "batalha" de Guinegatte, perto de Saint-Omer (agosto de 1513). Luís XII logo está viúvo, entristecido pela morte de Anne da Bretanha em janeiro de 1514; qüinquagenário acabado, vai acertar tudo no front do Norte ao desposar a sedutora e galante Maria da Inglaterra, irmã de Henrique VIII, "em nada melancólica e muito divertida"; ela tem apenas dezesseis anos. O rei muito cristão, extenuado pelo declínio físico ou por uma lua-de-mel à qual consagra um zelo de neófito, falece a 1º de janeiro de 1515.

Enredado no vespeiro italiano, de maneira por vezes desastrada, Luís XII teve, porém, o imenso mérito de exportar os comichões de violência caros aos nobres e de poupar, assim, a guerra civil aos seus súditos: de 1498 a 1515 (e isto talvez explique aquilo), o reino é belicoso externamente, especialmente na direção do Sudoeste, mas, à exceção das pequenas guerras privadas entre particulares, encontra-se em situação de paz profunda no interior de suas próprias fronteiras, no máximo arranhadas pelos ingleses, pelos suíços... Pela força das coisas, nem Carlos VII, nem Luís XI, nem mesmo o jovem Carlos VIII teriam podido gabar-se de tal desempenho internamente pacificador, tal como o realiza enfim Luís XII, e que será também o de Francisco I, de Henrique II, ambos imbuídos de política exterior. Inconsciente sabedoria nacional! Astúcias da razão, compensatórias: recuperam-se, no quadro das fronteiras, à força de tranqüilidade doméstica, os pesados gastos humanos e financeiros consentidos fora destas...

O mérito disso cabe ao rei, por certo, porém mais ao aparelho de Estado, civil e sobretudo militar, que muito se consolidou em duas gerações, desde o fim das Guerras dos Cem Anos: doravante ele dissuade os grandes senhores de se envolver em operações de guerra intestina. Para

(*) O apelido de Pai do Povo corresponde à popularidade real experimentada por Luís XII, durante sua vida e sobretudo a título póstumo, especialmente em razão de sua relativa mansuetude fiscal.

*Casa da Bretanha*

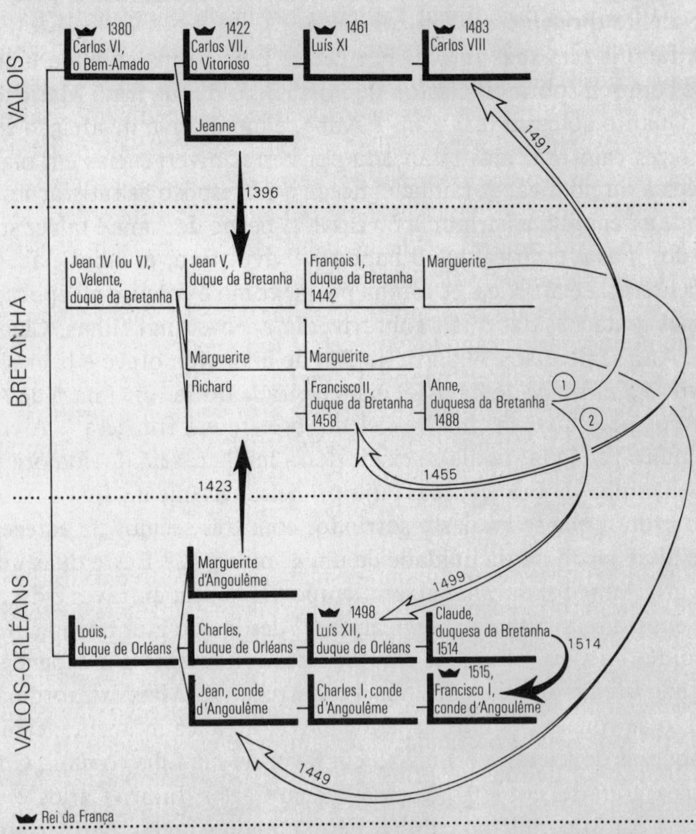


dar novo impulso a estas operações, muito mais tarde, em 1560-1, esses magnatas precisarão nada menos que o pretexto (inconcebível ainda em 1515) da "heresia" ou da "nova religião". Luís XII, além do mais, prefere contrair dívidas a aumentar as talhas. Outorga, desde sua elevação ao trono, substanciais abatimentos fiscais, que agradam às multidões. Avaro, é tautologicamente pouco gastador; é inteiro benefício para o contribuinte. Ele só aumentará os impostos, de maneira moderada, e à custa das faculdades contributivas de um país em pleno desenvolvimento, durante os últimos anos do reinado. Sua popularidade é, portanto, compreensível. Ela aumentará ainda mais depois de sua morte, em razão de uma propaganda e de uma posteridade complacentes. O contraste, desse ponto de vista, é imenso, em comparação com os duros anos 1420... ou 1560. Mas o que se passa com o próprio poder, e com os centros de decisão coletivos? Aí encontramos a unidade, a harmonia relativa, ou a divisão pura e simples? Distingamos, a esse respeito, a família real e, para além desta, a elite dirigente em seu conjunto.

A família tem suas falhas. Por certo, Luís é uma só alma e um só sangue com seu sobrinho Gaston de Foix, filho de sua irmã Marie d'Orléans. Quanto ao casal real, Luís e Anne, é um motivo de afeição sólida e por vezes calorosa, mas nuançada por certas divergências em matéria estratégica ou política. A rainha concede a seu esposo as satisfações sensuais que asseguram a harmonia do casal. O corpo de Anne é talvez superestimado, mas o espírito que o habita é "vivo, fino, atilado", aberto à cultura literária e artística. A rainha passa, como é comum na época, por múltiplas gestações das quais sobreviverão apenas duas filhas, Claude e Renée. Anne falece aos 37 anos, ao fim de uma vida breve e bem plena. A *História da França* de Lavisse, mal inspirada dessa vez, falará de Anne em termos pejorativos como "excelente bretã e má francesa". A crítica não é muito fundada: podia-se exigir dessa mulher, sem dúvida orgulhosa de ser rainha da França, mas cujo primeiro casamento foi em seu início tão brutal, que se imolasse sorrindo, com três séculos de antecedência, no altar jacobino da unidade de um grande país? Entre duas uniões conjugais, Anne foi durante algum tempo viúva sem entraves e duquesa com plenos direitos; tenta energicamente, desde que está novamente casada com o rei Luís, preservar a autonomia, ou mesmo a independência do ducado bretão do qual continua a encarregar-se. Mais extraordinárias ainda são as concessões que, áspera e altiva, arranca momentaneamente das fraquezas de seu esposo Luís XII em favor de sua filha comum, Claude da França; trata-se, em 1504, de casá-la com Carlos, futuro Carlos V, neto do imperador Maximiliano e do rei Fernando de Aragão. Nos termos do tratado de Blois, fechado naquele ano entre os agentes de Maximiliano e o rei, diversos territórios, que são franceses ou foram custosamente conquistados pela França (Borgonha, Bretanha, Gênova e mesmo os condados de Asti e de Blois), irão para o futuro casal principesco e serão, assim, separados da dependência dos Valois. Não se poderia dizer melhor do estado de infantilismo em que se encontrava ainda a diplomacia nascente: Luís XII, independentemente de sua complacência com a rainha, agia dessa maneira apenas para atrair as boas graças de Maximiliano... pronto a renegar sua promessa, na qual só acreditava pela metade, quando elas houvessem perdido seu atrativo. Afinal, tratava-se ainda apenas de um noivado, não de um verdadeiro casamento. Ademais, desde o início do caso, o rei da França nutre segundas intenções e conserva seus trunfos. Em 1506, depois de uma grave doença que lhe dá a oportunidade de verificar sua alta popularidade de Pai do Povo, ele decide livrar-se da

Sob a proteção da Virgem Maria, Henrique IV e seu filho pequeno, o futuro Luís XIII (nascido em 1601), no centro. As personagens reunidas em torno das duas figuras reais são, provavelmente, membros da nobreza da Picardia. Mathieu Prieur, *Arch triumphal peinct d'histoires nouvelles*, 1603 (Amiens, Musée de Picardie).

Armas da França, com os lises circundados pelo colar da Ordem de Saint-Michel, sob a coroa real. Extraído de *Recueil des rois de France*, 1566 (Paris, Bibliothèque Nationale).

Luís XI, à esquerda, e Carlos, o Temerário, por ocasião da assinatura do tratado de Conflans, em outubro de 1465, que pôs fim à guerra civil chamada do Bem Público. Iluminura da *Chronique*, de Enguerrand de Monstrelet (Paris, Bibliothèque Nationale).

Mapa de Paris do início ou meados
do século XVI, quando a cidade dividia-se em *Ville* (margem direita),
*Cité* (centro) e *Université* (margem esquerda).
Detalhe do mapa de Paris conhecido como "de la Tapisserie"
(Paris, Bibliothèque Historique de la Ville de Paris).

CHARLES

*Página oposta: Acima,* Carlos VIII, em retrato atribuído a Jean Bourdichon (Genebra, col. part.). *Embaixo, à esquerda*, reunião da Câmara de Contas de Paris em 1511. Iluminura do *Livre ferré* da Câmara de Contas (Paris, Archives Nationales). *Embaixo, à direita*, Pierre II de Bourbon, marido de Ana da França. Maître de Moulins, retábulo dos Bourbon (tríptico; catedral de Moulins).

*Nesta página, à esquerda,* Ana da França, filha de Luís XI e regente em companhia de seu esposo, Pierre II de Bourbon. Maître de Moulins, retábulo dos Bourbon (tríptico; catedral de Moulins); *à direita*, campanha de Luís XII, em 1507, contra os genoveses. Aqui, estes tentam o assalto ao Castelaccio, defendido pelos franceses. Iluminura atribuída a Jean Bourdichon, extraída de *Le voyage de Gênes* (1510), de Jean Marot (Paris, Bibliothèque Nationale).

Medidores e carregadores de sal em Paris, por volta de 1500.
Gravura das *Ordonnances royaulx*, 1528 (Paris,
Bibliothèque Historique de la Ville de Paris).

Louise da Savóia, mãe de Francisco I, com asas de anjo, segura o leme da regência. Iluminura de *Gestes de la reine Blanche de Castille* (Paris, Bibliothèque Nationale).

Em 26 de outubro de 1524, Francisco I, após atravessar os Alpes com seu exército, é derrotado nas proximidades de Pavia. *Bataille de Pavie*, cartão de tapeçaria de Bernard Van Orley (Paris, Louvre).

*Acima: à esquerda*, Henrique II. Escola italiana, *Henri II, roi de France* (Chantilly, Musée Condé). *À direita*, Diane de Poitiers (1499-1566), amante de Henrique II. Le Primatice, *Diane de Poitiers* (col. part.).
*Embaixo: à esquerda*, Anne de Montmorency (1492-1567), por membro da Escola francesa (castelo de Versalhes).
*À direita*, François de Montmorency, filho primogênito de Anne de Montmorency, por membro da Escola alemã (castelo de Versalhes).

enrascada em que Anne o meteu: convoca, em Tours, uma reunião de grandes notáveis e de deputados das cidades, por vezes batizada, com muito exagero, de "Estado de Tours". Os membros dessa assembléia são incontestavelmente nacionalistas até as entranhas, é uma moda que se difunde: não desejam mais que obedecer às manobras que o poder espera de seu neopatriotismo dócil: com toda a sinceridade, suplicam "ternamente" ao monarca que evite o desmembramento do país; para isso, rogam-lhe que case sua filha com o primo François d'Angoulême, futuro Francisco I, que está destinado ao trono se Luís XII persistir em não gerar filhos do sexo masculino.* Desse modo seria encontrada, pelo casamento de Claude e de François, a solução franco-francesa, a união do gato e do rato do reino. Assim seriam evitadas as nefastas "conjugações" com Carlos, o austro-hispano-flamengo... Colocada por seu cônjuge diante do fato consumado dessa moção dos Estados, Anne se agasta, mas tem de engolir os sapos (de fato, as bodas de Claude e de Angoulême só ocorrerão depois do falecimento da bretã). Posteriormente, a piedosa rainha é tomada de remorsos, ou de vastos escrúpulos, quando pensa nas guerras que Luís, seu esposo, trava contra o papa... Ela é decididamente armoricana, ultramontana, austríaca! A "França" é, se não o último, pelo menos o menor de seus cuidados.

Ocasionalmente, Anne obtém a esse respeito o apoio do cardeal de Amboise.** No entanto, ele evita comprometer-se a fundo em tal direção. A rainha, ao termo de discussões intraconjugais, representa sozinha, então, uma outra lógica, uma ramificação particular, feudal, ultracatólica na rede de alternativas que afeta o sistema real. Sem que seja necessariamente diminuída a afeição que nutrem um pelo outro os esposos soberanos, um contraste se cria, assim, em relação ao protocentralismo galicano que caracteriza Luís XII e seu grupo. Anne se inscreve, por seu lado, na velha corrente das tendências à fragmentação territorial e principesca, que já conhecêramos, infinitamente mais perigosas, por ocasião da Praguerie, do Bem Público e da guerra insana. Elas nos parecem ilegítimas, absurdas e reacionárias apenas porque adotamos a ótica, hoje predominante, da unidade nacional, que então era apenas uma das possíveis perspectivas dos "protagonistas" do campo diplomático. Mas, para dizer a verdade, Anne não passa de uma frágil mulher, um simples sintoma, no má-

(*) Como o mostra o esquema genealógico da página 111, Francisco I, uma vez desaparecido seu pai Charles d'Angoulême, vem imediatamente depois de Luís XII na ordem de sucessão ao trono. Lembremos que, em linha masculina, Luís XII é o bisneto de Carlos V, e Francisco I, seu trineto.

(**) Sobre a importante personagem, de estatura e envergadura ministerial, que foi o cardeal Georges d'Amboise (1460-1510), ver infra, p. 121.

ximo um rumor de corredor. Pesa cada vez menos perante a enérgica Louise da Savóia, já próxima de Luís XI por uma dupla aliança familiar, e mãe de François d'Angoulême;* essa grande dama pretende-se guardiã dos princípios franceses, e por uma razão evidente: tornando-se rei, seu filho François, seu "César", será depositário ou modelo destes princípios. Disso Louise só poderá tirar proveito e orgulho.

Dito isso, o casamento que não ocorrerá, de Claude da França com o futuro Carlos V, era necessariamente uma tolice? Finalmente esposo de uma portuguesa,** Carlos inaugurará um pouco mais tarde a luta secular da Casa da Áustria nas fronteiras da Alemanha, da Espanha e de Flandres contra os Valois, depois contra os Bourbon. Se Carlos houvesse desposado uma francesa, as coisas não se teriam passado diferentemente e de maneira mais pacífica, mais "européia"? É bem inútil colocar uma questão desse gênero. Devaneio vazio... Como quer que seja, Anne, hostil a um certo nacionalismo francês, não se situava de modo algum, infelizmente para ela, "no sentido da história", ao sabor da qual se oporão cada vez mais, bloco a bloco, as pátrias lingüísticas em formação: França, Espanha e mesmo Alemanha, sob o leve revestimento da fraca unidade imperial. Altiva e ambiciosa, Anne deixava-se seduzir, e compreendemo-la, pela perspectiva (ilusória?) da união prestigiosa de sua filha com o príncipe Carlos que, de qualquer forma, tornar-se-á dentro em pouco o senhor de uma parte da Europa e de uma não menor parte da América.

O poder se decifra no interior da família real, mas fora dela ele não seria nada sem os oligarcas: poderosos senhores, modestos nobres, burgueses avultados, *alias* povo abastado; uns e outros formam, segundo a vontade do rei, o efetivo do alto Conselho. No começo do reinado de Carlos VIII, uma coalizão de grandes nobres e de príncipes reais, com os Beaujeu à frente, havia mantido o essencial do governo e as altas posições, contra os impertinentes da guerra insana.[11] Nos anos 1490, os plebeus e pequenos fidalgos os substituíam. Entre eles, individualizavam-se Étienne du Vesc e sobretudo Guillaume Briçonnet; a família dos Briçonnet, comerciantes de calças em Tours, abrira caminho, com efeito, pelo comércio, os negócios financeiros e as missões de confiança, até o círculo de Luís XI e Carlos VIII. Por ora, tem descendência de cinco bispos e de um arcebispo; terminará sua carreira, no século XVIII, na toga e não na

(*) De fato, são estreitos os laços, desde a segunda metade do século XV, entre as Casas da França e da Savóia. Além do mais, o duque Amédée IX da Savóia é o esposo de Yolande da França, irmã de Luís XI.

(**) Carlos V desposará em 1526 a infanta Isabel de Portugal.

espada. Prova, entre outras, de que os êxitos sócio-políticos nem sempre implicam o acesso aos prestígios supremos da aristocracia mais bem-nascida. Guillaume Briçonnet, homem de talento e de recursos, mostra-se muito desejoso de pecúnias; ávido também de postos diversos, obtidos mediante finanças ou pressões; ele aparece como o primeiro-ministro *de facto* do rei Carlos VIII. Torna-se cardeal em 1495... quando o papa não tem mais nada a recusar às tropas francesas que ocupam Roma. A profissão "calceira" do pai de Guillaume valerá alguns escárnios à nova eminência: "Do filho de um arrombador de nádegas/O Rei fez um recitador de missas" [*Du Fils d'un enfonceur de fesses/Le Roi fit un diseur de messes*]. A elevação ao trono de Luís XII marca, no topo do Estado, o revigoramento da nobreza, sem que seja preciso ver aí uma modificação radical nos princípios governamentais. Pierre de Rohan, marechal de Gié (1451-1513), cujo poder está no apogeu por ocasião dos seis primeiros anos do reinado do Pai do Povo, sai da altíssima aristocracia bretã, mas é caçula de ramo caçula e, portanto, à sua maneira ele aparece como um parvenu. As realezas dessa época não apreciam, em outrem, a genealogia sem mácula; gostam de cercar-se de bastardos e de caçulas, uns e outros mais maleáveis. Bom militar, excelente comandante de companhia, Rohan reprimira em Bourges uma revolta urbana. Luís XI o amou ainda mais por isso, e o fez, muito jovem, marechal da França, que dormiu dez anos no quarto real. Enriquecido com as terras do infeliz condestável de Saint-Pol, Gié se mostra muito apegado ao dinheiro, assim como aos bens deste mundo. Esse traço, a bem dizer, é banal entre os homens de poder; o modelo do dirigente desinteressado vai impor-se apenas, no ideal e muitas vezes de fato, no século XIX. Os reis sucessivos, Luís, Carlos, Luís, não desfazem a fortuna de Pierre de Rohan; até 1503, em companhia do cardeal de Amboise, ele "pode tudo" sobre o espírito de Luís XII. Em termos modernos, Amboise "tem as Relações Exteriores e os Cultos; Gié, o Interior e a Guerra". Homem de arquivos e de campo de batalha, o marechal demonstra lucidez; formula proposições audaciosas para a constituição de uma infantaria nacional de 20 mil homens; na falta de ser realizáveis de imediato, elas antecipam as estratégias do futuro, nas quais a cavalaria nobre deixará de desempenhar *a priori* os primeiros papéis.

Um duplo casamento une Gié e seu filho a duas irmãs, herdeiras da poderosa casa de Armagnac. Essas bodas geminadas levam ao mais alto ponto a fortuna do recém-casado. Entre seus pares das grandes linhagens, elas fomentam as invejas que vão acelerar sua perda. Carreirista hábil, Gié dá então um passo em falso, e choca-se em 1504 com a rainha Anne, cuja mentalidade, feudo-armoricana e fragmentadora, vai de encontro, de qualquer maneira, às tendências "nacionais" do grupo dominante de que faz parte o nosso homem, partidário do casamento de Claude da França e de François d'Angoulême. Anne, a bretã, que foi e continua a ser independentista ducal, quer mal por isso a Gié, bretão, por certo, mas tanto mais colaborador dos franceses há muito tempo.* Gié, por outro lado, ganhou a hostilidade, por razões de intrigas e de rivalidades pessoais, da influente Louise da Savóia-Angoulême, mãe do futuro Francisco I; chefe do partido militarista, ele, além do mais, fez seu inimigo o cardeal de Amboise, seu antigo cúmplice, o qual, decepcionado por não ser feito papa, transferiu para a França seus desejos de poder; eles já não suportam a partilha. Gié, de 1504 a 1513, data de seu falecimento, cai então em desgraça, depois em exílio dourado em suas terras. Essa queda, ocorrida ao fim de um processo retumbante de que o salvou momentaneamente a independência de espírito dos juízes do Grande Conselho,** não prejudicará em nada o crédito dos descendentes: seu ramo dos Rohan se integrará daí para a frente à "superelite" do reino, até o tempo dos últimos Bourbon.

Gié, *alias* Rohan, era, no alto Conselho,*** a encarnação dos chefes militares de extração nobre. Por seu lado, a alta Igreja é representada no mesmo organismo pelo cardeal Georges d'Amboise. Esse clérigo infatigável ocupa as cúpulas governamentais de 1498 à sua morte, em 1510. Homem de poder e de grande família, "grande e gordo, nariz violáceo, forte pança e queixo triplo", Amboise, como Rohan, vem da melhor nobreza. Desde 1100, os Amboise estão estabelecidos à beira do Loire, e dotados de boas alianças. No século XV, seu grupo serve os Orléans: não causa surpresa, portanto, que Georges d'Amboise faça brilhante carreira no rastro de um Orléans que acabará por se chamar Luís XII. Entre os dezessete irmãos e irmãs do (futuro) cardeal de Amboise, alguns já eram conselheiros influentes de Luís XI e bispos em Poitiers, Langres, Albi: jus-

(*) O emprego de uma palavra como *colaborador*, tratando-se das relações entre a França e uma Bretanha anteriormente independente, pode chocar o leitor. Contudo, o termo é "destacável" do contexto um pouco diabólico que lhe resta dos anos 1940-4; permitir-se-á que o utilizemos, de maneira neutra, no que se refere às relações de ocupante a ocupado, que podem ser mantidas por duas potências de peso desigual, em conseqüência de um conflito, sendo uma vitoriosa, a outra vencida ou simplesmente desapossada de sua soberania. Jean Nicolas dá interessantes exemplos a esse respeito, em seus livros sobre a Savóia, quanto às relações militares desse país com a França belicosa de Luís XIV.

(**) O Grande Conselho, que remonta a Luís XI, é, *grosso modo*, uma Corte Suprema, relativamente independente. Ela permite ao rei, especialmente, evocar, acima dos Parlamentos, certas causas delicadas ou de interesse nacional.

(***) Lembremos que o alto Conselho, denominação cômoda que os historiadores guardaram, reúne, em torno do rei, seus conselheiros mais próximos e mais importantes, em pequeno número. É, por excelência, o órgão da decisão suprema.

tamente nessa cidade, o prelado Louis d'Amboise utiliza sua própria senhoria episcopal e sua influência na Corte contra os burgueses do lugar; matiza, assim, a tese geralmente exata mas que comporta inúmeras exceções segundo a qual a cidade e a monarquia seriam necessariamente aliadas contra o "feudalismo".

O destino de Georges d'Amboise é "indexado" pelos altos e baixos da carreira de seu patrono e amigo íntimo Louis d'Orléans. Como este, Georges ficou em dificuldade depois da derrocada da guerra insana. Em seguida as coisas se arranjam: Amboise, cortesão de primeiro nível, preside à reconciliação entre o rei Carlos e Orléans, até ser posto no pináculo, com a entronização de Luís XII. Desde então, é primeiro-ministro de fato, e logo é nomeado cardeal, pela mediação pouco aprazível dos Borgia; depois, ei-lo delegado de Luís nos territórios externos, que são ocupados pelo exército francês; ele é quase ditador em Milão, mas ali abandona bem depressa os poderes ao seu sobrinho Chaumont d'Amboise, o jovem militar da família. Entrementes, o cardeal encoraja e empenha-se em reforçar a universidade de Pavia.

Candidato fracassado ao papado, Georges consola-se desse malogro pela outorga de um cargo de legado romano, para os países franceses: esse cargo faz dele a primeira personagem dos cleros galicanos, além de suas altas funções no Estado. Promotor da Liga de Cambrai contra Veneza, o gordo cardeal manipula as facções da Corte com extraordinária sutileza: tendo renunciado à esperança da tiara, e transferindo a ambição para o lado de cá dos Alpes, derruba o concorrente Gié com a ajuda de Anne da Bretanha, cujas nostalgias "feudais" contrariam os desígnios "nacionais" do marechal. Depois, virando suas baterias, Georges preside ao noivado de François d'Angoulême e de Claude da França; esse noivado impede doravante (contra a vontade da rainha reacionariamente bretã, antiga aliada do cardeal) qualquer esperança de desmembramento do reino, fosse na Bretanha, fosse na Borgonha. Georges é antes de tudo francês ou real, e derrubou Gié apenas para fazer sua a política unitária desse marechal; ele deixa Anne, uma vez mais, em um ultra-Couesnon* metafórico, nas areias movediças das ilusões de conservação das tradições bretãs. Amboise encontrou Gié no banho e tomou-lhe as roupas. Simultaneamente, Georges mostra-se receptivo às influências italianas, que começam a penetrar a arquitetura francesa, fortalecida pelas poderosas atividades da construção, na saúde geral da economia. O cardeal quase não reinou em Milão? Em seu castelo arquiepiscopal de Gaillon, todo novo, às portas

(*) O rio Couesnon, próximo das areias movediças da baía do Mont-Saint-Michel, separava a Bretanha da Normandia e, portanto, da França, pelo menos antes da reunião *de facto* da península ao reino.

de uma Normandia nublada, no apogeu do reino (1506), ele combina o ultragótico das regiões do Sena e a Renascença peninsular; a folhagem ogival e o arabesco das pilastras. Deixa, ao morrer, uma enorme fortuna de 2 milhões em ouro e uma família que declinará lenta mas honradamente depois de seu falecimento (1510).

A alternância dos três Estados por sua vez parece respeitada; depois do exército assim como da alta nobreza (Gié) seguida do clero cardinalício (Amboise), o Terceiro Estado, ou "povo abastado", delega por sua vez um dos seus às aléias do poder. Florimond Robertet (nascido por volta de 1460) sai de uma linhagem plebéia: os Robertet eram amanuenses ou burocratas de início modestos, depois de importância crescente na Corte e no governo local do condado de Forez, desde o fim do século XIV. Dali, por saltos de pulga geográficos, essa família passa para o serviço dos duques de Bourbon e, mais tarde, dos reis da França: descida exitosa ao longo do vale do Loire! Pierre de Beaujeu recomenda Florimond Robertet a Carlos VIII que, nos dois lados dos Alpes, encarrega esse homem ainda jovem de missões diplomáticas e financeiras. Por ocasião de seu casamento (por volta de 1500), Florimond aliou-se, de resto, à influente galáxia dos burgueses de Tours em via de enobrecimento. Sob a égide da família Briçonnet, entre outras linhagens, eles fornecem ao reino, durante a segunda metade do século XV, uma parte de sua base administrativa. Poliglota quadrilíngüe (francês, alemão, italiano, espanhol), e portanto ave rara, Robertet, no começo do século XVI, tornou-se personagem importante, amada e apreciada por Luís XII; esse rei o utiliza como primeiro secretário, "homem de todos os dossiês e de todos os segredos, primeiro-ministro por antecipação, mais influente e mais competente que o cardeal de Amboise":[12] os grandes senhores lhe agradam em estilo amável ou mesmo obsequioso, a tal ponto o nascimento sabe inclinar-se diante dos poderes quando considera essa inclinação necessária, ainda que venha a esnobá-los novamente quando empalidece sua recente estrela.

Na metade da década de 1510, Robertet mantém-se firmemente contra Anne da Bretanha, na liga nacional simbolizada pelo projeto de casamento entre François d'Angoulême e Claude da França. Essas bodas politicamente perfeitas, afetivamente menos felizes, conservarão no quadro do reino as vastas posses orleanistas e também a quase-ilha armoricana. O inegável patriotismo de Florimond Robertet não o impede absolutamente, segundo os usos e costumes em vigor, de fazer-se subvencionar pela Espanha, pelas cidades italianas, pelo *lobby* austríaco, graças a alguns pequenos serviços... Desde a morte de Georges d'Amboise, Florimond se torna primeira personagem do Poder, e encarregado informalmente, o que não é pouco, tanto das Finanças como das Relações Exteriores. O futuro Francisco I o ama; tornando-se rei, provará esses sentimentos afetuosos, deixando a Robertet grande influência (mas, de agora em diante, partilhada). Enobrecido, ou convertido em barão como "Monseur de Alluye", proprietário de bens imóveis, de baixelas de ouro, de numerosos escudos e outras gorjetas vindas das pessoas que o utilizam, construtor do castelo ligeriano de Bury, onde figura o aparato da Renascença italiana, Robertet, homem de gosto refinado, falece em 1522 triunfalmente. Foi visitado em seu leito de morte por Francisco I do qual tornara-se, nesse tempo, meio-cunhado pela mão esquerda!* Soberba promoção, para a família dos ex-amanuenses do Forez. Uma procissão com tochas, 140 no total, acompanha o ministro à sua última morada. O alto funcionário Florimond, desenlameado de sua plebeidade, é já Colbert, menos o gênio, e menos o Rei-Sol. Compreendem-se tanto melhor os versos lisonjeiros que lhe dirige o poeta Molinet:

*Obra-prima rara, cintilante Florimond,*
*Sol luzente no azulado trono franco,*
*Teu inteiro engenho angélico se aplica*
*Ao bem público...***

As figuras de proa, Rohan-Gié, Amboise, Robertet, introduzem-nos aos problemas da oligarquia reinante, da elite do poder e do Conselho do rei sob Luís XI, Carlos VIII e Luís XII. Esse organismo se cindirá, sob Francisco I, em um Conselho das partes, mais jurídico, e um alto Conselho ou Conselho dos "assuntos públicos" cujo equivalente (aproximado) encontraríamos hoje em nossos conselhos ministeriais restritos. Sob Carlos VII e seus três sucessores, essa divisão das tarefas entre "partes" e "alto" está longe de ser consumada: o Conselho, antes de 1515, é um "rei coletivo", reunido em presença e sob a direção do soberano. Ocupa-se de tudo, cuida da compra de um cavalo branco para a entrada solene de Carlos VIII em alguma boa cidade; mas trata também das questões amplas: guerra da Itália, repressão de uma revolta urbana etc.

(*) Por volta de 1496-9, F. Robertet desposou, com efeito, Michelle Gaillard, filha de um tesoureiro, financista e funcionário importante da Corte real. Ora, o irmão de Michelle, ou seja, Michel II Gaillard, desposará em fevereiro de 1521 a Soberana de Angoulême, filha bastarda de Charles d'Angoulême, pai de Francisco I. Robertet torna-se, assim, cunhado do cunhado de Francisco I; em outras palavras, para retomar a expressão de M. Harsgor, "meio-cunhado" (pela mão esquerda) do rei.

(**) "Chef d'oeuvre exquis, scintillant Florimond,/ Soleil luisant au franc azuré trône,/ Ton angélique engin du tout s'applique/ Au bien publicque..."

A composição do Conselho varia segundo a vontade do rei, pelas presenças ou ausências de cada um; o núcleo dirigente compreende algumas dezenas de pessoas; renova-se lentamente e assegura a continuidade: esse "núcleo" foi recrutado ou formado por Luís XI; grassa parcialmente até a morte de Luís XII.[13] Oligarquia política, o Conselho é composto de um pequeno grupo de indivíduos de alta posição. Eles têm o senso de Deus e mesmo do Estado; não esquecem de si mesmos em suas preces, muito atentos em fazer remunerar seus leais serviços, sob a forma de bens deste mundo, terras, senhorias e tesouros. Socialmente, os conselheiros se dividem em dois grupos: uma apertada maioria é nobre; inclui os príncipes da linhagem real e personagens mais modestas, com a gama das nuances intermediárias. Uma sólida minoria, por outro lado, compõe-se de burgueses ou plebeus, vindos do "povo abastado". Os dois grupos estão em contato e se ligam cordialmente no seio do Conselho. Mas permanecem separados, na cotidianidade, pelas diferenças do gênero de vida, que permanece mais militar entre os nobres; são divididos também pelas distinções do esnobismo e pelas recusas (parciais) do intercasamento, que não exclui uma certa hipergamia propriamente feminina, tal como a praticam as ricas plebéias e outras filhas de ministros burgueses, apaixonadas por bodas nobres. Os membros do Conselho, de veias azuladas ou não, são os fiéis do monarca; essa fidelidade tem poder constrangedor e difere das vassalagens de tipo feudal. Os príncipes de linhagem real, desde 1484, tentaram formar no Conselho uma ala que lhes fosse devotada. Mas o malogro da guerra insana restaura, no seio do grupo dirigente, a unidade orgânica. As estratégias das guerras italianas oferecem a esta um tema unificador; o "grande desígnio" peninsular é suscetível de engendrar o entusiasmo ou pelo menos o apetite entre poderosos e fiéis.

No primeiro plano da nobreza do conselho situam-se, em teoria, os príncipes de linhagem real. E em primeiro lugar os apanagistas: Orléans, Bourbon, Alençon.* Esses *agnatos* (ou seja, "oriundos de parentes masculinos" do sangue capeto) são providos, em sucessão por linhagem, de suntuosas dotações territoriais; elas formam esboços de Estados soberanos, que justamente o Poder trata de desativar. Gloriosos "membros natos" (em princípio) do alto Conselho, os príncipes de linhagem real ocupam de fato nesse recinto uma posição marginal e por vezes suspeita. As discriminações de que são vítimas (no caso de Louis de Orléans, por exemplo, por volta de 1485) testemunham a hostilidade majoritária que o grupo no poder consagra às suas pretensões, consideradas abusivas; estas vi-

(*) Os Orléans descendem de Louis, duque de Orléans, irmão do rei Carlos VI; os Bourbon não são Valois, pois que provêm de Robert de Clermont (filho de são Luís), que desposou no século XIII a herdeira de Bourbon.

sariam estabelecer, no quadro do reino, um sistema feudal e colegial; os magnatas imensos seriam seus beneficiários e senhores. Mas a lógica do Estado francês, desde o fim do século XV, pretende-se bem diversa; ela se impõe vitoriosamente. Mesmo Anne e Pierre de Beaujeu, uma vez rebaixados das cúpulas do Poder, nas quais jogaram um jogo leal e protocentralista, não escaparão à suspeita que sobre eles emana dos funcionários reais; estes criticarão o casal principesco de ter demasiadas pretensões, no Bourbonnais e em outras partes; pretensões que o poder central desejará reduzir, sem consideração pelos serviços passados dos Beaujeu.

Aos príncipes de linhagem real acrescentam-se eventualmente, na geometria variável do Conselho, os grandes feudatários não capetos e os detentores de vastos principados periféricos. Como os Albret, no mundo pireneu, e os Chalon, do Franche-Comté, estes últimos tentados alternadamente pela França ou pelo Império. O poder dos Valois faz essas grandes personagens representarem, no alto Conselho, um papel de figuração ou de composição; até repeli-las... ou devorá-las. A assimilação "centralizante" vai tão longe, quanto ao ramo Albret, que este é literalmente ingerido, por núpcias, pela família real. Ela receberá dele, para terminar, seu último herdeiro Henri de Navarra, filho de Jeanne d'Albret, e fundador, sob o nome de Henrique IV, do novo tronco monárquico dos Bourbon, a partir de 1589. Ter-se-ia podido temer, para os Albret, um fim mais catastrófico!

O modelo "aspirador" (o poder real francês aspirando, em suas margens, a poeira dos pequenos principados dos países estrangeiros mais próximos, a fim de os reciclar e de os colocar a seu serviço, não sem proveitos para eles) vale também para uma Borgonha sem margens que, uma vez desmantelada, vai ceder ao Conselho do rei seus melhores elementos; eles se satisfazem, daí para a frente, em colaborar proveitosamente com a França, na falta de ter encontrado outrora, em Dijon, um senhor* que fosse bastante poderoso e digno de suas ambições políticas ou mundanas. O Temerário está morto, viva Luís XI ou Carlos VIII. Tal é o raciocínio sustentado pelos transfugas borgonheses. A sereia ardilosa de Plessis-lès-Tours os pagou generosamente por sua traição final. Entre eles se destacam o ilustre Commynes e algumas estrelas de menor grandeza; mas também os senhores de Crèvecoeur e de Rochefort, que se tornarão respectivamente, como prêmio de sua passagem para o Oeste e de seus múltiplos talentos, marechal e chanceler da França.

Notemos ainda, na mesma perspectiva, certos indivíduos satélites da França que foram também, e previamente, burgundófilos, mas em terra

(*) Em outros termos, o desaparecimento do Temerário e, em sua companhia, da estirpe ducal propriamente borgonhesa em 1477, leva as elites de Dijon a entender-se doravante, de maneira definitiva, com a França.

mais distante (Franche-Comté, Helvécia, Holanda); penso nos três Filipes, assim chamados,[14] na origem, por pura admiração pelo prenome e pelo renome de Filipe, o Bom, duque de Borgonha. Trata-se de Filipe de Savóia, de Bresse, *alias* Filipe sem Terra (compreende-se, à vista desse apelido, que tenha finalmente procurado comanditários em zona francesa). Trata-se também do suíço Filipe de Hochberg que se consola entre seus vizinhos estrangeiros de ter sido lentamente destruído em casa pela plebeidade helvécia. E, para terminar, citemos o germano-neerlandês Filipe de Clèves, *alias* Filipe, o pornógrafo, segundo Mikhaël Harsgor, o eminente historiador de Tel Aviv. Esse Clèves vira-casaca, príncipe da Renascença, leitor de Tito Lívio e de Melusina, fundador de um zôo flamengo de animais ferozes, admirador de quadros femininos bem despidos, permanece assíduo, porém, nos exercícios da religião, e fustiga-se de bom grado com uma cauda de raposa, mais mole que um chicote, para punir suas inúmeras arrenegações (pois acendera uma vela a Deus e outra ao diabo). Na segunda parte de sua carreira, esse aventureiro de grande classe prestará grandes serviços aos franceses.* Ainda na nobreza, pessoalmente representada no Conselho, examinaremos agora os chefes militares. Nobres, eles são reinícolas, ou então borgonheses ou mesmo bretões "convertidos": Estouteville, Rohan-Gié, Crèvecoeur, Baudricourt (filho de um companheiro de Joana d'Arc e de Carlos VII) proporcionam ao Conselho o prestígio eventual de seu nascimento, a experiência do campo de batalha e as garantias de lealdade oferecidas por um exército permanente de estilo já moderno. Graças a eles dissipa-se definitivamente o espectro da guerra civil, dita guerra insana ou do Bem Público; ela é debelada por esse grupo de soldados profissionais. Assim se delineia, no ponto mais alto do Estado (e alhures), o modelo de uma nobreza de serviço: ela recebe soldo do governo real; espera dele as terras, senhorias e recompensas que remuneram um devotamento sem falhas; essa nobreza difere do grupo social que trazia o mesmo nome três séculos antes; é povoada de fiéis, e não mais de feudais no sentido estrito do termo.

A atividade militar não é a única razão de ser dos nobres de serviço. Alguns deles, de autêntico sangue azul, são empregados pelo monarca na direção de um bailiado ou de uma senescalia, assim como em missões de confiança, diplomáticas ou outras; e depois dão conselho, tautologica-

(*) Seria demasiado longo apresentar aqui detalhes biográficos sobre cada um dos três Filipes, cuja característica comum é ter servido mais ou menos a Borgonha em uma primeira fase de sua existência, ter passado ao serviço da França posteriormente, e ter, assim, feito carreira terminal como senhores estrangeiros membros do Conselho do rei Valois. A queda do Temerário desempenhou com freqüência, mas nem sempre, um papel determinante nesses perfis de existência e nessas mudanças de fidelidade.

mente, no Conselho do rei. Os Montmorency, primeiros barões da Île-de-France, haviam trabalhado de maneira comprometedora com a Inglaterra nas Guerras dos Cem Anos; emergem novamente, no Conselho, no último terço do século XV. Devem esse reaparecimento a um de seus caçulas, lealista dos pés à cabeça em relação ao monarca Valois. Gerarão um condestável e mesmo reis sem coroa, para a província de Languedoc, na era barroca. O ciceroniano Philippe Pot, borgonhês convertido à França, verdadeiro nobre, celibatário inveterado, modelo do perfeito cavaleiro, mas cujas cruzadas jamais ultrapassaram a Canebière, faz muito alarde por conta dos Beaujeu nos Estados Gerais de 1484 a propósito dos temas da soberania do povo; destina-os sobretudo a combater os príncipes de linhagem real. Ele enriquece em uma carreira de conselheiro da monarquia,* assim como seu colega Halluin, que representa o *lobby* flamengo no Conselho (as esperanças deste serão decepcionadas pela política estritamente italiana dos sucessores de Luís XI).

Falou-se de *agnatos* a propósito dos príncipes de linhagem real que descendem da família do soberano pelo lado masculino; mas os nobres de serviço, ao desposar mulheres oriundas desta (é a famosa "aliança real" cara às boas famílias de fidalgos), deixam, por seu lado, de ser simplesmente *palatinos* (hóspedes do palácio do soberano); geram agora ramos uterinos, também eles provenientes da linhagem dos capetos. Assim se ramifica continuamente o tronco real, vasta patrilinhagem monárquica, ramificada tanto em *agnatos* como em *uterinos* e cercada de *palatinos*, até colonizar os vértices da aristocracia, nas proximidades do Conselho. Simultaneamente, além dos laços de sangue e da comensalidade palaciana, essas grandes ou menos grandes personagens encontram-se em uma situação constante de protegidos-protetores em relação ao Poder ou ao Tesouro real; emprestam-lhe seus fundos quando ele está a zero, servem-se com liberalidade desse Tesouro, com a bênção do monarca, quando o permite a plenitude das receitas orçamentárias ou quando o sugere a magnitude dos serviços que prestaram.

Do lado da Igreja agora, que por sua vez está presente no Conselho: os Briçonnet, Amboise, La Balue inauguram, por volta dos anos 1460-1500, a tradição dos cardeais que se tornaram ministros ou homens de Estado; ela continuará no século XVI (Tournon), culminará no XVII (Richelieu, Mazarino) e terminará muito honrosamente no XVIII (Dubois,

(*) Philippe Pot, senhor de la Roche (1428-94), cavaleiro do Toison d'Or, serviu sucessivamente Filipe, o Bom, Carlos, o Temerário, Marie da Borgonha... depois Luís XI, os Beaujeu e Carlos VIII. Aristocrata consumado, sem uma onça de "burguesismo", suas idéias democráticas poderiam fazer dele um dos precursores, certamente bem distante, do liberalismo nobiliário!

Fleury, Tencin, Bernis). Amigo da toga e laicizante, Luís XIV fará a única infração a essa regra, a tal ponto desconfiará, em geral, das criaturas que foram desse modo "avermelhadas" (cardinalizadas) pela corte de Roma, pois que, assim, sua lealdade em princípio vai para o papa, e não para o monarca francês. Mais amplamente, alguns dos bispos dotados ou não do pariato estão presentes no Conselho de Carlos VIII e Luís XII, em razão de sua utilidade política e técnica, e não para cuidar de questões espirituais ou religiosas. Entre eles, além dos Briçonnet e Amboise, encontramos os Pompadour, viveiro episcopal, vindo de nobreza do Limousin. Um deles, Geoffroy de Pompadour, soube impor-se contra o arcebispo de Bordeaux em conseqüência de uma guerra privada travada com sucesso pelas forças "pompadourianas" (a guerra civil desaparece nessa época, mas a guerra privada, embora em regressão, sobrevive-lhe um pouco). Grande caçador de benefícios, esse Geoffroy, bispo de Périgueux, mais tarde do Puy, e mestre das contas, é um membro influente do Conselho no tempo dos Beaujeu, até a semidesgraça provocada em 1486 por sua participação no complô orleanista. Contudo, a família Pompadour sairá engrandecida e consolidada desses avatares episcopais e "conselhistas"; eles se mostrarão benéficos para o alto destino da linhagem.

Na intersecção das ordens privilegiadas (clero e sobretudo nobreza) e da plebeidade, encontramos ainda no alto Conselho os chanceleres da França: entre eles, um Briçonnet, dois Rochefort (ex-borgonheses); um Jean de Ganay; suas famílias vêm da burguesia togada, notarial ou mercantil, mediante estágios intermediários no enobrecimento, que nem sempre são obrigatórios.

Tratando-se ainda da "política dos quadros", conduzida pelo rei ou em seu nome, as famílias de chanceleres de sangue mal afinado nos reaproximam, enfim, do famoso "povo abastado", do qual certos espécimes (os Robertet, os Briçonnet) foram já examinados aqui mesmo. Na amostra de algumas dezenas de burgueses ou ex-burgueses que assistem sucessivamente no alto Conselho, durante as décadas que correm de Luís XI a Luís XII, encontram-se intelectuais de origem eventualmente parlamentar; peritos em finanças, marinha ou diplomacia; homens de comércio ou de justiça; *parvenus* puros e simples surgidos de uma família de açougueiros; e mesmo um médico do rei, Adam Fumée, que se torna relator: o corpo dos relatores é formado de juristas que cercam o alto Conselho ou nele penetram; compreende pessoas de origem bastante diversa, vindas da toga, inclusive médica, mas vindas também da advocacia napolitana (Michel de Riez) ou mesmo da bastardia nobre (Seyssel).

No total, os homens do povo abastado abrem uma notável brecha no alto Conselho, nos últimos anos de Luís XII; ali constituem momentaneamente, em torno de Florimond Robertet, a camada social dominante, com Ganay, Poncher, Cotereau, Hurault, Beaune-Semblançay e o pequeno nobre Batarnay; em conseqüência, o reinado de Francisco I, em sua primeira fase, produzirá uma reação antiburguesa, marcada pela liquidação de Semblançay e dos Poncher; eles serão vítimas da ira do novo rei, vítimas também da clássica caçada aos bodes expiatórios. No conjunto, no decorrer do meio século que vai de Luís XI a Luís XII, o alto Conselho reflete bem fielmente as diversidades, relações de força e esnobismos que grassam no interior das altas elites da nação; elas incluem em suas quintessências uma maioria nobre e uma forte minoria burguesa; a primeira permanece pouco permeável às tentativas mais ou menos frustradas de suprema ascensão social e de completa integração nobiliária que a segunda desejaria realizar. Os sistemas de desprezos funcionam também no interior do alto Conselho, no que tal organismo é bem de seu tempo. A despeito dessas poucas fraturas, o Conselho, como encarnação coletiva da (suposta) sabedoria do rei da França, mantém-se em uma linha nacional e, *grosso modo*, antifeudal, mas de modo nenhum antinobiliária; ele cria obstáculos, com a ajuda do exército, aos projetos desestabilizadores que provêm da iniciativa dos príncipes de linhagem real. O Conselho é recrutado apenas segundo as escolhas do rei; essa seleção autoritária reduz a um papel platônico os Estados Gerais que, em princípio, constituiriam, contudo, uma estrutura adequada para a representação coletiva. Apesar de tais carências, o Conselho é relativamente "típico" das classes dirigentes do país; elas lhe comunicam suas mesquinharias e suas bagatelas de precedência; ele toma nota, por sua própria conta, de suas demarcações internas e fundamentais, entre os sangues azuis ou não realmente azuis. Está menos isolado das camadas superiores da sociedade global do que o estará seu homólogo na "monarquia administrativa" do século XVII e no Estado de Luís XIV. Este será sem dúvida mais vasto, mais desenvolvido, mais poderoso e mais organizador do que o era o leve aparelho diretivo na época dos Valois; mas com isso o Estado-Sol só se tornará demasiado augusto, e mais separado das forças vivas encarnadas pela nobreza, o clero, a mercadoria; esse corte dar-se-á em benefício estreito da toga do Conselho, povoada pelos altos togados e descendentes de altos togados; eles "conquistarão" ou mesmo monopolizarão o Conselho supremo e suas imediações, de 1661 a 1715.

# 4

# *ESTRATÉGIAS HUMANISTAS, EVENTUALIDADE PLURALISTA*

Francisco I, trineto de Carlos V, vinha de uma linhagem caçula que normalmente não deveria chegar ao trono, se Carlos VIII e Luís XII houvessem tido progenitura masculina. O jovem foi educado em um meio familiar em que floresciam o amor pelas belas-letras, a prática do esporte e por vezes a inclinação às estroinices. Três caminhos que, por sua vez, Francisco não deixará de adotar. Seu nascimento e sua juventude o situam o mais perto possível do centro e do topo dos poderes de Estado. Ele não é apenas pretendente possível no caso (que ocorrerá) de faltar um filho de rei. É também por sua mãe, Louise da Savóia, contíguo ao tronco oriundo de Luís XI: essa dama é, com efeito, filha de uma irmã do duque de Beaujeu, que é ele próprio genro do rei ardiloso. Enfim, ao desposar a "doce, piedosa e caritativa" Claude da França, filha de Luís XII e que será sete vezes mãe em nove anos de casamento, Francisco dá de saída a seu predecessor, que não tinha herdeiro masculino, o consolo de ver um genro sucedê-lo. O alívio é relativo: Luís não amava Francisco inteiramente.

Herdeiro de um rei de outrora (Carlos V), sobrinho por afinidade de um outro rei (Luís XI), genro de um terceiro (Luís XII), Francisco é chamado de todos os lados à alta posição que se tornará sua em 1515, quando falecerá o Pai do Povo.

Quase dois metros de altura, ombros largos, coxas musculosas, panturrilhas magras, tíbias arqueadas, pés chatos e nariz comprido. Francisco é vivo de espírito e de corpo, generoso, dinâmico, aberto, mas sensível ao logro, por vezes ingênuo, mais verbal que reflexivo. Medíocre latinista, dá mostras de universal curiosidade. Poeta apaixonado pelos autores antigos que manda ler para ele na hora das refeições, é também homem do ar livre, consagrando a manhã aos negócios, a tarde à caça, a noite aos divertimentos de corte e à dança. Cavaleiro, bom soldado, general medíocre, o rei não é de modo algum cruel *a priori*: mas sua política, especialmente pró-turca, é já laicizada, bem distante da dos reis santificantes da Idade Média. Nesse sentido, mas apenas nesse sentido, ele é maquiavélico. Casado sucessivamente com Claude da França e com Leonor de Portugal, irmã de Carlos V, Francisco viverá, por outro lado, quase maritalmente com a duquesa D'Étampes. Esta tolerará os múltiplos amores passageiros do amante, autorizados pelos costumes de corte e pelo prestígio das funções reais. Com sua mãe Louise e com sua irmã Marguerite, Francisco forma indissolúvel trio de afeição e de cumplicidade: Louise é uma mulher de poder, interessada, que adora seu "César" e que saberá conduzir o reino com mão de mestre, durante o pós-Pavia ensombrecido pelo cativeiro madrilenho do rei da França. A princesa Marguerite d'Angoulême, que pelo casamento tornou-se Marguerite de Navarra, representa, por outro lado, na família suprema, os princípios humanistas e (em matéria de religião) moderadamente reformados. Escritora de valor, protetora dos primeiros huguenotes ou pré-huguenotes, a mística Marguerite não dará de modo algum o passo que faria cair na heresia pura e simples. Mas sua filha, Jeanne d'Albret, e seu neto Henrique IV estão nas origens de um protestantismo bourboniano que, até 1610 (e mesmo depois), dará coloração particular à monarquia francesa, permanecendo esta favorável, por um longo tempo, às coexistências dos dois cultos, papista e protestante (Luís XIV colocará boa ordem nisso temporariamente).

Humanista e dinasta, Francisco sabe cercar-se de uma corte de propagandistas que cuidam "midiaticamente" de sua imagem e a transmitem à opinião pública ou ao que lhe faz as vezes; tudo sob aspecto favorável e sob o ângulo de uma propaganda oral, escrita, impressa, desenhada, pintada ou esculpida. Príncipe da Salamandra, como já o era seu pai, Francisco utiliza-se do tema desse batráquio, símbolo de constância e de integridade, adversário das harpias, capaz de alimentar o bom fogo e de extinguir o mau, de conservar os Justos e de destruir os Maus. O monarca é *tout françois*, rei dos franceses, portador de uma esperança de glória militar e cultural. Nascido metaforicamente da Virgem, é carnalmente o filho da Dama Prudência, em outras palavras, de Louise da Savóia, ela ainda, educadora sem par, bússola do ex-delfim, para cuja formação se havia traduzido a *Ciropédia*, romance de formação de um jovem, ou narrativa moral (de Xenofonte), relativo à instrução recebida por Ciro, e que trata igualmente da pedagogia, da organização monárquica, dos papéis próprios do soberano, assim como do funcionário. Rei justo, Francisco é seguramente um chefe, um *Dux*, um protótipo das virtudes militares. Eleito por Deus, recebeu do Altíssimo os dons da Natureza (é "Belo Príncipe") e os dons da graça, que fazem dele um perfeito gentil-homem. Nobre campeão no jardim das Hespérides, Francisco é a imagem de um segundo Hércules, que se pretende também sucessor de Clóvis, e que une o Lis armado à Salamandra encouraçada. Imperador em seu reino, o cavaleiro Francisco equivalerá ao piedoso César. Segundo Constantino, ele apenas prolonga os sonhos de cruzada, que supostamente devem conduzi-lo à "grande viagem a Jerusalém". A batalha de Marignan, ninguém vê nisso um acaso, coincide, de resto, com o dia da festa da exaltação da Cruz. Semelhante, nisso, ao jovem bem-amado celebrado biblicamente pelo Cântico dos Cânticos, Francisco, tanto em suas entradas citadinas como em sua vida cotidiana de homem casado, recebe a dupla oferenda da virgindade* simbólica das cidades e do amor que lhe dedica a rainha Claude. Seu "mestre-escola" François Demoulins o coloca sob os celestes auspícios do triângulo neoplatônico: belo, bom, justo. O herói dos franceses dignos desse nome está tanto mais imunizado contra os perigos, graças à dupla devoção que consagra ao serafismo de são Francisco de Assis e ao arcanjo são Miguel, padroeiro de uma ilustre ordem de cavalaria.[1]

Homem da Renascença, cercado de uma floresta de símbolos, Francisco, a exemplo de seus predecessores, é apaixonado pela Itália, ainda que ensangüentada. Como outrora as cidades gregas diante de Filipe da Macedônia, ou como hoje a Europa dividida diante de tal superpotência, as cidades ou Estados italianos (Veneza, Milão, Florença, Roma, Nápoles, Gênova, Ferrara e Turim) não têm o peso necessário, comparados com o grande Estado dos Valois; Francisco quer o ducado milanês, como o desejava seu avô Luís XII, e faz valer sobre ele os incorrigíveis direitos dinásticos da avó Valentina Visconti.** A Itália, de qualquer maneira, é uma presa tentadora. Mas os franceses, outrora vencidos em Novara (junho de 1513), haviam tido de evacuar as planícies lombardas. A elevação ao trono do jovem rei está prenhe de uma vontade de desforra. Em 1515, um exército de 40 mil homens, comandado por Francisco, atravessa os Alpes. Em julho, acampa em Marignan. A artilharia francesa, poderosa, móvel, moderna, faz a diferença, sob as ordens do escudeiro-mor

(*) A cidade, sob a Renascença, é muitas vezes simbolizada por uma mulher e, mais precisamente, por uma jovem, uma "donzela".

(**) A genealogia indica que Valentina Visconti, filha do duque Giovanni Galleazzo Visconti, que reinava sobre Milão, foi a um só tempo avó de Luís XII e bisavó de Francisco I, por duas ramificações diferentes. Foi dela que esses dois monarcas pretenderam tirar seus direitos sobre o ducado de Milão, pelos quais ambos guerrearam.

Galiot de Genouillac. Os suíços, aliados do duque de Milão, Maximiliano Sforza, são vencidos, se não esmagados. Vitorioso, Francisco pode então entrar em triunfo em Milão; logo conclui, em Friburgo, em 1516, uma paz "perpétua" (sic) com seus ex-inimigos helvécios: não sabe que o dito corresponde à verdade; essa paz será respeitada; ela alarga o reino na fronteira do Centro-Este; dá ao exército francês o acesso plurissecular ao mercenariato das "carnes de canhão" suíço-alemãs. Quanto a Maximiliano Sforza, príncipe de Milão, não lhe resta mais que o retiro, na França mesmo, pensionista de seu ex-inimigo.

Inutilmente contestada em 1516 pelo imperador Maximiliano, a nova dominação francesa em Milão não é de longa duração. Em novembro de 1521, Lautrec, irmão de uma boa amiga de Francisco, mas pouco dotado para a estratégia, é expulso da grande cidade pelas tropas do Império apoiadas pelos citadinos locais. Em abril de 1522, em La Bicocca (perto de Milão), os "temíveis soldados helvécios de infantaria" comandados, por conta da França, ainda por Lautrec, e que tinham vindo reforçar o exército real em virtude da nova aliança de Friburgo, são vencidos pelo capitão italiano Prospero Colonna. Uma vez mais os franceses são reconduzidos ao ponto de partida, como no tempo em que Carlos VIII e depois Luís XII perdiam e tornavam a perder a Itália apenas conquistada. Além do mais, a situação se torna mais dura na França nos anos 1520: crises de subsistência; penetração das idéias luteranas; primeiras traições do condestável de Bourbon, que é membro (distante) da família real e um dos mais poderosos senhores do reino. Em abril de 1524, Bayard, pequeno nobre de província, que fez carreira guerreando a serviço do monarca, é morto durante a difícil retirada dos exércitos franceses da Itália, repelidos lentamente para a metrópole. A Provença é mesmo momentaneamente invadida. Francisco, porém, não perde a coragem: novo Aníbal, conduz mais uma vez tropas numerosas à península, ao termo de um *remake* da passagem dos Alpes. Elas são esmagadas em Pavia (24 de fevereiro de 1525) em conseqüência das desenvoltas loucuras do monarca, bem diferentes das sensatas preparações de artilharia de Marignan. No decorrer dessa batalha invernal, que é acompanhada da maior carnificina de nobreza francesa desde Azincourt,* Francisco é feito prisioneiro. Depois de um cativeiro de mais de um ano, em Madri especialmente, Carlos V o liberta em março de 1526, graças a um acordo humilhante. O soberano francês está decidido, de resto, a não lhe respeitar as cláusulas. E é mais uma vez (depois do feliz retorno à França) a repetição ofensiva.

(*) Em Azincourt (25 de outubro de 1415), no atual departamento do Pas-de-Calais, as tropas de Carlos VI foram vencidas e dizimadas pelo corpo expedicionário inglês de Henrique V. Muitos príncipes e nobres franceses caíram mortos ou feridos.

Em agosto de 1527, um exército francês, sempre comandado pelo incompetente Lautrec, instala-se no Norte da Itália. Depois, descendo ao longo da Bota até fazer o cerco de Nápoles, ele acaba miseravelmente, assim como seu chefe, um e outro vítimas de uma epidemia, no verão de 1528. Nos termos da paz das Damas (agosto de 1529), estabelecida por intermédio de Louise da Savóia e de sua cunhada Margarida, tia do imperador,* a França "renuncia" mais uma vez às ambições peninsulares, decididamente infelizes.

Mas elas permanecem! Em 1533, Catarina de Medici, princesa florentina, com quinze anos, desposa Henri, doze anos, filho caçula de Francisco; ninguém prevê que a morte de um irmão mais velho fará dessa criança, três lustros mais tarde, o sucessor de seu pai sob o nome de Henrique II. Essas bodas de um filho da França com a sobrinha de Júlio de Medici (papa em 1523, sob o nome de Clemente VII) fornecem pretexto a uma reaproximação entre a corte de Fontainebleau e o Vaticano. Em suas conversações com o soberano pontífice, Francisco projeta, esperança suprema, retomar o ducado milanês. Novamente! Maneira de reconhecer que, sem apoio papal, não há possível imperialismo francês na Itália.

Seguem-se os atos, e o rei procede a importantes preparativos militares; eles incluem até a formação efêmera de legiões provinciais, com recrutamento camponês, segundo modelo romano. Em novembro de 1535, a morte de Francesco Sforza, duque efetivo de Milão desde 1525, coloca novamente o problema da sucessão milanesa: no mês de janeiro de 1536, os franceses conquistam a Savóia, posto avançado das regiões paduanas. Alguns meses mais tarde, em represália, Carlos V procede a uma breve invasão da Provença, para grande desgosto dos nativos do Sudeste. Sendo alcançado o equilíbrio das forças, vai seguir-se, em 1539-40, uma reconciliação espetacular e antes fingida entre Francisco e Carlos. Este, sob o pretexto de tomar um atalho para visitar o mais rápido possível seus vastos Estados, conturbados pela revolta em Gand, chega a atravessar a França em grande pompa, do Sul ao Norte; experimenta a boa fortuna de ser escoltado ao longo do percurso pelas amabilidades e, algumas vezes, pela própria pessoa do rei. Essa tardia lua-de-mel entre dois cunhados (já que Francisco, em segundas núpcias, desposou Leonor, irmã de Carlos) coincide com o favor de que goza Anne de Montmorency, guer-

(*) Margarida da Áustria (1480-1530) é a filha do imperador Maximiliano I e de Marie da Borgonha; é, portanto, a tia do imperador Carlos V, ele próprio neto de Maximiliano. Ao desposar Filiberto, o Belo, duque da Savóia, ela estabeleceu, por outro lado, uma aliança muito próxima com Louise da Savóia, mãe de Francisco I. Margarida que, na época examinada, é governante dos Países Baixos em nome de seu pai Maximiliano, constitui então uma "ponte" efetivamente disponível para a negociação e a solução pacífica entre os Habsburgo e os Valois.

reiro corajoso, sem dúvida, promovido a condestável desde 1538, mas partidário, se possível, dos caminhos brandos e da coexistência pacífica com o Império.

A despeito dessa boas disposições aparentes, a viagem imperial pela França, por mais espetacular que pareça, não passa justamente de fachada. Em abril de 1540, Francisco recusa as iniciativas de Carlos, que lhe propunha abandonar o sonho milanês, mediante a obtenção, pela França, de diversas garantias nos Países Baixos. De fato, o rei continua atraído prioritariamente pelo centro capitalista em relativo declínio (Milão e o Norte da Itália); negligencia os pólos de economia expansiva situados em Flandres, e significativos do crescimento de uma Europa setentrional; humanista, Francisco pretende-se logicamente "ítalo-centrado". A queda de Montmorency, a partir de 1541, favorece, na corte dos Valois, o desenvolvimento de um partido belicista encarnado pela duquesa de Étampes e por alguns prelados, entre os quais o cardeal de Tournon. As intrigas matrimoniais do monarca na Alemanha voltam-se, também, contra o imperador: assim é tramado, em 1541, o casamento forçado de Jeanne d'Albret, sobrinha de Francisco, com o duque Guillaume de Clèves, inimigo de Carlos V. Uma "escandalosa" aliança oculta se elabora, por outro lado, entre franceses e turcos, estes inimigos hereditários dos imperiais e da cristandade. Novas rupturas se preparam.

A última guerra italiana do reino começa, então, em 1542, em conseqüência do assassinato de dois diplomatas franceses pelos agentes imperiais na Itália, ocorrido em julho de 1541 (seríamos menos suscetíveis em nosso tempo). Esse conflito implica a "chocante união" franco-turca (anunciadora de uma política ocasionalmente pró-muçulmana dos franceses, no decorrer dos quatro séculos que se seguirão). As galeras otomanas participam do cerco de Nice (1543). Outras operações, sem conseqüências, provocam uma breve surtida dos imperiais não longe de Paris e dos ingleses até Boulogne, cidade que os Tudor vão conservar durante algum tempo. Esse confronto tem fim em 1544 (do lado de Carlos V) e em 1546 (na vertente britânica). Deixa, porém, aos franceses uma sólida cabeça-de-ponte na Itália: o Piemonte permanece ocupado sem interrupção por suas tropas; é praticamente anexado de 1536 a 1559, servindo de experiência para a nova instituição dos comissários e intendentes regionais, destinada ao mais belo futuro.

A obstinação "italiana" de Francisco I nos parece anacrônica. Seria porque o território francês, a partir do começo do século XVII, se desenvolverá, na realidade, em direções bem diferentes e, em primeiro lugar, para o Leste e o Norte?... Recolocado no contexto do tempo e no universo espiritual do monarca, o tropismo italiano ajusta-se, contudo, à ambição política e sobretudo cultural de um homem cujos gostos, e não apenas exércitos, conduzem, de qualquer maneira, para além dos Alpes. Ser humanista, por volta de 1530, é pretender-se milanês, florentino, veneziano, romano. O fato de que essa vontade, além disso, seja militar pode parecer chocante no século XX; mas na época pouca gente se chocaria com isso. Lamuriento ou não, o pacifismo não era admissível. A guerra, é verdade, era (apesar de seculares e terríveis exceções) menos devastadora que hoje, em regra geral. Questão de meios, de tecnologia militar ainda "primitiva", segundo os nossos critérios contemporâneos, e pouco eficaz...

Ademais, já que é preciso trocar o Leste pelo Sul, uma Itália parcialmente dominada pelos franceses, tal como a sonhavam Carlos VIII, Luís XII e Francisco I, teria talvez sofrido menos, na seqüência dos tempos, com a opressão clerical e beata do que foi o caso, de fato, da Itália real, a do fim do século XVI e do século XVII, largamente dominada pela Espanha reacionária, ou mesmo inquisitorial. Nessa perspectiva, devemos pensar que Pavia, em 1525, foi uma derrota não apenas para a França, o que é evidente, mas também para os progressos eventuais e posteriores da liberdade peninsular? É verdade que a dinastia madrilenha, ao assegurar à hinterlândia milanesa, arsenal da artilharia ibérica, os financiamentos inesgotáveis dos tesouros monetários vindos da América, muito fará pelo desenvolvimento industrial, metalúrgico, comercial ou mesmo agrícola do Norte da Itália. Isto deve consolar daquilo?

Mais facilmente do que na guerra, o italianismo triunfa nas artes. Nesse domínio, a influência de Francisco I, mais uma vez, parece forte. Em Chambord, os projetos originais do castelo se devem provavelmente a Domenico de Cortone, formado na ambiência dos Medici. Em Blois, os pedreiros franceses que construíram a fachada das *loggias* inspiraram-se, sem dúvida, na obra de Bramante, no palácio do Vaticano.

A partir de 1528, Francisco, sem por isso renunciar ao vale do Loire, nem ao caráter itinerante da Corte, passa a realizar grande parte de sua atividade dirigente ou residencial em torno de Paris; é o sinal de um progresso centralizador, é o indício, igualmente, do favoritismo de que goza Anne de Montmorency, com vastas posses nas redondezas da capital. Surgem então, por esse motivo, as novas construções monárquicas: no Bois de Boulogne, o castelo dito de Madri, concebido a partir de 1527 com a colaboração do ceramista Girolamo della Robbia, exibe "uma decoração de faiança de múltiplas cores, disposta em medalhões, frisos, placas...". Em Fontainebleau, convertido no segundo terço do século em um dos grandes centros da cultura européia (a "nova Roma", como dizem os aduladores), Rosso e Primaticcio impõem o estilo maneirista: a coleção de quadros, pacientemente reunida pelo dono do palácio, inclui obras de Leonardo, Pontormo, Michelangelo, Bronzino, Ticiano. Agentes reais, diplomatas ou artistas, como Guillaume du Bellay, Aretino e o próprio Primaticcio adquirem tal obra-prima, importada de além dos Alpes. Instalado pelo rei na frente do Louvre, na margem esquerda do Sena, o arrogante Cellini, escultor, ourives e medalhista, produz em terra francesa uma série de obras, das quais estão conservados, em nossos dias, um saleiro de ouro e a ninfa de Fontainebleau. Em termos de biblioteca, a ação de Francisco se impõe: com grandes despesas, os embaixadores franceses em Roma e Veneza mandam copiar manuscritos gregos por conta do rei Valois. A biblioteca de Fontainebleau, enormemente enriquecida por diversas aquisições, é aumentada, ademais, pelas coleções previamente reunidas em Blois e pelos livros confiscados ao condestável de Bourbon. Robert Estienne, impressor oficial, desenvolve, a partir de 1539, a edição grega, latina, hebraica. Montaigne, cujas obras transbordarão de citações em línguas antigas, seria pouco concebível sem o prévio mecenato "editorial" do monarca. Desde os anos 1530-40, o "Colégio real", hoje Colégio de França, organizado pelo rei independentemente da Sorbonne e de bom grado contra ela, oferece aos ouvintes letrados uma constelação de ensinamentos e de cátedras: elas distribuem de maneira inconstante, mas inovadora, a pedagogia do grego, do hebraico, do latim, da medicina, das matemáticas e da cosmografia. Implicam uma vontade estatal de descomprometimento tanto do ensino como da pesquisa em relação a uma Universidade ainda dominada pela Igreja. É um começo de laicização. Um a mais.

No domínio religioso, o humanismo de Francisco e dos seus implica mais uma vez a italianofilia, cujas tonalidades, por ora, são um tanto papistas. Elas não têm nada que possa escandalizar os católicos, no tempo dos pontífices do humanismo, como Leão X e Clemente VII...

Em 1438, no tempo de Carlos VII, a Pragmática Sanção de Bourges, bastante galicana, confiava ao clero diocesano, e especialmente aos capítulos de cônegos, o direito de eleger os bispos (o rei, por certo, não iria por isso renunciar a qualquer pressão sobre os organismos capitulares, destinada a avalizar seus próprios candidatos ao episcopado). Essa Pragmática, anti-romana por essência, colocara estritas restrições à torrente das anatas e dos apelos (pagamentos monetários e recursos judiciários) que, em outros séculos, haviam fluído mais livremente da Igreja da França até a Cidade Eterna. De resto, umas e outros eram acusados, com algum exagero, de esgotar os recursos nacionais em ouro e prata. O ato sacrílego de Carlos VII irritava a Cúria, portanto, ao mais alto grau. Mais tarde, sob

Luís XI, a Pragmática tornava-se, entre a França e o Vaticano, objeto de um jogo de futebol: era repelida ou retomada, anulada ou recolocada em vigor, segundo as relações entre o Vaticano e Plessis-lès-Tours estivessem em fase de tempo bom ou mais sombrio. Vitorioso em Marignan, Francisco deseja ampliar a influência francesa na Itália: com esse objetivo, quer poupar os romanos, fazendo valer sua prerrogativa galicana (efetiva, mas moderada) diante dos ultragalicanos que são os parlamentares parisienses: decide, de uma vez por todas, "virar a página" da Pragmática. Pela concordata de Bolonha (1516), concluída entre a França e Roma, no impulso da brilhante vitória de Marignan, o direito de eleger os bispos é definitivamente retirado dos capítulos de cônegos: é o fim de uma certa "democracia" ou, pelo menos, de uma oligarquia eclesiástica, ainda que fosse de fachada. O rei, daí em diante, nomeará os bispos; o papa os instituirá; os possuidores de benefícios canonicais, infra-episcopais, serão as principais vítimas dessa iniciativa. O centralismo real passa, assim, por avanços consideráveis; ele dispunha oficiosamente, ele dispõe agora de modo oficial, da nomeação de mais de uma centena de bispos que, por uma parte decisiva, lhe deverão seus postos e seus gordos rendimentos. Também o Vaticano, em 1516, vê sua influência aumentar: beneficia-se agora de um direito de controle sobre as criações episcopais, menosprezando o conciliarismo antipapal, de que se vangloriara a Igreja galicana no fim da Idade Média. As duas potências, ítalo-romana e francesa, andam, pois, de comum acordo, esta tirando proveito (indiretamente) das concessões interessadas que outorga àquela. O *continuum* ítalo-francês é muito forte; imagina-se mal, nessas condições, que Francisco possa imitar o exemplo de Henrique VIII e rasgar a "toga sem costura" da Igreja romana. Para que, com efeito, desentender-se com um pontificado ao qual a realeza deve muito, e que ela se limita a crivar mais ou menos gentilmente de alfinetadas francesas e nacionalistas? O galicanismo real (a ser distinguido do galicanismo parlamentar)* sai vencedor, ao mesmo título que a instituição

(*) Nessa passagem, evocamos diversas noções que merecem ser brevemente explicadas. O galicanismo *real* visa colocar a Igreja da França e especialmente as nomeações dos bispos sob o jugo do monarca, enquanto concede, apesar de tudo, uma dose mínima de supremacia (ou pelo menos de influência) ao Vaticano. O galicanismo da Igreja da França, ou de seus elementos mais determinados, assim como da Universidade de Paris (a Sorbonne), desejaria, tarefa difícil, deixar de lado o rei e remeter diretamente a eleição dos bispos "à base", ou seja, ao clero das dioceses e, especialmente, aos cônegos, sendo a influência de Roma, também aí, radicalmente diminuída. É lógico, portanto, que a Sorbonne se levante contra a concordata de 1516, que considera muito moderada: ela se agarra à Pragmática Sanção de 1438, que corresponde plenamente a seus votos. O ultragalicanismo do Parlamento de Paris, de todo modo muito anti-romano, também vai na direção extremista do galicanismo eclesial e universitário (ou da Sorbonne); bem além, portanto, do galicanismo afinal moderado de Francisco I. Quanto ao conciliarismo, muito em voga desde o século XV, visa subordinar o papa ao concílio, em outros termos, aos bispos, especialmente da França...

vaticana, da concordata bolonhesa de 1516. Mas outras tendências permanecem insatisfeitas: o ultragalicanismo do Parlamento ou da Sorbonne e o conciliarismo francês bem desejariam humilhar Roma diante de um concílio geral ou nacional, e não apenas revigorar o monarca Valois; ora, ultragalicanismo e conciliarismo saem feridos do episódio bolonhês; o acordo cisalpino-transalpino foi fechado sem levar em conta o Parlamento, assim como a Sorbonne, e à sua custa. Francisco e seu fiel defensor, o chanceler Duprat, precisam, portanto, de todas as suas forças de intimidação para obrigar a Sorbonne recalcitrante e o Parlamento sempre partidário da Pragmática a dar indispensáveis aprovações à concordata de 1516, que a enterra. Os dois organismos parisienses acabarão (mais ou menos) por engolir a pílula, não sem cercar de um protocolo secreto ou protestatório sua desconfiada aceitação. Para vencer essa resistência de última hora, Francisco qualifica os parlamentares de "bando de loucos" e ameaça alguns deles com o calabouço.

Uma coisa é fechar acordos (não sem sucesso) com Roma. Mas atracar-se com a heresia nascente, logo militante, é uma outra história. Nesse ponto, a posição de Francisco e de seus amigos é clara; deduz-se facilmente de premissas que já vimos: enquanto a inovação, no domínio do sagrado, ficar limitada apenas às vias do humanismo, mesmo reformado, o monarca não interfere ou até encoraja. Desde que surge a heterodoxia pura e simples, perigosa aos seus olhos, ele pune.

Por sua vez, o humanismo reformado não vem totalmente da Itália, por demais clerical ou pontifical: surge dos Países Baixos, pátria de Jan Standonck; no fim do século XV, essa personagem desenvolvia em Paris, no Colégio de Montaigu, o estudo das Escrituras e dos Padres da Igreja. Essas tentativas caem em solo fértil: a sociedade francesa, com efeito, no último século dos Valois, permanece profundamente cristã e manifesta um robusto apetite do divino. O clero, afetado, por certo, pelo absenteísmo de certos prelados ou curas, conserva, por sua parte, dinamismo e devotamento. As iniciativas que tendem a reformar a instituição eclesial são assim bem aceitas, em seu ponto de partida, mesmo com o risco de suscitar formidáveis reações posteriores e por contragolpe. A tentativa de síntese entre cristianismo e Renascença está segura de uma acolhida favorável: Guillaume Fichet, sob Luís XI, implantara as técnicas alemãs da impressão nos porões da Sorbonne; servia-se delas para publicar textos da Antiguidade e para adaptar Platão às intenções cristãs, "em nome de uma concepção comum da beleza". Lefèvre d'Étaples (morto octogenário em 1536) edita, no modo ecumênico, Aristóteles, os Salmos e são Paulo.

O humanista neerlandês Erasmo se torna, nos anos 1490-1500, um grande europeu, como o serão muito mais tarde Voltaire, Hugo, Zola. Ele publica em 1516 (o ano da concordata de Bolonha, decididamente ano de articulação), a partir do original grego, um Novo Testamento que desvaloriza diante dos homens "em dia", ainda que franceses, a velha Vulgata latina de são Jerônimo, genial, mas cheia de erros. Era fácil contestar Jerônimo! Erasmo é já o protótipo do intelectual moderno, ou de certo tipo de intelectual moderno, a escrever muito depressa, no ritmo ultra-rápido das difusões autorizadas pela impressora. Ele quer pôr em evidência a verdadeira figura de Cristo, pois as glosas e superstições sucessivas macularam-na secularmente até torná-la irreconhecível. Nem por isso Erasmo rompe com a Igreja estabelecida, mas sua publicação das primeiras Escrituras cristãs, de acordo com o texto primitivo, lhe vale a acusação de "pôr o ovo que Lutero chocará". Na França, nos arredores imediatos do Poder, Guillaume Budé, zelador do autoritarismo político, encarna por outro lado, e sem contradição alguma, as tendências humanistas: também ele insiste, em suas obras, no elo que une o helenismo antigo à religião revelada. Margarida, irmã de Francisco, reúne ao seu redor um círculo amistoso onde se encontram Lefèvre d'Étaples e, sobretudo, Guillaume Briçonnet, bispo de Meaux. Esse eclesiástico é um espécimen sofisticado da nova tendência dos Briçonnet: contrasta com as gerações anteriores dessa família, que se haviam distinguido sobretudo pelo arrivismo e o gosto pelos cargos. O prelado de Meaux "elimina as imagens dos santos, valoriza o francês na liturgia, distribui aos seus diocesanos as traduções das Escrituras".

A invasão "herética" em solo francês começa em 1519 com a chegada a Paris, com a ajuda dos impressores, das primeiras brochuras de Lutero, amarradas em pacotes de centenas de exemplares. As palinódias da Sorbonne (que não execra de modo algum a hostilidade luterana às indulgências papais), a inércia burocrática, pelo menos momentânea, manifestada pelo Parlamento de Paris e pelo círculo real e, enfim, o espírito de humanismo tolerante de Francisco retardam até 1523 a primeira condenação séria pronunciada contra as idéias novas. Estas gozam, portanto, de um prazo suficiente para criar algumas raízes, cuja solidez o tempo demonstrará. A propaganda luterana se desenvolve nos anos 1520, em tripla coincidência com o desastre de Pavia, a traição do condestável de Bourbon e as fortes crises de carestia frumentícia. Essa atmosfera de crise não é desfavorável às contestações religiosas. O luteranismo coloca para os cristãos, do lado de cá dos Vosges, algumas questões de primeira grandeza: ressaltando, segundo a epístola de Paulo que se negligenciara, a fé que salva, ele dissipa o bricabraque do formalismo e do ritualismo supersticioso que entulhava as crenças de todos. Mas impõe igualmente, e aí está a prova de força, uma considerável exigência aos fiéis: até Lutero, podia-se aderir, da boca para fora ou do fundo do coração, a uma certa cultura eclesial, legada pela história, e intimamente ligada às estruturas vivas da sociedade coletiva; podiam-se honrar os princípios dessa cultura particular, venerar suas pompas, praticar suas obras caritativas, participar com alegria das realizações litúrgicas, artísticas, festivas... Depois de 1520, quando a França, por sua vez, é afetada pela iniciativa do monge de Wittenberg, já não é suficiente estar imerso em um culto ou em uma cultura. Deve-se também fazer muito mais e muito melhor que isso: é preciso *crer*, pelo menos se se adotam as idéias de Lutero. Crer. Nada mais que isso! Ora, a fé pura e simples não é muito evidente nem fácil, ainda que aí se colocasse a melhor vontade do mundo. Um Pascal só se livrará dos problemas assim levantados pela engenhosa pirueta da aposta, que contribui para imortalizar sua memória.

Humanistas, Francisco e sua irmã desejariam manter uma coexistência pacífica entre Igreja oficial e princípios heterodoxos. Esse desejo inocente, bastante evangélico, não é sustentável a longo prazo. Pois Lutero, logicamente, torna-se anti-humanista. Que importa, com efeito, a Antiguidade pagã a quem pretende purificar e salvar a doutrina cristã? O pregador saxão, mesmo tendo um verniz de cultura clássica, criva de insultos o infeliz Erasmo que, efetivamente, identifica-se com a Renascença das letras gregas e latinas. Trata-o de "venenoso polemista, epicurista, escritor ridículo, irrefletido, sacrílego, tagarela, sofista, ignorante". Qualifica o pensamento de Erasmo de "mistura de cola e de lama, de detritos e de imundícies". Como escreverá (não sem melancolia ecumênica) Jean Delumeau, "será preciso esperar o século XX para que seja redescoberto o Erasmo cristão".[2]

Forças consideráveis, que são luteranas "à esquerda" e integristas "à direita", levam, portanto, dos dois lados, à ruptura. Francisco, porém, luta passo a passo e só renuncia a contragosto às posições conciliadoras que são naturalmente as suas. Várias vezes, contra a vontade dos magistrados repressivos, ele salva a liberdade ou a vida do nobre e piedoso intelectual que é Louis de Berquin,* partidário das idéias evangélicas. Em 1529, o Parlamento se aproveita de uma ausência real e consegue mandar queimar Berquin quase à revelia do monarca. Este, de resto, acaba

(*) Louis de Berquin, douto leitor de Lutero e de Melanchton, é um exemplo típico dos acasos da repressão e da clemência durante a década de 1520.

por resignar-se ao fato consumado: afinal, o soberano tem necessidade do papa (e, portanto, do partido dos queimadores de heréticos) para seus empreendimentos italianos e concordatários.

O "centrismo" real não disse, contudo, sua última palavra. Em 1530, o caso do divórcio de Henrique VIII e Catarina de Aragão aterriza na Sorbonne para consulta teológica. Justificado ou não, o divórcio marcará, no longo prazo da história inglesa, o início de uma "boa escolha" e de uma formidável aventura insular; ao romper com Roma, os dirigentes britânicos abrem caminho ao poderoso desenvolvimento além da Mancha, no impulso dos dois séculos que se vão seguir: ali haverá introdução (sem que se tenha expressamente desejado) dos germes de liberdade espiritual e intelectual; haverá tolerância, por bem ou por mal, em relação a uma extrema-esquerda puritana que logo nascerá no flanco sensível do anglicanismo. Assistir-se-á, enfim, a uma renovação parcial da economia, graças à venda dos bens dos mosteiros britânicos.

Ora, por mais que as desventuras conjugais do rei Tudor digam respeito à França no plano diplomático, o Valois manifesta disposições que são decididamente a favor de Henrique: a despeito da hostilidade do síndico da Sorbonne, Béda, cujo integrismo é feroz, Francisco obriga a Universidade a validar o divórcio do real primo de Londres. Evidentemente, a monarquia francesa tem para isso razões circunstanciais, que se prendem às deferências necessárias que merece a Grã-Bretanha. Mas a resolução de Francisco nessas conjunturas é uma faca de dois gumes. É em primeiro lugar pró-galicana: Francisco, acompanhado pelo Parlamento, proíbe Béda de consultar Roma a respeito de Henrique VIII, sob pena de infringir os direitos e privilégios do reino da França. Em segundo lugar, ela é pró-humanista: Guillaume du Bellay, cujo nome e família identificam-se com os progressos franceses da Renascença, é um dos principais apoios do Valois, assim como de Henrique, por ocasião desse episódio, junto à Sorbonne e, se for preciso, contra ela.

Compreende-se facilmente, em todo esse caso, a relativa "descontração" do rei da França: afinal, nem Henrique VIII, nem mesmo Lutero oferecem *a priori* motivos de susto maior para uma sociedade de ordens, como a que caracteriza ainda a França monárquica do começo do século XVI: o soberano inglês, quando muito, é um cismático; seu divórcio é anti-romano, mas não modifica o sistema dos dogmas. Quanto a Martinho Lutero, mantém a hierarquia eclesiástica, dominada pelos bispos: ele não causa dano às estruturas fundamentais da "primeira ordem", ou seja, do clero. Esse irenismo, em compensação, não vale absolutamente para os líderes da Reforma radical, quer seja helvécia, com Zwinglio, quer francesa e logo genebrina, com Calvino.

As idéias de Zwinglio e Calvino são, com efeito, subversivas de uma ordem clerical que, com ou sem razão, muitas pessoas consideravam até então sagrada: sua difusão no reino só poderá aguçar violentas contradições, apesar da inegável boa vontade (inicial) de Francisco. Aí repousa, de resto, uma adversidade essencial da Reforma francesa: em vez de ser prudentemente reformada em seus inícios, como no caso luterano ou henriquino, ela é, de saída, revolucionária, conturbando os dogmas, a hierarquia, a Igreja institucional. Os próprios santuários, com suas estátuas, seus vitrais, seus tesouros, estão destinados ao vandalismo iconoclasta. Em suma, falta a essa reforma francesa, para ser bem-sucedida, ter sido imposta, moderada mas firmemente, do alto, pelos poderes estabelecidos, a exemplo do que se faz na Saxônia e na Inglaterra. A mutilação de uma estátua da Virgem em Paris, em 1528, provoca desse ponto de vista, *a contrario*, as primeiras fúrias monárquicas.

A situação de ruptura, por certo, não é irreversível: em 1533, no decorrer dessa fase inicial, em Paris, a pregação bastante heterodoxa de Nicolas Cop, que foi por breve período reitor da Universidade, e que logo encontrará refúgio na Basiléia, não desencadeia ainda, da parte do Parlamento, mais que uma pequena perseguição. O rei, de resto, depressa acalma o jogo. Mas o caso dos cartazes, em 1534, é muito mais grave, do ponto de vista das autoridades estabelecidas. Desta vez, as fronteiras entre ortodoxos pró-romanos e reformados pré-huguenotes deixam de ser indistintas. Doravante elas são marcadas de maneira nítida; o cutelo da repressão pode abater-se tanto melhor, a tal ponto é claro daí em diante o enfrentamento.

Esses cartazes, com efeito, redigidos pelo pastor francês Antoine Marcourt, em seu exílio em Neuchâtel, e afixados em Paris a 18 de outubro de 1534, atacam ou negam de maneira violenta e total o "santo sacrifício" da missa, a presença real de Cristo na hóstia e, evidentemente, o sacramento da comunhão. Eles se afastam, portanto, do possibilismo (relativo) cultivado por Lutero e se aproximam do radicalismo "sacramentário" dos adeptos de Zwinglio em Zurique (afinal, Neuchâtel não está muito distante de Zurique!). Zwinglio, como Marcourt, recusa ou ridiculariza a presença de um homem de trinta anos (Cristo) em um pedaço de massa (a Eucaristia). Zwinglio, por outro lado, abole totalmente o episcopado na comunidade que ele controla, em favor de uma Igreja invisível e profundamente igualitária. Ora, como dirá mais tarde um monarca inglês, nada de bispo, nada de rei, *no bishop, no king*... Em termos mais claros, suprimir os prelados no plano eclesial equivale a contestar o monarca, no plano meio sacro, meio leigo.

# 5
# A INTOLERÂNCIA E O RESTO

Com o caso dos cartazes (1534), um primeiro momento de irreversibilidade é atingido. O rei muito cristão não pode deixar passar a borrasca. Ele não demonstra pessoalmente um excesso de zelo. Mas deixa desencadear-se em Paris a histeria popular, assim como a repressão e as fogueiras, estas decididas pelo Parlamento, aprovadas pela Sorbonne, ocupadas pelos heréticos. O "biênio" 1534-5 constitui, portanto, corte cronológico: a partir dessa data, a Reforma protestante vê-se violentamente divorciada do humanismo real, indo uma, doravante, demasiadamente longe segundo o outro. A figura de uma Paris fanatizada, ultracatólica, que dominará toda a segunda metade do século XVI, já se desenha perigosamente.

A emersão de Calvino e do calvinismo nos anos 1530-40, na França, depois em Genebra e acessoriamente em Estrasburgo, não pode deixar de agravar a tensão. As teorias eucarísticas de Calvino são, no conjunto, menos revolucionárias, por certo, que as de Zwinglio; mas a eclesiologia calviniana se aproxima da do mestre de Zurique e se situa no oposto semiconservantismo luterano. Ela é destruidora das hierarquias católicas, no entanto consubstanciais, aí está o nó do problema, à França dos Valois.

A Igreja calvinista, de caráter local, compreende, com efeito, pastores-mentores, doutores-professores, decanos, diáconos; essas diversas categorias submetem-se, em princípio, ao cesaropapismo municipal de um governo citadino, que tem lugar em Genebra, na espera de que outras localidades se convertam às mesmas soluções. O governo genebrino, por sua vez, é controlado nos bastidores por Calvino e seus amigos. Não se poderia escarnecer melhor a complicada arquitetura social da Igreja galicana, com sua gradação múltipla que leva do cardeal ao coroinha, passando pelo arcebispo e o cônego. Nessa conjuntura, toda reconciliação em profundidade parece condenada ao fracasso. O calvinismo puro e duro implica, de fato, uma tal mutação das mentalidades que só conseguirá impor-se totalmente no quadro de pequenos Estados ou pequenos sistemas políticos (Genebra, depois as comunidades puritanas da América do Norte)... As grandes potências (França e mesmo Inglaterra) resistem-lhe, pelo simples fato de sua massa, impossível de fazer oscilar em prazos muito rápidos.

Nessa conjuntura, Calvino não tem, portanto, um adversário fácil: em vão dedicou a Francisco I a abertura de sua *Instrução cristã*. Em vão (mas quem teria desconfiado disso na época...!) foi o pai ou antes o avô de uma humanidade de estilo novo, na qual homens infusos de graça divina ou de boa predestinação e desejosos de provar esta última pelo rigor de sua atividade social, edificarão as mais modernas das sociedades capitalistas, inclusive na América do Norte... Nada disso (e por uma razão evidente) consegue abrandar inteiramente Francisco I (embora este, preocupado em poupar o protestantismo principesco da Alemanha, experimente acessos de indulgência com relação àqueles de seus súditos que logo serão chamados de huguenotes). Nada disso, sobretudo, pode fazer com que os Parlamentos de Paris, de Toulouse, de Aix-en-Provence tolerem o calvinismo. Editos reais, hostis à heresia, vão suceder-se então, em 1540 e 1542, para o uso dos mencionados Parlamentos e das autoridades eclesiásticas... Os valdenses das montanhas provençais, que havia pouco aderiram ao campo protestante, são parcialmente massacrados em 1545, a partir de iniciativas sangrentas que, a bem dizer, são mais de ordem regional do que nacional. Henrique II, menos flexível ainda que seu pai, retomará e agravará essa herança de perseguições, sem, contudo, tornar-se cem por cento o instrumento dócil do pontificado romano.

O humanismo de Francisco, triunfante nos domínios culturais, tímido e contrariado no plano religioso, manifesta-se sem entraves no setor da política-espetáculo, em que príncipes, súditos, imperador rivalizam em dons ou contradons, assim como em generosidade ostentatória.

Em Lyon, em julho de 1515, o monarca a caminho da Itália (e de Marignan...) é acolhido pelo clero, os funcionários reais, o senescal, os homens de justiça, a municipalidade, os burgueses e notáveis, os comerciantes locais da Alemanha, de Lucca, de Florença; uns e outros afrontam alegremente o "séquito do rei", que consiste em príncipes e senhores, arautos, trombetas e clarins. As histórias, sainetes e símbolos expostos aqui e ali contam tal episódio da Bíblia, da vida de Clóvis ou da biografia de Hércules no jardim das Hespérides: esses temas inspirados pela Renascença convivem cordialmente com aqueles que foram herdados do fim do gótico. Um excesso de luxo e de presentes se oferece dos dois lados da parte da cidade e da Corte real. A "entrada festiva", espetáculo soberano que a cidade dá a si mesma ao mesmo tempo que ao rei, é contemplada pelo citadino médio apenas uma ou duas vezes no prazo de uma vida humana, por ocasião da vinda do Príncipe; a inesquecível parada exibe, espetaculares, os grupos sociais, ressoldando por uma geração a impalpável trama das fidelidades urbanas e das lealdades monárquicas.

O mesmo conjunto é reencontrado no campo do Drap d'or, em junho de 1520, nas fronteiras do Calaisis. Ali, Francisco I, Henrique VIII e a aristocracia dos dois países rivalizam em opulência, para além das intenções ostentadas pelo rei francês que são obter ou consolidar (tarefa difícil) as boas graças do soberano da Inglaterra: afinal, a cruel memória da Guerra dos Cem Anos, e mesmo das incursões britânicas que a ela se seguiram, está longe de ter se apagado. Além do mais, o acesso muito recente de Carlos V ao topo de um Império que se torna doravante austro-germano-espanhol transforma o equilíbrio europeu em um jogo tripolar França, Império, Inglaterra, tornando-se esta a potência mediana, cortejada com grandes gastos pelas outras duas. A tradição das "reuniões de cúpula" entre príncipes, já bastante antiga, embeleza-se, nesse encontro franco-britânico do Drap d'or, graças aos ouropéis renovados da cultura neolatina. Em Ardres, não distante do que será o local dos encontros efetivos, Francisco manda erguer, para um encontro eventual, um teatro circular todo de madeira, à maneira romana, imitado, ao que parece, das concepções do arquiteto Vitrúvio. Quanto à vasta morada de Henrique, na cidade de ouro do campo de Guînes, é igualmente de madeira, ornada de pilares "à maneira antiga": eles representam Cupido e Baco despejando vinho clarete em taças de prata. Mesmo dispendiosa, a abertura a uma Inglaterra que logo se tornará heterodoxa faz parte do conjunto humanista em que se encarna a estratégia de Francisco.

Antes mesmo do Drap d'or, os gastos monetários do rei, à custa de um reino que se tornara muito rico, beiravam a extravagância ostensiva, por ocasião da eleição imperial de 1519. Nesse caso também, a referência humanista e as alusões à Antiguidade romana vinham acrescentar-se às motivações mais puramente políticas para incitar o monarca da França a postular o Império. Não era ele o "César" querido que sua mãe Louise qualificava por esse nome, e também "o imperador em seu reino", caro aos teóricos do poder monárquico? Então, por que não se tornar imperador com todos os direitos, no quadro ainda não muito carcomido do Império Romano Germânico? Ser candidato francês a esse poder supremo, e em seguida ganhar uma aposta tão arriscada, era adquirir "uma excepcional dignidade supranacional"; ou seja, a contrapartida secular do pontificado romano, e o mais notório poder (leigo) da cristandade; era também e sobretudo evitar que a Espanha e a Alemanha fossem definitivamente reunidas sob a direção de um único Habsburgo, que logo se chamará Carlos V. Aí repousavam as racionalidades de uma candidatura; à primeira vista ela parecia bem estranha, da parte de um soberano dos lises. Francisco subestimava, na matéria, as mentalidades antifrancesas de muitos dos grandes eleitores do Império, fossem eles da Saxônia ou de Brandemburgo. Não se é impunemente candidato francófono em país de germanofonia, mesmo que a "Alemanha" não seja ainda mais que expressão geográfica. A fim de corromper os sete eleitores, Francisco despende inutilmente somas imensas em escudos metálicos (pois os Fugger, patriotas de além do Reno, recusam suas letras de câmbio e preferem financiar a candidatura de Carlos). As 400 mil coroas assim desperdiçadas pela França não impedem o adversário do Valois de ser eleito, sendo retirada qualquer candidatura francesa *in fine*. O novo imperador, nascido dos Habsburgo, obtém a unanimidade dos votos, a 28 de junho de 1519.

O insucesso no Império tem valor exemplar? Imprensa, Reforma, humanismo, a França "renascentista" permanece muito tempo na retaguarda, e brilhando secundariamente, mesmo quando se trata apenas de fazer o novo com o velho e de recuperar antigas tradições, greco-latinas ou bíblicas. No entanto, ao fim de alguns anos ou decênios perdidos, esse país aproveita (mais ou menos bem) sua oportunidade. Assim ocorre com as grandes descobertas: portugueses, genoveses, espanhóis (munidos em seguida do acordo papal que confere às duas nações ibéricas a propriedade das terras e mares ainda desconhecidos no Oeste distante) têm uma ou duas gerações de dianteira quanto à descoberta das rotas de especiarias e do novo continente. Mas já nos anos 1500, os pescadores bretões e os comerciantes da Normandia chegam respectivamente à Terra Nova bacalhoeira e ao Brasil. O movimento está iniciado. Vai ser provado no caminho. Luís XI, Carlos VIII e Luís XII haviam se interessado de maneira prioritária pelos tráficos mediterrâneos. Francisco I não esquece nem o Sudeste milanês, nem o Leste imperial. Contudo, ele abre um olho para o Oeste atlântico: em 1517, esse homem de curiosidade universal funda o Havre. Em 1524, o florentino Verazzano, devidamente autorizado pelo soberano francês, "financiado pelo banco de Lyon e de Rouen, assistido por marinheiros normandos", costeia a margem atlântica da América do Norte, nas costas atuais da Virgínia, Carolina, Maryland, Nova York, Massachusetts, Maine, até a Terra Nova: a cartografia dos novos mundos dá um passo de gigante apenas pelo feito desse explorador. Dez anos mais tarde, Jacques Cartier, de Saint-Malo, também ele "comissionado" pelo rei, empreende uma primeira viagem pela rota dos pescadores, que conhecia bem, até a Terra Nova e a foz (ainda não explorada) do São Lourenço. Outras expedições, dirigidas por Cartier e depois por Roberval, resultam no estabelecimento, que não é durável, de uma colônia francesa no São Lourenço. Há uma mudança brusca. Mas se seguirá a fundação de Quebec, no tempo de Champlain (1608). A França (logo seguida pela Inglaterra) permanece como o primeiro país não ibérico a ter se lançado seriamente na empresa americana. Não há razão para recusar o mérito disso ao clarividente Francisco I, ainda que os meios empregados permaneçam derrisórios. Culturalmente, o impacto é considerável: os índios que os marinheiros normandos ou bretões levam para Rouen, Dieppe, Saint-Malo, ou com quem convivem de maneira amigável ou conflituosa no litoral brasileiro e canadense, disseminam já nas opiniões dos homens desse tempo a dupla imagem do indígena — canibal ou bom selvagem; essa segunda modalidade terá uma grande carreira em nosso saber, desde Montaigne até Rousseau, ou mesmo Lévi-Strauss. Territorialmente, as escolhas assim feitas são menos felizes: os franceses têm em vista, desde os anos 1540, a América glacial; abandonam o novo continente, em suas zonas quentes ou temperadas, aos espanhóis e logo aos ingleses que conservarão, assim, as melhores partes.

Tratando-se de construção ou de expansão do Estado, o humanismo, do qual Budé, em sua *Instrução do príncipe*, é um dos porta-vozes junto ao rei, propõe apenas sugestões bastante gerais. Elas são tiradas da Antiguidade clássica... e da tradição da baixa Idade Média, encarnada outrora por Christine de Pisan. Vão de bom grado no sentido do reforço de um certo autoritarismo (sem que se possa falar ainda literalmente de absolutismo: a estrutura descentralizada, nobre, aristocrática, costumeira, que é cara a Claude de Seyssel, permanece muito forte). Desenham os lineamentos de um Príncipe: ele cultiva Deus, a justiça, a sabedoria e a prudência, definindo-se esta pelo senso da realidade. Esses conselhos encorajam as tendências modernizadoras do rei; ele diminui, no impulso de seus predecessores, o poder dos grandes feudais: em 1523, o condestável de Bourbon fica indignado com as tentativas reais de tomada de seus imensos bens. Ele "trai" o Valois e passa para o lado do imperador. Francisco I, não sem dificuldade, consegue, porém, fazê-lo ser condenado pelos parlamentares e pode, assim, reunir ao reino a maior parte das heranças bourbonianas do condestável, que compreendem províncias inteiras, no Centro-Este da França.

Esse caso sugere um contraste cronológico: no século XV, a Praguerie sob Carlos VII, a Liga do Bem Público no tempo de Luís XI, a guerra insana sob Carlos VIII haviam ameaçado seriamente, pelas armas, o poder central. No século XVI, o condestável de Bourbon, por sua vez, reúne somente um punhado de fiéis. Assim se demonstram, em movimento, os progressos da pacificação nacional e de uma obediência crescente ao poder; esta, doravante, é tanto mais livremente consentida quanto é vantajosa para as duas partes: rei e súditos. Os franceses começam a adquirir ou a readquirir o hábito inveterado de viver juntos, sem soçobrar nas guerras civis. Estas recomeçarão, em conseqüência das novas dissensões de ordem religiosa, a partir de 1560.

Antifeudalismo não significa hostilidade de princípio com a nobreza. Bem ao contrário: o humanismo de Francisco é de essência aristocrática; vemos mesmo instaurar-se, sob seu reino, no plano do governo, uma espécie de "reação senhorial". No fim do reinado de Luís XII, o povo abastado, que se compõe de ricos e instruídos plebeus eventualmente enobrecidos, acompanhados de algumas pequenas personagens da nobreza, havia sido dominante no alto Conselho: Ganay, Poncher, Robertet, Cotereau, Hurault, Beaune-Semblançay, cujos nomes não evocavam o sangue azul, haviam se tornado personagens principais do reino. Uma mudança de equipe mostrava-se inevitável: em 1527, depois de um simulacro de processo, o superintendente das finanças Semblançay é enforcado.* Ele serve de bode expiatório e de justificativa para a reordenação das finanças, oberadas pelos faustos reais e pelos pesados gastos consecutivos ao desastre de Pavia. Outras execuções de homens de finanças, entre as quais a de Jean de Poncher, tesoureiro geral do Languedoc, seguir-se-ão até 1535. Alguns anos mais tarde, a lógica da mudança segue seu curso; o chanceler Duprat, nascido de boa burguesia de Auvergne, celebrizara-se especialmente, em 1517, pela grandeza de visão de seus programas protecionistas, destinados a encorajar a indústria nacional e a frear as perdas de ouro e de prata sofridas pelo reino. Depois de sua morte em 1535, só se contará no alto Conselho uma fortíssima maioria de grandes senhores:[1] entre eles "o Delfim, Margarida de Navarra e seu esposo Henri d'Albret, Montmorency, o almirante Chabot, Claude d'Annebaut,** Claude de Guise, os cardeais da Lorena e de Tournon". Essas oscilações são comuns no Antigo Regime: uma fase "burguesa" (ou, antes, togada) sob o fim do reinado de Luís XII é seguida, portanto, de períodos mais aristocráticos no tempo de Francisco. Da mesma maneira, os tecnocratas de

(*) Jacques de Beaune, barão Semblançay, filho de um comerciante rico de Tours, que se tornou general das finanças (do primeiro escalão) em 1518, paga com uma condenação à morte os malogros financeiros de Francisco I e, especialmente, o endividamento desse rei em relação a ele. É enforcado, octogenário, a 11 de agosto de 1527.

(**) Claude d'Annebaut (morto em 1552), nascido de antiga nobreza normanda, por suas competências militares chama a atenção de Francisco I, que o faz marechal e almirante da França. Além disso, é bem-visto pela duquesa de Étampes, amante real.

Philippe Chabot, senhor de Brion (1480-1543), companheiro de infância de Francisco I, militar e diplomata, é primeiro-ministro *de facto* por algum tempo, a partir de 1535.

Luís XIV darão lugar aos grandes senhores de Polissinodia na época de Filipe de Orléans.

Não se deve exagerar a importância de tais evoluções: são sempre reversíveis. Contudo, a posição constantemente importante (a despeito de algumas desgraças) do condestável de Montmorency, no tempo de Francisco I, mostra bem, à sua maneira, o papel eminente conferido à melhor nobreza por um rei que, mais do que qualquer outro, cresceu entre os aristocratas superiores, cujo sistema de valores, cavalheirescos e magnificentes, aceita. É revelador que o condestablado tenha passado de um príncipe de sangue real (Bourbon) a um senhor de família não real, embora aliada de muito perto aos Capetos (Montmorency):* remove-se um muito grande, mas é para dar lugar a outros grandes, que estão situados um pouco menos alto, é verdade, na vertiginosa escala das posições. O vasto principado territorial, bourboniano nessa circunstância, regride tendencialmente, em benefício da alta sociedade de corte; esta é montmorenciana, simplesmente detentora de um arquipélago de senhorias.

Esses fenômenos, porém, afetam apenas as cúpulas mais em evidência do Estado. Nas profundezas do "Leviatã" governamental continua sem interrupção a ascensão das elites de funcionários: elas não têm muito a ver com a esplêndida cortesania de Fontainebleau ou do Louvre. O grupo dos funcionários tira o essencial de suas forças, com efeito, de uma classe média que não é mais inteiramente a burguesia e não é ainda nobreza com todos os direitos, esta rural, guerreira ou próxima do monarca. Os futuros funcionários vêm, em regra geral, das cidades: foram educados nas faculdades de direito, cujo *cursus* Guillaume Budé e André Alciat renovaram. Sobretudo as cidades, os pais de alunos, a Igreja fundam um pouco em toda parte, no século XVI, colégios humanistas, onde os pequenos citadinos recebem um verniz de latim; os mais dotados ou os mais ricos deles se preparam para tornar-se, um dia, membros das novas oligarquias do poder, regional ou nacional. Francisco I cede a motivos fiscais, mas também às necessidades legítimas de uma expansão da função pública: então, vende cargos em abundância, não tem dificuldade em recrutar os candidatos idôneos que são suscetíveis de preencher os mencionados cargos, a tal ponto a instrução secundária difundiu-se no decorrer

(*) Anne de Montmorency desposou, em janeiro de 1527, Madeleine da Savóia, filha do grande bastardo da Savóia, René, ele próprio meio-irmão da mãe de Francisco I, Louise da Savóia. Montmorency torna-se assim, por aliança da mão esquerda, uma espécie de primo irmão do rei; não se poderia melhor dizer que a família real, com suas alianças, permanece o lugar central do poder e das facções.

do século e do reinado. Contavam-se cerca de 5 mil funcionários no início do reinado de Francisco I e 50 mil, dez vezes mais, em 1665, ou seja, uma taxa de crescimento anual do número dos funcionários de 1,55% ao ano. Supondo-se que essa taxa tenha sido mantida e mesmo ultrapassada sob Francisco, em um reino de prosperidade e de proliferação do funcionalismo, contar-se-iam então *já* 8 mil a 9 mil funcionários no fim do reinado, em 1547. Sobretudo, Francisco, não contente em deixar crescer a árvore de justiça onde se aninha a maioria dos cargos, dá o impulso inicial às profundas modificações proporcionadas ao Estado de finanças; este, contudo, não é por enquanto mais que um dos ramos principais dessa grande árvore e não tem inteiro direito ao tronco central. Em 1524, depois de uma série de editos cujos detalhes seria muito longo fornecer, uma centralização do Tesouro é estabelecida, e aperfeiçoada em 1532: o tesoureiro da poupança, recentemente criada, coleta em seus cofres do Louvre, de fechadura tripla, o produto das receitas ditas "ordinárias" (domínio real) e "extraordinárias" (impostos diretos e indiretos). Um tesoureiro das partidas eventuais recolhe, por outro lado, as receitas das dízimas eclesiásticas, assim como o dinheiro dos empréstimos e sobretudo das vendas de cargos, de cuja importância acabamos de falar. A partir da "poupança" assim criada é possível, em princípio, controlar o fluxo das despesas do Estado, do exército etc. Digo "em princípio" pois, de fato, o Estado permanece um perdulário: muitas despesas são destinadas localmente sobre receitas provinciais cujo produto jamais alcança a capital.

Fluxo das despesas, portanto, mas também afluência das receitas; para melhor domar estas últimas, um texto de 1542 cria dezesseis coletores gerais; suas circunscrições respectivas logo vão coincidir com as generalidades provinciais em que mais tarde se tornarão célebres os intendentes. Essa notável reorganização das estruturas não coincide de modo algum com um aperto escandaloso quanto aos impostos, já que a França em via de enriquecimento depositava, sob a forma de rendimentos líquidos, noventa toneladas de prata ao rei e a seus agentes em 1515; e 140 toneladas apenas em 1547 (o acréscimo era tanto menos pesado quanto a moeda metálica, entrementes, desvalorizara-se em razão da alta geral dos preços dos bens reais, ocorrida durante o reinado, e que perdurará depois dele). Quanto aos títulos da prefeitura parisiense que marcam (teoricamente), a partir de 1522, o início do crédito público na França, correspondem ainda apenas a somas globalmente insignificantes. Há, portanto, sob Francisco I, melhoria qualitativa do sistema fiscal, sem que esta seja necessariamente correlata, como ocorre com freqüência, a um grave aumento quantitativo dos impostos. É mesmo essa insuficiência quantitativa dos recolhimentos fiscais que provoca as inquietações financeiras do governo, já que a massa das taxas pagas permanece inadequada em relação às acrescidas necessidades de dinheiro provocadas pelas guerras incessantes.

Ao termo desse apanhado geral, a personalidade de Francisco I, sem ser extraordinária (qual de nossos reis mereceria esse adjetivo, com exceção de Henrique IV?), surge solidamente integrada e bem afinada com o espírito do tempo no que ele tinha de melhor. Daí um certo número de êxitos: há mistura de arcaísmo gótico e de humanismo renascentista, nas doses convenientes, e tal como propõem os gostos e necessidades das sociedades urbanas da época... Com efetivos leves (menos de 10 mil funcionários civis), com um corpo de batalha de 40 mil homens em tempo de guerra, que seria preciso comparar, uns e outros, com os 50 mil funcionários civis e com os 300 mil soldados do tempo de guerra sob Luís XIV, a paz interna é mantida, a cultura e a economia progridem (87% das forjas francesas em 1542 têm menos de meio século de existência). As guerras externas, mesmo insensatas, afetam pouco o coração da vida nacional: vive-se e morre-se bem tranqüilo nas províncias... Em suma, o Estado governa ou pelo menos pacifica internamente o território que controla com uma notável economia de meios.

Não mergulhemos, contudo, em um otimismo róseo: as grandes realizações que pudemos notar, no domínio dos castelos e das finanças, das guerras frustradas e do italianismo bem-sucedido dizem respeito antes de tudo aos grupos superiores ou médios da sociedade. Quanto às classes que chamaremos comodamente, e de maneira descortês, de "inferiores", é uma outra história. Em Paris,[2] o salário médio (diário) do operário da construção alcançara o teto, havia muito tempo, de cerca de 0,2 sesteiro de trigo por dia, sendo a remuneração monetária convertida assim, por nosso zelo, em seu equivalente cerealista a fim de tornar mais fáceis as comparações de um século ao outro. Esse intervalo dourado dos salários coincidira com as gerações do homem que se tornara raro, ou que permanecia raro, no decorrer dos anos 1450-70, quando a oferta de trabalho (reduzida) ditava sua lei. Depois iniciava-se uma implacável decadência das remunerações operárias. No entanto, elas conservavam belas sobras no fim do século XV. O desastre é enfim consumado sob Francisco I que, de resto, não tem muita coisa a ver com isso, assim como seus sucessores. Na realidade, agem as leis duras da expansão demográfica, confrontada com um crescimento inadequado das produções alimentares e com os fenômenos de alta dos preços frumentícios, não controlados, não controláveis: o salário do trabalhador parisiense cai a 0,08 sesteiro no tempo de

Marignan, e mesmo a 0,06 sesteiro (três vezes menos que sob o velho Carlos VII ou sob o jovem Luís XI) nas proximidades da morte de Francisco I. Nos campos parisienses e em Lyon a situação não é muito melhor. Para ficar no salário parisiense, digamos que ele cai tanto durante a última década de Francisco quanto no decorrer dos piores períodos do reinado de Luís XIV (décadas de 1690 e 1706-15). O Burguês de Paris,* escrevendo na época da derrota de Pavia, lamenta as penúrias, as epidemias, a insegurança que oberam a capital e as cidades das redondezas: ele não sabe, mas sente que a pauperização avança. Quanto aos tipógrafos lioneses, destacamento operário de vanguarda, inauguram a prática moderna das greves em 1539. Os frutos da Renascença não amadureceram para todo mundo: uma "subclasse" de pobres e de errantes viu multiplicarem-se os seus efetivos. Em Lyon, as autoridades municipais tentam atenuar esse pauperismo crescente pela criação da *esmola geral* (1531); ela é subvencionada por fundos citadinos: especializa-se nas distribuições de pão e no cuidado às crianças abandonadas ou aos órfãos. Apesar desse corajoso esforço (derrisório na escala do reino), as revoltas urbanas, de todo modo, permanecem numerosas no século XVI; a *Grande Rébeyne* de Lyon, em 1529, pouco antes da fundação da esmola geral, é simplesmente a mais espetacular. Mas não se vira havia muito tempo, desde a primeira metade do século XV, uma vasta sublevação plebéia que afetasse não apenas as cidades, o que nem é preciso dizer, mas também os campos das redondezas; ora, apesar da relativa mansuetude fiscal do poder e da não menos notável docilidade fiscal das populações, é o que efetivamente ocorre em 1542 no litoral atlântico da Vendée, das Charentes e do Bordelais. O pretexto é a extensão das gabelas: de agora em diante elas se tornam integralmente exigíveis em regiões que até então as conheciam apenas em dose mais branda. Os rebeldes antifiscais do Oeste, no começo dos anos 1540, são rapidamente contidos, e Francisco perdoa com sua magnanimidade costumeira (a bem dizer, ele não tinha muita escolha, já que a guerra externa o impedia de levar até o fim *manu militari* a política repressiva que talvez houvesse desejado empregar nas zonas contestadoras). A revolta camponesa contra as gabelas, contudo, representa um sinal de alarme: traduz a exasperação de uma certa parcela do povo miúdo; eles não admitem que novos impostos venham corroer ainda mais um rendimento familiar que, confusamente, sabem estar em declínio progressivo há duas gerações. Ela anuncia as grandes sublevações rurais que, de 1548 a 1707, arderão a intervalos regulares na metade meridional da França e, em particular, no Sudoeste.

(*) O Burguês de Paris é Nicolas Versoris, advogado no Parlamento de Paris, autor de um diário doméstico (1519-30).[3]

* * *

Francisco morre a 31 de março de 1547. Dispensou previamente Anne de Pisseleu, duquesa de Étampes, que partilhava sua vida fazia vinte anos, em uma ligação que tomava ares de enfiteuse. "Esse volúvel tinha sólidas fidelidades." No fim de abril, o cadáver real, embalsamado, é conduzido ao castelo de Saint-Cloud, pertencente ao cardeal Du Bellay. Uma efígie do defunto, rosto e corpo, confeccionada por François Clouet, é colocada sobre um catafalco, na sala de honra especialmente preparada em Saint-Cloud. Durante onze dias, servem-se refeições, no modo monárquico, a essa efígie. (Parece que essa idéia de serviço de mesa foi extraída do cerimonial dos falecidos imperadores romanos, ao passo que o costume do manequim vinha diretamente do gótico que terminava e dos funerais de Carlos VI e Carlos VII: mais uma vez, encontramos *in vivo* a síntese medieval-renascentista, tão típica da época de Francisco.) A 22 de maio, a efígie, não obstante mortuária, faz uma alegre entrada em Paris em meio à procissão dos corpos constituídos. Assim é expressa a continuação da monarquia, e especialmente da justiça real; esta é simbolizada pelo manequim do rei e pelos parlamentares de toga vermelha que se espremem em torno dele. Por ocasião do sepultamento em Saint-Denis (23 de março de 1547), o ataúde está na cova, os objetos de soberania (coroa, bastão e cetro da justiça real) são colocados sobre esse ataúde, depois erguidos; pode-se enfim gritar: "O rei está morto e viva o rei, viva Henrique, segundo do nome, pela graça de Deus rei da França, a quem Deus deve vida boa". O manequim de Francisco funcionara como segundo corpo de Sua Majestade: assegurava, do príncipe morto ao seu sucessor, a transmissão pacífica das dignidades supremas. Os Bourbon, menos formalistas nisso que os Valois, abandonarão pouco a pouco, depois de 1610, esses ritos de uma outra era, em favor de uma personalização puramente dinástica, individual e sanguínea, das funções reais, personificação que a longuíssimo prazo se mostrará um tanto prejudicial a estas. Nunca é bom confundir totalmente uma idéia com a pessoa efêmera ou carnal de um homem ou mesmo de uma linhagem. Em 1547, a efígie-manequim, que no interregno marca a transição, assegura ainda à soberania como tal uma existência autônoma e concreta, a qual é oportunamente separada dos dois homens, o morto e o vivo, que se sucedem no trono com algumas semanas de distância. O fato de esse manequim ser talhado à semelhança física do primeiro, não do segundo, não muda em nada o fundo da questão.

Ao falecido Francisco I sucede, então, em 1547, Henrique II, homem jovem, grave e cheio de força, que não vai assustar-se com suas novas funções. Trabalhador, tendo o senso do serviço da Coroa e da salvação de seus povos, razoavelmente inteligente, falando de maneira conveniente espanhol e italiano, esportivo como seu pai, a quem, aliás, sérios conflitos o opuseram, Henrique é "todo osso e músculo", temendo engordar, caçador e Nimrod até a neurose; nem sempre tem as qualidades de charme e de extroversão que por vezes tornaram popular seu predecessor. Os historiadores de antigamente, nada feministas, reprovar-lhe-ão, como se se tratasse de uma tara, sua ligação com Diane de Poitiers, vinte anos mais velha que ele. Ridicularizarão sem razões particulares a afeição filial que Henrique tinha por Montmorency, guerreiro medíocre, arrogante, interesseiro e brutal, por certo, mas homem de paz cuja influência, por esse motivo, foi muitas vezes positiva. Nossa época, tratando-se de Diane, será mais eqüitativa. Em suma, o ménage à trois que se organizava em torno do novo soberano era, do lado da amante, impregnado de sensualidade secreta; do lado da mulher, de afeição devotada: Catarina de Medici, esposa de Henrique II, foi rainha reservada, sabendo manter sua posição; ela só revelará suas capacidades de "homem de Estado" com a viuvez e a regência.

A situação da Corte na elevação ao trono de Henrique II é conhecida: coexistência por vezes antagônica entre as facções dos Montmorency e dos Guise. Merece, contudo, que nos detenhamos nela, pois tem valor pedagógico para o conjunto dos conflitos de Corte, em três séculos de Antigo Regime.

O condestável Anne de Montmorency, qüinquagenário já maduro, e favorito freqüentador do jovem monarca que logo o recuperou da desgraça provisória infligida pelo rei predecessor, tem muitos filhos, dos quais um, François, desposa Diane da França, bastarda de Henrique II; outro, Henri, que ficará na história (sobretudo do Languedoc) sob o nome de D'Amville ou Damville, casa-se com Antoinette de la Marck. Torna-se, assim, o neto-genro da amante do rei: Diane de Poitiers, pela força das circunstâncias, ver-se-á levada por isso a apoiar tardiamente a facção montmorenciana. Por outro lado, Louise, irmã do condestável, tem uma neta que desposará o príncipe de Condé, um desses Bourbon cujos vínculos protestantes logo se farão conhecidos.

Enfim, a mesma Louise, em segundas núpcias, desposa Gaspard de Coligny, com quem terá três filhos, também eles ligados à heresia e detentores de prestigiosas posições no Estado e na sociedade: um, Odet, é cardeal; o segundo, Gaspard júnior, que se tornará célebre, é almirante da França; o terceiro, Henri d'Andelot, é coronel geral da infantaria.

Assim se define da melhor maneira a estratégia montmorenciana: valorizar ao máximo as alianças da mão esquerda (na falta de coisa melhor) com a família real; portanto, atrair para seu campo a bastarda e a amante monárquica; simultaneamente, estabelecer outras alianças um pouco menos próximas da linhagem soberana, pelo lado Bourbon; no plano ideológico, as opções bourbonianas e as escolhas dos Coligny permitirão aos Montmorency dar garantias à nobreza, no Parlamento... e também aos protestantes, cuja importância, apesar da política repressiva de Henrique II, é já considerável na alta sociedade francesa, no limiar do terceiro quarto do século XVI.

Outro é o procedimento dos Guise, cujas origens e alianças familiares são de mais alto vôo, de vasta diversidade. Príncipes lorenos, são parentes próximos das casas soberanas da Europa. Claude de Guise, pai da "ninhada" que terá importância sob esse nome, desposou uma Bourbon; Seu filho François, aos vinte anos completos, vai tornar-se, sob Henrique II, um dos grandes chefes de guerra do Ocidente. Será então para o novo rei o trunfo que faltou tão cruelmente a Francisco I, cujo estado-maior militar foi com freqüência (mas nem sempre) de baixo nível. O jovem François de Guise situa-se, assim, no oposto de um Montmorency encanecido, que brilha mais à mesa de negociação do que nos campos de batalha. François de Guise, ao desposar Anne d'Este, tornou-se o neto-genro de Luís XII, e também ele enxertou-se, portanto, na linhagem Valois. Claude d'Aumale, filho caçula do mesmo Claude sênior, casou-se com Louise, filha de Diane de Poitiers, mais uma vez ela. Marie, filha do velho Claude, desposou Jaime V da Escócia, com quem teve Maria Stuart, que logo será a mulher do filho mais velho de Henrique II, futuro e efêmero rei da França sob o nome de Francisco II. Os Guise, que incluem além disso dois cardeais, ligam-se então de todas as maneiras, mão direita sobretudo, e por vezes mão esquerda, às supremas famílias da França, da Lorena, da Escócia e à Corte de Roma. Sua influência, belicosa e solidamente pró-católica, equilibra, e mais que a dos Montmorency-Coligny, antes pacificadora, e discretamente pró-calvinista. Madame de La Fayette, no belo ensaio relativo às cabalas de corte que abre *A princesa de Clèves*, utilizará como exemplo central a oposição Guise-Montmorency, a título de ilustração do paradigma das cabalas no círculo monárquico: elas são correlatas aos antagonismos político-religiosos e ligadas, por outro lado, aos ramos, nós, ramificações da família do soberano, sob Henrique II; e mais tarde sob Luís XIV... com protagonistas individuais e coletivos que certamente diferem!

Militarmente falando, os inícios do reinado impressionam: seguro da aliança suíça renovada em 1540, Henrique, acompanhado de seus fiéis Montmorency e François d'Aumale (que logo será duque de Guise), obriga os ingleses, em 1550, por meio de operações combinadas de terra e mar, a devolver Boulogne, que ocupavam desde os últimos anos do reinado de Francisco I. Além disso, franceses, com o acordo da família real escocesa, raptaram de suas terras distantes, de surpresa, a jovem Maria Stuart, sobrinha dos Guise, doravante destinada ao delfim, futuro Francisco II. Uma entrada triunfal de Henrique II, celebrada em Rouen em outubro de 1550, evoca as perspectivas marítimas, oceânicas e mesmo americanas da França; elas se reforçam depois do sucesso, seminaval, com efeito, da restituição de Boulogne. Nessa cidade de Rouen, uma batalha simulada entre centenas de índios nus, entre os quais algumas dezenas foram efetivamente importados da América, sendo os outros simplesmente bravos normandos com o corpo lambuzado de marrom, desenha de maneira metafórica o terceiro pilar (ou a terceira volta às origens...) do humanismo renascentista: depois do retorno à Antiguidade e à Bíblia, eis agora o retrato de corpo inteiro do Selvagem e logo, por que não, do Bom Selvagem, que será caro a Montaigne.

Em 1552, a estratégia "valoisiana", depois de seis décadas ou quase de aventuras mediterrâneas, começa a determinar seu centro novamente a leste. Por certo, as forças do reino permanecem solidamente presentes no Piemonte, onde a ocupação francesa, segundo um espírito superficial, poderia mesmo parecer definitiva: elas chegam até a implantar-se momentaneamente na Córsega (1553); mas, precisamente, insulares ou piemonteses, esses assédios militares da França na Itália se aproximam das fronteiras reais da "metrópole": as ambições milanesas, ou mesmo napolitanas, permanecem presentes nos projetos monárquicos, mas a título de sonho, aparentemente insubmersível... e cada vez mais quimérico. Sobretudo, contra o perigo Habsburgo, a aliança com os príncipes protestantes da Alemanha se impõe sempre mais como decorrência necessária, no espírito dos deliberantes do alto Conselho. Combinada com o galicanismo anti-romano, muito vivo na França e no espírito do rei no início dos anos 1550, essa aliança refreia um pouco o anticalvinismo militante que de qualquer maneira (ninguém pode fazer nada) inflamará Henrique. O duplo tropismo gaulês, contra Carlos V e a favor dos magnatas germânicos do luteranismo, impõe uma ofensiva henriquina, antiimperial, na fronteira lorena ou norte-oriental do reino, na área chamada algumas vezes de "austrasiana". O exército francês assim mobilizado (40 mil homens), inclui doravante, sinal dos tempos, uma massa preponderante de infantaria; as pistolas fazem sua aparição no armamento. Ao fim dessa "viagem à Alemanha", a cidade de Metz é tomada, em 1552, graças a um ardil das tropas reais; depois, tendo caído desse modo em mãos francesas, ela é brilhantemente defendida por François de Guise, perante a contra-ofensiva dos exércitos que a cercam, conduzidos pelo envelhecido Carlos V, atolado sob os muros da cidade lorena no decorrer de uma dura campanha de inverno (fim de 1552). O resultado dessa "viagem à Alemanha" do rei

Henrique, e dos combates "austrasianos" mais ou menos bem conduzidos que a ela se seguiram, é para a França a incorporação definitiva de Metz, Toul e Verdun, terras francófonas ou *welches*, doravante separadas *de facto* do Império; é também a "consolidação" das conquistas savoianas, piemontesas e corsas... (mas elas não durarão mais do que um tempo). Tal é o impressionante balanço da trégua de Vaucelles (fevereiro de 1556); ela faz de Henrique II, por um breve período, o árbitro dos conflitos europeus: os Guise gabam-se da glória dos combates; os Montmorency, do renome da paz.

A continuação é nitidamente menos brilhante (mas o contragolpe se mostrava talvez inevitável). A França se deixa levar bem tolamente pelos ressentimentos e frustrações do papa napolitano Paulo IV, entronizado em 1555, e que é feroz adversário de Carlos V e mais ainda dos espanhóis?

De todo modo, o pontífice, recentemente eleito, arma intrigas de maneira séria para livrar do jugo hispânico sua boa cidade de Nápoles e, por que não, com a ajuda francesa. O Vaticano acaba por provocar, em represália, um começo de invasão espanhola nos Estados da Santa Sé, em setembro de 1556. Um exército francês, conduzido por François de Guise, desce ao longo da Itália, agora é quase uma mania, e corre em socorro do papa; espera-se sempre, insensatamente, superar Roma... e recuperar o reino de Nápoles, como se ainda se estivesse no tempo de Carlos VIII. Onírica herança dos angevinos! Os grandes chefes franceses, Guise, Brissac, Monluc, ficam atolados, mais uma vez, na península. Em contrapartida, na fronteira norte da França, os espanhóis exigem apenas lutar. São comandados por Emmanuel-Philibert da Savóia, que quer uma desforra contra os franceses: eles lhe haviam subtraído outrora todos os seus territórios dos maciços alpinos. Por ele são esmagadas as tropas do rei Valois perto de Saint-Quentin (agosto de 1557). A culpa disso cabe a seu chefe, Montmorency, cada vez menos capaz de travar batalha. Guise só precisa voltar rapidamente da Itália para restabelecer a situação. Consegue isso tomando Calais aos ingleses que, entrementes, decidiram declarar guerra à França. Em resumo, Henrique II está vencido, mas não aniquilado. Encontra-se diante de beligerantes que se tornaram menos agressivos, e assina enfim a paz do Cateau-Cambrésis em 1559. Ela equivale para a França a um "recuo estratégico" em relação a posições fortemente preparadas por antecipação. (É verdade que o monarca, inquieto com a agitação protestante que ia crescendo na frente de batalha interna, talvez desejasse a paz nas fronteiras a fim de ter as mãos livres em casa para reprimir os sequazes de Calvino.) Portanto, em Cateau-Cambrésis, a França aceita devolver tudo o que mantinha na Itália, no sentido amplo desse termo — Savóia, Piemonte, Córsega: a península se torna, em grande parte, hispanopapal, guardando Veneza, no entanto, suas distâncias. Mas o reino de Henrique conserva, e não é pouco, Metz, Toul e Verdun. A cidade de Calais, que os ingleses haviam conservado por tanto tempo — desde 1347 —, retorna igualmente à "mãe-pátria", ou ao que ainda não se chama por esse nome. Dois Estados-tampão, Lorena e Savóia, garantem melhor, em última análise, as fronteiras francesas do que o fariam conquistas puras e simples, como foi, durante duas décadas, a anexação savoiana; a irmã de Henrique II desposa, por outro lado, o duque da Savóia, perpetuando assim uma tradição de trocas matrimoniais entre capetos e savoianos que continuará longamente sob os reis Bourbon. Filipe II, enfim, torna-se genro de Henrique II; esse casamento,* fugindo à regra, consolida efetivamente a paz entre duas nações.

O recuo é acompanhado de uma reviravolta, também ela estratégica: Henrique, no fundo de seu coração, talvez ainda não tenha renunciado à Itália; mas a paz do "Cateau" significa abandonar o sonho peninsular que os Valois acariciavam inutilmente desde 1494; a seqüência dos acontecimentos, de qualquer maneira, equivale a renúncia: o falecimento de Henrique II, morto em conseqüência de um torneio (10 de julho de 1559), será seguido por quase 35 anos de guerras religiosas; muito mais tarde, Henrique IV e seus sucessores também manifestarão algumas ambições ou veleidades italianas; mas, no essencial, elas já não serão territoriais, pelo menos até as anexações da Córsega, Nice e Savóia, efetuadas respectivamente em 1769 e 1860. A presença da linhagem Habsburgo, em compensação, tanto vienense quanto espanhola, continua a ser questão espinhosa nas fronteiras flamengas, germânicas e pirenaicas; mas aí também, depois de 1560, o poder parisiense é solicitado em demasia pelos problemas religiosos do interior do reino, pelo tempo de uma geração, para ter a energia de intervir, de maneira tenaz e duradoura, nas periferias fronteiriças. A nação adota daí em diante, até o fim do século, um perfil baixo, em matéria de empreendimentos externos. Além do mais, a paz do "Cateau" engendra imprevistas recaídas: a nobreza francesa se aplicara de 1494 a 1559 em aventuras militares; o senhor de Montalembert, aos doze anos, combatera em Fornovo, em 1494; aos setenta anos, ainda lutava, apesar de uma icterícia, no exército real nos Países Baixos, por volta de 1557-8. Mas, chegado o "pacífico" ano de 1560, essa mesma nobreza, doravante não empregada fora do país, vê-se disponível, com a ajuda das circunstâncias... para se matar na guerra civil.

(*) Filipe II desposa em 1559, nos termos do tratado do Cateau-Cambrésis, Élisabeth de Valois, filha de Henrique II; ela lhe dará duas filhas, e falecerá em 1568.

Os conflitos externos produziram gradualmente, em termos de expansão territorial do reino, não sem avanços seguidos de um menor recuo, "o aumento do corpo de polícia", segundo a expressão de Christine de Pisan. Esses conflitos se desenvolvem em geral, e por definição, no "som e na fúria". Custam caro. Por esse motivo, são umas das causas indiretas do crescimento (benéfico, afinal) do Estado. Esse crescimento, de qualquer forma, prossegue de maneira silenciosa e pacífica, em virtude de uma lógica própria. O circuito posto em causa é bastante simples: os exércitos beligerantes, que são franceses no que nos concerne, têm, evidentemente, grandes necessidades de dinheiro. Em razão de um desenvolvimento econômico que, mesmo lento, prossegue sem interrupção, ao menos até as primeiras catástrofes dos anos 1560, as classes médias e os grupos dirigentes dispõem, em certa medida, das moedas de ouro, e outras, que são objeto das cobiças militares. Para ter acesso a elas, o Estado venderá aos membros dessas classes e grupos, contra dinheiro vivo, os cargos administrativos e sobretudo judiciários que, em um plano puramente institucional, responderão, além disso, às necessidades de um reino em estado de subadministração crônica, agravada pelas violências privadas; um reino que convém, portanto, em seu próprio interesse, prover de pessoal administrativo um pouco mais a cada ano. Nesse sentido, pode-se dizer que, paradoxalmente, a guerra, nas frentes de batalha externas, alimenta a paz interna e civil, por boa dispensação de justiça funcional. Daí a elevação lenta, mas segura, do número dos detentores de cargos. Pode-se estimar que, à morte de Henrique II, a França conta no mínimo 10 mil funcionários. Essa função pública, a despeito dos clamores lançados por diversos publicistas, e sobretudo pelo bom Rabelais, inimigo dos "magistrados", ainda não tem nada de exorbitante nem de tentacular.

De qualquer maneira, o reinado de Henrique II corresponde a uma grande época de reorganização financeira e administrativa: em doze anos de poder, o monarca, acompanhado de seus conselheiros, realiza nesse domínio tanto quanto fizera Francisco I, ativo nessa matéria, durante 32 anos. Os impostos aumentam sob Henrique, por certo, mas sem que essas altas sejam por si mesmas encandalosas, a não ser pelo fato da desigual ou injusta pressão do fisco, que atinge mais os não-privilegiados e os rurais. A população deposita[4] no Tesouro, ou antes nas diferentes caixas reais e paraestatais, 140 toneladas de equivalente-moeda em 1547 e 190 toneladas em 1559. Ainda assim, considerando a expansão econômica e demográfica, e a depreciação progressiva da moeda-metal, em relação aos bens reais, em período de alta geral dos preços, a elevação, certa-

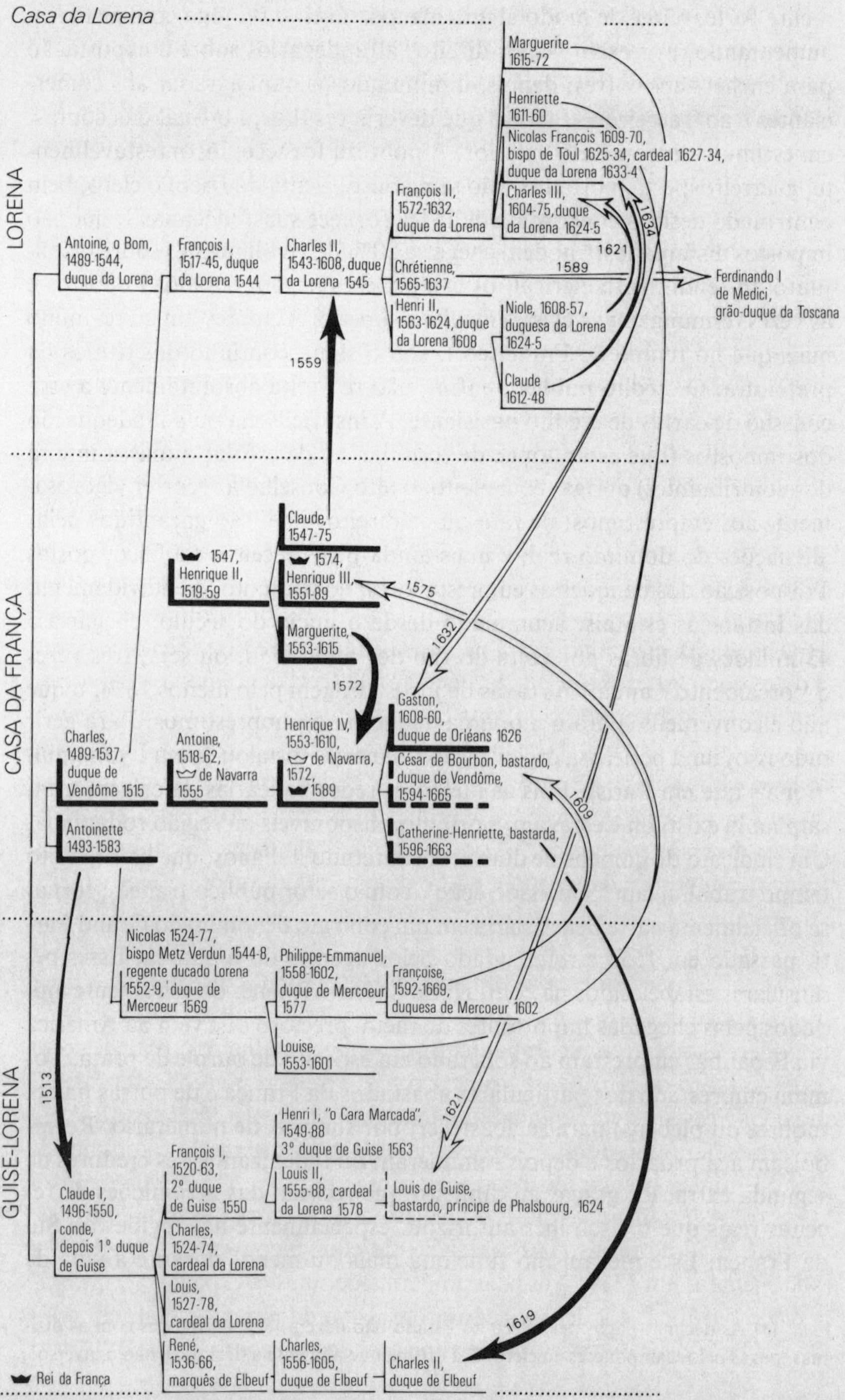

Casa da Lorena
LORENA
Antoine, o Bom, 1489-1544, duque da Lorena
François I, 1517-45, duque da Lorena 1544
Charles II, 1543-1608, duque da Lorena 1545
François II, 1572-1632, duque da Lorena
Chrétienne, 1565-1637
Henri II, 1563-1624, duque da Lorena 1608
Marguerite 1615-72
Henriette 1611-60
Nicolas François 1609-70, bispo de Toul 1625-34, cardeal 1627-34, duque da Lorena 1633-4
Charles III, 1604-75, duque da Lorena 1624-5
Niole, 1608-57, duquesa da Lorena 1624-5
Claude 1612-48
Ferdinando I de Medici, grão-duque da Toscana
1589
1621
1634
1559
CASA DA FRANÇA
Claude, 1547-75
1547, Henrique II, 1519-59
1574, Henrique III, 1551-89
1575
Marguerite, 1553-1615
1632
1572
Charles, 1489-1537, duque de Vendôme 1515
Antoine, 1518-62, de Navarra 1555
Henrique IV, 1553-1610, de Navarra, 1572, 1589
Gaston, 1608-60, duque de Orléans 1626
César de Bourbon, bastardo, duque de Vendôme, 1594-1665
Catherine-Henriette, bastarda, 1596-1663
1609
Antoinette 1493-1583
GUISE-LORENA
1513
Nicolas 1524-77, bispo Metz Verdun 1544-8, regente ducado Lorena 1552-9, duque de Mercoeur 1569
Philippe-Emmanuel, 1558-1602, duque de Mercoeur 1577
Françoise, 1592-1669, duquesa de Mercoeur 1602
Louise, 1553-1601
1621
Henri I, "o Cara Marcada", 1549-88 3º duque de Guise 1563
Louis II, 1555-88, cardeal da Lorena 1578
Louis de Guise, bastardo, príncipe de Phalsbourg, 1624
François I, 1520-63, 2º duque de Guise 1550
Claude I, 1496-1550, conde, depois 1º duque de Guise
Charles, 1524-74, cardeal da Lorena
Louis, 1527-78, cardeal da Lorena
1619
René, 1536-66, marquês de Elbeuf
Charles, 1556-1605, duque de Elbeuf
Charles II, duque de Elbeuf
Rei da França

mente forte, não é de modo algum insuportável; o rei joga com as taxas, aumentando, por exemplo, os direitos alfandegários sobre a exportação para encher seus cofres; depois, diminuindo-os para agradar aos comerciantes e ao Terceiro Estado, o que deveria resultar, no final das contas, em estímulo ao comércio exterior. A nobreza fornece, incontestavelmente, guerreiros; está, portanto, não sem abuso, isenta do fisco; o clero, bem controlado desde a concordata de 1516, fornece suas "décimas", que são impostos disfarçados:* podem chegar a 20% de recolhimento sobre o conjunto do rendimento clerical; os camponeses pagam pesados impostos e às vezes resmungam; as classes médias e superiores emprestam ao rei muito mais que no tempo de Francisco I, sob o signo contínuo dos títulos da prefeitura. O crédito público, enfim, não se limita absolutamente a essa emissão de cartas de crédito parisiense. A insuficiência ou a inadequação dos impostos (que estão longe de tosquiar ou de esfolar a massa inteira dos contribuintes) obriga, com efeito, o alto Conselho a recorrer vigorosamente aos empréstimos; de fato ou de direito, estes são garantidos pelas alienações do domínio real, e mais ainda pelas receitas do fisco, postas à disposição dos banqueiros emprestadores: no conjunto, o endividamento das instâncias estatais, acumulado desde o início do século, chegaria a 43 milhões de libras por volta do fim dos anos 1550, ou seja, três vezes o "orçamento" anual! As taxas de juros atingem pelo menos 16%, o que não é conveniente para o monarca que toma os empréstimos. Para gerir tudo isso, uma poderosa organização financeira instalou-se em Lyon (muito mais que em Paris). Pois as melhores redes bancárias de origem transalpina já existiam e estavam, portanto, disponíveis na região rodaniana. Um sindicato de homens de dinheiro, sobretudo italianos, que havia muito tempo trabalhavam "em associação" com o setor público francês, torna-se oficialmente parte beneficiária em um contrato denominado Grand Parti, passado em 1555 e referendado pelos agentes do monarca. Esses peninsulares estabelecidos na confluência Saône—Rhône, objetivamente ajudados pelas chegadas importantes do metal precioso que vem da América via Espanha, emprestam ao soberano em espécies de ouro e de prata. Tomam emprestado dos particulares abastados da França e de outras partes (nobres ou plebeus) para se abastecer, por sua vez, de numerário. Reembolsam a si próprios e depois remuneram ou indenizam esses credores de segunda extração, graças ao dinheiro que retiram das atribuições de receitas reais que o fisco lhes autorizou, especialmente nas regiões do Sul da França. Esse mecanismo funciona mais ou menos durante a vida de

(*) As décimas pagas pelo clero ao Estado não devem ser confundidas com as dízimas, pagas pelos camponeses ao clero. É a dízima que alimenta a décima, e não o inverso!

Henrique II, não sem incidentes. O soberano do Louvre, em todo caso, está em melhor situação que Filipe II da Espanha, que vai à falência em 1557, oberado pelo custo das guerras que trava contra seu colega francês! A morte de Henrique II, em 1559, e os distúrbios de religião que se seguem colocam em dificuldade os negócios do Grand Parti, já bem ameaçado pela forte crise de 1558. Colocar-se-ão portanto, mais tarde, os problemas, que serão gradualmente resolvidos, da formação de uma elite financeira nacional. No século XVII, ela será autóctone e não mais italiana; parisiense e não mais lionesa. Poderá ela enfim satisfazer, *grosso modo*, as necessidades orçamentárias da monarquia, que vão crescer mais do que nunca, de maneira aparentemente inextinguível?

As finanças são uma porta aberta para a administração geral: Francisco I utilizava de bom grado os serviços dos secretários das finanças, "funcionários que preparavam e referendavam a correspondência real", e isso em relação a todos os assuntos e questões; elas não eram apenas de dinheiro, de moedas ou de empréstimos. Florimond Robertet dera, durante o primeiro quarto do século, um grande lustro a essas instituições de secretaria, das quais era figura de proa. Henrique II, desde o início de seu reinado, estende e sistematiza essas instituições: designa, com efeito, quatro secretários das finanças, logo batizados de "secretários de Estado". Seleciona, para esses postos, antigos servidores de seu pai (já ativos no mesmo tipo de emprego); designa também, para esses postos, homens novos, provenientes de sua clientela pessoal de ex-delfim, ou que surgem do círculo dos Montmorency, ou mesmo dos Guise: trata-se, simultaneamente, de inovar em termos de estruturas estatais e de recrutar personagens seguras a serviço da política henriquina. Cada um dos quatro secretários, segundo as direções da rosa-dos-ventos, ou antes segundo os eixos das rotas de posta, centraliza os correios para um grande setor do reino e para as frentes diplomáticas que correspondem geograficamente a esse setor quanto à política externa. Assim, o secretário para a Normandia terá também em seu "departamento" a Inglaterra. O secretário para a Guyenne, a Espanha. Para o Delfinado, a Itália etc. Todo o espaço que conta, no interior e no exterior, é, assim, logicamente atribuído ou coberto. Os quatro beneficiários dessa ágil distribuição saem da toga, alta ou média, à exclusão da nobreza "clássica": esta é sempre boa para se fazer matar nos campos de batalha; mas as autoridades a consideram imprópria aos trabalhos da pena, tal como é requerido pela tarefa dos escribas. Os secretários de Estado que assim vão suceder-se enquanto "quadriga" saem com freqüência de algumas grandes famílias de toga especializadas, como os Bochetel, Neufville-Villeroy, Robertet, Laubespine... Desde os anos 1550, eles cuidam de todos os assuntos e missivas reais;

correspondem-se com os embaixadores, chefes de exército, governadores e lugar-tenentes gerais das províncias etc. Nesses tempos de guerra e de itinerância perpétua, uns seguem a Corte, outros o estado-maior e a tropa em campanha; cumprem, assim, o desconfortável *camping time*, segundo a expressão de um embaixador britânico que não aprecia as mudanças incessantes. A equipe de amanuenses, copistas e funcionários subalternos que assiste os secretários não ultrapassa, para todo o quarteto, umas trintas pessoas no máximo. O que significa afirmar, mais uma vez, no começo da segunda metade do século XVI, a exigüidade do aparelho de Estado, mesmo crescente; e, finalmente, a incontestável eficácia deste, considerando as dimensões ainda medíocres do sistema. Os secretários de Estado são ricos, e proprietários de senhorias. Comportam-se, no entanto, como executantes muito respeitosos em relação aos grandes senhores presentes com todos os direitos no alto Conselho, como Guise e Montmorency. Apesar dessa posição de humildade sincera ou por vezes fingida, o simples fato de estar lá, em carne e osso, nas sessões capitais do dito Conselho, confere ao secretariado de Estado um poder substancial, que não cessará de aumentar durante os reinados seguintes, em detrimento, doravante, dos mais altos aristocratas. A toga reconquistará assim, nas cúpulas da deliberação e da decisão, uma parte do terreno que perdera em benefício da espada desde Francisco I. De qualquer maneira, pela primeira vez em nossa história, graças à nova instituição, uma verdadeira estrutura ministerial é instalada no alto Conselho, com divisão das tarefas; é verdade que esta, por enquanto, permanece puramente geográfica, e não ainda funcional; mas não se perde por esperar. Sob Luís XIV, haverá secretariados de Estado não mais apenas na Normandia ou na Guyenne, mas também da Guerra, da Marinha, dos Protestantes... A transição para esse estado de coisas posterior coincide com a época das guerras de Religião.

No quadro de tal funcionalização dos poderes supremos, ou quase supremos, a tentativa de racionalização das finanças, judiciosamente iniciada sob Francisco I, iria ser mantida e sistematizada por seu sucessor. Francisco encontrara entre seus presentes de núpcias com o Estado uma organização das finanças pesada e arcaica (ou seja, três grupelhos respectivos de tesoureiros da França, generais das finanças e coletores gerais, mais um cambista do Tesouro); simplificara-a pela instituição centralista, efetuada em várias etapas, mas tornada definitiva, do tesoureiro de Poupança: em seguida, ele havia (imitado nisso por Henrique II) expedido ou descentralizado, para a província, os tesoureiros e generais da França, enquanto subdividia o território nacional em dezesseis receitas gerais ou generalidades, em lugar das quatro de antes. Em plena continuidade com o reinado anterior, a contribuição original de Henrique consiste em colocar definitivamente em funcionamento, desde 1556 pelo menos, os postos de intendentes de finanças; eles são dois ou três, nesse primeiro período de sua existência. Eles foram em sua origem, especialmente henriquina, simples comissários escolhidos entre os "relatores do palácio, especializados nas questões financeiras". O rei substituíra, assim, os tesoureiros e generais das finanças quase inamovíveis por comissários destituíveis e sobre os quais tinha todo o poder.[5] Acompanhando sempre a corte, ou não distantes dela, os intendentes das finanças tinham o olho nas receitas e nas despesas, assim como nos cofres reais ou metafóricos da Poupança que, em princípio, intercalavam-se entre a entrada das primeiras e a saída das segundas. Munidos de poderes que lhes permitem dominar o sistema financeiro, os intendentes das finanças já fazem figura de subsecretários de Estado, sob a responsabilidade de alguma grande personagem do Conselho, como Montmorency, que o rei pode encarregar, globalmente, do cuidado geral de suas finanças: os intendentes de finanças participam, portanto, da ministerialização e da especialização dos altos poderes, já evocadas aqui. Assiste-se, em suma, ao nascimento ou pelo menos ao desenvolvimento de um Estado pré-burocrático, a que Max Weber dará destaque em suas obras e em seu pensamento. Talvez não seja assim que imaginamos geralmente Henrique II, prensado, pela eternidade de uma imagem de Épinal, entre sua Catherine e sua Diane. E, no entanto, não teríamos razão de nos abandonar assim à simplificação da personagem: mesmo em um monarca cuja individualidade não tem nada de extraordinário, a função, levando-se em conta a influência de conselheiros competentes, pode criar ou encorajar a razão, a racionalidade já moderna, efetivamente "funcionalizante".

Decididamente fértil, o reinado de Henrique II marca também o autêntico início da célebre instituição dos intendentes, ancestrais dos atuais prefeitos e mesmo superprefeitos. A forte impressão causada no rei pela revolta de Guyenne[6] em 1548, em que o Parlamento de Bordeaux demonstrou sua impotência *hic et nunc*, e depois as necessidades de guerra e de gestão dos territórios anexados incitaram Henrique a dar os primeiros passos nesse sentido. Os governadores e lugar-tenentes gerais das províncias eram antes de tudo grandes senhores, providos de vasta clientela, e profissionalmente militares. Careciam de cultura jurídica e financeira. A provisão dos metais preciosos e a pletora dos graduados de universidade encorajavam, portanto, o Poder, nesse ponto, a tomar medidas inéditas, no duplo setor das nomeações financeiras e judiciárias. Henrique fez os governadores e seus lugar-tenentes gerais ser assistidos por "presidentes de justiça", relatores, magistrados para justiça e finanças, superintendentes ou simplesmente intendentes de justiça, que supriam as lacunas do saber e da habilidade dessas grandes personagens que eram os governadores. Estes não resmungavam absolutamente por ser ajudados dessa maneira; o rei, por seu lado, beneficiava-se com isso; e também os Parlamentos, tanto em Bordeaux como em Paris: apesar de sua boa vontade (freqüente), eram muito pesados e muito demoradamente deliberativos para ser capazes de, por si só, fazer respeitar a ordem até os extremos distantes de sua vasta alçada. Em um outro plano, os territórios anexados (Córsega, Piemonte) estavam entre os primeiros a se beneficiar dessa nova instituição da intendência. Depois da morte de Henrique II, incontestavelmente criativo na matéria, ela continua a existir, e terá uma notável expansão no século XVII.

Além do mais, em 1552, as necessidades guerreiras e, portanto, financeiras da "viagem à Alemanha" motivam a criação de cerca de sessenta sedes de tribunais presidiais, com vendas de cargos *ad hoc* em benefício do Tesouro. Independentemente da oportunidade militar que lhes deu origem, esses tribunais civis, de nível médio, cuja existência é doravante irreversível, vêm preencher os brancos do mapa; em outros termos, atenuam o subdesenvolvimento judiciário de que sofre a França; invejados pelo Parlamento, que os consideram competidores desleais, terão alguma dificuldade em conquistar um lugar ao sol.

Henrique II e os membros de seu círculo, administradores imaginativos (e como não creditar igualmente essa "imaginação no poder" ao todo-poderoso Montmorency, comumente tão mal julgado pela posteridade?), são marcados por uma certa concepção "espacial" do governo; ela os faz inovadores, ainda que fosse apenas por comparação com o reinado anterior de Francisco I. Carlos V foi um homem do tempo, fascinado pelos relógios, o retiro, a senilidade, a morte e a salvação eterna. Seu filho Filipe se comporta, por sua vez, como personagem do espaço, rei territorial e mesmo "geográfico", de forte modernidade. Um dos salões do palácio do Escorial, amado por esse príncipe, é inteiramente revestido, nas paredes, dos mapas do Império Espanhol, desde as Filipinas até o ducado de Milão, e das Índias à Espanha. Filipe, como faria um chefe de Império em nossa época, literalmente examina os territórios quase infinitos sobre os quais se estende seu poder. Henrique II, na mesma época, opera nos limites de um país menos extenso: no entanto, também o rei francês se compraz nas marcações e quadrículas territoriais. As atribuições provinciais e geograficamente diplomáticas que outorga desde o início de seu reinado aos secretários de Estado, a disseminação regionalizada que institui para os intendentes e governadores de província, tudo isso indica uma equipe e um homem conscientes das superfícies, das distâncias e das circunscrições, bem mais do que o eram os predecessores. É verdade que a cartografia progride então a passo de gigante, em uma época em que Charles Estienne publica, pela primeira vez, um *Guia dos caminhos da França* (1552). De resto, o reinado de Henrique II é marcado por uma forte vaga de redação e de passagem a limpo dos costumes regionais: é uma outra forma de territorialização das Justiças, no quadro da pura e simples constatação de legalidades existentes e até então oficiosas.

A malha dos poderes se inscreve concretamente no solo, a vôo de pássaro, sob a forma da rede das moradas reais e aparentadas. Não é preciso dizer que estão concentradas na metade norte do país: no Loire, naturalmente, porém, doravante e mais na Île-de-France, jardim de autoridade, onde floresce o aparelho de Estado que se pretende dinástico, familial e familiar, parisiense, pré-centralizado, palacial. Um grande palácio é em primeiro lugar um vasto refeitório: alimentar 350 pessoas por dia à mesa soberana, como faz Henrique II, é garantir os bons propósitos por parte de uma alta nobreza que, pelo jogo das clientelas, colabora com a administração no controle do país. Tratando-se de castelos, justamente, a obra arquitetônica de Henrique e dos seus, em doze anos de reinado, pesa tanto quanto a de Francisco durante mais de três décadas. A façanha não é pequena. A peso de bela pedra, os dois reis se equivalem, apesar da desigualdade das durações. É verdade que a França dos anos 1550, no auge das riquezas (por mais elitistas e mal distribuídas que sejam), pode financiar esse luxo. Pierre Lescot dá forma à grande fachada da Corte quadrada do Louvre, "onde duas Famas aladas, no topo do edifício, seguram acima das armas reais a coroa imperial fechada", significando que o monarca é imperador em seu reino. Sobretudo, Philibert de l'Orme, artista genial, poderoso empreiteiro e alguns outros construtores de menor calibre começam, terminam, continuam ou rematam os "edifícios" dos grandes: os de Henrique II nas Tournelles, no Bois de Boulogne, em Saint-Germain-en-Laye, em Fontainebleau, Chambord, Blois, Amboise; os de Diane em Anet e Chenonceaux; de Clermont-Tonnerre, cunhado de Diane, em Ancy-le-Franc; de Montmorency em Écouen, Chantilly, La Fère-en-Tardenois; de Coligny, sobrinho de Montmorency, em Tanlay; dos Guise em Joinville e Meudon; de Catarina de Medici em Chaumont-sur-Loire e Montceaux-en-Brie...

Pertença ao rei ou a seus próximos, o palácio fascina os povos. Mas se impõem também os contatos diretos com o povo, os banhos de multidão, as entradas alegres. Desde a primeira parte de seu reinado, Henrique visita conscienciosamente umas trinta cidades, entre as quais as mais importantes: Paris, Lyon, Rouen. É a ocasião para a cidade, mais uma vez, aparecer para o monarca em série longa e processional de corpos constituídos: instituições de justiça e outros tribunais; guildas de comerciantes e artesãos; juventude militarizada; acessoriamente, turcos de turbante, suíços, selvagens, "bobos" de Rouen, pelo toque exótico ou carnavalesco. Desfila e se exibe por sua vez, amistosa aos grupos urbanos, a coletividade suprema do Estado: chanceler e relatores, condestável com a espada da França, guardas diversos, em outras palavras, a eqüitativa soberania seguida da força guerreira; uma e outra a preceder o rei cercado dos príncipes de linhagem real. A entrada alegre, no tempo de Henrique, permanece pedagogia, destinada pela cidade ao monarca, mais que ao povo: quadros vivos, cenas teatrais, pesadas alusões mitológicas lembram ao rei que ele deve praticar as virtudes de primeira função, quer sejam religiosas (piedade, fé), quer simplesmente cívicas (sabedoria, paz, justiça, prudência). As virtudes de segunda função (força, coragem, belicosidade), ou mesmo de terceira função (fecundidade, prosperidade, felicidade para os súditos), constituem igualmente objetos de ilustrações apropriadas. Essa espécie de teatro exalta também, por vezes até a náusea, um culto da personalidade do soberano, em sua encarnação individual e dinástica. Henrique é comparado a Jasão encontrando o Tosão de Ouro, ao Hércules gaulês, e até a Júpiter transformando os lícios em rãs (vê-se a cômoda utilização política que é feita da cultura greco-latina: seria indecente e mesmo sacrílego comparar o titular do trono a Cristo; mas felizmente os deuses do Olimpo estão ali para satisfazer o prurido bajulador que provoca comichão nos súditos). O sangue do rei, sua estirpe são alvos de homenagens insistentes, de que não se tinha equivalente no século anterior. Assiste-se à eclosão de um verdadeiro racismo real, que será levado ao mais alto grau, pelos Bourbon. Lady Fleming, amante momentânea de Henrique, em 1550, já não temia declarar, segundo a má língua de Brantôme: "Tanto fiz o que pude que graças a Deus estou grávida do Rei; e, assim, quero dizer que o sangue real tem não sei o quê de mais suave e refinado licor que o outro, o que é uma vantagem, sem contar os bons bocadinhos de presentes que dele se tiram".

Tudo bem pesado, depois da paz do Cateau-Cambrésis e às vésperas do falecimento acidental de Henrique, o reino parece reencontrar um equilíbrio... que de fato ele jamais perdeu realmente. O país está no auge de sua fortuna econômica e demográfica, progressivamente acumulada em cem anos de Renascença, reconstituindo esta um tecido outrora danificado, e remendando-o também de maneira nova, especialmente nos domínios industrial, urbano, comercial. A França da metade do século XVI é bem esse império opulento dos cereais, vinhos, lãs, telas e sais celebrado pelos viajantes de modo admirativo. Fato essencial, e que é preciso pôr no ativo da monarquia, a alta nobreza está calma, ou momentaneamente acalmada. O tempo das Praguerie, Liga do Bem Público, guerra insana e mesmo simplesmente indisciplina do condestável de Bourbon parece, com ou sem razão, bem distante. A política externa, ao fim de alguns sucessos fragorosos e derrotas passageiras, está, felizmente, centrada mais uma vez no Leste e Nordeste, onde parecem situar-se, depois da eliminação sucessiva das outras possibilidades, as verdadeiras oportunidades da nação. Nosso futuro está no Leste (mas, assim mesmo, não muito longe). O Sul, sem ser esquecido, será doravante encarado, pela força das circunstâncias, com mais circunspecção.

No entanto, a bela tapeçaria nacional dissimula mal certas fissuras. A pauperização está doravante consagrada, desde Francisco I; ela continua a dominar e não há razão para que seja diferente, já que, perante o inchamento demográfico de longa duração, a riqueza francesa, embora secularmente acrescida, não se desenvolveu no nível adequado para assegurar a cada um, no povo miúdo, os rendimentos decentes que se conheceram cem ou oitenta anos antes. A má colheita de 1556 parece mesmo ter determinado, no Norte da França, uma verdadeira crise de víveres, tal como a reencontramos daí em diante a intervalos regulares desde os anos 1520. A partir de 1548, a sublevação contra uma gabela aumentada, em Angoumois e no Bordelais, anuncia o ciclo das guerras camponesas e rebeliões citadinas que marcará, em seguida, o longo século XVII: as insurreições do Sudoeste, em 1548 (depois de alguns incidentes iniciais desde 1542), são premonitórias. O governo de Henrique e de Montmorency decidiu-se mesmo, a esse respeito, reação que igualmente se tornará típica, a "cortar a pêra em dois". De um lado, reprime duramente os grupos rebeldes dos Angoulême e da Gironda de 1548, que consistem em comunidades camponesas, curas, burgueses, pequenos nobres. E, por outro lado, depois de ter ordenado e praticado dezenas de execuções capitais para a punição dos sublevados, cede no essencial! As províncias do Sudoeste (até 1789) permanecerão definitivamente remidas ou "redimidas" da pesada gabela de tipo setentrional, que a administração do final do período de Francisco e do começo do de Henrique acreditara poder impor-lhes, em um primeiro momento de voracidade fiscal, de ilusão integradora e de centralização prematura. Os revoltosos puseram ordem nos sonhos hiperigualadores.

Em matéria de heresia, não se admitem essas meias medidas. Já não é aceitável a hesitação demonstrada por Francisco I no início de seu reinado, quando os conflitos de religião, provisoriamente mal delimitados, eram ainda como uma "batalha naval noturna", em que dificilmente se separava o amigo do inimigo, a ortodoxia da heterodoxia. Mas isso era antes de 1534, antes do caso dos cartazes! Henrique coloca-se de saída em uma situação de "Revogação", como a que montará seu distante sucessor Luís XIV. Não há lugar no reino para uma fé não católica, ainda que se pretenda cristã, e até mais cristã do que o são, supostamente, as crenças oficiais da Igreja estabelecida.

E, contudo... apesar de algumas tentativas extremistas cujo detalhe legislativo seria muito longo fornecer, a França de 1550-60, por mais hostil que seja em relação ao calvinismo, não se torna por isso um país de inquisição, a exemplo da Espanha. Por certo, nos termos da jurisprudência complicada, repetitiva e por vezes contraditória que gradualmente se instala durante a década da metade do século, os juízes da Igreja têm e tomam conhecimento dos "crimes" de heresia. No entanto, os magistrados leigos conservam com freqüência a última palavra na matéria, especialmente quando o escândalo se mostra público. Funcionam normalmente a esse respeito as cadeias canônicas de apelação, de baixo ao alto, desde os juízes locais e senhoriais até o Parlamento, passando pelos presidiais, bailiados e senescalias. Assim, encontra-se fundada a tradição solidamente e por vezes atrozmente anti-huguenote dos Parlamentos franceses, pelos dois séculos seguintes; tanto mais que esses tribunais supremos foram depurados ou se livraram com rigor da minoria dos juízes de simpatia protestante, que neles se encontravam ainda, aqui e ali, no começo do reinado de Henrique.

Fraco alívio... mas consolo, assim mesmo: o reino da França, graças a essa preeminência dos poderes civis, mantida em detrimento do que teria sido uma arbitrariedade puramente clerical, evita cair até os níveis de fanatismo extremo e de intolerância que caracterizarão por um longo período a coletividade ibérica, em suas atitudes inquisitoriais.

A repressão legal contra a heresia faz uma centena de vítimas em dez anos a partir de 1557. É pouco ao lado do banho de sangue que logo provocarão, para os dois partidos, 35 anos de guerra civil. Essa repressão culmina em um pogrom muito parisiense contra os huguenotes por ocasião de uma assembléia dos religionários reformadores na rua Saint-Jacques (setembro de 1557). Culminação também com o suplício de Anne du Bourg (1559), corajoso líder das pequenas frações protestantes no seio do Parlamento, doravante erradicadas depois da morte do dito "mártir". O Parlamento de Paris permanecerá então, na seqüência e fim de sua carreira, catolicamente monocolor.

A luta anti-herética importa menos, porém, que o próprio crescimento das correntes reformadas e principalmente de sua variedade calvinista.

Desde 1541, a permanência de João Calvino em Genebra prossegue sem interrupção e coincide incidentalmente nessa cidade, quanto à duração, com o reinado inteiro de Henrique II (Calvino, entretanto, falecerá apenas em 1564). A expansão das doutrinas do mestre genebrino é internacional: elas se difundem da Hungria à Escócia. A França, nesse tabuleiro de xadrez europeu, não passa de uma casa entre tantas outras. Mais de cem pastores são enviados em missão, pela cidade de Léman, para os territórios franceses, entre 1555 e 1565. A francofonia facilita as coisas. De passagem, Théodore de Bèze, discípulo competente, dá às teorias da predestinação sua forma mais rígida: elas temperarão como aço a alma calvinista, dos dois lados do Atlântico. Os príncipes da casa de Bourbon convertem-se à nova fé. São primos, certamente distantes, do rei Valois, mas quão decisivos para o futuro! Os Coligny, sobrinhos dos Montmorency, e muitos outros senhores aderem também ao sistema de Genebra. A cultura intelectual, a inaugurada alfabetização de grupos relativamente privilegiados entre os reinícolas e, enfim, a urbanização contribuem fortemente para os progressos de idéias que, em compensação, incomodam o tradicionalismo dos iletrados. Os meios citadinos, nobiliários, "profissionais" (se visamos por esse adjetivo as profissões liberais), e depois as classes comerciantes ou artesanais oscilam em parte na direção da "heresia". Mas nas grandes cidades, e especialmente em Paris, expandem-se, em contrapartida, os núcleos de piedade católica, cuja importância será considerável. Como quer que seja, mais de mil igrejas huguenotes são implantadas desde 1561 na superfície francesa. Por volta dos anos 1550 ou no início dos anos 1560 (a tal ponto as coisas mudam depressa), o conglomerado das doutrinas luteranas, zwinglianas e sobretudo calvinistas conta provavelmente na França (excluída a Alsácia) mais de 1 milhão de membros ativos ou pelo menos simpatizantes, ou seja, *grosso modo*, 5% da população nacional, ou mesmo mais. Essas cifras, de resto, deverão ser revisadas na alta durante a década de 1560. Na ausência de qualquer inclinação pró-reformada do poder central (Henrique II certamente não é Henrique VIII), as probabilidades para que o país inteiro oscile para a nova crença são pequenas. Mas, sem ir tão longe, assistem-se já, além das cidades semiconvertidas, a fenômenos de alastramento. Vemos formar-se, especialmente nas Cévennes, notáveis ilhotas de protestantismo rural: de fato, ao norte das cidades de Montpellier, Nîmes, Uzès ou mesmo Lodève, a influência dos bispos Briçonnet, Pellicier, Saint-Gelais, que são amigos, protegidos e quase enviados de Margarida de Navarra, assim como o peso de poderosos senhores locais, como Crussol (da estirpe dos duques de Uzès), esse Crussol convertido aos novos dogmas por convicção sincera e por interesse bem compreendido de grande proprietário meridional, enfim a subadministração das pequenas regiões, tão freqüente nas áreas montanhosas, separadas, de difícil acesso, tudo isso prepara um espaço propício em que a heresia vai infiltrar-se, afirmar-se progressivamente nas casas camponesas e povoados, a partir de 1530-40. Os registros dos tabeliães têm suas indicações de legados, suas fórmulas estereotipadas, embora significativas. Umas e outras reaparecem nos contratos de casamento e nos testamentos; elas permitem seguir ou balizar passo a passo, nas Cévennes, uma gradual aculturação lutero-calvinista, "uma nova sensibilidade" cujo espiritualismo se torna mais despojado, menos orientado para a devoção ao purgatório ou para as preces pelos mortos... E eis aqui o surpreendente sintoma: tomemos uma recém-casada que, por causa de sua família ou por razões pessoais, tem uma inclinação herética, caso cada vez mais freqüente nessas regiões na metade do século; quando ela se apresenta diante do altar, seu vestido de noiva não é nada menos que uma longa toga de um belo amarelo. E isso em virtude de um curioso calembur, atestado explicitamente pelos tabeliães: a palavra latina *luteus* significa "amarelo"; assim, é assimilada a "Luter" ou muito simplesmente a Lutero! Daí para o "vestido a Lutero"...

A 30 de junho de 1559, Henrique II é ferido mortalmente em um torneio pelo estilhaço de uma lança, no olho esquerdo. Falece a 10 de julho. O acontecimento, excepcionalmente, está carregado de conseqüências. Supondo-se que esse acidente não houvesse ocorrido, o prolongamento normal do reinado teria assegurado provavelmente a repressão duradoura da heresia, sem guerra civil. O duplo exemplo dos regimes de Londres e Madri, no tempo de Elisabeth e de Filipe II, em que a Igreja dominante, respectivamente anglicana e católica, soube manter seu controle e mesmo seu monopólio praticamente completo, contra as correntes contestadoras, parece bastante demonstrativo a esse respeito. Em tal hipótese, a França não se teria tornado por isso, repitamos, um país de inquisição à maneira espanhola. A corrente galicana e anti-romana (na qual se enxertará, oitenta anos depois da morte de Henrique, o jansenismo dissidente, inserido em pleno catolicismo) era suficientemente forte para impedir esse lamentável desfecho. De resto, Henrique II, no começo de seu reinado, fizera-se também ele, por alguns anos, o porta-voz da hostilidade francesa com o Vaticano — até voltar tardiamente a melhores sentimentos em relação ao chefe da catolicidade universal. O rei da França encontrara, como reforço dessa empresa momentaneamente nacionalista, os apoios do escriba Du Moulin e de François Rabelais, em um célebre *Quart livre* que denegria violentamente os *papegots*, *papefigues*, *an-*

*douilles*, *carêmes-prenants* e outros papamaníacos. Alguns reformados haviam imaginado dessa vez que Henrique, o papófobo, chegaria a simpatizar com o protestantismo. Tais esperanças não tardariam a ser frustradas.

De todo modo, essas querelas de escola são amplamente superadas pela catástrofe do verão de 1559. Inicia-se uma regência, já que o novo rei Francisco II ainda é menor. Ora, as regências, sob o Antigo Regime, correspondem tradicionalmente aos períodos de fragilidade estatal: as guerras civis não tardarão a eclodir por motivo de interregno, temperado com insuperável diferença religiosa. Elas durarão mais de três décadas. Com isso, outra conseqüência, e de imenso alcance, no plano demográfico e econômico, termina definitivamente a Renascença brilhante e alegre, ou a Renascença simplesmente, tal como florescera na França de 1450 a 1560. As guerras civis, que agora estão a ponto de intervir, vão apressar, em todo o país, o inelutável congelamento das populações e das produções. Esse bloqueio por si mesmo era provavelmente fatal e devia ocorrer um dia ou outro, assim como se congelará igualmente o resto da Europa continental, em datas variadas, por conclusão canônica de um ciclo secular e completo de desenvolvimento, de "renascença" ou de recuperação. Mas a cronologia fina e precisa dessa ruptura é ditada *na França* pelo Factual político, real, guerreiro, no decorrer do rude biênio de 1559-60. As Guerras de Religião, com seus efeitos destrutivos, desencorajadores, paralisantes para todo espírito empreendedor, atuarão como catalisadores. Os remoinhos vindos da superfície precipitarão a imprescritível mudança que afetará duradouramente as profundezas. A sociedade francesa, medida (de maneira certamente simplificadora) segundo o povoamento e o produto bruto agrícola, alcança a partir dos anos 1560 um patamar de estabilização que se estabelece por muito tempo. Ele se manifesta mediante lentas ou brutais oscilações, negativas e positivas; elas se compensam mutuamente; não recolocam em causa o patamar de base; ele durará sete gerações.

# *Segunda parte*
# *OS VALOIS DECADENTES*

# 6
# A FRATURA

O período 1340-1560 fora marcado, como nos lembramos, pela ocorrência de um grande ciclo bissecular[1] dos povoamentos: estes caíam de uns 20 milhões de pessoas, por volta de 1340, para uns 10 milhões por volta de 1450, depois saltavam novamente para os 20 milhões no limiar das Guerras de Religião. Ao mesmo tempo, as principais variáveis que definiam as condições e muito simplesmente os rendimentos do mundo rural eram arrastadas nessa sarabanda endiabrada. A primeira fase, a do desmoronamento demográfico (até por volta de 1440-50), via simultaneamente, correlativamente, aumentar os salários reais. Mas, em compensação, caíam (segundo tendências que, mesmo descendentes, divergiam um pouco umas em relação às outras) a produção agrícola, a renda fundiária, assim como (desigualmente) os preços agrícolas e industriais, aqueles mais do que estes. As propriedades e explorações agrícolas, durante o mesmo período, tendiam a concentrar-se e, portanto, a diminuir em número e, para cada uma delas, a aumentar em superfície.

Durante a fase seguinte (de 1450 a 1560) tudo isso se invertia: havia elevação (insuficiente, por certo) do produto agrícola; alta da renda fundiária e dos preços; baixa prolongada e por vezes catastrófica do salário real; e fragmentação progressiva das terras (induzida pelo aumento do número dos agricultores, foreiros e outras partes beneficiárias, sendo esse próprio aumento produto do crescimento demográfico).

Depois de 1560 e até por volta de 1715, a violência até então extraordinária desses grandes movimentos atenua-se muito, sem que desapareça inteiramente, longe disso. Em outros termos, as descidas e subidas vertiginosas do tobogã demográfico, econômico, social, no plano bissecular (1340-1560), já não encontram lugar depois da morte de Henrique II. Não é preciso dizer que a norma de 20 milhões de almas, *grosso modo*, permanece canônica durante os 155 anos que transcorrem de Francisco II à morte do Rei-Sol. Mas desse teto vinte vezes milionário a população não recua mais de maneira abissal nem apocalíptica, como fizera durante a longa crise da baixa Idade Média. Por certo, os conflitos de religião, de 1560 a 1590, desbastam um pouco o efetivo global dos povoamentos do reino. Mas a queda não é gravíssima; não podemos compará-la (apesar de cruéis episódios epidêmicos, guerreiros, penuriosos) ao espasmo atroz do segundo quarto do século XV. Assim, o retorno ao normal se dá com toda a presteza: em relação ao início do século XVII, o historiador-demógrafo Jacques Dupaquier encontra, com base em complicados cálculos, de 18 a 20 milhões de habitantes no quadro convencional do hexágono.[2] Evidentemente, provas bastante rudes vão abrir rombos nessa demografia durante a Fronda e ao redor dela, por ocasião da fome da elevação ao trono (1661) e, enfim, durante os 25 últimos anos, freqüentemente difíceis, do reinado de Luís XIV: basta, para evocar estes últimos sofrimentos, mencionar as duas catástrofes frumentícias de 1694 e 1709, com perdas regionais de população (bastante momentâneas) de 15% no primeiro caso e de 9% no segundo. E, no entanto, aí trata-se apenas de acidentes de percurso. De fato, a França de Luís XIV verá a sua população não apenas alcançar seu teto, mas até aumentar muito lentamente, irregularmente, de maneira a uma só vez modesta e perceptível. Jacques Dupaquier, com base nas pesquisas do INED, encontra, no quadro geográfico já indicado, 21 milhões de habitantes sob Colbert e 22 milhões às vésperas da morte do "Grande Monarca". Na escala do longo século XVII não se está muito longe, portanto, do crescimento demográfico zero, apenas afetado por um leve "mais". Nossos demógrafos, que se inquietam tanto com a atual expansão galopante e desordenada das populações do Terceiro Mundo, sem dúvida se tranqüilizariam se estas doravantes não crescessem mais que no ritmo ultralento que experimentara a França de Luís XIV. É verdade que as próprias causas dessa "sábia" lentidão (ascetismo pré-conjugal, casamento tardio e, sobretudo, fomes, epidemias, fisco, guerras e misérias) seriam hoje, com justa razão, consideradas como inaceitáveis!

Digamos, em todo caso, para ficar na época clássica (1560-1715), que o ecossistema rural, naquele tempo, encontra-se em estado de relativa estabilidade ou, no máximo, de expansão muito lenta.[3] As oscilações negativas da produção agrícola, registradas nesses 155 anos por ocasião das fases de crise, depressão momentânea, guerra ou acidente meteorológico, são eventualmente bem marcadas (mas nitidamente menos profundas do que no caso do desastroso século XV, até por volta de 1450). Por certo, há ainda situações difíceis para o movimento das colheitas de grãos, entre 1560 e 1715: especialmente durante as Guerras de Religião, as Guerras dos Trinta Anos e a Fronda, os primeiros anos do reinado pessoal de

Luís XIV e as guerras da Liga de Augsburgo ou da Sucessão da Espanha, "apimentadas" pelas fomes de 1693-4 e 1709-10. Assiste-se, então, a reduções momentâneas do produto cerealista. Estas fazem-no cair, por alguns anos, a quatro quintos, talvez, de seus níveis normais do "ano comum". Depois se impõe uma recuperação bastante rápida. Os tetos de produção cerealista já registrados no século XVI são atingidos e algumas vezes ultrapassados, sob Colbert. Mas nenhum processo de crescimento uniforme é realmente iniciado, pelo menos antes de 1715-20. Os bons resultados registrados, por exemplo, durante os anos 1665-85 são comprometidos, com efeito, por novas crises que marcam as décadas de 1690, 1700, 1710... Fica-se, assim, nos limites da normalização do longo século XVII: a catástrofe não é verdadeiramente duradoura, mas o crescimento nunca é ininterrupto ou "regular". Alguns crescimentos setoriais relacionam-se, entretanto (entre outras), à vinicultura do Languedoc ou do Bordelais: elas melhoram ou garantem o nível de vida camponês, em certas regiões meridionais em que a agricultura é comercializada.

Essa longa moderação dos *trends* essenciais consegue também acalmar o jogo, ou mesmo inverter as tendências,[4] quanto ao movimento da repartição dos bens fundiários. O período de "galope" demográfico entre 1450 e 1560 era contemporâneo de uma fragmentação acelerada das propriedades plebéias, das concessões, dos lotes e dos pequenos terrenos; essa fragmentação contrastava, por sua vez, com a fase anterior de concentração fundiária, que induzira, entre 1348 e 1450, o declínio dos povoamentos rurais.

Nada de comparável se produz, nada de tão frenético em todo caso, de 1560 a 1715. A população fica estagnada, com altos e baixos, ou talvez aumente ligeiramente entre essas duas datas. Mas é pouca coisa em comparação com seus crescimentos ou recuperações extremamente vivos, tal como se manifestaram desde o fim do reinado de Carlos VII até a morte de Henrique II. Nessas condições, o cutelo sucessorial vai deixar de exercer suas devastações no século XVII. Em certos casos, processos inversos chegam mesmo a instaurar-se. Em torno de Paris, por exemplo, fatores novos se fazem sentir; demograficamente, economicamente, financeiramente, o dinamismo da capital, logo acompanhado pelo satélite de Versalhes, é tal que oferece um mercado muito ampliado aos produtos do solo, nos limites terrestres de uma dezena de nossos departamentos atuais. A isso vem acrescentar-se, em Paris mesmo, a presença de ricos e poderosos ajuntadores de terras (nobres, clérigos, funcionários ou mesmo comerciantes) cujo imperialismo fundiário se exerce sobre vastas porções da Bacia Parisiense.

Assim se formam ou se desenvolvem nessas regiões, sob Henrique IV, Luís XIII e Luís XIV, os grandes domínios agrícolas (até cem hectares e, às vezes, mais); seus proprietários-ajuntadores os arrendam (contra uma renda fundiária anual e renegociada a cada três, seis ou nove anos) a grandes exploradores agrícolas já bastante eficazes (ainda que essa eficácia ou produtividade, na falta de gado bovino e de esterco em quantidade suficiente, permaneça inferior à alcançada por seus congêneres britânicos, os grandes *farmers* da bacia de Londres). Empresários agrícolas de primeira grandeza, na escala francesa, nossos arrendatários ''circumparisienses'' são conhecidos igualmente sob a denominação de ''coletores de senhoria'' ou ''mandachuvas''.

Assiste-se igualmente a uma normalização de longo prazo dos principais rendimentos agrícolas e dos recolhimentos que os corroem. O salário real (rural), depois de seu desmoronamento afinal desastroso do século XVI, deixa de decrescer, ou por vezes melhora um pouco no tempo de Luís XIII e Luís XIV. Em todo caso, já não desce abaixo do nível-piso que atingira às vésperas das Guerras de Religião e durante estas. É preciso acrescentar que dificilmente podia cair mais baixo...O proletariado agrícola, nesse lance descendente, teria acabado por perecer de inanição.

Se o salário é estabilizado ''no piso'', os recolhimentos, por seu lado, normalizam-se ''no teto''. Dizer isso é, evidentemente, expor-se a uma objeção de peso: a renda fundiária, *alias* arrendamento, experimenta um certo aumento suplementar no século XVII, em comparação com seus níveis do século XVI. Mas assinalemos imediatamente que essa alta, com efeito, de um grande recolhimento é antes de tudo regional: ela se refere, até que se tenham maiores informações, apenas às regiões languedocianas, ou mesmo mediterrâneas ou meridionais, onde os arrendamentos se tornam particularmente pesados no tempo de Luís XIII e do jovem Luís XIV. Mas é muito simplesmente porque, nessas regiões de imposto real que pesa em detrimento dos proprietários, estes não deixam de reagir: conseguem repassar para seus arrendatários, explorados ainda mais, o peso crescente do imposto, aumentado pelos cuidados dos cardeais-ministros, Richelieu ou Mazarino... Em outras partes, onde as instituições fiscais são diferentes, e em especial nas zonas essenciais da Bacia Parisiense, a renda fundiária é bem incapaz de bater, no tempo dos três primeiros Bourbon, os recordes já bastante elevados que estabelecera durante o belo século XVI da Renascença desabrochada, no tempo de Francisco I e mesmo de Henrique II. No máximo, notar-se-á que nas regiões da grande cultura essa renda fundiária aumentou, de maneira quase automática, em razão do alargamento das superfícies, sendo estas exploradas pelos grandes domínios que dependem da ''classe proprietária'' (nobres, funcionários, altos burgueses...). Quanto à renda em dinheiro, que corresponde aos juros pagos, no título de uma dívida, pelo devedor ao credor, ela continua, durante o século XVII, a onerar pesadamente as "tesourarias" camponesas (que, a bem dizer, mal merecem esse nome, a tal ponto estão freqüentemente sem dinheiro). Inúmeros rurais — camponeses e outros — endividam-se, com efeito, como sempre, com pessoas ricas ou menos ricas que, na cidade ou na aldeia, detêm preciosas disponibilidades monetárias. E, no entanto, aí também a situação, no século XVII, não parece ter se agravado muito, longe disso, em relação ao século XVI. De fato, as taxas de juros correntemente praticadas baixaram sensivelmente de um século ao outro: do século XVI ao XVII, elas caíram de 10% para 5,5%, o que alivia os devedores, tão numerosos nos campos. Mas a inflação, por seu lado, regrediu consideravelmente. Com efeito, a prolongada alta das cotações, a "revolução dos preços", que marcou quase todo o século XVI, em outras palavras, o reinado dos seis últimos Valois, é apenas uma lembrança esmaecida, antiga, logo distante, no tempo dos primeiros Bourbon. Estes são contemporâneos de um teto, e mesmo (no tempo de Colbert) de um declínio dos preços, mais claro ainda quando os calculamos em gramas de prata. Entra-se, então, em períodos de inflação diminuída, suprimida; em suma, numa fase deflacionária. Rural ou não, o devedor é sua primeira vítima; os empréstimos que contraiu não são mais corroídos pela depreciação monetária, doravante exorcizada; a deflação os consolida. Se aproximarmos os dois fenômenos, baixa das taxas de juros e deflação, percebemos que tendem a anular-se. Operação branca! O endividamento rural é revigorado pela baixa da inflação, mas é enfraquecido pelo decréscimo das taxas de juros. No total, mesmo pesando e por vezes esmagando, em termos absolutos, esse endividamento não ia aumentar muito no século XVII, em comparação com os cem anos anteriores. Volta-se sempre à idéia de uma certa estabilização dos recolhimentos.

Enfim, entre estes, *last but not least*, examinemos a dízima; ela afeta sobretudo os cereais ; não é, igualmente, suscetível de crescer muito quanto a seu peso absoluto e relativo, no século XVII. Quando muito, beneficia-se do fim das greves de dízima, outrora desencadeadas durante a década de 1560 por camponeses huguenotes e, de maneira mais geral, por aldeões insatisfeitos, dos quais muitos permaneciam, aliás, bons católicos. Essa supressão das greves, esse amadurecimento conseguido enfim na época clássica (depois do perigoso transbordamento das Guerras de Religião, que foram tão contestadoras) é, evidentemente, inteiro benefício para o clero, grande dizimeiro. No fundo, entretanto, bem pouca coisa se modificou de um século ao outro, e essa ausência de mudança acentuada vale tanto para o relativo quanto para o absoluto. No relativo, com efeito, as porcentagens de recolhimento decimal permanecem, na maior parte das regiões francesas, costumeiramente fixadas em 8% ou 9%, ou mesmo

10%; tais taxas variam segundo as províncias, mas em geral situam-se no interior desses limites de porcentagens.[5] Dizer que essas porcentagens, mesmo altas, não são muito suscetíveis de aumentar, entre o reinado de Francisco I e o de Luís XIV, é sublinhar a estabilidade aproximada do rendimento efetivo dos clérigos: eles reencontram simplesmente, durante o piedoso século XVII, *depois* da greve das dízimas dos anos 1560, o nível ou o volume de recolhimento decimal de que seus distantes predecessores haviam usufruído durante a Renascença, *antes* dessa greve das dízimas. Tanto mais que a quantidade total dos grãos colhidos (amputada, depois da colheita, de suas porcentagens decimais fixas) quase não aumentou, por seu lado, do século XVI ao XVII.

Nesse teto geral dos recolhimentos, incluídos os direitos senhoriais, conheço apenas uma única exceção, mas ela é muito importante. Trata-se do imposto, a propósito do qual se pode falar de um crescimento espetacular, e mesmo de um verdadeiro avanço, a um só tempo conceitual e quantitativo. Os rendimentos líquidos do Estado, diferentes das "despesas comprometidas", haviam atingido o teto de quase duzentas toneladas de equivalente-moeda por volta de 1560, depois novamente duzentas toneladas entre 1600 e 1630. Sob Richelieu e Mazarino, eles sobem progressivamente para quinhentas toneladas por volta de 1645, depois para oitocentas toneladas por volta de 1690.[6] Motivo para desencadear as rebeliões antifiscais dos camponeses (e dos citadinos); sendo estas dirigidas, precisamente, contra a cobrança dos impostos diretos; contra o exercício dos arrendamentos de impostos indiretos; enfim, contra o alojamento dos exércitos ambulantes, também eles dispendiosos.[7]

No conjunto, o denominador comum dos anos 1340-1715 examinados mais adiante, no todo ou em parte, é o advento, desde o começo do período, da França do mundo cheio, atingindo os 20 milhões de homens, dos quais 85% a 90% de rurais. Mas esse teto pôde ser alcançado apenas diversas vezes, de maneira máxima e momentânea, durante os dois primeiros séculos examinados (1340-1560); ele produzia então o efeito de uma norma ou de um envoltório ecológico, mais que de uma constante, tal como esta, em compensação, afirmar-se-á de maneira contínua em seguida, a partir de 1550-60 e até por volta de 1700-15. De qualquer modo, os parâmetros tecnológicos (ferramentas empregadas...), lingüísticos (contrastes dialetais), religiosos (universalidade do catolicismo camponês, apesar do desenvolvimento local de algumas ilhotas de calvinismo rural) mudam apenas lentamente de um extremo ao outro do período; vê-se surgir, no máximo, um lento desvio, e parcial, para a agricultura de mercado e para a grande propriedade moderna, ou mesmo capitalista. Digamos, para precisar essa periodização de longuíssima duração, que os anos 1340-1560 foram os de um "grande ciclo bissecular" cujas características, extraordinária profundidade, poderosas faculdades de renascimento descrevemos anteriormente, mais em detalhe. Mas prossigamos: o período 1560-1715 é antes (passado esse "grande ciclo") o de uma consolidação pura e simples sobre as bases já indicadas; daqui para a frente há estabilidade sólida, ou crescimento muito lento das populações; ambiência freqüentemente depressora e crises duras, embora momentâneas; mas nenhuma catástrofe abissal. Nos termos de um nível de vida que permanece bastante baixo para a maioria dos rurais, nota-se então uma normalização geral dos povoamentos, das rendas, dos altos recolhimentos. Mesmo o crescimento unilateral do fisco e do Estado (a que seria preciso acrescentar os progressos da alfabetização e de um certo capitalismo rural) não escapa de modo algum a essas regras de longa duração: já que é preciso consolidar, é preciso que se afirme e se desenvolva um princípio de força e de unidade social, que se encarnará, com efeito, depois das tragédias das Guerras de Religião, no desabrochar das autoridades bourbonianas, no topo e na base, desde a elevação ao trono de Henrique IV até a morte de Luís XIV.

Mais precisamente, as Guerras de Religião, de 1560 a 1595, desferem um golpe bastante rude na economia e na demografia francesas. Por certo, não nos nos reencontramos absolutamente "nos abismos", como foi o caso por volta de 1450, com esse povoamento francês reduzido a uma dezena de milhões de almas (ou menos ainda?) que evocamos muitas vezes.

De fato, por volta de 1600, depois de três ou quatro décadas de guerras, a população da França se eleva ainda[8] a 19 milhões de almas nas fronteiras atuais, 17 milhões no quadro do "reino" da época. Portanto, as perdas globais, se perdas há, quase não ultrapassam 1 a 2 milhões de pessoas em relação aos picos demográficos de 1560. A expansão demográfica vigorosa e alegre da primeira metade do século XVI foi quebrada, de Carlos IX à Liga, por várias dezenas de anos raquíticos, mas desde então ela deu lugar a um simples teto ou por vezes a um leve declínio, e não de modo algum a um desmoronamento, como no caso do tempo de Isabel da Baviera e Carlos VII.

Não faltaram provações, contudo, nessa segunda metade do século XVI. Em conseqüência dos distúrbios, destruições de gado e de construções, mortes de homens, requisições de cavalos, interrupção do comércio dos produtos da terra, as produções agrícolas foram severamente atingidas. Elas não são conhecidas diretamente, por certo, pelas "estatísticas" da época (inexistentes); no entanto, pode-se ter uma idéia aproximada da crise que aflige o mundo dos campos nesse tempo, por pouco que se observe o produto das dízimas e dos arrendamentos, dois tipos de retiradas efetuadas pelos clérigos e pelos proprietários fundiários sobre a produção do solo e que são necessariamente afetadas por uma baixa desta. Ora, se se tenta propor a esse respeito algumas cifras de conjunto para a zona estendida do Norte ao Sul, que vai de Cambrai a Arles, passando por Paris, Dijon, Clermont-Ferrand e Montpellier, constata-se para o baixo período de crise e pós-crise, que corre de 1580 a 1600, e por comparação com os tetos anteriores dos anos 1550-70, uma baixa de cerca de um terço do produto das dízimas e arrendamentos para as regiões do Norte; de cerca de um quinto ou de um quarto para a região parisiense; de 35% a 43% para as zonas do Centro-Leste e do Midi mediterrâneo que pudemos explorar (Borgonha, Auvergne, Lyonnais, Midi mediterrâneo). Essa baixa, como se pode ver, é muito forte nas terras occitanas: elas são atormentadas por um protestantismo especialmente ativo e são tanto mais afetadas em razão das guerras sangrentas que a intensidade das divisões religiosas não deixa de engendrar.

Levemos em consideração, evidentemente, as greves de dízima, em virtude das quais, como dissemos, os camponeses espicaçados por algum demônio huguenote ou simplesmente anticlerical recusam-se, por volta de 1570-85, a entregar ao clero uma parte dos tributos cerealistas e outros que lhe são devidos. Não é menos verdade que os arrendamentos, que não estão de modo algum sujeitos às greves, vão realmente ser atingidos pela baixa: esta reflete, portanto, um declínio real da matéria sujeita a recolhimento, em outras palavras, do produto bruto agrícola. Ele baixou pelo menos 10%, talvez 15% ou mais à medida que as Guerras de Religião, década após década, faziam sentir no mundo rural seus efeitos devastadores, ou pelo menos negativos. Mesmo limitada, quando a comparamos ao cataclismo do século anterior, a crise é, então, real, terrivelmente real. Suas conseqüências podem ser sérias: as repetidas crises de víveres, por exemplo, explicam-se facilmente, entre outras coisas, pela queda do produto bruto; como este se tornou apenas adequado para alimentar a população em tempo normal, um simples ano de colheitas especialmente fracas, vítimas de uma meteorologia desfavorável, basta para desencadear a fome. A transposição (para baixo) desse limiar perigoso é a uma só vez mais freqüente e mais fácil do que em tempo de paz civil, tal como reinara de 1490 a 1560. Explica-se facilmente, portanto, que as graves penúrias se multipliquem entre 1560 e 1575; e mais uma vez entre 1584 e 1595. Alguns *croquants*, por outro lado, revoltam-se porque a baixa de produção e de rendimento constitui para eles um motivo de descontentamento direto ou indireto; experimentam-na de todos os tipos através do contexto da época. Basta, por exemplo, como será o caso nas três últimas décadas do século XVI, que se agrave mesmo moderadamente a pressão fiscal para que essa baixa de rendimento seja considerada pelos pagadores de impostos como insuportável, e conduza a fenômenos de *jacquerie* ou de *croquandage*.

Tratando-se agora da economia não agrícola (cidade, comércio, indústria, artesanato), a sensibilidade às "Guerras de Religião" é mais forte ainda. As rupturas do tráfico por estradas, devidas às depredações dos militares, são, com efeito, apenas parcialmente prejudiciais ao campesinato; por certo, ele é em parte privado, por isso, dos rendimentos que, em tempo normal, tira das vendas de produtos do solo em tal mercado urbano; mas ele permanece capaz, mesmo nesse caso, de sobreviver bem convenientemente, no modo vegetativo, em uma simples ambiência de relativa autarcia e de troca local. Em compensação, no que se refere às cidades, que por definição são fundadas na troca comercial ou pelo menos na arrecadação a partir de recursos externos e algumas vezes distantes, é uma outra história.

O caso lionês, desse ponto de vista, pode servir de exemplo:[9] Lyon, com efeito, é uma cidade-espelho, que reflete quase instantaneamente, ainda que de maneira deformante, as decadências ou os desastres do mercado na escala regional e mesmo nacional. Ali o desastre é abrupto, de início; a ocupação da cidade pelos protestantes em 1562-3 é geradora de distúrbios que fazem cair os índices do tráfico..., até que sobrevenha a bonança dos anos 1564-9. Por sua vez, esta é de curta duração. Durante a década de 1570, na continuidade das guerras, a depressão se espalha. Devastados, Poitou e Languedoc vêem restringir-se a exportação de seus tecidos de lã em direção da região Saône—Rhône. Os eixos de estradas ou mesmo fluviais são cortados pela pilhagem. Os comerciantes lioneses, à beira da falência, "solicitam de seus credores uma moratória ou uma concordata". E o declínio da cidade prossegue, irresistível. "Desde 1580, o recolhimento dos 2,5% sobre a entrada das mercadorias caiu para três quintos do período 1571-5, para menos da metade dos anos 1565-70, para um terço apenas dos anos recordes de 1522-3 e 1543-5." E ainda se trata de cifras contadas em libras tornesas, depreciadas quase ininterruptamente ao longo de todo esse período. Em valores constantes, a queda seria pior ainda. Em outras partes, a situação não é mais brilhante, do Sul ao Norte, em Arles ou em Chalon. Em ramos variados, mais uma vez em zona lionesa, o tráfico de sedas e de lãs, nesse impulso, cai ao ponto mais baixo. O comércio das especiarias, tão ativo em 1573 ainda, desaba durante os quatro últimos qüinqüênios do século, enquanto perdura a guerra. A situação não é mais favorável no setor financeiro: os bancos italianos e alemães, ao fim de uma longa e sólida implantação, estavam instalados em Lyon em grande número por volta de 1560. Em seguida, três quartos deles perecem, ao ponto de não se contarem mais de uma vintena deles por volta de 1590. As entradas de prata americana, fortemente aumentadas depois de 1570, não fizeram grande coisa para impedir essas degringoladas da primeira rede bancária do reino. Alhures, na Europa Ocidental (quando desfrutava da paz), elas certamente estimularam a economia. Mas no Estado Valois, em razão das circunstâncias malsãs que derivavam da persistência de um longo conflito guerreiro, essas entradas acompanharam sobretudo a estabilização ou "estagflação": em outras palavras, a ausência de um crescimento regular das produções, coincidindo essa relativa carência com uma alta dos preços, como por toda parte no Ocidente no século XVI; mas se completando também pela baixa ou, na hipótese menos pior, por um patamar sempre baixo dos salários reais. A específica abundância de metal branco vindo de Potosí tem como resultado, entretanto, tornar os escudos de ouro mais atrativos, ao ponto de a monarquia obrigar os súditos, em 1577, a declarar todas as transações em escudos (e não mais em libras). Espera-se, assim, bloquear a depreciação das moedas. "Mas não é mais que uma curta parada no caminho da inflação."

Para Lyon, cujo destino nesse caso é simplesmente típico, e para as cidades francesas, quase todas na mesma situação, eis aí, então, 35 anos de desastres, ou pelo menos de provações. A economia nacional, repitamos, evita a descida aos abismos. Mas aproveita menos que suas homólogas em outros países as circunstâncias, por si mesmas favoráveis, que são o afluxo de prata americana e a expansão demográfica: esta prossegue, com efeito, em múltiplas regiões do Velho Mundo que têm a sorte de experimentar a paz civil ("sorte" muito relativa, de resto: a ausência de distúrbios internos na Espanha, por exemplo, é sem dúvida salvadora de vidas humanas, mas reflete também a eficaz repressão exercida contra as minorias heréticas, fenômeno que a longo prazo prejudicará o desenvolvimento cultural e geral da península Ibérica). Apesar da existência de bolsões de crescimento, especialmente nos litorais animados algumas vezes pelos desenvolvimentos do grande comércio internacional que caracterizam esse fim de século, pode-se constatar que, no conjunto, a população e a produção francesas se instalam, até o fim dos anos 1590, em não-crescimento de longo fôlego; elas passam mesmo por certos episódios de regressão, de resto modestos. Eles se revelarão facilmente reparáveis a partir do retorno da paz, sob Henrique IV.

Portanto, o sistema está em não-crescimento, ou mesmo em estado de decrescimento moderado (ou, pelo menos, seu desenvolvimento se anulou) a partir de 1560, em razão especialmente dos efeitos de freagem, doravante maciços, exercidos (ainda que apenas por ricochete) por um elemento perturbador de origem exógena, o protestantismo. Este deriva da esfera ideológica ou, mais exatamente, religiosa. Por contragolpe, ele engendra na "França profunda" violentas reações de hostilidade. Elas o visam em pleno coração, sem conseguir erradicá-lo. Emanam (nem sempre por razões erradas) de um catolicismo exasperado, em suas zonas extremistas, contudo, sem que sejam reduzidos ao silêncio os porta-vozes das correntes moderadas da Igreja galicana. Como primeiro resultado desse conflito, muito rapidamente, há a Guerra, ou antes as Guerras de Religião repetidas, das quais já observamos certas conseqüências negativas no plano econômico e demográfico.

Quem são, quantos são os protestantes, na aurora da cruel década de 1560? Devemos nós contar, com Janine Garrisson, 1,4 mil igrejas "heréticas" plantadas em todo o reino, das quais oitocentas no Midi; e, em 20 milhões de "franceses", 1,7 milhão de pessoas de todas as idades que, individualmente e sobretudo em família, são conquistadas inteiramente ou quase pela propaganda reformada, ou são simplesmente influenciadas em algum grau por esta? Ou seja, no total, 8,75% de toda a população. Quanto a isso, 1 milhão de almas se situaria no Sul, em um Midi huguenote muito amplamente desenhado, cujo crescente fértil, ou quarto crescente, localiza-se em Aunis e Saintonge, Guyenne e Gasconha, Languedoc e Delfinado. Mesmo que essas cifras sejam um pouco inchadas, e portanto sujeitas a revisão para baixo por historiadores dubitativos, elas desenham um invólucro máximo, fornecem uma ordem de grandeza que não pode ser ultrapassada.

Os dados, em todo caso, são claros. Deve-se pensar, diante deles, que a adesão huguenote, majoritariamente meridional, adquire por isso um caráter "occitano"? Na realidade, a vocação e a difusão do protestantismo conservam caracteres de generalidade. Ele tem, ainda que minoritárias, fortes bases no Norte, na Normandia, em Meaux etc. Por que, nessas condições, a heresia se desenvolveu amplamente nas províncias sulistas? Sem dúvida, era ali reprimida com maior brandura. A Sorbonne e o Parlamento de Paris não podiam, fora de sua alçada própria, uma condenar, o outro enforcar e queimar em Montauban, como faziam facilmente em Pontoise. Além do mais, o particularismo, eventualmente religioso, das regiões de *oc* era reforçado pelos grandes senhores simpatizantes, assentados no local e dotados de autonomia periférica, como Jeanne d'Albret, os Crussol... Isso posto, o protestantismo, mesmo meridional, preocupava-se muito pouco com lingüística occitana. Em suas bíblias, e nos sermões de seus pastores, pretendia-se decididamente francófono. À sua maneira, integrava, afrancesava!

O protestante médio, em 1560, é instruído, do sexo masculino, jovem, citadino ou, mais exatamente, "não agrícola". A "heresia" encontra inúmeros simpatizantes e mesmo adeptos no clero, vulnerável até em suas cúpulas: no ano de 1563, oito bispos franceses são objeto de uma citação para comparecer diante da Inquisição romana, como culpados de comprometimento ou pelo menos de indulgência moderantista, portanto suspeita, em relação aos amigos ou idéias de Calvino. De resto, os nobres, inclusive fidalgos do campo, são, enquanto grupo social, infectados prioritariamente: no topo da hierarquia aristocrática e mesmo principesca, os Bourbon-Condé-Albret-Navarra, ao abraçar a causa huguenote, arrastam com eles todo o Béarn, domínio da casa navarresa. Por bem ou por mal, essa região adere coletivamente à heterodoxia em nome do princípio *cujus regio, ejus religio* (Dize-me que príncipe te rege, e eu te direi qual é tua religião). De maneira mais seletiva, uma parte da vasta clientela nobiliária dos Bourbon-Navarra, disseminada nas zonas occitanas do Sudoeste, pende para as idéias calvinistas, ao ponto de influenciar, por sua vez, o campesinato circundante ou dependente. Tal é a posteridade inesperada, longínqua, de múltiplos escalões, de Marguerite d'Angoulême, irmã de Francisco I, matrona de evangelismo, e mãe de Jeanne d'Albret. A geografia do protestantismo, na atual França sul-ocidental, traz ainda os estigmas ou cicatrizes gloriosas dessa filiação.

Próximos da nobreza e muitas vezes membros desta, os funcionários, inclusive nas cortes soberanas, forneceram muitos recrutas a um protestantismo de primeira geração. Antes de "se autodepurar" em favor de um catolicismo rígido, os Parlamentos de Toulouse e Bordeaux contavam, entre seus magistrados, imponentes minorias huguenotes. Elas puderam, eventualmente, paralisar ou "sabotar" a repressão antiprotestante. De um outro lado, os presidiais (novas cortes de justiça, fundadas por Henrique II) estavam incertos de sua identidade diante das dominantes estruturas parlamentares; então, freqüentemente passaram com armas e bagagens para a "nova religião": assim foi em Nîmes, Béziers, Saintes... Os licenciados, doutores, advogados sobretudo, que muitas vezes são filhos de comerciantes, e que além disso se revelam ricos, cultivados, postados no trampolim social que conduz à nobreza, fornecem, a crer nas competentes pesquisas de Janine Garrisson,[10] um viveiro de pastores. Quanto aos cônsules e escabinos do Midi que constituem a oligarquia municipal, detêm, por definição, importantes poderes locais. Podem, portanto, servir de anteparo local às sanções calvinófobas que emanam do poder real e da Igreja. De fato, por reflexo de elite, eles muitas vezes favorecem as idéias novas: em Pamiers, desde 1556, proíbem a entrada na cidade dos jesuítas, que qualificam de "formigueiros importunos e aborrecidos''. Os tabeliães, escrivães e outros amanuenses, ''práticos de toga longa e curta'', são portadores de uma pequena bagagem intelectual. Eles pululam no Sul: mesmo quando não freqüentaram a universidade, conhecem bastante bem a língua francesa, por certo misturada com a língua de *oc*. Aderem de bom grado à crença de Genebra. Na aldeia languedociana, especialmente nas Cévennes, o núcleo huguenote, por volta de 1560, reúne geralmente o tabelião, o senhor local, o *bayle* (pequeno juiz da região), o ex-cura ''renegado'', diversos artesãos e alguns lavradores.

Tratando-se agora dos corpos docentes e discentes, ou em termos mais tópicos, dos pedagogos e escolares, a realidade se mostra rica em contrastes. Em plena metade do século, esses meios fervilhavam de energia protestante. Ferviam também, embora em fogo menos ardente, os impressores e livreiros. Depois de 1560, contudo, o vento muda. Deve-se culpar a repressão ou o aperfeiçoamento das propagandas vindas da Igreja romana? Uma parte da Universidade, ''o povo soberano dos pedantes'', segundo a pouco amável expressão de Michelet, deixa-se conquistar ou reconquistar, em todo caso, pelo neocatolicismo de uma Contra-Reforma em pleno desenvolvimento. Os grandes e pequenos comerciantes, que em Montpellier assim como em Bordeaux são com freqüência de origem judia ou marrana,* têm mais do que complacência pela ''heresia''. Essa complacência se matiza de circunspecção entre os negociantes de envergadura internacional: seus vastos empreendimentos, com efeito, são vulneráveis às rupturas do tráfico, aos encarceramentos e outras conseqüências negativas das lutas religiosas e guerras civis. Enfim, os artesãos, sapateiros, cardadores de mão pegajosa, homens do têxtil e do metal e, num grau bem menor, os práticos da alimentação, constituem massa no grupo reformado: formam, além disso, os grandes batalhões do primeiro refúgio huguenote; uma trouxa de ferramentas faz as vezes de capital para os artesãos; fogem facilmente até Southampton ou Genebra para se pôr a salvo das vexações anticalvinistas. De uma maneira geral, os jovens, um pouco mais instruídos que os mais velhos e ademais bastante móveis, põem a serviço dos pastores uma falange que combate pela nova fé.

Por contraste, os bastiões de conformidade papista devem ser buscados do lado das multidões camponesas, rurais. Constituem 85% da população do reino. Permanecem, *grosso modo*, fiéis à Igreja estabelecida que, graças a elas, por efeito de lastro, tem a garantia de sobreviver. Pequenas regiões agrícolas, em Poitou e sobretudo nas Cévennes, passaram

(*) Marranos: judeus ou descendentes de judeus da Espanha ou de Portugal, convertidos ao catolicismo por coerção (especialmente por ocasião das perseguições e expulsões dos anos 1490) mas que permaneceram fiéis à sua primeira religião de maneira mais ou menos clandestina.

em bloco, entretanto, para a Reforma. Foram ''fortemente ajudadas'' nisso pelo ativismo protestante dos senhores e das minorias burguesas ou artesanais, situadas nos burgos e pequenas cidades próximas. É a aplicação oficiosa, em um contexto imprevisto, da máxima já citada *cujus regio, ejus religio*. As mulheres, como tais, permanecem ''em média'' mais conservadoras, mais apegadas à ''antiga religião'', a despeito da alta visibilidade de ativas militantes huguenotes, como Jeanne d'Albret ou Louise de Coligny.* Em conseqüência, cada um por seu lado, o segundo sexo e o mundo camponês resistem a Calvino.[11] O analfabetismo estimula essas resistências conjugadas.

No plano ideológico, o protestantismo francês dos anos 1560 adquire uma forma definitiva. Ela se cristaliza em torno das doutrinas de predestinação rígida, afirmadas sem trégua pelos proponentes do partido. Théodore de Bèze (1519-1605) está em posição espiritual e política para a sucessão de João Calvino, desde antes da morte desse mestre (1564). Bèze, fato característico, vem de um meio de funcionários borgonheses, parisienses, cultivados. No quadro francês, ele dirige, como guia dogmático, a minoria huguenote, depois da morte de Henrique II. Sabe negociar, ou mesmo conciliar, para obter os compromissos necessários que é preciso estabelecer de tempos em tempos com os católicos no poder. A vida tem dessas exigências. Em termos doutrinais, contudo, a flexibilidade já não é admissível: as teses ''bezianas'' são firmes. Elas enunciam a eterna presciência divina, em nome da qual Adão, antecipadamente perdido, condenado à morte eterna, petrifica-se, o miserável, ''em injustiça e mácula''. Entre os descendentes desse primeiro homem, alguns são ''eleitos''. Só os salva a graça de uma misericórdia gratuita, que Cristo lhes transmitiu. Austeras, tais teorias não são, entretanto, geradoras, *a priori*, de um puritanismo sexual de ressonâncias vitorianas. Ele surgirá em meio protestante francês apenas mais tarde. Essas teorias aumentam, em todo o caso, o desprezo inflexível dos huguenotes pela Igreja papista. Ela é acusada por eles de preconizar apenas ''obras'' derrisórias, e não a graça ou a fé, para assegurar a salvação dos católicos romanos.

Pode-se imaginar, essa idéia não é forçosamente imprópria, que a França teria sido suscetível, eventualmente, de oscilar inteira em direção do protestantismo, como fizeram a Saxônia e a Inglaterra um pouco mais cedo. (Mas, justamente, era ''um pouco mais cedo'', e as barreiras papistas ainda não estavam estabelecidas.) Uma ocasião ao menos parece

(*) Louise de Coligny (1555-1620), filha do almirante Gaspard de Coligny, defendeu na França, e depois nos Países Baixos, a causa protestante.

ter se apresentado, em março de 1562, quando o exército de Condé* teve, em poucas palavras, a possibilidade de raptar Catarina de Medici e o jovem Carlos IX. Assim, Condé, o huguenote, estava em condições, se passasse ao ato, de confiscar a legitimidade monárquica em benefício de seu partido. Mas tal rapto, supondo-se que houvesse ocorrido, o que não foi o caso, tinha alguma probabilidade de resultar em sucessos duráveis e numa adesão definitiva da França às idéias heréticas? Identificando-se estas progressivamente, nessa hipótese, e na linhagem de um putsch bem-sucedido, às legalidades reais, depois galicanas, depois geralmente eclesiais. De fato, "um golpe de Condé" iniciado dessa maneira teria provavelmente perpetrado novas convulsões. Elas teriam sido geradoras de imediato, e justamente por "contragolpe", de um grande partido ultrapapista e revolucionário, tal como será efetivamente a Liga... mas vinte anos mais tarde. A França, com efeito, era fundamentalmente católica, como parte beneficiária no espaço latino, tradicionalmente ligado à Igreja romana; esta estava menos intimamente ligada, em compensação, aos países anglo-saxões e ao mundo germânico para além dos *limes*, que são os materiais de base do protestantismo. Além disso, a feição de espírito radical e ultralógica dos intelectuais franceses exige que, desde a segunda geração do século XVI, a Reforma seja levada entre nós, pela iniciativa de Calvino, até extremos muito mais rudes que nos países de Lutero ou de Henrique VIII. Assim, no reino dos Valois, entre a velha Igreja conservadora com simpatias latino-romanas e os poderosos avanços revolucionários do líder picardo de Genebra, o fosso era demasiado profundo para que fosse possível uma adesão maciça das tradicionais estruturas clericais às inovações dos reformadores, uma adesão que nesse caso, provavelmente utópico, ter-se-ia desenrolado à imagem do que se passara, afinal de maneira feliz, em torno de Wittenberg e de Londres,** trinta ou quarenta anos antes.

Mesmo condenado pela força das coisas e sobretudo pela força dos homens a uma situação de minoria, o protestantismo francês dá provas, em certos meios de vanguarda, de um extraordinário vigor. Esse vigor

(*) Trata-se de Louis I de Bourbon, primeiro príncipe de Condé (1530-69) e autor de toda a linhagem dos príncipes de Condé. Foi um dos principais líderes protestantes das Guerras de Religião. Louis é o filho caçula de Charles de Bourbon, morto em 1537 (cujo filho mais velho foi Antoine de Bourbon, rei de Navarra, pai de Henrique IV e autor da série sucessiva dos reis da França, entre 1594 e 1848). Ver os quadros genealógicos.

(**) Wittenberg (na Saxônia) e Londres são os locais memoráveis da Reforma que será progressivamente batizada de "protestante"; ela foi respectivamente iniciada, em graus diversos, por Lutero em país saxão e por Henrique VIII na Inglaterra.

se deve, entre outros motivos, à surpreendente mescla de arcaísmo fecundo e de modernidade conquistadora exalada pelo pensamento de Calvino e de seus êmulos ou homólogos. Arcaísmo: a teoria, tão central, de uma predestinação rigidíssima permanece bastante estranha às nossas mentalidades contemporâneas (só se lhe encontraria em nossos dias o equivalente secularizado nas reflexões de certos pesquisadores partidários de um geneticismo primário). Ocorre, *a contrario*, que essa rigidez torturante, no século XVI, conquistava inúmeras pessoas cuja cultura, embora elementar, tinha um verniz de implícito agostinismo,* e estava penetrada de abandono à graça vinda do alto. Modernidade, por outro lado: a supressão calvinista das hierarquias episcopais, mesmo e sobretudo veneráveis, repercute como um cisma no epicentro eclesial dos velhos edifícios do Antigo Regime. Isso não desagrada a certas elites: uma cultura audaciosa, oriunda da Renascença, as predispõe, com efeito, à aceitação da mudança social, efetuada contra o conservadorismo dos clérigos.

Vigorosa minoria protestante, conseqüentemente. Mas também, todo o problema está aí, poderoso catolicismo majoritário. Bem longe de estiolar-se, a religião oficial do país dá demonstração de vitalidade aumentada. Na "França" de 1560, nas fronteiras que mais tarde se tornarão as suas, 16 milhões de almas rurais, pelo menos, quase não estão sujeitas aos fogos cruzados da alfabetização, da aculturação, e, *a fortiori*, da urbanização... Essas pessoas não pensam muito em renegar a habitual religião da aldeia. Ela lhes convém; é adequada ao tempo cíclico dos trabalhos agrícolas, inverno e primavera, colheitas e vindimas. Ela se apega a um culto dos santos, abominado, em compensação, pelos huguenotes. Esse culto hagiográfico ilumina e protege cada dia do ano, cada ramo de atividade profissional. Ainda hoje, na linhagem da antiga propaganda reformada, identificamos com muita freqüência os santos de campo ou de cidade aos pequenos deuses mal disfarçados de um paganismo outonal. De fato, a hagiodulia,** como o demonstraram pesquisas recentes, é o legado específico, autêntico, de uma cristianização aprofundada, tal como se efetuou no primeiro milênio, tanto no Ocidente como no Oriente. Assim equipado em tempos que já lá vão, com seus milhares de santos e seus milhões de fiéis, o imenso catolicismo francês do tempo dos três últimos Valois não tem nenhuma razão para abandonar a partida. Por que renunciaria ele ou, pelo menos, por que seus elementos mais determinados renunciariam ao monopólio quase total que, até o advento dos agitadores luteranos e calvinistas, exercia-se sem restrições sobre a unanimi-

(*) A teologia de santo Agostinho está baseada, com efeito, na idéia de uma onipotência da graça divina, em detrimento da liberdade humana.

(**) Hagiodulia: culto religioso que é prestado aos santos.

dade das consciências? O corpo místico não tem o gosto pelo suicídio, nem mesmo pela coexistência. E isso tanto menos que, a partir dos anos 1560, a Igreja católica experimenta em seu benefício, no reino, um claro movimento ascendente: logo ele se fará espetacular.

O clero sofre gravemente, por certo, com as ofensivas huguenotes. Além do mais, seus rendimentos, calculados em poder de compra a preços supostamente constantes, caem bem baixo, em razão das greves de dízimas, e em razão também da diminuição efetiva das colheitas. Ela está ligada de diversas maneiras às perturbações agrícolas acarretadas pelas guerras religiosas.

A despeito de tantos infortúnios, as premissas de um reerguimento espiritual (que acarretará todo o resto) não estão afastadas. As cidades que permanecem católicas, sobretudo quando se encontram em situação de fronteira confessional (é o caso de Avignon e Toulouse, circundadas ao norte, a leste e ao sul, segundo os casos, pela "heresia" no Delfinado, no Languedoc ou no Béarn), reagem piedosamente à prova que lhes inflige a proximidade protestante. Elas se encouraçam nas certezas da fé romana. No campo desse embate, essas tendências novas se traduzem por uma reforma (católica) das instâncias institucionais do clero. Ele parte em luta contra suas próprias fraquezas e doravante recusa o concubinato dos padres, a acumulação dos benefícios, a ordenação demasiado freqüente de clérigos incompetentes, a não-residência dos eclesiásticos, principalmente dos bispos. Um certo sucesso acabará por coroar tantos esforços. Os sermões, que evidentemente jamais haviam cessado, ganham em fervor, número, amplitude. Os próprios prelados, que outrora torciam o nariz para distribuir a boa palavra, põem-se a pregar. A pé, a cavalo, de liteira ou em lombo de mula, multiplicam, ainda que gotosos e idosos, as visitas pastorais. Não hesitam mais em se dirigir até as paróquias escarpadas ou perdidas de seu território diocesano. Como parece distante, já, a época no entanto tão próxima em que a escandalosa família dos Borgia desonrava o trono de são Pedro. A moral de inspiração divina se faz mais imperiosa que antigamente; recomenda às elites evitar a blasfêmia, a discórdia e a usura,* a fim de melhor praticar o fervor e a caridade. Os atos nem sempre acompanham os preceitos; estes, pelo menos, são energicamente formulados. A ética sagrada da renúncia, por seu lado, marca pontos. Certos cardeais, para edificar o povo, recusam a tradicional entrada festiva que outrora lhes era concedida, entre as moças bonitas, à porta das cidades. Henrique III irá mais longe ainda: por humildade cristã, re-

(*) A usura fora proibida de longa data pela Igreja; mas essa proibição era, havia muito tempo, amplamente violada ou contornada.

cusará o tapete real de genuflexão e a poltrona, atribuídos por privilégio específico ao soberano, quando este assiste ao ofício religioso em uma igreja. A Reforma católica (como bem notaram Jean Delumeau e Marc Vénard, não se trata simplesmente de uma Contra-Reforma) desenvolve-se no duplo plano da doutrina e das práticas. Por reação "lógica", louvam-se as imagens e relíquias que os huguenotes pretendiam destruir. Reforça-se o culto da Virgem, de bom grado dotada de imaculada conceição. Os sinais visíveis do mistério da Igreja são valorizados: recomenda-se a missa eventualmente cotidiana, assim como a confissão e a comunhão mais freqüentes. Coloca-se em gloriosa evidência o santo sacramento. Faz-se-lhe a ostensão nas ruas. No altar, é abrigado no cofrinho de um tabernáculo. Os faustos paganizantes e por vezes sanguinários da terça-feira gorda subsistem, por certo. A cidade de Romans conhecerá alguma coisa deles no ano de 1580. Mas os rigores da Quaresma que se seguem ao Carnaval são mais atentamente observados.

Não se exalta apenas um modelo de disciplina tirânica. Por diversas razões, entre as quais algumas se devem à influência protestante, mesmo implícita, tenta-se chegar ao autêntico despertar espiritual, centrado na vida interior e no exame de consciência. A Igreja militante, por sua vez, retoma a coragem e "muda de pele". A associação dos penitentes alinha na cidade os desfiles de confrades de cogula. Os jesuítas, mestres em pedagogia, fundam seus primeiros colégios,* onde logo será formada a elite governamental e sacerdotal. Os livros piedosos são impressos aos milhares de exemplares até nas cidades de província. As peças de teatro religioso e, num registro cruel, as execuções ostentatórias de huguenotes, precedidas se possível de atos públicos de arrependimento, atraem multidões e com freqüência as confirmam na fé romana, herdada dos antepassados. No plano menos eminente, uma religião pânica autoriza por vezes os massacres, ou mesmo os pogroms antiprotestantes (Wassy, 1562) e anticatólicos ("Michelade"** de Nîmes, 1567). Ali onde subsiste um grupo judeu, por exemplo, na região vauclusiana, ele é singularizado como contra-exemplo vivo e condenado a um aumento de discriminação, em razão de um catolicismo cada vez mais pedagógico, que denuncia os israelitas como assassinos do Salvador.

(*) Na França, o primeiro em data é o colégio de Clermont, em Paris, que adquire seu pleno desenvolvimento a partir de 1564.

(**) Em outubro de 1567, inúmeros católicos (padres e leigos) foram mortos na corte do bispado de Nîmes, por seus adversários protestantes.

# 7
# O CONFLITO CONVIVAL

A França de 1560 compreende duas Igrejas estabelecidas, minoritária e majoritária, huguenote e papista. Elas se defrontam com determinação. Nessa circunstância, que linha deve seguir o Estado? Vai aderir às idéias protestantes? Tal escolha seria quase inconcebível, mesmo que alguns, até nas cúpulas do poder, Catarina inclusive, tenham algumas vezes jogado com uma hipótese desse gênero. Em sentido contrário, o Estado deverá adotar uma atitude intolerante, ultracatólica? Ou então, última opção possível, desempenhará ele um papel conciliador perante as ''religiões'' contraditórias? Assim se apresenta a alternativa: ser duro ou mole, falcão ou pomba, duque de Guise ou chanceler De L'Hospital... A questão permanecerá muito tempo atual: o confronto católico-huguenote, seja ou não sanguinário (isso depende dos períodos), começou desde 1520; exacerba-se por volta de 1560; prosseguirá, sob formas variadas... até o século XVIII, mesmo que tenha de mudar de procedimento e baixar um tom, depois dessa última época.

A linha dura, a das opressões puras e simples, já foi seguida, bem antes de 1560, sob Francisco I, durante a segunda parte do reinado, e sobretudo sob Henrique II, prolongado nesse ponto por Francisco II (de fato, esse régulo efêmero deixava agir os Guise, extremistas e onipotentes em seu alto Conselho). Muito mais tarde, Luís XIV ressuscitará a política perseguidora, com temível eficiência, no tempo de seu poder pessoal (1661-1715). Reis destruidores de calvinismo, portanto! Neles, a rudeza da fobia protestante é quando muito atenuada, matizada pelo galicanismo. Estão longe, com efeito, de dar adesão integral às posições do Vaticano: para dizer a verdade, para o calvinista queimado ou enforcado, é pequeno o consolo de se saber morto por causa da uma Igreja galicana toda devotada ao soberano, e não por um clero que estivesse estritamente centrado na autoridade romana.

De resto, caracteriza-se uma outra atitude, mais branda: é feita, por certo, não de ''tolerância'' (a palavra seria prematura), mas de coexistência, afinal extraordinariamente conflituosa, e que pode mesmo se transformar, por momentos, nas guerras frias, ou até quentes! Pode também, em períodos mais risonhos e sobretudo mais tardios, evoluir para o autêntico apaziguamento: assim será durante os últimos anos do Antigo Regime. A estratégia da coexistência é, portanto, rica de múltiplas variantes. Tomada em bloco, contrasta, porém, com as fases de perseguições premeditadas, no estilo violento de Henrique II ou de Luís XIV. Ela foi implicitamente inaugurada, embora às cegas, por Francisco I, durante a porção inicial do reinado, à qual o caso dos cartazes, em 1534, devia pôr fim. Foi retomada, desta vez no plano oficial e legislativo, 26 anos depois, por Catarina de Medici, e em seguida por Henrique III, por Henrique IV, evidentemente, e enfim por Luís XIII (não sem guerras). Passada a glaciação sob Luís XIV, as tendências relativamente conciliadoras emergirão novamente na época de Luís XV (não sem oscilações) e, bem entendido, no tempo de Luís XVI. Nota-se com interesse que Catarina de Medici, que com a morte de Francisco II detém o poder real, é precisamente a iniciadora durável desse comportamento de coexistência. Antes da dama italiana, ele fora esboçado apenas oficiosamente por Francisco I, e depois abandonado durante a própria vida desse rei.

Como explicar o surpreendente espírito de permissividade (relativa, sem dúvida) demonstrado por Catarina em relação ao mundo huguenote quando, em 1560, depois da morte de seu filho Francisco II, ela toma enfim as rédeas do governo? Que diferença, em comparação com Henrique II, o intolerante! Evidentemente, nem tudo se deve, no caso, apenas à personalidade da "governante do reino". No aparelho do poder, muitos funcionários* alimentam simpatias por uma reforma do clero, efetuada do interior ou do exterior. Esses homens acompanham Catarina, que se tornou chefe da monarquia, no caminho de uma ação que se pretenderia convival. Seu peso administrativo faz pender a balança várias vezes em favor de um compromisso negociado; eles o julgam preferível às penas de fogueira, de forca, aplicadas à heresia.

Isso posto, o papel específico, e mesmo dirigente, da viúva de Henrique II permanece incontestável. Sobrinha de dois papas, Leão X e Clemente VII, quando muito contemporâneos das primeiras perturbações luteranas, ela bebeu, jovem, das fontes da sensibilidade renascentista que ainda não haviam sido poluídas ou esgotadas pelos efeitos desastrosos do

(*) O chanceler De L'Hospital é o protótipo desses funcionários tolerantes. A toga de Igreja, representada no alto Conselho de Catarina, oferece também, por seu lado, exemplos de bispos moderados, hostis às faltas da Igreja católica, eventualmente compreensivos com certos aspectos da Reforma (entre esses prelados, citemos os de Vienne, de Valence e de Orléans, respectivamente Marillac, Jean de Monluc e Morvilliers).

saque de Roma (1527). Entre os protótipos de tal sensibilidade, classificavam-se o tio Clemente VII e, de modo mais geral, a família Medici, esta de maneira nenhuma dogmática, aberta à Antiguidade sorridente tanto ou mais que aos regulamentos de um cristianismo convencional. Bicultural, tendo vivido anos com seu esposo e a amante deste em um ménage à trois, Catarina enfrenta com toda a disponibilidade os problemas de coabitação. De bom grado antiespanhola, não tem mais que um gosto mitigado pela beatice militante que, sob influência ibérica e rótulo inquisitorial, invade a península italiana, esperando, com sucessos variados, realizar a mesma tarefa no território dos Valois. Tornando-se, desde a idade de catorze anos, profundamente francesa, a mulher de Henrique II tomou-se de admiração por seu sogro Francisco I: identifica-se, portanto, contra Roma, com as reivindicações emitidas pelo nacionalismo galicano.

Enfim, por volta de 1560, as posições que, por força das circunstâncias, ela ocupa na rede cupular das influências, tendem a incliná-la para estratégias de abertura: se Catarina pretende tomar o poder, ou pelo menos adquirir um poder, e Deus sabe que ela é ávida disso, precisa chocar-se com a antiga equipe que se reunira anteriormente em torno de Henrique II e de Diane de Poitiers. Ora, tal equipe, *alias* "velha Corte", formada especialmente pelos Guise, o marechal de Saint-André e Montmorency, distinguira-se muitas vezes nas primeiras fileiras da repressão antiprotestante. Para tirar desses "triúnviros" as alavancas de comando, é indicado, até certo ponto, adotar o contrário de sua política perseguidora. Os caminhos de brandura, afinal, tornam-se desejáveis, se não sempre praticáveis.

O ano de 1561, que se intercala entre a morte de Francisco II e o massacre dos protestantes em Wassy, é por excelência o da escolha; pode-se sonhar, então, com uma França que oscilasse, que se tornasse oficialmente protestante. Quimera? Mais seriamente, os campos em confronto aparecem com uma notável nitidez: Catarina conseguiu romper o círculo em que a encerravam os Guise. Ela corteja os protestantes: pergunta-se mesmo, em extravagantes acessos, se não é chegado o momento de deixar derivar a monarquia para o campo huguenote, a tal ponto este se reforça e parece ter um futuro de sucesso. Centenas de igrejas reformadas, com efeito, são bruscamente estabelecidas em todo o território durante uns poucos anos que se seguem a 1558, quando a "heresia" sai enfim do "cartaz" e da clandestinidade em que a encerrara, como um diabo em sua caixa, a repressão de Henrique II.

Ao multiplicar, de 1561 a 1563, os editos de semitolerância,* admirável inovação em relação ao comportamento rigoroso do fim do reinado de Francisco I e de Henrique II, Catarina não cede apenas às tendências lógicas de sua própria piedade, pouco formalista e dogmatizante. Age também em harmonia real, embora momentânea, com seu chanceler, Michel de L'Hospital, que ela precedeu, de resto, em termos de legislação, no caminho de uma coexistência interconfessional. L'Hospital encarna as tendências conciliadoras e o justo meio-termo de uma grande parte do aparelho estatal e judiciário da França: ou seja, esses 11 mil ou 12 mil funcionários dos quais, em princípio, como depositário dos Selos, ele é o chefe e o orador titular, o Mentor e o Estentor.

A própria carreira de L'Hospital desperta o interesse. Homem do sistema, nascido na alta plebeidade burocrática e médica, foi protegido — assim se explica sua ascensão — por vários membros e grupos da família dos Capetos, em sentido amplo, sendo esta a *ultima ratio* das redes faccionárias desse tempo. O pai do futuro chanceler trabalhou muito tempo a serviço dos Bourbon, caídos o mais baixo possível pela desgraça do condestável, e destinados a uma recuperação posterior cujo belo apogeu final se conhece (Henrique IV, Luís XIV...). L'Hospital, pessoalmente, soube atrair a benevolência de Marguerite da França, irmã de Henrique II e filha de Francisco I. Boa católica, ela é pródiga, contudo, em amabilidades sinceras em relação aos protestantes. L'Hospital, por outro lado, está ligado aos Guise, como cliente e amigo das damas dessa família, entre as quais Anne d'Este, esposa do duque de Guise e filha de Renée de Ferrara (humanista e calvinófila, nascida de Luís XII). É mesmo essa proteção dos Guise que, chegado o momento, serve de trampolim a L'Hospital, em suma, faz dele chanceler, sem que se torne por isso católico de primeira linha. Escritor, poeta latino, L'Hospital é um evangelista de tipo erasmiano. Coloca a unidade dos cristãos acima das querelas partidárias entre papistas e huguenotes. O Estado real tem para ele vocação leiga, e deveria manter-se acima das querelas de religião. Faz aliança tática, e desejaria torná-la estratégica, com essas porções da nobreza e do Terceiro Estado que sofrem a influência protestante. Em sua companhia, nos Estados Gerais reunidos em 1560 e 1561, tenta recuperar, por meio de vendas efetuadas em benefício do Estado, uma parte dos bens do clero. Esse ato (pálida e distante imitação de Henrique VIII da Inglaterra que liquidou de uma só vez os bens dos mosteiros)** concilia com o grupo di-

(*) Entre os editos e outros textos oficiais de mesma tendência ''liberal'', citemos a declaração de janeiro de 1561, redigida pelo chanceler De L'Hospital; o edito de abril de 1561; o edito (bastante mitigado) de julho de 1561; o edito de janeiro de 1562; o edito de Amboise, de março de 1563.

(**) A dissolução dos mosteiros por Henrique VIII, seguida da recuperação e da venda

rigente os huguenotes e os católicos moderados; eles desejam que uma Igreja honrada, desembaraçada do supérfluo, contribua de seu próprio bolso para salvar a França e salvar a si própria. No colóquio de Poissy (setembro-outubro de 1561), L'Hospital e a rainha-mãe (bastante complacente com as idéias huguenotes nesse tempo, assim como seus filhos) tratam de estabelecer o diálogo entre os teólogos ou sumidades dos dois lados; padres e ministros; cardeal da Lorena (ainda um Guise) e Théodore de Bèze (huguenote). O caso tropeça (especialmente) na presença real de Cristo na Eucaristia; o simples questionamento desse dogma, pelos esforços de Bèze, basta para fazer denunciar o sacrilégio pelos cardeais de Tournon sobretudo e da Lorena, logo apoiados pela Espanha, os jesuítas, o papado. Isso não impede que, durante a maior parte de 1561, Catarina e L'Hospital consigam organizar uma espécie de união nacional, união certamente sem amor, representada até os mais altos postos do Estado, onde têm assento os ultracatólicos (Guise), os moderados (L'Hospital) e os protestantes (Coligny, Odet de Châtillon). Surpreendente coabitação católico-calvinista. A situação parece aberta. Às portas de Paris, em 1561, o culto huguenote é praticamente livre. As tensões, porém, são fortes. Tensões teológicas: o que quer que pense ou espere Catarina, não se conciliam a água e o fogo, a presença real ou a ausência vazia na Eucaristia. Tensões sociológicas: as comunidades rivais se confrontam e já se matam mutuamente em nome dos dois *Credo*; os bens da Igreja, postos na balança, alimentam a rapacidade dos leigos e a frustração dos clérigos. As ameaças de sublevação camponesa surgem no Sudeste. A frágil reconciliação entre os dois campos se rompe por ocasião do massacre de Wassy (março de 1562), espécie de pogrom antiprotestante, conduzido pelos soldados do duque de Guise, em sua presença e em suas próprias terras. No fim de março de 1562, o destino do reino e da Igreja, e mesmo a legitimidade, estão apenas por um fio. Esta última precisa ser conquistada! Condé e os huguenotes teriam podido, na época, apoderar-se de Carlos IX, assim como da rainha, com o consentimento desta, e talvez fazer oscilar a nação, ao fim, para o campo protestante. Na falta de clarividência ou de decisão, perdem essa oportunidade. A história não serve duas vezes pratos dessa espécie. Guise, sim, agarra a fortuna pelos cabelos. Dá toda a oportunidade ao catolicismo francês que, com efeito, sairá semivencedor da prova, embora coberto de feridas profundas. A 31 de março de 1562, sob guarda armada, guisardos encaminham a Corte, a rainha e o rei, praticamente prisioneiros, para a capital. É um pouco o destino que terão Luís XVI e sua família, arrancados de Versalhes em 5 e 6 de outubro de 1789, para ser instalados à força em Paris. Mas Catari-

de suas vastas riquezas pelo Estado, foi um dos atos primordiais da Reforma religiosa e política na Inglaterra, especialmente em torno de 1536-9.

na não é Luís Capeto; na falta de impedir o putsch parisiense ou guisardo, enreda-o.

Depois de março de 1562, os protestantes franceses, progressivamente apoiados por Londres,* encontram-se separados do governo real; são obrigados, desde Wassy, às rebeliões, e isso tanto em Orléans como em Rouen. Para dizer a verdade, querem apenas se revoltar. Para impedir a junção dos calvinistas com os britânicos, o forte exército real (30 mil homens) sitia vitoriosamente a Rouen huguenote (outono de 1562). Ambivalente como sempre, Catarina faz o ataque sob as muralhas contra os artesãos huguenotes da cidade, formados para a batalha nas seteiras. Às ocultas, porém, ela sonha com reconciliação. Os sucessos católicos em Rouen, depois em Dreux (dezembro de 1562), mas também a morte violenta ou o cativeiro dos principais chefes papistas, *alias* "triúnviros" (Guise, Saint-André, Montmorency), permitem, por enfraquecimento do extremismo, um certo retorno à paz e aos ideais de L'Hospital, em 1563. A regente, mais uma vez, honra a tolerância, ainda que mitigada, em relação aos huguenotes (edito de Amboise, 1563). Os chefes protestantes retomam lugar no alto Conselho, ao lado das duas facções católicas, a rígida e a branda.

Esses dois anos de guerra, fria, depois quente (1561-2), têm pelo menos o mérito de aclarar os componentes e direções dos partidos em confronto. Enquanto o Estado de justiça, com Catarina e L'Hospital, esforça-se em manter, não sem solavancos, o meio da estrada, os protestantes, ou seus "braços armados", radicalizam-se um pouco. Na base, encontram-se suas 1,4 mil "igrejas erguidas" do começo dos anos 1560,[1] cifra máxima; inúmeros dos partidários destas detêm um mínimo de alfabetização, de meios materiais e de posição social.

Geograficamente, o "quarto crescente huguenote" está já desenhado em um Midi concebido de maneira ampla, um tanto protegido das repressões conduzidas pelo Parlamento parisiense ou das incursões demasiado freqüentes do exército real. Esse crescente fértil vai de La Rochelle a Montpellier, passando por Agen; remonta em seguida de Nîmes a Grenoble, ou mesmo a Lyon. Penetra amplamente nas Cévennes; mas abandona às velhas idéias católicas o conjunto do Maciço Central e também a Bretanha, sendo ambos poupados pelo novo culto, em razão do isolacionismo e do primitivismo infértil, típico das zonas graníticas e das regiões isoladas. Grande diferença, por outro lado, em relação ao século

(*) Em setembro de 1562, Elisabeth concede um forte apoio em homens e em dinheiro aos chefes huguenotes; ela é motivada pela preocupação de vir em socorro da Reforma francesa, mas também pela esperança (publicamente demonstrada) de recuperar Calais.

XVII: o crescente huguenote do Midi, no hexágono, não está isolado na França, ou não ainda. O médio Loire, principalmente o Orléanais, permanece (não por muito tempo) uma rua dos ministros; a Normandia continua a tornar-se huguenote. Orléans, Caen, Rouen são, portanto, bases protestantes e muitas vezes ensangüentadas, no início das Guerras de Religião (1562).

À frente do partido reformado, encontra-se uma parcela da família dos Capetos (os Bourbon-Condé) e alguns grandes senhores, eventualmente dotados de alianças reais: entre eles, os La Rochefoucauld, os Rohan e sobretudo os Châtillon-Coligny; estes são sobrinhos dos Montmorency, dos quais um dos rapazes, François, uniu-se aos Valois por meio de um casamento com Diane da França, bastarda de Henrique II.

Os Bourbon-Condé encarnam, como descendentes laterais de são Luís, uma certa legitimidade monárquica; fazem vantajoso contraste com o "feudalismo" semi-estrangeiro dos Guise, esses lorenos que se pretendem descendentes de Carlos Magno. A família dos Bourbon é dotada de várias "cabeças": o mais velho, Antoine de Bourbon, rei de Navarra, flertou, quase tanto quanto sua esposa Jeanne d'Albret, com a "heresia". Mas ele, em termos culturais e políticos, é um instável: acalenta sempre a esperança de ter novamente a posse de seu reino navarrês, além dos Pireneus, que foi "roubado" em 1512 pelos espanhóis.* Na perspectiva de agradar com esse fim o piedoso Filipe II, Navarra abandona então, desde o início do reinado de Carlos IX, as veleidades protestantes: volta com armas e bagagens para o regaço da Igreja romana. Jeanne d'Albret, em compensação, torna-se decididamente calvinista; observamos que converteu autoritariamente seu Béarn à fé huguenote, com base no ilustre princípio "Dize-me quem te rege e eu te direi qual é tua religião". Ela oferece à Reforma seu filho Henri, futuro Henrique IV. Enfim, Louis de Bourbon, príncipe de Condé, irmão caçula do rei de Navarra, é calvinista também, mas influenciável. Terno com as damas, nem sempre tem a firmeza de velho romano que seria indispensável a um líder nato das facções huguenotes. Mas esse guerreiro corajoso soube dar ao partido protestante sua primeira estrutura militar. Redourou o brasão político e guerreiro dos Bourbon, bem manchado depois da traição do condestável. No grande reerguimento da linhagem bourboniana (que será definitivamente consagrada em 1589-94 pela elevação ao trono de Henrique IV), Condé constitui, portanto, um elo ou um auxiliar capital.

De fato, Condé assegura em primeiro lugar uma transição. Depois o almirante de Coligny, no decorrer do ano crucial (1562), torna-se o ver-

(*) Mais precisamente, lembremos que Fernando, o Católico, em 1512, tirou de Henri d'Albret toda a alta Navarra, deixando daí em diante aos Albret apenas a baixa Navarra, situada ao norte dos Pireneus.

dadeiro chefe do partido huguenote. Por Montmorency, de quem é sobrinho, ele está ligado à linhagem real. Uma outra aliança o associa aos Bourbon, já que sua sobrinha Eleanore de Roye desposou Louis de Condé. Coligny é um intelectual de qualidade, bom latinista, homem de reflexão e de ação; está consciente das tristes necessidades da guerra civil. Elas obrigam seu partido "rebelde" a pactuar com a Inglaterra elisabetana. O almirante proporciona às igrejas protestantes uma preciosa competência guerreira: desde o reinado de Henrique II, ele era um dos chefes do exército real. Tem, entretanto, de enfrentar um adversário forte: tratando-se de exército, os católicos inflexíveis e os partidários dos Guise estão providos, com efeito, de amplos meios. O duque de Guise e o condestável de Montmorency, ambos alérgicos à heresia, comandam oficialmente as tropas do monarca; isso confere aos dois, desde o início, uma vasta superioridade em relação aos bandos protestantes: estes são recrutados apenas aqui e ali, na nobreza simpatizante, no voluntariado francês, entre os mercenários germânicos. Além do mais, os Guise contam com o devotamento dos Parlamentos. Enfim, como vantagem suplementar, o cardeal da Lorena, irmão do duque de Guise, é um dos principais dirigentes da Igreja da França. Esta, em sua maioria, apóia principalmente o campo do ultrapapismo (apesar da inegável influência de bispos moderados como Jean de Monluc e Morvilliers).* As clientelas do catolicismo extremo são imensas; apóiam-se em uma maioria silenciosa, nos campos e em um grande número de cidades. Esta, atacada no ponto fraco pelo escândalo que constitui em si a existência de um culto concorrente, deseja apenas despertar. Desde já, no começo do reinado de Carlos IX, surgiram certos embriões de ligas papistas: no plano nacional, é o "triunvirato" (Guise, Montmorency e Saint-André). No plano regional, o guerreiro Blaise de Monluc, partidário francês de Filipe II, galvaniza a energia católica em um Sudoeste onde muitas vezes os huguenotes infiltraram-se.

A paz, contudo, está de volta por alguns anos, a partir de 1563. O Estado pode então exercer novamente uma de suas vocações normais, que é restaurar mais ou menos a concórdia civil, por conciliação entre os reais, os huguenotes, os integristas. Nessa situação de distensão, os 27 meses de viagem, ou "volta da França", iniciados a 24 de janeiro de 1564, no

(*) Jean de Monluc (1508?-79), bispo de Valence, é um católico moderado, diferentemente de seu irmão, o marechal Blaise de Monluc, mais comprometido com a causa da Igreja romana. Jean de Morvilliers, bispo de Orléans, é de origem togada, também ele católico conciliador.

decorrer dos quais Catarina apresenta a seu filho Carlos IX um grande Estado, constituem por si só um acontecimento pacífico e importante, um revelador ou um analisador da atitude dos súditos em relação à monarquia e vice-versa. A Corte, acompanhando o jovem soberano, deixou Paris; depois avançou para o Leste, via Troyes, para chegar a Bar-le-Duc; dali, caminhando para o Sul, desceu ao longo de Saône e Rhône; por Montpellier, Carcassonne e Toulouse, atravessou o Languedoc, sob os rigores do grande inverno de 1565. Uma estadia em Bayonne constitui a etapa controvertida: os contatos entre o governo francês e a Corte da Espanha, encontrada nessa ocasião, supostamente preparam, segundo os huguenotes, o massacre do São Bartolomeu. Afirmação falsa, mas premonitória. Depois de Bayonne, através das Charentes, a realeza, sempre ambulante, sobe novamente para as regiões ligerianas e o Bourbonnais. O retorno a Paris se dá na primavera de 1566. Consideradas as idas e vindas, caminharam-se ou cavalgaram-se quase 4500 quilômetros. Governou-se pela presença, viajando, locomovendo-se um dia a cada dois. É a maneira tradicional de exercer o poder, não muito diferente dos comportamentos girovagantes de um Carlos V ou mesmo de um *mulay* Hassan, sultão do Marrocos de 1873 a 1894. O povo francês observado por uma Corte itinerante tornou-se coleção de trajetos, de províncias, de cidades: estas se impressionam tanto mais quanto se tem pouco tempo a consagrar a cada uma delas. O turismo (voltado para a Antiguidade) não é negligenciado, a crer em Boutier, Dewerpe e Nordman, excelentes cronistas desse deslocamento.

Por uma vez, a Corte ultrapassa o trinômio usual de seus passeios, composto até então pelos eixos da Normandia e da Champagne, assim como pela viagem do Loire. Transporta-se, por algumas estações, para as religiões de *oc* (provençais, languedocianas, aquitanas), "ameaçadas" em graus diversos pela penetração protestante. A Corte esforça-se em apreender fisicamente o reino; considera-o *a priori*, pelo exame de alguns mapas ainda bem primitivos, sob a forma de um losango ou de um quadrado (pois o hexágono como tal ainda está por nascer). Alguns sabem mesmo que ali subsistem pelo menos 16 milhões de pessoas (na realidade, quase uns 20 milhões, pelo menos no quadro anacrônico das fronteiras francesas de hoje).

Paradoxalmente, esse "quadrado" francês, durante a visita, constitui o objeto, segundo os textos da época, de uma "viravolta"; é uma "ronda", um giro considerado como circular, em virtude do que Catarina e Carlos "marcam" o território nacional e balizam por sua vinda as fronteiras sensíveis do Estado: elas se avizinham da Lorena, Savóia, Espanha... A Corte em viagem é uma grande cidade sem raízes: demograficamente, tem já as dimensões que conservará nos séculos seguintes. Quinze mil cavalos, 10 a 15 mil indivíduos (dos quais três quartos do sexo masculino) levam com eles os divertimentos de uma classe ociosa em viagem, assim como uma considerável exigência de abastecimento... e as epidemias (entre as quais a peste, ao longo do vale do Rhône).

As estratégias do Estado, fixo ou móvel, pouco variaram. Por certo, já não é o tempo em que Catarina e os seus, por sinceridade ou por brincadeira, exibiam simpatias pró-huguenotes (esse era o caso em 1561). O braço da balança, nas cúpulas do poder, pende agora para o catolicismo, mas a política governamental visa sempre tornar possível um mínimo de coexistência entre as facções religiosas, no espírito do edito de Amboise (março de 1563). Marcando o retorno (provisório) à paz, esse ato oficial autorizava, em princípio, o culto huguenote entre os senhores *haut-justiciers* que manifestassem esse desejo, e em uma única cidade por bailiado. Trata-se também, para as pessoas de posição, de navegar entre as grandes coalizões principescas ou senhoriais: a dos Guise, poderosos no Leste; a dos Bourbon (calvinófilos), influentes na Picardia, Normandia e no Sudoeste; a dos Montmorency, entrincheirados no Languedoc, mas também no coração do velho domínio capeto, entre Orléans e Soissons. A rainha-mãe soube (nesse momento) desembaraçar-se dos extremos: afastou do Conselho, no começo de 1564, os Guise, integristas; e os Châtillon-Coligny, huguenotes. Com isso ela fica, pensando bem, apenas mais isolada, por contraste com Henrique II, que fazia coabitar as facções contrárias e as utilizava em seu benefício, ou então uma contra a outra. Instalado no centro-direita, o partido "catarinista", inabalável no poder, serve-se de prelados e de togados moderados (L'Hospital, os bispos Monluc e Morvilliers, ele próprio filho de procurador). Esse partido dominante tem razoável reforço de grandes senhores que permaneceram centristas ou voltaram a sê-lo (o cardeal de Bourbon, Montmorency). As combinações que assim se dispõem dão cada vez mais importância ao aparelho já criptoministerial dos secretários de Estado (Laubespine, os dois Robertet), inteiramente oficializados desde Henrique II; a quadriga secretário-estatal deixa de satisfazer-se com as posições subordinadas e de pura execução que, no decorrer da década anterior às guerras civis, pareciam ainda ser as suas.

O governo girovagante tira sua força de uma semi-unidade vagamente reencontrada; mas é fraco, pois está isolado entre o martelo dos Guise e a bigorna huguenote. Delega os marechais da França e alguns comissários a diversas províncias, para fazer reinar a justiça e para desativar os conflitos entre confissões rivais; os povos acomodam-se mais ou menos a tudo isso até que surja, na curva de uma etapa da viagem, a presença corporal e terapêutica do próprio rei. Nesse primeiro terço do reinado, Carlos IX, com meios materiais miseráveis e meios simbólicos consideráveis, vira-se mais ou menos para manter uma paz precária em seu reino. A ambivalência, porém, permanece de regra. Pacifica-se, sem dúvida. O Estado, provido de meios insuficientes, desejaria erguer-se acima das facções poderosas, agressivamente motivadas. Mas, simultaneamente, existe a tentação de acabar de uma vez por todas com a agitação protestante, iniciadora dos primeiros distúrbios. Por que não matar alguns dirigentes na cúpula, a fim de evitar um massacre na base? Dez mil rãs não valem a cabeça de um salmão, diz-se na época. O salmão é Coligny, naturalmente, mas o cálculo se revelará errôneo: no são Bartolomeu, uma vez lançado, matar-se-á sem enumerar.

Quaisquer que sejam as perspectivas, já próximas, do futuro massacre,[2] encontramo-nos ainda, com Carlos IX, e por muito tempo, em uma situação "pré-copernicana". O Sol continua a girar em torno da Terra: o rei borboleteia nas orlas de seu reino, a fim de se fazer honrar, respeitar, obedecer, se possível, pelos súditos. Sua efígie reveste sucessivamente, por ocasião de dezenas de entradas urbanas, e nos termos das imagens que o acolhem ou o acompanham, as figuras bíblicas de Davi abatendo Golias, de Salomão, de Josias contra o ídolo Baal, de Josafá combatendo os moabitas. Os católicos não se aborrecem com essas comparações; os protestantes, apaixonados pela Bíblia, delas fazem também suas delícias. Saltando do Antigo Testamento ao Novo, e do chefe israelita ao rei muito cristão, Carlos, ao longo de todo o caminho, toca milhares de escrófulas. Exprime, assim, um carisma que não deixa indiferentes nem o povo miúdo nem a elite. Ele faz saber *urbi et orbi* que governa "por piedade e por justiça", uma engendrando a outra. Não contente com as tradições judaico-cristãs, chama em seu socorro (ou pelo menos a "publicidade" se encarrega disso por ele) os heróis da mitologia grega: ei-lo convertido, na iconografia das entradas festivas, em Perseu libertando Andrômeda, Teseu exterminando o Minotauro, Hércules matando Cérbero.

A história romana o apresenta sob os traços dos bons imperadores que souberam terminar ou impedir a guerra civil: Augusto, Antonino Pio, Trajano, Alexandre Severo. Por outro lado, tenta-se romper de uma vez por todas com as estruturas imperiais, pois o perigo Habsburgo não está de modo algum exorcizado: Carlos será então, eventualmente, um rei gaulês de fantasia, batizado Parisius ou Lugdunus; ou mesmo Hércules gaulês, vigoroso e humanista. A história da França evoca em sua intenção Clóvis, evidentemente (em razão do batismo), Carlos Martel e Carlos Magno (contra os sarracenos e os saxões idólatras), são Luís... e mesmo Raimond de Toulouse que partia para a cruzada.

Essas redundâncias metafóricas suprem o melhor que podem a falta das forças militares de que sofre sempre a monarquia. Carlos procede igualmente por ordenações que indicam a direção lógica e futura do poder, na falta de serem realmente aplicáveis de imediato: determina a residência aos governadores, assim como aos bispos, e recupera a arrecadação das talhas; pretende arrogar-se, nas cidades, a designação dos magistrados municipais. A moda de governo por grandes viagens, ornadas de propaganda simbólica e de ordenações, durará até o início dos anos 1660. Será, enfim, a revolução copernicana: o Rei-Sol se colocará em toda a glória e quietude no centro de seu Estado. As mutações de órbitas serão totais: doravante caberá aos cortesãos e mesmo aos súditos girar em torno de Sua Majestade, mas não o inverso...

# 8

# O PONTO SEM RETORNO

Ainda não chegamos lá. Em setembro de 1567, a paz precária que durava havia quatro anos se dissipa em fumaça. Desde 1566, os huguenotes (que, de seu lado, nem sempre se mostravam isentos de reprovação) eram vítimas de sangrentos ataques em Pamiers. Guardam rancor aos católicos por isso. Sobretudo, temem a ameaça das tropas espanholas, os famosos *tercios*;* elas marcham ao longo das fronteiras do Norte e do Leste sob o comando do duque de Alba;** estão destinadas, em zona flamenga, a reprimir a revolta calvinista, independentista, iconoclasta. Mas bem poderiam ajustar suas contas, além disso, com os calvinistas do reino. Os protestantes da França têm medo igualmente das tropas suíças a soldo de Carlos IX. Em princípio, elas devem vigiar ou "marcar" os soldados de Madri; contudo, são suscetíveis, eventualmente, de voltar-se por sua vez contra a "heresia". Para o outono de 1567, os chefes reformados, Coligny e Condé, decidem uma ação, preventiva aos seus olhos, agressiva segundo os seus inimigos. Perto de Meaux, empreendem capturar a rainha-mãe e o jovem rei, com a habitual esperança de confiscar assim a legitimidade monárquica. Velha idéia, novo malogro. O caso de Meaux falha, mas provoca a retomada das hostilidades, breve e rude. Confiante na rede das cidades e nobrezas recém-filiadas, e também nas amizades protestantes da Alemanha, o partido huguenote, pois doravante existe um, consegue a façanha de recrutar 30 mil combatentes, entre franceses e mercenários germânicos. Estes como aqueles se opõem ao establishment e à força católicos. Um e outra incluem (além do exército regular ou o que

(*) O *tercio* é o núcleo do exército da Espanha, formando um terço deste, e composto de espanhóis, não de mercenários estrangeiros.

(**) Fernando Alvarez de Toledo, duque de Alba (morto em 1582), grande homem de guerra espanhol, ficará tristemente célebre pela dura repressão que mostrou contra o protestantismo e o independentismo nos Países Baixos.

lhe faz as vezes) os Guise e mesmo Catarina. Furiosa com o golpe de Meaux, ela retratou-se das veleidades protestantes que alimentava em 1561. Os huguenotes se opõem também a personagens importantes que se recrutam na minoria católica da linhagem Bourbon (como Montpensier) e na clientela dos Montmorency (Cossé, por exemplo).

A segunda Guerra de Religião (setembro de 1567-março de 1568) acompanha-se da proposição de um novo programa: os príncipes reformados exigem imperativamente que se reúnam os Estados Gerais, como prólogo de uma realeza mais "controlada", no estilo dos "monarcômacos" da década seguinte. A reivindicação política une-se, assim, às exigências religiosas. Tais desejos são de grande alcance. E vê-se eclodir, nos anos 1570, o que logo se tornará o território semiprotestante das Províncias Unidas do Midi. Assiste-se também ao fim de uma (breve) época: pela última vez, com efeito, a Bacia Parisiense (do Vale do Loire às fronteiras do Leste, passando pela Île-de-France) constitui ainda para os huguenotes uma aposta estratégica e geográfica. Mais tarde, no decorrer das guerras seguintes, o protestantismo deverá concentrar-se em suas bases meridionais: daí em diante, ele só poderá voltar com força ao Norte da França com a condição de ser apoiado pelos grandes batalhões dos católicos moderados ou "realistas". Por si só, já não terá o peso necessário. Pois desde 1562, ano de transição, a resistível ascensão das crenças huguenotes experimenta uma freagem. O maremoto das conversões atenuou-se. Entrou-se, por certo, em fase de consolidação, de estruturação interna do partido; mas não é mais o período de crescimento louco das "adesões", que haviam afluído no fim dos anos 1550 e no começo dos anos 1560.

Em termos factuais, no transcorrer da segunda guerra civil, a derrota militar dos huguenotes em Saint-Denis (1567) manifesta a sua incapacidade de assegurar o controle da capital, mesmo que, frágil consolo, seu velho inimigo-amigo, o condestável de Montmorency, seja morto nas fileiras das tropas de Carlos IX. De qualquer maneira, os dois campos cedo não têm mais dinheiro para pagar seus exércitos, sobretudo quando estes são mercenários. Modo de dizer que a França, e não apenas a tesouraria de uns e de outros, está arruinada por essas guerras devastadoras. A paz, que não passa de uma trégua, é assinada em Longjumeau, em 1568. Ela restabelece as condições de uma semitolerância pela heresia e de uma coexistência vagamente pacífica entre os crentes dos dois lados, com todas as guerras de fora, se necessário.

A terceira Guerra de Religião (agosto de 1568-agosto de 1570) não está separada da segunda, como se teria imaginado, por uma muralha da China. Entre a paz (cheia de segundas intenções) de Longjumeau (1568) e o começo das novas hostilidades, as vexações anti-huguenotes não cessam, apesar das veleidades tolerantes que emanam do Estado monárquico, ou então, em certos casos menos felizes, há cumplicidade pura e simples deste com os agressores católicos. Os reformados pagam estes últimos na mesma moeda por ocasião do massacre efetuado à custa dos católicos de Nîmes,[1] no outono de 1567: essa mortal "Michelade" é uma pequena noite de são Bartolomeu antecipada, em sentido inverso da grande. Em 1568, os chefes huguenotes, Condé e Coligny, deixam seus castelos da Borgonha, pois temem Tavannes, ultracatólico e governador da província. Põem-se a caminho de um êxodo para La Rochelle, escoltados por uma multidão crescente de parentes, amigos e fiéis. Sua travessia do Loire, em um vau, diz-se, miraculoso, evoca a do mar Vermelho pelos hebreus, que fugiam do Egito e das perseguições faraônicas. As referências à Bíblia animam o moral da tropa, enquanto os católicos chamavam em seu próprio socorro o Anjo exterminador de que falava o Apocalipse. Diante dos dois chefes huguenotes que dentro em pouco serão assistidos por Condé júnior e Henri de Navarra, ergue-se sempre o cardeal da Lorena, logo acompanhado do jovem duque de Guise. Catarina remói rancores antiprotestantes que, desde o golpe frustrado de Meaux, são cada vez mais vivos. (Como de hábito, ela continua, porém, a não excluir um acordo final depois do combate.) Além de Carlos IX, ela pode contar com seu filho caçula, duque de Anjou, futuro Henrique III, que não é desprovido de coragem militar, na falta de ter grandes capacidades estratégicas. O fogo dos confrontos sangrentos se desloca para o Sudoeste, a tal ponto a Bacia Parisiense, onde o catolicismo soube, à força de rejuvenescimento, constranger a heresia, reprimi-la, expulsá-la, ficando doravante vacinada contra os desígnios especificamente huguenotes. Seguindo um plano de batalha (Jarnac a 13 de março de 1569, Moncontour a 3 de outubro de 1569), Coligny e Condé levam a pior; o segundo aí deixa a vida, sendo seu cadáver ignominiosamente exibido pelos reais montado em uma burra, em uma série de ritos carnavalescos aos quais aceita prestar-se Henri d'Anjou e que serão freqüentemente empregados durante as guerras civis. O almirante de Coligny, medíocre na tática do combate de confronto, mas bom estrategista para os tempos difíceis, empreende refazer as forças de seu exército em um Midi que se pretendeu simpatizante do calvinismo. No decorrer de uma "longa marcha" (1569-70), o almirante desce para o vale do Garonne, onde pululam as comunidades huguenotes (Clairac, Tonneins, Agen...). Sem escrúpulos, ele ataca os bens e algumas vezes as vidas dos católicos. Apóia-se nas repúblicas calvinistas que se formam localmente em Nîmes e em Montpellier, em torno das elites convertidas. A partir dessa "nova distribuição" geográfica, o protestantismo francês adquiriu, com efeito, uma forma definitiva. Em seu Extremo Norte, está apoiado em La Rochelle, cujos corsários pirateiam no oceano que permaneceu católico; está apoiado também no Midi, na Guyenne e no Languedoc; no Delfinado, enfim, a Leste. Coligny, que reforçou sua tropa no vale do Garonne e no Languedoc, pode em seguida fechar o círculo e subir novamente em direção ao Norte, ao longo do Rhône; desemboca na Borgonha que deixara dois anos antes. As confrarias borgonhesas do Espírito Santo, ardentemente católicas, penetradas por um sangue novo, galvanizam a resistência local à "heresia"; os adversários, mais uma vez, huguenotes e papistas, estão esgotados de dinheiro, não tendo mais como pagar seus homens, mercenários ou soldados regulares. Nessas condições, a paz claudicante e pouco estável de Saint-Germain (agosto de 1570) vai acertar os relógios na hora habitual de um compromisso recorrente: liberdade de consciência (teórica) no reino; locais de culto e locais de segurança para os huguenotes; relativa igualdade de direitos entre confissões rivais. Com isso a elite dirigente está mais ou menos reunificada; Coligny vai poder alojar-se nela mais uma vez e brevemente. Ela se cristaliza em torno dos filhos de Catarina e dos membros sobreviventes das linhagens Bourbon, Guise, Montmorency; em torno dos novos togados também (Laubespine, Villeroy, o italiano Birague). Uns e outros, todos eles formam o núcleo ou o círculo do alto Conselho. Uma ala moderada, que logo vai ser chamada de "política", aparece entre os católicos: a obra e o pensamento de Montaigne se esboçam já em filigrana, para além desse projeto de conciliação. O guerreiro Monluc, tão antiprotestante, situa-se, por seu lado, nas posições rígidas: constata que as armas favorecem a religião estabelecida, mas que os "diabos de escritas", em suma, as papeladas dos escrevinhadores ou signatários de armistícios dão uma oportunidade à coabitação semipacificadora com os huguenotes. Ela a considera deplorável e perigosa para a verdadeira fé. Um grupo de jovens príncipes, Guise, Navarra, Condé, Anjou, Alençon, todos aliados ou primos, e que foram educados juntos no círculo de Catarina, prepara-se para as lutas intestinas, mesmo que tenha de se reconciliar de tempos em tempos para melhor ensangüentar-se em seguida. Todos perecerão de morte violenta ou precoce.

Passado o ato de Saint-Germain (agosto de 1570), a lógica ou antes a geopolítica do Estado francês recupera seus direitos. Não se pode pensar, com efeito, salvo para os Guise e seus aliados parisienses muito engajados, em submeter o reino ao imperialismo ultracatólico de um Filipe II: como em outros períodos de distensão, ou mesmo de degelo, que marcam a história da monarquia, soltam-se um pouco, então, as rédeas dos huguenotes, desde 1570. Eles vão gozar momentaneamente de certos espaços de liberdade, por mais restrita que seja. A partir daí os governantes consideram mais favoravelmente, além do Reno e da Mancha, os amigos do protestantismo francês: luteranos da Alemanha, neerlandeses, britânicos. Catarina, casamenteira profissional, pensa mesmo em casar seu filho Henri, duque de Anjou, com Elisabeth da Inglaterra. Esta, que não acredita muito nisso, diverte a galeria deixando-se cortejar pelos franceses a esse respeito, por meio das correspondências diplomáticas. A distensão ou *entente* apenas *cordiale* bem vale essa troca de galanteios. Com o risco de ofender Filipe II, a florentina pensa igualmente em retomar influência sobre o ducado de Milão (esse era o velho sonho de seu sogro Francisco I, personagem que ela admirava profundamente e com quem, além disso, identificava-se de bom grado em certas escolhas políticas "de abertura"). Sem ir até o protestantismo, Catarina pensa mesmo em reformar as estruturas internas da Igreja católica com a ajuda da Inglaterra e do Império, fazendo pouco da Espanha.

Para isso, ela se apóia mais uma vez em Anjou, que é o seu preferido, e no trio dos conselheiros italianos (Gondi, Nevers, Birague),* assim como nos centristas habituais (aristocratas ou togados: Montmorency júnior, Laubespine, Morvilliers).** Os dois subgrupos, de resto, vão divergir, pois os italianos têm posições extremas em matéria de catolicismo, contra os moderados como Laubespine. Por ora, a rainha-mãe quer unir o partido huguenote, em posição subordinada, aos destinos da Coroa da França: com esse objetivo, prepara bodas entre sua filha Marguerite de Valois e o jovem chefe calvinista Henri de Navarra, um primo, nascido do ramo Bourbon. Eternas estratégias matrimoniais! Elas tentam ligar os Bourbon-Condé, por um casamento, aos interesses do ramo mais velho. Luís XIV não agirá de maneira diferente quando fizer suas próprias filhas bastardas casarem-se com três herdeiros sucessivos dos Condé-Conti. É a técnica do enxerto de árvore em "corbelha": procura-se apertar os galhos um contra o outro, na vertical do tronco. A união nacional com que sonha Catarina ao agir dessa maneira exclui *ipso facto* a facção ultracatólica dos Guise. Matrona consciente e organizada, Catarina, ajudada por Anjou, chega a bater fisicamente em Marguerite de Valois, que

(*) Alberto de Gondi, cardeal de Retz, protegido de Catarina, vem de uma linhagem florentina; Luís de Gonzaga, duque de Nevers, sai de uma "grande família de pequenos soberanos", italianos igualmente; o milanês Birague é sucessivamente governador do Lyonnais, depois guarda-selos, enfim chanceler a partir de 1573.

(**) François de Montmorency é filho do velho condestável morto em 1567; Claude de Laubespine é secretário de Estado; no que se refere a Morvilliers, ver supra, p. 199.

se apaixonou pelo jovem duque de Guise: com isso, a jovem princesa contrariava os projetos navarreses de sua mãe.

Do lado protestante, Coligny, depois da paz de Saint-Germain, logo voltou a cair nas graças de Carlos IX: chefe de uma vasta rede, o almirante se apóia no sínodo protestante cuja base é multirregional; ela se alimenta de cotizações, muito regularmente depositadas. Primeiro exemplo, sem dúvida, de uma organização de "partido" na França moderna (a Liga católica logo dará um segundo). A bem dizer, o almirante não se limita absolutamente a imitar Catarina, que lança vistas para além do canal e que deseja, como vimos, maquinar um casamento improvável entre Anjou e a rainha Elisabeth. Huguenote em primeiro lugar, mas de qualquer maneira bom francês e realista, Coligny limita seus olhares ao lado de cá do Pas-de-Calais; quer ali apoiar a revolta, apenas começada, dos Países Baixos contra a Espanha. Deseja iniciar nesse terreno uma grande política nacional. Ela não seria mais cingida por proibições, promulgadas tão freqüentemente pelos integristas madrilenos contra os interesses de Estado do Louvre ou de Fontainebleau; Coligny esboça mesmo alguns lineamentos práticos dessa orientação: tenta (bem em vão), nos anos 1560, fazer um punhado de amigos calvinistas colonizar a Flórida. Em vez de além da Mancha, além do Atlântico...

Coincidência temporal, Carlos IX, nascido em 1550, passa agora seu vigésimo ano. Gostaria de desprender-se das pesadas tutelas de Catarina. A variedade das escolhas possíveis, no domínio político, coincide, no caso, com a diversidade das opções de geração. As divergências entre Catarina e Carlos IX prefiguram, mas em sentido inverso, as que mais tarde vão opor a rainha-mãe a seu outro filho, Henrique III, ex-Anjou, sucessor do falecido Carlos. Por certo, Catarina consente de bom grado em inquietar Filipe II com a perspectiva (duvidosa, para dizer a verdade) do casamento inglês de Henri d'Anjou. Mas, prudente, recusa-se a provocar definitivamente a hostilidade dos espanhóis, eventualidade que se realizaria inevitavelmente se a França apoiasse contra eles, na Holanda, seus súditos revoltados. Carlos IX, jovem em busca de glória por conquistar, não tem esses escrúpulos. Adere afetuosamente, tratando-se de uma grande política flamenga, aos desígnios de Coligny, que chama de "meu pai". As intrigas de Corte, entre uma mãe apaixonada pelo Poder e um filho desejoso de emancipação, cruzam assim os imperativos da estratégia de Estado, preocupada (ou não) com finalidades pró-neerlandesas e hispanófobas.

Daí o contraprojeto muito perfeitamente concebido por Catarina, projeto tão bem urdido que, ao falhar, falhar redondamente, vai voltar-se

Todos primos

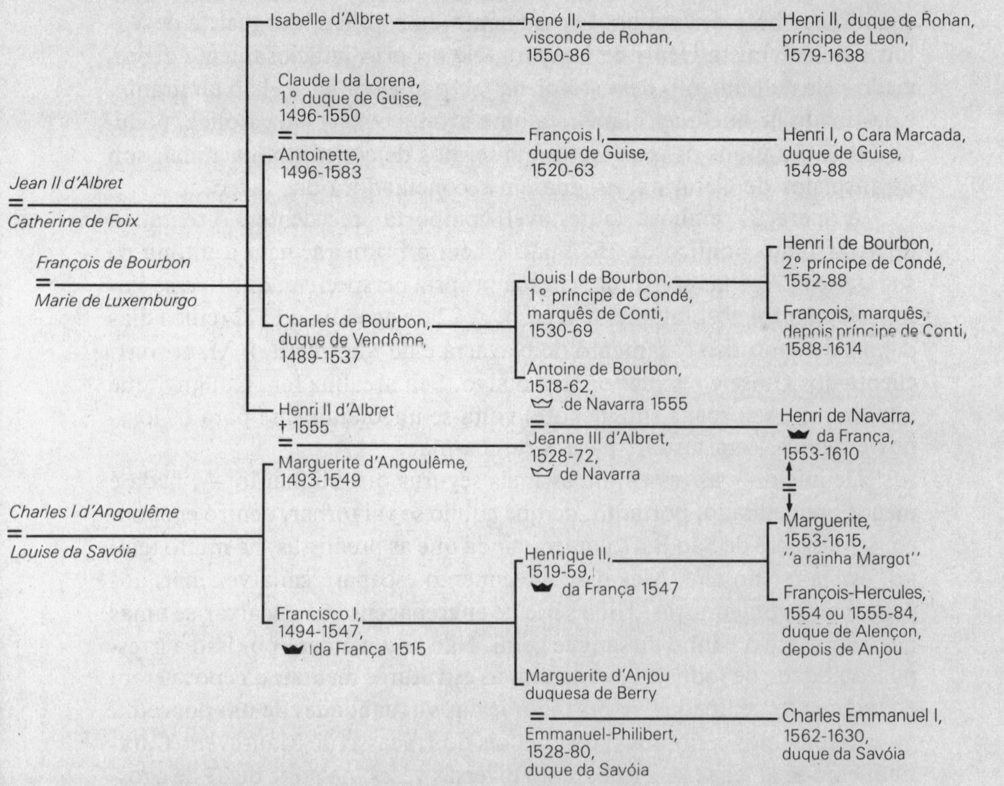


contra sua inspiradora e desencadear formidáveis "efeitos perversos". Desde julho de 1572, a rainha-mãe pensa, com efeito, em mandar um assassino às ordens de Guise matar Coligny. O complô é de múltiplo efeito: trata-se, incidentemente, de "comprometer" os Guise, pela continuação de uma *vendetta* que há muito tempo os opõe aos Châtillon-Coligny (o almirante era acusado, com efeito, de ter sabido com prazer do assassinato do precedente duque de Guise pela mão de Poltrot de Méré.* Trata-se sobretudo, para a rainha-mãe, de "recuperar" Carlos IX, que o atentado livrará enfim, por bem ou por mal, do Mentor por demais amado que se tornou para ele Coligny. Assim, o jovem rei poderá recair sob a exclusiva influência de sua mãe. Esta terá dado golpe duplo ou triplo, já que estará enfim livre dos Guise (marginalizados pelo assassínio pelo qual serão considerados res-

(*) François de Guise, um dos maiores estrategistas do século XVI, foi assassinado em fevereiro de 1563 (enquanto sitiava Orléans) pelo protestante Poltrot de Méré.

ponsáveis) e livre também dos Châtillon-Coligny, "liquidados" na pessoa de seu chefe de família. O casamento da católica Marguerite de Valois e do calvinista Henri de Navarra, ele próprio judiciosamente depreciado pelo falecimento desse tutor *de facto* que era para ele o almirante, e destinado de qualquer maneira a uma pronta conversão católica, poderá dar então todos os seus frutos em termos de concórdia nacional, sob os auspícios de Catarina, erigida em reconciliadora das facções.

A operação, embora contestável, comporta precedentes. A tentativa de assassinato político de 1572 não é nem a primeira, nem a última de sua espécie. Apenas convinha, em sua própria perspectiva, que tivesse êxito; esse não foi absolutamente o caso. A 22 de agosto de 1572 (cinco dias depois do suntuoso casamento de Navarra e de Marguerite), Maurevert, cliente dos Guise e pistoleiro, erra o alvo. Seu arcabuz fere Coligny, que não morre. A suspeita (huguenote) volta-se imediatamente para os lorenos e depois, sem tardar, para a rainha-mãe.

De início — as testemunhas mais seguras o sublinharão —, nada é menos premeditado, portanto, do que aquilo se vai tornar, dentro em pouco, o Massacre de São Bartolomeu, ainda que as premissas, há muito tempo, estejam "no ar". Mas o acontecimento escapará cada vez mais aos principais protagonistas. Uma série de engrenagens vão encaixar-se umas nas outras até o banho de sangue geral. Não se defenderá por isso a irresponsabilidade de todos e de cada um: as estruturas mentais da época eram efetivamente "culpadas" e portadoras das virtualidades de um pogrom.

Retomemos o fio dos fatos: depois do fracasso de Maurevert, Catarina sente-se ameaçada. Faz contato diversas vezes, na noite de 23 de agosto, com aqueles que o hábito ou a circunstância aproximaram dela: são os italianos (Birague, Nevers, Gondi-Retz), e depois Angoulême (bastardo de Henrique II), Tavannes, Anjou, é claro, e mesmo, tardiamente, os Guise.

Um certo "chegar aos extremos" se impõe: a fim de salvar os culpados (Catarina, Anjou, os Guise), convém matar não um, mas dezenas de chefes protestantes que se haviam reunido em Paris por ocasião do recente casamento de Henri de Navarra. Quando muito, serão poupados os príncipes (Navarra, precisamente, e Condé). Para desencadear a matança, o consentimento de Carlos IX, no entanto, é necessário. Efetivamente, à noite, o rei, incitado de todo lado, acaba por aceitar essa solução violenta. Graças aos assassinatos, espera-se aniquilar acusadores que poderiam tornar-se incômodos. Os assassinatos ocorrem, então, a 24 de agosto de 1572, entre três e cinco horas da manhã. Coligny e a flor da aristocracia huguenote são massacrados de surpresa, pela mão dos soldados dos Guise e do rei. Uma "noite dos punhais" expressamente organizada transcorreu, portanto, antes do amanhecer. Nesse plano, a operação é lamentável e criminosa, mas ainda pode ser objeto de um controle, permanecer sob o domínio de uma vontade governamental, ainda que delinqüente...

A partir de cinco horas da manhã, nesse mesmo 24 de agosto de 1572, a situação se deteriora de maneira irremediável. O povo de Paris entra em cena, pelo que é preciso entender não apenas a "vil populaça", mas na verdade os responsáveis locais (guisardos) da municipalidade e da milícia, "os comissionários, capitães, chefes de polícia de bairro e dizimeiros", os comerciantes abastados, os funcionários subalternos, os artesãos... e os mendigos. O poder real, a despeito de alguns louváveis esforços, é incapaz de manter na coleira uma cidade oficial e visceralmente enfurecida. Durante alguns dias, sobretudo domingo, segunda e terça-feira de 24 a 26 de agosto, matam-se maciçamente os huguenotes, elite, classe média, artesãos, velhos, jovens, crianças, mulheres, fetos. Pilha-se. Depois extingue-se o furor, pouco a pouco. Houve 3 mil ou mesmo 4 mil vítimas, em uma cidade que, mesmo enfraquecida demograficamente pela guerra, tinha ainda quase 300 mil habitantes? Os historiadores discutem isso.

Nas cerca de doze cidades de província onde ocorrem noites de São Bartolomeu locais, de agosto a outubro de 1572, confrontamo-nos ora com um pogrom urbano (a exemplo de Paris desde a manhã de 24 de agosto) ora com um simples massacre, organizado ali por alguns dirigentes locais excessivamente zelosos (como no caso, de início, na capital, da primeira "noite dos punhais"). Nas duas hipóteses, entretanto, a responsabilidade de Carlos IX e do governo central está quase totalmente fora de questão: nessa ocorrência especificamente provincial, não há mais, com efeito, premeditação monárquica.

Duas historiadoras, Janine Garrisson e Nathalie Davis,[2] esclareceram o acontecimento, matizando a segunda, por vezes, as conclusões da primeira. Tentemos, a partir de seus trabalhos, propor uma análise objetiva.

Rebelião religiosa, desencadeada em conseqüência dos assassinatos perpetrados por ordem vinda de cima e ultrapassando-os de muito, o São Bartolomeu visa em primeiro lugar restabelecer, com toda a violência, uma "verdade": a da fé católica, escarnecida pelos huguenotes. Não destruíram eles em 1571, depois da paz de Saint-Germain, para grande indignação das multidões parisienses, a Cruz de Gastine, comemorativa do castigo "bem merecido" que sofreram dois comerciantes protestantes que haviam abrigado em casa um culto "à maneira genebrina"? O São Bartolomeu visa também purificar a cidade de Paris, poluída pelas "pestilências" e "profanações"; elas haviam acompanhado *ipso facto* a atividade e mesmo a simples presença física dos protestantes na capital. Cem vezes não agrediram estes as estátuas da Virgem ou dos santos, a hóstia consagrada?

A multidão exterminadora emprega ritos de purificação pela água ou pelo fogo: os corpos vivos ou mortos dos protestantes, a partir de 24 de agosto, são mergulhados no Sena, queimados. Muitos parisienses sofreram muito tempo com a miséria e as crises de víveres ocasionadas pelo recomeço constante das guerras desde 1561. É fácil, portanto, imputar mais uma vez esses infortúnios ao protestantismo: ele permanece, sem querer, a causa inicial de seu desencadeamento; os huguenotes são acusados de estar na origem dos conflitos e da miséria subseqüente; a implícita impiedade de sua existência, como heréticos, atrai a ira divina sobre a França (transformada por isso em pecadora, quanto a uma parte de si mesma). Essa cólera do Céu se exprime por catástrofes de toda espécie (fomes, guerras, epidemias, inundações, desastres meteorológicos e naturais etc.). Matemos, então, o calvinista: pois, morta a besta, morre o veneno. O Deuteronômio, o Apocalipse e os sermões inflamados dos pregadores produzem dezenas de textos que justificam tal massacre.

As multidões desejosas de restaurar a ordem social e a hierarquia do sagrado tomam a justiça em suas próprias mãos. Elas estão tanto mais dispostas a isso quanto o governo real deu o sinal dos primeiros assassínios, mesmo que se tenha intimidado em seguida, mas um pouco tarde. De qualquer maneira, os quadros médios e subalternos da municipalidade parisiense marcham de bom grado nas fileiras dos justiceiros e chegam até a lhes servir de líderes, sem a isso serem obrigados. A violência assim manifestada se considera, portanto, como duplamente legítima, já que os pregadores, especialmente em Bordeaux, atiçam o fogo.

Além disso, Deus abençoa a operação: em Paris, um pilriteiro floresce miraculosamente na segunda-feira, 25 de agosto de 1572, ao meio-dia, no cemitério dos Inocentes, perfeito lugar consagrado. Mata-se para santificar, não para enriquecer. As pilhagens que efetivamente acompanham a matança não passam, nesse caso, de epifenômenos; não seria muito sério evocar ou invocar a luta de classes e o assassínio dos ricos pelos pobres como motivação subjacente à iniciativa homicida. Certamente os huguenotes, presentes em todos os grupos sociais, incluíam maior número de novos adeptos e, portanto, de vítimas potenciais, no seio das elites nobres e burguesas. Mas, de qualquer maneira, as personagens abastadas e o povo miúdo estavam presentes dos dois lados, entre os chacinadores e os chacinados.

A desumanização dos homens-alvos e das mulheres-alvos, que tanto mais autoriza sua condenação à morte, manifesta-se na profanação dos cadáveres, na evisceração, na castração etc., que sofrem, bom começo, os despojos mortais de Coligny. Não se respeitam, bem ao contrário, aqueles que se pretende tomar por não humanos: vítimas, escória... Reina sobre tudo isso como que uma atmosfera de lúgubre festa, que funciona como instância de socialização: o toque a rebate dá o sinal das vésperas parisienses. Antecedera-as um casamento de corte, entre Henri de Navarra e Marguerite, ao termo do qual desenrolara-se uma mascarada festiva e premonitória: os príncipes huguenotes (Condé, Navarra), fantasiados de cavaleiros errantes e depois de turcos com turbante verde, haviam sido lançados no inferno pelos três filhos de Catarina (Carlos IX, Anjou e Alençon), eles próprios vestidos de guerreiros angélicos e, depois, de amazonas armadas com um arco e de peito nu.

Marca o São Bartolomeu uma ruptura, um ponto de inflexão negativa na "curva" da conjuntura político-religiosa na França, tratando-se mais precisamente dos huguenotes? Fazer a pergunta é respondê-la: o partido protestante, depois de 1572, sofre uma brusca detenção. De certa maneira, não se recuperará dela no decorrer dos próximos séculos. A maré das conversões ao calvinismo, sem secar inteiramente (elas se produzirão ainda em todas as épocas), tende a esgotar-se. Inversamente, as reconversões à fé católica adquirem amplitude. Para que aderir a uma causa que parece em mau estado? Os ratos não são os únicos a abandonar o navio. O grupo protestante, por outro lado, continua atingido de maneira mortal pelos combates e pela repressão. É dizimado pelo êxodo, para Genebra, Alemanha, Países Baixos, Inglaterra. Assim, orienta-se, por bem ou por mal, para uma estabilização de seus efetivos, para esse milhão de almas ou menos ainda (5% da população francesa) que se tornará sua norma canônica no século XVII, em todo caso até a revogação do edito de Nantes.

Mas os protestantes não são os únicos a sofrer. Culpada, a realeza também, por uma justa reviravolta das coisas, "leva a sua espinafração" (a expressão, por mais vulgar que seja, é tópica nessa circunstância). As "cordas do respeito" de que se beneficiava a monarquia, e que a amarravam com todas as suas fibras à própria substância do país, rompem-se ou se afrouxam. Como dissimular, com efeito, que o próprio soberano, Carlos IX, que sem dúvida foi incitado por sua mãe Catarina e por seu irmão Anjou, é realmente responsável por certos assassínios noturnos, que serviram de detonadores do desastre? O mito da linhagem sagrada, seja dos Valois ou mesmo dos Capetos, sai daí escoriado. Dois regicidas bem-sucedidos, em 1589 e 1610, que serão os primeiros do gênero no decorrer da longa história dos Capetos, confirmarão bem que alguma coisa se rompeu, talvez definitivamente, nas mentalidades coletivas, quanto à estima de que se cercam ou deveriam cercar-se as instituições em vigor.

Essa desmistificação do monarca se efetua em primeiro lugar, e com toda a razão, em meio protestante, gravemente traumatizado pelos assassinatos. Não é preciso dizer que a deslegitimação das realezas (necessariamente operada nesse caso em benefício do povo soberano) permanece dominada, nos setores "heréticos" da opinião, pelo conceito de onipotência divina. Pois ser huguenote é se querer ainda e sempre fundamentalmente teocêntrico. Mas doravante essa supremacia celeste delegará seu poder em primeiro lugar aos corpos constituídos, nobiliários e outros, considerados como expressivos da nação inteira (admitindo a possibilidade de que estes os retrocedam em seguida, sob contrato, ao monarca bem controlado). A soberania divina não abandona mais a iniciativa, na terra, aos maus caprichos sempre possíveis de um Príncipe temporal, por mais bem-intencionado que ele possa parecer inicialmente.

Citemos, então, entre os inúmeros panfletos "pós-são Bartolomeu" e "monarcômacos" que surgem sob a pena dos sectários de Genebra, o *Direito dos magistrados sobre os súditos*, de Théodore de Bèze, na edição francesa de 1574. O eminente teólogo e chefe de partido huguenote aí justifica a insurreição legítima e reafirma a existência de um contrato entre o povo e o soberano. Sendo esse contrato sempre suscetível de uma denúncia unilateral da parte do primeiro, no caso em que o segundo (que só tem sentido a serviço dos súditos, e não o inverso) faltasse a seus deveres ou promessas. Bèze confere à alta nobreza e à burguesia municipal o direito de reivindicar as prerrogativas populares, diante do rei convertido em déspota, evolução por que passou, com efeito, Carlos IX no agosto sanguinário de 1572, a crer nesse *Direito dos magistrados*.

As *Desforras contra os tiranos** (*Vindiciae contra tyrannos*, 1577) invocam temas análogos e criticam Maquiavel, que representam como um defensor da tirania. Mais original, e também ele profundamente huguenote, é o *Despertador dos franceses* (provavelmente publicado em 1575).** Desejaria temperar a hereditariedade real pelo voto dos eleitores oriundos do povo; é um dos primeiros a fazer o elogio das heresias albigenses do século XIII; brada contra a servidão voluntária em que se atolam as populações, servidão que La Boétie, no *Contre-Un*, explicava por três sé-

(*) O autor é Duplessis-Mornay?

(**) Um dos autores é Nicolas Barnaud?

ries de fatores: o costume ou o hábito, em primeiro lugar; a reverência observada pelos súditos diante dos ritos religiosos ou sagrados que sustentam ou coroam a tirania; e, enfim, a multiplicação do medo; pois o déspota cerca-se de alguns fanáticos, dos quais cada um, por sua vez, cerca-se de um pequeno número de capangas, e assim por diante, até que afinal toda a população seja dominada por uma rede bem engrenada de mútua intimidação, um "aparelho", como diríamos hoje.

Substancial, enfim, o pensamento de François Hotman: esse ex-agente dos huguenotes propõe em sua *Franco-Gallia* (1573-4) o modelo de uma monarquia domada pela intervenção de assembléias que representariam os súditos e especialmente os nobres. Hotman encontra suas fontes de inspiração na história dos gauleses e dos francos. Recusa a velha legenda das origens troianas desses dois povos; ela permitira às elites francesas da Idade Média invocar os ditos troianos, supostos ancestrais dos galo-francos, dos latinos e outros galo-romanos. Uma parte da nobreza francesa, até o século XVIII, seguirá Hotman, via epígonos, na reivindicação (cada vez mais mitificada) das origens puramente germânicas e não mais troianas da aristocracia. Elas supostamente vão justificar por antecipação os projetos de tutela da monarquia pelos nobres, como se Luís XV pudesse um dia tornar-se Meroveu ou Clódio, o Cabeludo.

Mas, no imediato, de um ponto de vista estritamente protestante, esse fogo de artifício ideológico, de Bèze a Hotman, é sobretudo... um fogo de palha. Muito depressa, desde que fica claro que Henrique III não terá filho homem, os huguenotes, a começar por seus ideólogos, vão aderir à crescente legitimidade de seu correligionário Henri de Navarra, descendente de são Luís. Ora, o bearnês se imporá gradualmente como rei, não pelo fato de suas bases democráticas (ainda que a personagem consiga agradar muito bem as populações), mas por seu senso guerreiro da síntese nacional, em termos de lei sálica e de sangue capeto. O material constitucional ou mesmo democrático, que foi inventado e depois deixado sem uso pelos huguenotes, será então reempregado, ó paradoxo, por seus inimigos, pela Liga católica, preocupada em recolocar o Estado em mãos que sejam fiéis a Deus, por certo, mas também, por via de conseqüência, fiéis às massas e às cidades ultracatólicas. Do integrismo romano ao populismo parisiense, haverá apenas um passo, logo transposto. Assim, nesse ponto, a longo prazo, o São Bartolomeu ganhou a partida: depois dos anos 1570, trate-se de Liga, de Fronda, de convulsionários jansenistas ou de Revolução Francesa, o caminho das grandes inovações políticas ou político-religiosas passará cada vez menos pelo protestantismo, progressivamente marginalizado (Sully, Rohan, Tallemant, Jurieu, Bayle não serão, desse ponto de vista, mais do que exceções magistrais a confirmar a regra). Nesse caminho inovador circulará antes a numerosa tropa das ovelhas católicas, fanatizadas, democratizadas (caso da Liga) ou então anticlericalizadas, voltairianizadas, finalmente, mesmo descristianizadas (até o termo cronológico do século XVIII).

Em 1574, a morte prematura de Carlos IX fez rei seu irmão caçula Anjou, que se torna Henrique III; o homem é jovem, sedutor, inteligente, capaz; brilhante orador e conversador. Os historiadores atuais refutam, ao que parece, a legenda das inclinações homossexuais desse monarca, sobretudo apaixonado por disfarces e máscaras. Ademais, estas seriam condenadas hoje com menos força do que antigamente. Cercado de "prediletos", que são principalmente favoritos, graças a eles Henrique pretende sobretudo impor respeito às facções rivais da sua (as de seu irmão Alençon, dos Bourbon-Condé, dos Montmorency e dos Guise, as mais perigosas). Cerca-se, então, de rapazes corajosos, devotados, galantes, oriundos muitas vezes da média nobreza ou "nobreza secundária"; tem por eles, com toda a normalidade, uma terna afeição. Cultivado, recortador de vinhetas, amador de enfeites, de artifícios e de zoologia, colecionador de pequenos cães e de animais exóticos, nosso Henrique está em harmonia com as curiosidades dos anos 1570, desconcertando, por esse motivo, alguns de seus contemporâneos. Muito jovem ainda, foi guerreiro corajoso e mesmo exemplar. Chegando aos trinta anos, transforma-se decididamente em homem de gabinete e de dossiês, como convém à sua alta função dirigente, se não sempre à idéia que os contemporâneos das guerras religiosas têm desta. Nesse sentido, Henrique III (a exemplo do espanhol Filipe II?) contribui para inventar, destinada a um belo futuro, a função de rei papelista. Ela caracterizará nossos soberanos e mais geralmente nossos homens de Estado da modernidade, tão diferentes nisso dos monarcas guerreiros da Idade Média e mesmo da Renascença. Amador de cerimônias, influenciado também nesse ponto pelos usos madrilenos, Henrique se faz chamar de Majestade, e come sozinho, pois gosta que, à mesa, deixem-no tranqüilo; então, faz-se servir e alimentar, separado do restante dos mortais por uma barreira *ad hoc*. Nesse caso igualmente, o último dos Valois passa por precursor, em termos de invenção de imagens absolutas da realeza, às quais os primeiros Bourbon e sobretudo Luís XIV darão a fulgurância que se conhece.

Inovador, Henrique III o é ainda por sua piedade. Ela é sincera, extrovertida, profunda. Associa esse príncipe à devoção recente dos penitentes de cogula, assim como às suas procissões de supliciados. As demonstrações ostentatórias dos participantes das procissões e penitentes meridionais ou setentrionais, acompanhadas pelo próprio Henrique III, permanecem incompreendidas e ridicularizadas em Paris! Nessa cidade, a Liga anunciará, em compensação, em fim de percurso, o estilo (muito menos exibicionista) da intensa religiosidade católica e setentrional do século XVII. O cafarnaum espetacular das confrarias penitenciais está certamente destinado a fazer grande carreira, mas é entre as populações barrocas do Mediterrâneo latino (Itália, Espanha), e também no Midi francês: esta vasta região vai funcionar, no caso, mais uma vez, como duradouro conservatório das modas, aliás efêmeras, de uma certa época: penitentes e protestantes, enquanto irmãos inimigos, vão enraizar-se por muito tempo em nosso Sul, ao passo que o Norte, autoritário e centralista, os terá expulso ou anulado em grande parte há muito tempo. Tal é a função museográfica de longa duração das periferias culturais, meridionais nesse caso.

A piedade de Henrique não é simplesmente fé sincera e mesmo atuante. Ela fornece também, em províncias que, na maioria ou mesmo em sua essência, permanecem católicas, um meio de governo. Por certo, os membros da Liga farão profissão de desprezar ou de zombar das técnicas da devoção professada pelo monarca. Eles não impedirão de modo algum que Henrique mereça a titulação capital de rei muito cristão, constitutiva de legitimidade, por mais diminuída que esteja. Henrique IV, por sua vez, saberá ornar-se desse título, depois de algumas passagens movimentadas de uma crença à outra e reciprocamente.

Piedoso, Henrique III deseja, de maneira lógica, a renúncia e o retiro. Diversas vezes, abandona durante alguns dias as pompas da hierarquia leiga e mundana; refugia-se, então, em um convento ou numa procissão, a fim de expiar por suas macerações os infortúnios e os pecados da França (ou os seus próprios). Um dos íntimos do rei, Henri de Bouchage, conde de Joyeuse, abandona a Corte para se tornar capuchinho. Não é o único a dar esse exemplo. Existe aí, portanto, no plano da mais alta sociedade francesa, como que uma constante: reencontraremos suas manifestações no comportamento de um Rancé, tardiamente recluso na Trapa; ou então de um duque de Borgonha, neto de Luís XIV, apegado a secreto ascetismo no seio das carnavalescas mundanidades de Versalhes.

A religião de Henrique III e de seus amigos é extramundana por renúncia. Por outro lado, é eficaz e decididamente intramundana, por meio da Ordem do Espírito Santo, fundada em 1578. A ordem é devotada à terceira pessoa da Trindade, assim como à paixão de Cristo; é recrutada na mais alta aristocracia, está ligada à boa reputação da justiça e dos funcionários. Fundamentalmente católica, a ordem permite ao rei, em princípio, reagrupar em torno de sua pessoa a esquadra dos companheiros fiéis: não são cúmplices nem dos "erros" calvinistas, nem dos excessos dos partidários da Liga. A carreira dessa criação será considerável e digna do Tosão de Ouro espanhol, assim como da Jarreteira britânica: o cordão azul do Espírito Santo permanecerá muito valorizado até a Revolução Francesa, e a Legião de Honra, a partir de 1802, tornar-se-á seu equivalente laicizado.

Em uma ordem de idéias diferentes, a pequena academia que se reúne em torno do rei no fim da década de 1580 agrupa, além de Sua Majestade, alguns bons espíritos, entre os mais eminentes da época: homens como Pibrac, Baïf, Pontus de Tyard,* Ronsard; e também damas (a Lignerolles, a marechala de Retz), anunciadoras já de um preciosismo quase feminista que veremos desenvolver-se no século seguinte. Combate-se (mais ou menos) nesse círculo acadêmico a astrologia, no que Henrique rompe decididamente com as superstições de Catarina, sua mãe, aliás querida; aí se faz o elogio meditativo dos princípios morais, para uso dos povos e dos príncipes.

Foi no coração de sua própria vida, inseparavelmente pública e privada, que se formou, no essencial, a tragédia de Henrique III, que supera de muito os problemas de sua própria pessoa: amando (e estimando) as mulheres, capaz de apego e de amores passageiros, Henrique contraiu, em 1575, sensatas bodas por inclinação com uma modesta princesa lorena, não desprovida de encanto, Louise de Vaudémont. Casado, o rei, com a idade, aceitará cada vez mais as normas estritamente cristãs de uma afetuosa fidelidade conjugal. Mas Henrique e Louise não geram progenitura, apesar de alguma esperança logo abortada. A sucessão real, em boa lei sálica, apenas pode ir, então, para esses Capetos muito distantes e, no entanto, autênticos que são os Bourbon; mais precisamente, para Henri de Navarra, huguenote como seus primos Bourbon-Condé. Daí os dilaceramentos de Henrique III, desorientado, entre a exigência da legalidade sucessória e o imperativo de um catolicismo devoto.

Fato notável, esse piedoso monarca dá mais importância a este do que àquela. Evidentemente, aconselhou Navarra a converter-se ao catolicismo, única solução razoável. Em todo caso, compreende-se que, tomado por essas contradições aparentemente insolúveis, Henrique tenha sido atingido de um lado e do outro, mais um traço de modernidade, por acessos de depressão que os polemistas dos dois extremos farão passar, sem nenhum fundamento, por loucura pura e simples.

(*) Guy du Faur, senhor de Pibrac (1529-84) foi magistrado, conselheiro de Estado e poeta; Jean-Antoine de Baïf (1532-89), poeta, foi o protegido de Carlos IX e de Henrique III; Pontus de Tyard (1521-1605) foi poeta e prelado.

Resta um último ponto que é preciso pôr no ativo de Henrique III — como, ademais, no ativo de sua mãe Catarina, a despeito dos altos e baixos no que se refere a esta: falo da aquisição gradual de um certo espírito de tolerância, evidentemente muito relativa; afinal, apesar de tudo, estamos apenas no século XVI! Henrique, visto sob esse ângulo, evoluiu rapidamente, cresceu, amadureceu: duque de Anjou, jovem frívolo e ultracatólico de 21 anos, contribuía para desencadear em 1572 os primeiros assassínios noturnos do São Bartolomeu, catalisadores dos grandes massacres perpetrados pela cidade algumas horas mais tarde; ora, ele se transformou, ao fim de cinco ou seis anos, em um rei mais refletido. Os acontecimentos, por certo, encarregaram-se de amadurecê-lo, mas lançar-se-á a seu crédito o fato de que tenham sabido assimilar suas penosas lições. No número dos ditos acontecimentos, citemos uma estada de Henrique, como rei de curta duração, na Polônia multiconfessional (1573-4). De resto, na França mesmo, é preciso constatar, no ativo dos argumentos que justificam a coexistência religiosa, que três novas guerras religiosas são ou serão uniformemente concluídas por pazes imperfeitas que, *todas* elas, deixam um certo espaço de sobrevivência e de latitude às Igrejas protestantes, decididamente indestrutíveis.

As guerras em questão, na ordem canônica de sua numeração, são respectivamente a quarta guerra, encerrada pelo edito de Boulogne em julho de 1573: a quinta guerra, terminada em maio de 1576 pela paz de Monsieur, esta muito clemente com os huguenotes, demasiado favorável para eles, de resto, segundo Henrique III; a sexta guerra, enfim, concluída pelo edito de Poitiers em 1577. Portanto, Henrique não pode deixar de constatar, a longo prazo, "que os homens dos três Estados não têm nenhuma pressa de chegar à unidade de religião", como ele diz; estão sempre prontos a proferir grandes clamores contra o protestantismo; revelam-se muito menos fanfarrões a partir do momento em que precisam dar sua contribuição e pagar os impostos suplementares, destinados a financiar o exército poderoso que, por hipótese, enfim faria pouco-caso dos huguenotes.

Logo desgostoso, Henrique tira dessa política de temporização, desde 1577, as conclusões pelo menos semipacifistas que se impõem. Além disso, em matéria de religião, é fervoroso e mesmo devoto, mas não fanático.

Como trabalha Henrique III? Em companhia de que círculo? O laço do monarca com sua mãe, Catarina, permanece forte; mas as diferenças são claras em relação à época de Carlos IX, quando a Medici, literalmente, guiava as vontades de um jovem rei muitas vezes desamparado. Diante de Henrique, ela não tem mais que a posição prestigiosa de uma conselheira de primeira categoria, afetuosa, amada, privilegiada, porém subordinada. Um acordo profundo une o filho e a mãe, atravessado aqui e ali por divergências momentâneas, inevitáveis; ao sabor destas, a genitora é ora mais moderada ora (e sobretudo) mais pró-Guise ou disfarçadamente pró-Guise, o que não é o caso do soberano. Este, por outro lado, só poderia felicitar-se por sua esposa, a discreta Louise de Vaudémont, não fosse o enorme problema da esterilidade do casal real. Nascida princesa lorena, Louise teria podido aproximar Henrique, afeiçoado a ela, desses outros lorenos a ela aparentados que eram os Guise. Mas o antagonismo ideológico, religioso, político e militar que separava estes dos Valois era tal que mão feminina nenhuma, ainda que terna e aliada, era capaz de recompor o que a Liga iria definitivamente romper.

Resta, enfim, a difícil questão do último irmão de Henrique III, François-Hercule, duque de Alençon, que se tornou em seguida, por sua vez, duque de Anjou. As divisões faccionárias nascem muitas vezes das contradições da fraternidade real; François-Hercule não é exceção à regra.

Intrigante, mas inábil, ele apóia geralmente o partido dos "políticos", agrupado em torno de Montmorency-Damville, e que reúne, sobretudo no Sul da França, o catolicismo moderado e o calvinismo. Os historiadores serão freqüentemente severos com François-Hercule que, com efeito, era homem pérfido, de fraca sedução e de bem pouco espírito. Deve-se reprová-lo, porém, por haver pressentido, judiciosamente, a pertinência dessa união moderantista ("papistas não partidários da Liga" e protestantes) cujas forças demonstradas assegurarão um dia a breve sobrevivência política de Henrique III e mais ainda o triunfo final de Henrique IV? François-Hercule era provavelmente muito menos estúpido do que pretenderam seus contemporâneos e seus biógrafos ocasionais.

Para além do minúsculo círculo familiar, Henrique III decididamente tem dificuldades "de entourage". Seu avô Francisco I e sobretudo seu pai Henrique II, em outras palavras, os Valois de antes da guerra, souberam desemaranhar a meada intricada e viperina das famílias poderosas: Guise, Montmorency, Bourbon. Essa trindade imperialista, dotada de sólidas conexões com os Capetos, procurava, em um loteamento proveitoso, partilhar entre si o "bolo" do poder estatal. Mas, desde 1560, as batalhas religiosas acentuam inexpiáveis conflitos entre esses clãs. Os Guise florescem no integrismo católico; os principais Bourbon estão na dependência do protestantismo; os Montmorency jazem no meio-termo... Henrique III corre o risco de ficar só. Precisa, em um meio hostil, construir sua própria facção. É a isso que vai consagrar-se entre os nobres de espada e do lado dos togados, sejam eles plebeus ou nobres recentes.

Nobres de espada em primeiro lugar: são os prediletos. Não voltemos às fábulas, agora mais ou menos dissipadas, a respeito de sua ligação homossexual* com Henrique, e que foram sustentadas com complacência pelas polêmicas huguenote e da Liga, ambas inimigas desse justo meio-termo encarnado gradualmente pelo soberano a partir de 1577. Efetivamente amados e cumulados de presentes suntuosos pelo monarca, sem má intenção, os favoritos formam equipe esgrimista e corajosa. Espadachins, duelistas, homens de ação e de iniciativa, chefes militares, fornecem ou pelo menos animam, em tempos perigosos, a guarda pessoal de Henrique III. Revigoram-no, a ele que é tão facilmente depressivo. Fora da capital, governam províncias e cidades; comandam o exército real no combate. Um deles, D'O, ao contrário dos rumos habituais, abandona mesmo, como mais tarde Sully, a carreira das armas pela das finanças. Os prediletos continuam a longa e por vezes fértil tradição dos favoritos reais, iniciada três séculos antes, na época de Filipe III, o Ousado, nos anos 1270; ela prosseguiu posteriormente sem interrupção.

Uma primeira geração de prediletos belicosos, Quélus, *alias* Caylus, D'O,** Maugiron, Du Guast, Épinay Saint-Luc, Livarot, Dinteville, Saint-Sulpice foi recrutada, entre outros, no meio dos amigos de juventude de Henrique; eles o haviam freqüentado antes que fosse rei. Suas posições ficam claras bem depressa, atingidos pela desgraça (merecida ou não), com que Henrique, tornando-se soberano, abate tal ou qual; eles são dizimados sobretudo por mortes numerosas, especialmente por ocasião do famoso duelo dos prediletos (2 de abril de 1578). Esse combate os opunha, por fúteis pretextos de mulheres, aos campeões do clã dos Guise. (Não esqueçamos que se vive em um período em que o assassinato político é uma das formas cabais da "alternância". As coisas só mudarão um pouco, depois muito, desse ponto de vista, depois de 1600, e sobretudo depois de 1660.) O vazio criado nos grupos de fiéis ou de ex-fiéis do Valois

(*) Na realidade, essa insistência nova com que a polêmica desse tempo, a partir de 1576, encara (de maneira hostil) os fatos de homossexualidade e sobretudo de pseudo-homossexualidade no círculo real, essa insistência nos importa muito menos no plano da realidade factual do que no nível das mudanças na cultura: um impulso feminista se faz sentir, com efeito, entre os comensais intelectuais do rei e entre suas companheiras (ver supra, p. 217). Ora, simultaneamente, a homossexualidade ou, em outros termos, um componente parcialmente "feminino" da masculinidade atrai as "atenções", ainda que hostis, da opinião pública. É ilícito correlacionar essas duas ordens de idéias (obsessões em relação à homossexualidade e criptofeminismo) que, literalmente, irrompem nas sensibilidades da elite a partir de 1575, data ampla...?

(**) François d'O (1535-94), de boa nobreza normanda, foi homem de espada, mas soube também manejar as finanças reais: Henrique III o fez mesmo superintendente das finanças, rara carreira para um nobre de origem tão eminente (ver também Sully, entretanto).

pelo primeiro massacre dos favoritos abre caminho para a segunda geração "predileta", mais ativista. Duas personalidades, de estilo Rastignac, a dominam de cima: Épernon e Joyeuse,* este acompanhado por uma numerosa tribo. Uma e outra vêm da boa nobreza meridional, mas não da mais alta aristocracia; eles conseguem consideração, até em Paris, por decisão do monarca; ele soube apreciar a bravura, a qualidade, o devotamento, a devoradora ambição, os traços excêntricos, também, dessas personagens, com as quais se protege contra os Guise e sua cabala: Épernon e Joyeuse são feitos duques, são cumulados de missões, de responsabilidades militares, civis, diplomáticas, e de cargos nacionais ou provinciais, tão lucrativos quanto decisivos... São a mão e a espada do último Valois. Um deles, Joyeuse, torna-se mesmo cunhado de Henrique, pois Sua Majestade o faz desposar uma princesa lorena, meia-irmã da rainha Louise. Aliança ambígua! Corre o risco de aproximar os Joyeuse e os Guise. Mas Joyeuse perece jovem, de morte violenta, em 1587. Quanto ao duque de Épernon, sua carreira continuará, não sem oscilações, bem depois do falecimento de seu real protetor, e até o ministério de Richelieu.

Simples príncipe, Henrique foi bom soldado. Coroado, dá-se conta de que sua vida no Louvre é mais útil para o reino do que seria a sua morte, mesmo gloriosa, nos campos de batalha. Portanto, faz-se representar no combate pelos prediletos que ali se cobrem de feridas e inchaços. Homem de estado-maior, Henrique se pretende burocrata, e dos mais conscienciosos; trabalha, o mais perto possível, com togados afeiçoados, eficazes. Prediletos de pena, depois dos prediletos de espada. Desde o começo do reinado, um expurgo, iniciado pelo monarca, aumenta consideravelmente, no alto Conselho, a participação dos homens de toga: citemos entre eles Birague, Morvilliers, Laubespine, Pibrac e, enfim, Cheverny,** logo chanceler. Quanto aos secretários de Estado, asseguraram desde 1570 e durante o reinado do Valois precedente um começo de especialização por departamentos (gendarmaria, Casa do rei...), e não mais apenas por designação regional (Normandia, assuntos ingleses...). Assim se anunciam as nossas atuais estruturas ministeriais, também elas fundadas, e mais do que nunca, na funcionalização dos diversos ministérios. Villeroy*** descendia de

(*) Jean-Louis de Nogaret, que se tornará duque de Épernon (1554-1642), acumula os cargos honoríficos e lucrativos no tempo de Henrique III; Anne de Joyeuse (1561-87), também ele levado ao pináculo por seu senhor, deixa, depois de sua morte, uma família que se inclinará efetivamente para a Liga.

(**) Philippe Hurault, conde de Cheverny (1528-99), nascido de uma grande linhagem de toga, é chanceler da França de 1581 até sua morte, a despeito de ter caído em desgraça momentaneamente por volta de 1588-90.

(***) Nicolas de Neufville, senhor de Villeroy (1543-1617), é secretário de Estado desde 1567 (na continuação de seu avô Laubespine). Especializa-se nas Relações Exteriores.

comerciantes parisienses do século XV: foi por muito tempo o mais influente entre os secretários de Estado; contudo, ele deverá aceitar a supremacia (relativa) do primeiro-ministro *de facto*, que acontece ser, momentaneamente, Épernon, sobretudo a partir de 1585: a pena, por certo tempo ainda, permanece, portanto, um tanto subordinada à espada.

No decorrer do reinado de Henrique III, os anos 1577-85 marcam o tempo, não sem distúrbios residuais, de uma espécie de paz; ela se instaura entre as forças do Estado, oficialmente católicas, em princípio reagrupadas em torno do rei, de um lado; e do outro lado o protestantismo, ou antes esse conglomerado de calvinistas e de católicos moderados, cujo conjunto forma, não sem falhas, a entidade denominada "política"; esta cristaliza-se em arquipélago de poderes locais, nas províncias de um Midi muito amplamente desenhado; ele engloba, por recuperações incompletas, o Languedoc, a Guyenne, a Gasconha, o Béarn, o Delfinado, o Poitou, o Aunis e a Saintonge; o sistema protestante-político assim formado apóia-se na rede das pequenas e grandes cidades com preponderância calvinista (Anduze, Nîmes, Montauban, La Rochelle...). Sem perder sua cor específica, ele reivindica o apadrinhamento de chefes prestigiosos que são príncipes ou grandes senhores não conformistas; ou seja, Montmorency-Damville, governador do Languedoc, Condé júnior, Henri de Navarra e mesmo, passageiramente, François-Hercule, duque de Alençon e irmão do rei. Uma rede de assembléias citadinas e de conselhos representativos, autocooptados, em regra geral, entre os protestantes de cada cidade, nomeia ou elege no escalão superior um conselho de província, e bem no alto um conselho federal, que assiste com seus pareceres a uma espécie de "lorde protetor" das Províncias Unidas do Midi. É inicialmente Montmorency-Damville, filho caçula do condestável, e guerreiro-político bastante hábil, apesar de sua pouca cultura intelectual (consideram-no iletrado...). Vindo de uma grande família muito parisiense, foi lançado de improviso em um Languedoc do qual é governador; ele domina admiravelmente as estruturas dessa província, que, no entanto, são pouco acessíveis, em princípio, ao entendimento de um homem originário do Norte, nos anos 1570. Permanece católico, portanto suscetível de unir em torno de sua pessoa os huguenotes e os católicos moderados ou políticos. Depois surge Henri de Navarra (o futuro Henrique IV), que fugiu da Corte de Henrique III em fevereiro de 1576* e reconverteu-se à religião protes-

(*) Essa evasão permite a Henri de Navarra, via Senlis e Alençon, alcançar suas terras do Sudoeste. O príncipe fugitivo beneficiou-se, para tal "escapada", de inúmeras cumplicidades, até os mais altos níveis do poder.

tante; ele se torna o chefe reconhecido, se não obedecido em todos os casos, das "Províncias Unidas meridionais".

Estas se afirmam doravante por meio de uma dupla rede de poderes, simultaneamente militar e política.

Militarmente falando, o Midi huguenote e católico-moderado era dominado ainda, na metade dos anos 1570, por senhores da guerra, de resto bastante hábeis, tais como Montmorency-Damville no Languedoc, já conhecido, e Lesdiguières no Delfinado. A partir de 1576, essas poderosas personagens vão servir forçosamente como subordinados de Henri de Navarra, chefe supremo dos huguenotes, que, contudo, nem sempre consegue disciplinar os dois adjuntos, habitualmente indóceis. Pouco importa: Navarra, de qualquer maneira, consolida rapidamente suas capacidades de comando *in situ*, que de início não eram mais que modestas. Desde a morte de seu pai (1562), ele é, com efeito, o mais velho dos Bourbon, em outras palavras, o primeiro príncipe da linhagem real. Ora, ocorre em 1584 o falecimento de François-Hercule, último sobrevivente dos irmãos de Henrique III. Na ausência de filhos do sexo masculino, tanto de François-Hercule como do rei, Henri de Navarra torna-se, pela simples razão desse trespasse, o herdeiro designado do trono da França. De imediato, essa dignidade maior, ainda que apenas de expectativa, aumenta muito sua autoridade entre os partidários que, sobretudo no Sul do Loire, apóiam-no em número bastante grande. Navarra não se transforma, por isso, em grande estrategista. A vitória que alcança em Coutras, em 1587, em detrimento das tropas reais de Joyeuse, permite-lhe, contudo, afirmar-se como chefe de guerra adequado.

Politicamente (e socialmente), a elite dirigente das Províncias Unidas do Midi, entre 1573 e o fim do século, é a um só tempo nobiliária (de espada) e funcional (podendo os funcionários em questão ser plebeus ou nobres de data recente). Esse recrutamento misto da camada dirigente não apresenta diferenças essenciais em relação ao que se passa no plano das oligarquias dominantes, na escala do conjunto do reino, Norte e Sul. Certos processos também são surpreendentemente similares em Montpellier ou em Pau, assim como em Paris ou em Amboise. Passando das mãos de Montmorency-Damville para as de Navarra, a nebulosa meridional manifesta, com efeito, durante as duas décadas de sua breve existência, uma tendência crescente — e absolutamente clássica! — à centralização, cujos processos, considerados os aspectos ainda embrionários da empresa, não se devem, evidentemente, exagerar. Mas Navarra age naturalmente como Capeto; a administração meridional e político-calvinista era inicialmente, em boa parte, controlada pelas cidades. Ela tende, com o incentivo de Navarra e dos seus, a tornar-se mais federal; concede mais peso às províncias, em comparação com as cidades; à nobreza, em relação ao simples plebeu; a Navarra, diante de seus lugar-tenentes. Tal qual, a entidade sulista prefigura as assembléias protestantes com quadro nacional, que surgirão no século XVII; ela se mostra bastante vigorosa para impor a Henrique III (que não opõe resistência), de 1577 a 1585, uma coexistência relativamente pacífica entre um Norte real, freqüentemente católico, e um Sul "político", muitas vezes calvinista.

Essa coexistência é tecida, por certo, de episódios sangrentos e de violências meridionais. Está acompanhada, fora de qualquer puritanismo (cujo destino huguenote só se afirmará mais tarde), de intrigas amorosas, políticas, em Auch e na pequena Corte protestante de Nérac, aonde Catarina de Medici vem mesmo negociar em pessoa, no mês de fevereiro de 1579, com seu genro Navarra, localmente enraizado.* Será preciso, alguns anos mais tarde, a estrela perigosamente ascendente da Liga católica nas províncias do Norte, e sobretudo em Paris, para pôr fim, desde 1585, a essa surpreendente experiência de contigüidade sem dúvida pouco amistosa e, no entanto, "coabitacionista", entre as duas Franças, contrastadas de um lado e do outro do Loire. No decorrer dos sete ou oito anos de paz relativa, em 1579 precisamente, é-nos proposta a única ocasião de uma olhadela no aparelho de Estado real, tal como funcionava na época, com sua complexidade; tal como operava, em suma, mais longamente, durante a segunda metade do século XVI. Nos intervalos de um estado de guerra civil endêmica, examinemos, então, um Estado de justiça, ambicionando e alcançando a permanência, penosamente.

(*) A 28 de fevereiro de 1579, é assinada a frágil paz de Nérac, entre Catarina e Navarra.

# 9
# A ÁRVORE DA JUSTIÇA

De fato, em 1579, graças às meditações do colaborador de um secretário de Estado da época, estamos em condições de visualizar os sistemas e redes essenciais do aparelho de Estado, sob a forma de um verdadeiro organograma. O autor dessa imagem, publicada pela primeira vez em um livreto em 1579, depois reeditada sob a mesma forma em 1608 e 1645, é simplesmente um certo Charles Figon que, do dia para a noite, foi elevado, como se deve, a Charles de Figon; em princípio, ele é mestre das contas na Câmara das Contas de Montpellier, cidade na qual pouco reside.

As origens de Charles Figon são obscuras: vem de uma família de advogados e procuradores parisienses? Ou então é, segundo certa hipótese, de nascimento florentino? Uma certeza: ele colaborou, jovem ainda, com aquele que virá a ser o cardeal Bertrand, ex-parlamentar em Toulouse e depois em Paris, chanceler sob Henrique II, cardeal em 1557 graças a uma viuvez; enfim caído em desgraça e privado da Chancelaria com a morte de seu real patrono. Politicamente, o cardeal não arrastou Figon em sua queda. Com efeito, reencontramos este último nos anos 1570, secretário da rainha de Navarra, mestre das contas na Câmara das Contas de Montpellier (posto honorífico) e, sobretudo, próximo assistente do secretário de Estado Fizes; Figon, por outro lado, é proprietário fundiário com posição de pequeno senhor no Midi: dispõe de uma experiência administrativa bastante concreta tanto na cúpula como na base, no Norte e no Sul do país. Pode então, com todo o conhecimento, dar do aparelho de Estado uma descrição exaustiva. Sua reflexão prova, incidentalmente, a solidez das estruturas de administração e de governo controladas do alto pela monarquia. Em 1579, elas sobrevivem a quase vinte anos de distúrbios religiosos; preparam-se para resistir pelas duas décadas que se vão seguir, igualmente muito duras de atravessar. A obra de Figon intitula-se *Discurso dos estados e cargos tanto do governo quanto da justiça e das finanças*, publicada em Paris por Guillaume Auvray, rua Jean de Beauvais, no Belerofonte coroado. Figon, evidentemente, ignorava a palavra *organograma*, ainda que esse conceito esteja pelo menos implícito em seu pensamento, e exprimiu-se mediante a apresentação de uma árvore.

A palavra *organograma* (em inglês *flow chart*), cuja evidente ausência no século XVI indiquei, só aparecerá como tal muito mais tarde: na França, a partir dos anos 1940-50. Todavia, a árvore, com suas facilidades ramosas, representa um instrumento heurístico ou conceitual de primeira ordem, que será utilizado nessa perspectiva até o século XX e que, de qualquer maneira, liga-se, fora de toda epistemologia, às mais antigas concepções do mundo e representações religiosas etc. Ela surgia como símbolo cósmico nos livros sagrados da Índia antiga. A Bíblia também, Antigo e Novo Testamento, começa no início do Gênese e termina nas conclusões do Apocalipse pela evocação de grandes árvores, edênicas e outras. Ademais, era corrente na Idade Média e no século XVI comparar a França, os franceses e a dinastia dos Valois a um jardim ou a uma árvore, grande caule verde com flores brancas, ou mesmo lis gigante.[1]

Em outros domínios da reflexão, diversos autores haviam tentado produzir uma árvore da classificação das ciências; esta teve mesmo vasto destino desde o século III d.C. até a época das Luzes. O projeto foi inaugurado durante a Antiguidade tardia pelo filósofo grego Porfírio, em seu *Isagoge*, no qual ele ordenava os conceitos essenciais em ramificações sucessivas. Em seguida (uma seqüência bem distante, por certo) Raimundo Lúlio, no século XIV, devia mesmo compor uma árvore imperial, que era provida de raízes, de um tronco, de galhos e de frutos. Esse símbolo do sistema de Império pertencia a todo um complexo florestal povoado de espécies bastante diversas, desde as mais terrestres (a árvore vegetal, *sic*, que se pretendia equivalente a um tratado completo de botânica) até as mais celestes como a "árvore materna", que dizia respeito às diversas modalidades da pessoa e do culto da Virgem Maria. A floresta de Lúlio era resumida, no total, por uma árvore da ciência, onde "todas as coisas existentes" estavam contidas e significadas. Esse exercício global de silvicultura metafórica supostamente fornecia uma grande ajuda aos pesquisadores que, dessa maneira, podiam melhor memorizar as diversas ciências.[2] A obra de Lúlio nesse domínio é seguramente conhecida dos intelectuais do século XVI, já que constitui objeto de uma bela e clara edição em Lyon, no ano de 1515. Examinemos precisamente a "árvore imperial" de Lúlio. Por sua ambição especialmente política, ele se aproxima a curta distância, já, das intenções descritivas de Figon. Essa árvore, com efeito, divide-se em ramos variados, dos quais cada um se liga respectivamente a uma ou outra das coletividades hierárquicas e profissionais que se agrupam em torno do "tronco", formado exclusivamente pelo imperador. Esses grupos "lulianos" referem-se aos barões, cavaleiros, burgueses, conselheiros, procuradores, juízes, advogados, embaixadores e, enfim, como ninguém é esquecido, ao confessor e ao inquisidor. Um autor inglês da Renascença aplicará, aliás, esses esquemas a seu próprio país.

Raimundo Lúlio, porém, na opinião de Figon, é já um autor do passado, de um passado que não está tão próximo. Uma influência intelectual mais imediata, quanto ao mestre das contas de Montpellier, deve ser buscada do lado de Ramus ou Pierre de la Ramée, pesquisador de acolhida internacional, massacrado em 1572 por ocasião do São Bartolomeu. O espírito a uma só vez geométrico e visual de Ramus exprimia-se, em vários livros, por uma tipografia de esquemas arborescentes, sob a forma de chaves e dicotomias, às quais se reduziam, condensadas, as grandes questões de lógica e de dialética. Os métodos de classificação rigorosa preconizados por Ramus parecem ter tido um considerável impacto sobre as teorias de Bodin,[3] que é ele próprio, sob muitos aspectos, o mestre de pensar de Figon, tanto pelas doutrinas da soberania quanto pela paixão taxinômica. É razoável, portanto, atribuir uma genealogia ramusiana a Figon, diretamente ou pela interposição de Bodin.

O trabalho de Figon, desse ponto de vista, permanece, no entanto, original, mesmo que derive, provavelmente, de Lúlio e de Ramus (entre outras fontes possíveis). O mestre das contas de Montpellier, com efeito, constrói um diagrama estatal de que não se conhece outro exemplo na França de seu tempo ou imediatamente posterior. Além disso, ele critica as estruturas intrínsecas do Estado (judiciárias, financeiras, funcionais), ao passo que Lúlio se limitava essencialmente a uma análise bastante clássica da sociedade das ordens, em um quadro que, em sua época, permanecia tão feudal quanto imperial. Quanto a Ramus, não se interessava de maneira essencial pelo fato político.

Em razão de um tal saber e de uma grande novidade descritiva, Figon merece o nome de precursor, mesmo e sobretudo subestimado. A fabricação de "árvores científicas" e também de organogramas relativos às cadeias de comando ou de autoridade prosseguirá cada vez mais, com efeito, nos séculos seguintes: Bacon, Chambers, D'Alembert, em seus giros enciclopédicos, esforçar-se-ão, um depois do outro, em ligar a um tronco comum as diversas ramificações da ciência. No século XX, as "árvores" (assim literalmente denominadas), os organogramas, *flow charts* e muito simplesmente algoritmos florescem em várias disciplinas, especialmente em lingüística (Tesnière, Chomsky...), em matemáticas, e sobretudo em informática, habitualmente fecunda em diagramas de programação arborescentes. Enfim, as técnicas da organização industrial e da "ciência" administrativa expandem-se, hoje, em organogramas destinados a elucidar a estrutura das firmas e das burocracias, assim como a facilitar sua gestão (afinal, esse era já o objetivo de Figon, desde 1579, ao longo de uma tentativa evidentemente imbuída de modernidade, a despeito ou por causa de sua ligação com as tradições arbóreas de Lúlio, Ramus e alguns outros).

Figon é, então, o produtor de um livro curto e denso, no qual inseriu a gravura da "árvore de justiça". Não é inútil repetir a titulação da obra, mas desta vez completa: trata-se, com efeito, do *Discurso dos estados e cargos tanto do governo quanto da justiça e das finanças da França, contendo uma breve descrição da jurisdição e conhecimento* [competência] *e do encargo particular de cada um* [desses cargos]. Se palavras como *justiça* e *finança* dispensam comentários, estando esta, de resto, em posição subordinada em relação àquela, o mesmo não ocorre com *governo*, cujo sentido exato poderia constituir problema: lembremos, portanto (texto de Figon em mãos), que o "verdadeiro regime e governo de nossa República" abarca os setores particulares da justiça, da finança, da polícia (ou seja, tudo o que diz respeito à administração) e, enfim, da guerra e da diplomacia. Por outro lado, a leitura da obra confirma que Figon fala realmente dos estados, em outras palavras, das três ordens e, de maneira mais geral, dos corpos de que se compõe a sociedade; mas ele examina uns e outros apenas nas relações que mantêm com o Estado no sentido maior desse termo, isto é, com as estruturas estatais, administrativas, governamentais (no sentido que daríamos hoje a esses adjetivos). Essa focalização estreita das investigações de Figon é preciosa; elas se referem, com efeito, quase exclusivamente a um saber politicológico e organizacional, que não é tão freqüente em torno de 1580; não se diluem de modo algum em bosquejos amplamente sociológicos para os quais, de qualquer maneira, dispomos felizmente de múltiplos dados, desde as publicações de Charles Loyseau até as de Roland Mousnier.

A articulação do Estado, segundo Figon, está centrada em torno do tronco* axial da justiça, encarnado pelo chanceler da França ou por seu substituto momentâneo, o guarda-selos. É apenas com Sully, nos começos do século seguinte, e sobretudo com Colbert, que se produzirão, desse ponto de vista, as modificações: o chanceler perderá, a partir de 1661, um pouco de sua posição anterior, tão importante, tal como fora ilustrada pela "árvore" de 1579. A perda atuará em benefício daquele que será

(*) Esse tronco é o de uma figueira, jogo de palavras em honra de Figon que habilmente o concebeu.

chamado, no decorrer do reinado pessoal de Luís XIV, de controlador geral das finanças. O titular dessa função, Jean-Baptiste Colbert, reunirá em uma única mão (a sua) o ministério das Finanças e o do Interior, se for decente servir-se assim de anacronismos no vocabulário. Por essa razão, o que era ainda em 1579 um Estado de justiça (em conseqüência da preeminência do chanceler) se tornará cada vez mais, a partir da época colbertiana, um Estado de finança e de polícia (sendo esta compreendida em seu velho sentido administrativo, e não na estrita significação "policial" de hoje). Em suma, um deslocamento de acentuação se efetuará na velha trilogia do sistema soberano, justiça, polícia, finança, e isso em benefício dos dois últimos termos. Na época de Henrique III, não se chegou ainda a esse estágio, e por uma boa razão: o chanceler, eventualmente substituído por um guarda-selos, permanece sempre no âmago dos diversos poderes.

Do tronco da árvore partem, segundo Figon, dois galhos principais e certo número de galhos menores, também eles do primeiro rebento, mas menos importantes. Par de ramificações essenciais, portanto. Grande galho justiceiro à esquerda: ele corresponde aos "altos tribunais" dos Parlamentos e em primeiro lugar ao Parlamento de Paris. Grande galho financeiro à direita: ele chega, via Câmara das Contas (homóloga do Parlamento, mas cedendo a precedência a este) até a Tesouraria da Poupança. Esta, cujas aparências "poupadoras" não devem enganar, é na realidade o *locus* do qual descem as despesas estatais. Para além da Tesouraria da Poupança, entretanto, o "grande galho financeiro" sobe mais alto e mais longe, até a "receita geral"; são, de fato, *as* receitas gerais das diversas generalidades regionais; elas são, como seu nome indica, o lugar geométrico dos recebimentos de moeda, procedendo estes, por sua vez, dos rendimentos ou pagamentos de origem fiscal ou dominial, localizados no alto e à direita da "árvore".

Agora, para retomar as coisas na base, digamos, em termos um pouco modernizados, que a seiva bruta da árvore ou, para falar como Figon e Bodin, a soberania ou a Majestade, brota (em seu ponto de partida) do humo e das raízes reais, assim como da fonte infra-estrutural do Conselho do rei. A base profunda da soberania é evidentemente divina. Nem o povo, nem a representação nacional, em princípio, têm algo a dizer sobre isso, a crer no quase absolutista Figon (tão distante, nesse ponto, do monarcômacos protestantes, que foram os primeiros teóricos de uma soberania um tanto popular, nos anos 1570). Figon, quando preconiza um certo absolutismo contrário aos monarcômacos, tende, de resto, a mascarar todo um aspecto da realidade objetiva do reino: de fato, no tempo de Henrique III, assim como de seus predecessores e sucessores, um esboço de representação nacional, por imperfeita que seja, está realmente presente nas regiões de *oïl* e de *oc*, sob a forma de estados nacionais e provinciais. Ora, Figon nem sequer os menciona, estando sua visão deformada, portanto, pela ideologia "absoluta". O povo, segundo nosso autor, deve contentar-se em amar a realeza e, evidentemente, em ser amado por ela. Ele não está representado como tal na árvore estatal.

A seiva bruta da "árvore", subindo até o alto, chega ao enorme galho da esquerda, em suma, ao Parlamento, cujo próprio título de corte soberana indica bem que ele é a uma só vez receptáculo e difusor de soberania. A seiva desce novamente, em seguida, através desse mesmo Parlamento, na direção de diversas ramificações pendentes: elas se situam, no gráfico de Figon, embaixo à esquerda, ou na direção "oeste-sudoeste", se se quiser tratar o dito diagrama segundo as coordenadas de um mapa geográfico. Essas ramificações se distribuem entre organismos diversos, personagens e subcomissões subordinados ao Parlamento parisiense. Entre uns e outros figuram, perfeitamente ligados, as petições do palácio, a câmara do Tesouro, os comissários delegados; estes têm mandato do alto tribunal parisiense para cumprir tal ou qual tarefa de ordem local ou regional. Sobretudo, a seiva bruta, no quarto noroeste do quadrante, continua, por outro lado, a subir para os organismos médios e subalternos do aparelho judiciário. Este se encarna, é claro, nos grupos de funcionários que (acrescentando à justiça propriamente dita os organismos de finança sitos no quarto nordeste do quadrante, mais algumas outras atividades) enumeram 15 mil titulares ou talvez mais na França de 1575-80. (De passagem, observaremos mais uma vez a economia, a elegância mesmo desse aparelho de Estado que conta apenas um oficial, hoje diríamos um funcionário, para cada mil "franceses". A proporção aumentou muito em nossos dias, em benefício do funcionalismo, em relação à população geral, sem que aumentasse proporcionalmente, longe disso, a eficácia da administração.)

Limitemo-nos ao aparelho da justiça propriamente dito, em sua figuração vertical: para melhor compreender seu funcionamento, observaremos agora as coisas de cima para baixo, a partir das "folhagens" superiores, em sentido inverso da olhada anterior. A "seiva elaborada", como diriam os botânicos atuais, desce, com efeito (contrariamente à seiva bruta), das folhas até os galhos, depois até o tronco e, bem embaixo, para a fonte e as raízes do vegetal, onde jaz, divinamente inspirado, o rei em pessoa. Essa seiva descendente equivale, como o sentiu intuitivamente Figon, às demandas de justiça, tais como são formuladas pelos reinícolas. Em termos mais técnicos e que, no entanto, permanecem familiares a nós, somos postos em presença da cadeia dos apelos que provêm dos subordinados a uma jurisdição: esses apelos sucessivos efetuam passo a passo um percurso gradual e declive; assim, vão dos tribunais mais módicos até os mais prestigiosos, mediante uma concatenação de cortes de justiça. Por sua própria hierarquia, eles definem de jusante a montante a arborescência dos tribunais, do derrisório ao importante, nos limites das imagens figonianas.

Entre os juízes menores empoleirados ''nos mais altos galhos'', em cima e à esquerda da árvore, destacam-se (fora do curso normal das funções estritamente monárquicas), os escabinos, *capitouls*, cônsules e prefeitos das cidades, equivalentes aos ''edis'' ou conselheiros municipais de nossas recentes repúblicas. Sinal dos tempos, e grande diferença com o século XVI, nossa época pouco encarará esses responsáveis pelas cidades quanto às suas funções de justiça, ao passo que para os homens da Renascença a coisa era evidente: um prefeito era também um juiz, um magistrado menor em matéria de simples polícia etc. Na categoria dos *minores*, Figon menciona igualmente os tabeliães dos quais pôde, em um Midi que se tornou para ele terra de adoção, apreciar toda a importância. Considera-os, essencialmente, enquanto juristas; em outras palavras, uma vez mais, como homens de justiça, guardiães da santidade de contrato (eles encarnam, com efeito, essa função particular, mas à sua maneira e em tempo parcial). Surgem enfim, no teto noroeste do gráfico, os juízes senhoriais, *alias* ''oficiais dos senhores altos justiceiros'', na linguagem da época. Esses juízes muito especiais são vários milhares na França, substituindo os funcionários do Estado ou substituídos por eles.

A partir dessas inúmeras personagens instaladas ''no alto e à esquerda'' da árvore, desce-se progressivamente ao longo das ramificações do que chamaremos doravante, para mudar de metáfora, a rede hidrográfica dos apelos; eles emanam originalmente dos subordinados a uma jurisdição, a partir do momento em que estes recorrem contra os tribunais de condição modesta: dirigimo-nos, ao longo da descida, para confluências mais importantes. Passa-se a vários juízes reais, em cidades já não insignificantes. Depois chega-se ao ''rio'', já essencial, dos bailiados e senescalias: seus titulares, bailios e senescais, homólogos geográficos de nossos prefeitos[4] ou algumas vezes subprefeitos, são também eles percebidos, na época, como juízes e, mais precisamente, como presidentes de tribunais. Os bailios e senescais podem, por outro lado, proceder (da mesma maneira que os cônsules ou *capitouls* das cidades, mas em um plano mais amplo) a atividades propriamente administrativas, no território de seu distrito. Enfim, o grande afluente que acabamos de evocar, o ''rio'' dos bailiados e senescalias, lança-se por sua vez no rio maior dos Parlamentos, sendo estes receptores, no fim da lista, de todos os apelos e apelos de apelos que derivam das jurisdições supracitadas nos diversos níveis, e de alto a baixo. Outros "rios" análogos, ou antes homólogos a esses dos bailiados, correspondem aos presidiais que foram fundados por Henrique II durante os anos 1550.

A esse respeito, e tratando-se, assim, de instituições bem datadas, Figon, de espírito antes moderno, sublinha em sua "Advertência ao leitor" que está interessado não na "diacronia", na origem ou na data de fundação e de mutação das diversas entidades institucionais que menciona, mas na sincronia, na maneira pela qual esses segmentos se engrenam nos encadeamentos administrativos, "sob a autoridade do rei e a soberana majestade deste". Ser-nos-á permitido, de tal ponto de vista, comparar Figon aos estruturalistas saussurianos e lévi-straussianos dos anos 1960-70? Estes, com efeito, abandonarão igualmente, em seus eruditos estudos, a história e a gênese, em favor da estrutura e do sistema.

Eles (os rios) representam também as bolsas e cônsules dos comerciantes (formando aquelas e estes jurisdições comerciais); assim como os mestres dos portos e passagens, esses "mestres" se ocupam das barreiras e tarifas alfandegárias e das pessoas sem eira nem beira ou suspeitas, localizadas na fronteira; no mesmo nível hierárquico se situa, em Figon, a instituição dita da Mesa de Mármore* para a qual descem por sua própria conta os apelos interpostos contra as jurisdições do Almirantado, do Condestablado, dos marechais da França e das Águas e Florestas. Essas quatro rubricas, por sua vez, funcionam simultaneamente como administrações e como tribunais, na grande tradição do Antigo Regime. Repitamos, com o risco de cansar, que os apelos que concernem e, portanto, os contradizem, à Mesa de Mármore ou aos presidiais confluem também, em fim de curso, para o Parlamento.

No alto do gráfico, à direita do galho dos presidiais, digamos na direção norte-noroeste (se assimilarmos mais uma vez as arborescências de Figon a um mapa geográfico), observar-se-á o importante galho escanchado diretamente no eixo central da Chancelaria; ele é formado pelos "prebostes dos marechais gerais e provinciais", em suma, pela jurisdição dos marechais da França, modestamente equivalente à nossa atual polícia: a instituição assim posta em questão está ligada a esses grandes chefes militares que são os marechais. Ela ainda é fraca nessa época, assim como é diminuído, por outro lado, o Estado de finança. Ela só come-

(*) Na Île de la Cité, no Palácio da Justiça, as jurisdições das Águas e Florestas, do Condestablado, do Almirantado e dos marechais da França instalam-se, em princípio, na grande sala comum, em torno de uma comprida mesa de mármore negro.

çará a tomar seu impulso (em direção da polícia de tipo moderno) com a instauração, no tempo de Luís XIV, da tenência geral de polícia, em Paris, em 1667, cargo que será confiado ao célebre La Reynie. Mais uma vez, constatamos que a ruptura com o esquema de Figon será consumada apenas nos anos 1660, decididamente climatéricos, ou seja, 82 anos depois de a "árvore de justiça" ter sido desenhada por nosso autor.

Com o quarto nordeste do quadrante, abordamos uma segunda vez o setor das finanças; não se trata mais dos "resultados" obtidos pelo aparelho estatal, em outros termos, das "saídas", produções ou sentenças (essencialmente judiciárias) que são oriundas do quarto noroeste e que se efetuam, como vimos, em contrapartida das demandas de justiça formuladas pela população; trata-se, desta vez, das "entradas" monetárias, que são injetadas no aparelho de Estado graças aos recolhimentos dos impostos, a que procede justamente esse "aparelho". As ditas "entradas" constituem simultaneamente "apoios" que os contribuintes, sobretudo os rurais, proporcionam, por bem ou por mal, à monarquia. Insistamos, em primeiro lugar, no fato de que a Chancelaria, nesses anos 1570, conserva uma enorme influência quanto às administrações financeiras.[5] Ela só perderá esse direito de controle quase um século mais tarde, na época de Colbert, e em benefício, mais uma vez, do controle geral das finanças. Nesse sentido, o tronco de justiça, no tempo de Henrique III, permanece efetivamente único, central, axial; coloca como seus subordinados, de maneira bastante estranha para nossa mentalidade contemporânea, aqueles de seus galhos que são propriamente financeiros. (Imaginemos a esse respeito, com fins pedagógicos em relação ao leitor, que hoje ainda, em 1987, o guarda-selos, por intermédio de funcionários, estivesse colocado, coisa para nós impensável, à frente da administração das finanças.) Os tempos colbertianos, ao separar, se assim podemos dizer, a árvore de finança da árvore de justiça, porão fim a essa situação de dominância judiciária que, retrospectivamente, nos termos dos usos atuais, poderia parecer anormal.

Passemos rapidamente por algumas ramagens de menor importância que se inscrevem entre as ramificações financeiras. No número destas figura, com efeito, a corte soberana das moedas (com seu preboste), assim como os tesoureiros da França e generais das finanças (a norte-nordeste, na "cartografia" de Figon). Uns e outros são nitidamente menos dinâmicos desde a Renascença e sobretudo depois das reformas de Francisco I. Incidentalmente, notemos os fenômenos de desvalorização que atingem tal ou qual ramo particular: ele se resseca; contudo, mesmo diminuído, não morre. O fenômeno de sobrevida assim observado corresponde bem às tendências de longa duração que caracterizam muitas vezes a administração francesa: não se suprime uma instituição que se tornou eventualmente inadequada; deixamo-la vegetar, mas lhe justapomos uma jovem e vigorosa entidade, completamente nova, que, pelo jogo da concorrência, acaba de desvitalizar a organização precedente. É precisamente o que ocorre a partir de Francisco I e de Henrique II, em razão do imperialismo juvenil de instituições pesadas e dinâmicas, como são a Tesouraria da Poupança e as receitas gerais, que convém agora observar.

Deixemos de lado, com efeito, a não insignificante corte dos impostos indiretos, com seus prolongamentos a montante que são os celeiros de sal e os inspetores gerais das gabelas. E cheguemos à "poupança" e às "receitas". No eixo nordeste, o grande galho em que se inscrevem os nós "Tesouraria da Poupança" e "receita geral" triunfa, efetivamente, na competição quase biológica que o opõe às instituições mais antigas, cuja competência era análoga, e entre as quais havíamos anotado os tesoureiros da França. A Câmara das Contas (sempre a nordeste) é cara a Figon, ele próprio funcionário da Câmara das Contas de Montpellier, e apaixonado pelas cortes soberanas. Ela forma a transição entre o "grande tronco" da Chancelaria e o "grande nó" da poupança. Digamos mesmo, mais concretamente, os cofres da poupança. E, entretanto, Figon, pelas dimensões excepcionais que dá aos dois grandes nós supracitados (poupança e receitas), designa de maneira clara o espaço bem circunscrito onde se desenvolvem agora os atos capitais da gestão financeira.

De resto, "poupança" e "receitas" são de fundação recente, postas em funcionamento, dizíamos nós, sob Francisco I. A primeira (da qual decorrem as despesas ou muitas delas) data de 1523-4. As segundas, encarnadas nas diversas "receitas" das dezesseis generalidades, formam as enfiadas de pontos terminais onde desemboca o recebimento fiscal. As somas assim coletadas pelo fisco compreendem, na árvore de nosso autor (ramo nordeste), a tributação direta, sita à esquerda do dito ramo (*aides*, direitos de barreira, *crue*, talha, soldo de 50 mil homens: observemos que o efetivo humano e militar assim avaliado corresponde bem à dimensão quantitativa dos exércitos franceses do século XVI, claramente menos numerosos ou "populosos" do que o serão os dos Bourbon). Quanto à tributação indireta, localiza-se, por contrapartida lógica, à direita do mesmo ramo. Inclui o forâneo, em outras palavras, o direito de saída sobre diversas mercadorias que se exportam para fora do reino; e as taxas sobre o vinho e sobre o sal (gabelas). A norte-nordeste, encontra-se ainda o domínio real (enquanto fonte de rendimentos, relativamente mínima). Trata-se aí, evidentemente, das propriedades fundiárias, florestais, senhoriais e outras, que pertencem à monarquia. Uma tradição venerável (que se tornou bastante utópica, na realidade) desejaria que o rei, se possível, "funcionasse" exclusivamente graças ao seu domínio, ou, como se dizia, que "vivesse de seus bens". *A priori*, Figon não procura de modo algum recusar totalmente essa idéia sempre popular em sua época. Mas, de fato, limita-se, segundo seu habitual empirismo descritivo, a subdividir de maneira muito precisa os recursos dominiais do soberano em diversas ramificações, nos setores norte-nordeste do alto da árvore: trata-se, então, dos direitos senhoriais (direitos sobre as searas e rendas, laudêmios), os quais são pagos pelos usufrutuários das terras que se revelam dependentes da senhoria do rei. Trata-se, ainda, do produto dos cortes de madeira, efetuados nas florestas reais ou, como diremos ainda hoje, "dominiais". Trata-se, enfim, da receita das multas e confiscos infligidos pelos funcionários dominiais; e do rendimento dos cartórios, selos, tabelionatos reais etc. Na prática, o domínio é muitas vezes mal conservado por aqueles que dele estão encarregados. Ineficácia demasiado freqüente do que se chamará em nossos dias o "setor de Estado". Henrique IV (precursor, sem o saber, nesse ponto preciso, de Adam Smith e dos teóricos do liberalismo antiestatal) dirá habitualmente: "isto é meu", em cada ocasião que o fizer ver, onde quer que seja, alguma casa deteriorada.[6]

Muito mais importantes são os recursos "não dominiais"; o rei os tira das contribuições diretas e indiretas ou impostos propriamente ditos, no sentido já moderno do termo, tais como os mencionamos. Estes constituem já mais de 80% das receitas globais do Estado, sendo o peso das receitas próprias do domínio, depois de Luís XI, extraordinariamente diminuído. É verdade que esses impostos são amplamente completados, na rotina cotidiana do Estado, pelos empréstimos, substanciais; pelas décimas e dons gratuitos depositados pelo clero; enfim, pelas receitas das "partidas eventuais", em outros termos, pelas vendas de cargos, em virtude das quais o rei cede, contra moeda corrente, os cargos de funcionários, novos ou antigos. Toda essa ramagem fiscal, que já está bastante ramificada, dá testemunho da sofisticação crescente do aparelho de Estado. As cargas fiscais aumentaram, mas não de maneira esmagadora, entre o reinado de Luís XI e de Henrique III. Calculadas em grãos, elas surgiriam mesmo como bastante estáveis.[7] O enorme aperto fiscal ainda está por vir; ele esperará, para chegar a sê-lo, a época de Richelieu e Mazarino. O que impressiona em primeiro lugar, quando se considera o organograma das finanças em 1579, é o aperfeiçoamento sobretudo qualitativo, e não simplesmente quantitativo, de que ele dá mostras, em nome das iniciativas criadoras em matéria administrativa que foram tomadas por Francisco I e por Henrique II nesse setor; elas foram legadas em seguida aos reis Valois que se sucederão.

Chegamos, para terminar, ao quarto sudeste da "árvore". Desta vez, já não se trata das receitas ou "entradas" fiscais que irrigam o aparelho de Estado. Agora tratamos, nessa nova zona, das "saídas" ou despesas, em suma, dos efeitos que, mediante finanças, são induzidos no e pelo aparelho de Estado. As saídas são alimentadas, nem é preciso dizer, pelas entradas. A cadeia entradas-saídas desce, muito logicamente, do quarto nordeste ao quarto sudeste através do grande nó estratégico da Tesouraria da Poupança, que faz ponte entre a "receita" e as "despesas". Estas se dirigem por sua vez, verticalmente, de cima para baixo, para dois setores de peso desigual, ao longo de um par de galhos pendentes que fazem pensar nas pesadas ramagens de um chorão. Imediatamente à direita do tronco principal da árvore, encontra-se, com efeito, a sudeste, a Corte ou Casa do rei, cujo papel simbólico permanece considerável (basta pensar, sobre esse ponto, na Corte itinerante de Catarina de Medici e Carlos IX: quase 15 mil pessoas em deslocamento pelas estradas francesas, ou no que fazia as vezes destas, do Norte ao Sul da nação; ou seja, o equivalente de uma boa cidade daquele tempo, mas provisoriamente nomadizada). As "despesas" feitas por essa Corte (que nem sempre é ambulante, longe disso) estão repartidas especialmente em prataria, presentes diversos, caça, estrebaria (o cargo capital de estribeiro-mor é sempre confiado a um senhor importante). Enfim, pois que é preciso assegurar aos cortesãos e à família real uma proteção militar, as despesas curiais ou, como diz Figon, os gastos para a "Casa do rei" incluem igualmente uma tesouraria dos cem fidalgos e dos guardas (os capitães dos guardas que detêm o comando dessa tropa de elite são grandes personagens: ocupam, à frente de seus homens, um posto cobiçado). À direita do grande tronco axial da árvore, de cima para baixo da figura proposta por Figon, desenha-se, então, em queda livre, de norte-nordeste a sul-sudeste, um eixo secundário, que se poderia definir a partir do conceito weberiano de "monarquia patrimonial". Ou seja, na porção superior (norte-nordeste), o "domínio próprio" da monarquia, já descrito aqui mesmo e do qual desce, a título de entradas ou *inputs*, um certo volume de recursos, de resto, mínimos. E na porção inferior, a título de saídas, despesas ou *outputs*, a Corte: ela absorve, e bem além, os ditos recursos dominiais para as necessidades de consumo e de representação que afetam a *familia* monárquica. Esta, a bem dizer, é bastante ampliada, já que é reforçada por cortesãos, guardas e domésticos. E depois, na vertical que cai diretamente na extrema direita do esquema figoniano, desde nordeste até sudeste, aparecem as estruturas de um Estado em cujo seio nossos contemporâneos se sentiriam já menos perdidos: no alto, anteriormente encontradas, caracterizam-se as receitas fiscais; elas são expressivas, com exceção de alguns detalhes, de uma função pública destinada a longa existência. Para baixo, esses rendimentos derivados do imposto se engolfam em direção das despesas do

Estado, que se identificam com as "saídas" típicas deste; trata-se, em particular, das despesas com o exército, esse grande devorador de moeda do Antigo Regime; ele engolirá até 50% ou mais dos "orçamentos" reais: os títulos de capítulo, nesse setor, chamam-se, portanto, ordinário da guerra, extraordinário das guerras, marinha, artilharia, fortificações... E depois vêm as despesas em vista do serviço diplomático (gastos para "embaixadas e viagens"); as rendas e pensões (para os cortesãos e outros protegidos ou clientes do regime); as recompensas, dons e benefícios (mesma observação); enfim, os "ordenados dos homens de justiça e de finança", em suma, os vencimentos dos oficiais ou funcionários: representam pouca coisa na época, pois estes assalariam a si próprios, pelo menos em parte, graças à sua fortuna pessoal e também graças às espécies que recebem de seus administrados, oficial ou oficiosamente. Os ordenados que recebem do Estado constituem apenas, portanto, uma parte de seu rendimento, e não necessariamente a mais importante. A descrição proposta por Figon a respeito das despesas ou *outputs* do Estado apresenta, assim, embora breve, um caráter exaustivo. Ela incluiu, com efeito, a Corte, o exército, a diplomacia, a burocracia judiciária e financeira e, enfim, as gratificações.

Restaria falar das "partes baixas" do esquema de Figon: em outras palavras, todo o quarto sudoeste e igualmente a porção situada "embaixo à direita" (a sudeste). Aí se encontram os governadores das províncias e os embaixadores (ou seja, o rei presente no interior e no exterior do reino); o grande preboste do palácio (ele é juiz dos assuntos curiais); o Grande Conselho do rei, que duplica e "coroa" os Parlamentos, mas granjeando se possível, no plano nacional, as avocações últimas e os apelos supremos; os secretários de Estado, antepassados dos ministros mais tardios; os intendentes das finanças, que podemos assimilar a subsecretários de Estado para as finanças, ao gosto de nosso vocabulário atual; além disso, os relatores: estes constituem a classe política ou a "tecno-estrutura" do Estado real[8] dos anos 1570; a partir de 1661, esta se afastará do chanceler para cair mais na órbita do controle geral das finanças. Enfim, na árvore de Figon, o exército e a marinha, esta embrionária, estão a um só tempo em toda parte e em parte alguma; encontram-se representados de modo periférico e marginal pelos tribunais do Almirantado e do Condestablado (a sudoeste do esquema); e pelas diversas despesas militares (a sudeste). Isto posto, pensando bem nosso autor não inclui de modo algum os soldados profissionais, com todo o seu quinhão, em sua árvore "civil" e "leiga" das funções e estados. Mesma observação para o clero: a ação da Igreja é sugerida visualmente, por certo, pelas "décimas" de que é devedora ao poder leigo, sem mais nada. No entanto, os servidores de Deus estão implicitamente presentes na iconografia em questão: eles fornecem, com efeito, a caução ou mediação sagrada que, por ocasião da sagração e posteriormente, dá legitimidade religiosa à soberania do rei da França. De resto, Figon anota esse estado de coisas em termos claros ao longo da prosa com que, em algumas dezenas de páginas impressas, acompanha, em seu livro, a gravura que reproduz a árvore. Tal qual, esta constitui a melhor "fotografia", mesmo deformada, que possamos ter do Estado da Renascença, matriz de um muito Antigo Regime, em sociedade tradicional, nos anos semipacíficos que correm de 1577 a 1584.

# 10
# GUISE E GUISARDOS

As guerras civis recomeçam, a partir de 1584, sobre uma base nova; três grupos de protagonistas, e não mais dois, são agora confrontados: protestantes navarristas nas Províncias Unidas do Midi; católicos centristas, alguns deles "políticos", outros "valoisianos";* católicos guisardos, enfim, no primeiro plano; o que é, então, ser um guisardo e muito simplesmente um Guise, nessa França "fim-de-século" em que se desenvolve a surpreendente revolução da Liga, destinada desde 1588 a manifestar todos os seus efeitos?

A primeira geração célebre dos Guise, a do vencedor de Metz e de Calais e dos onipotentes conselheiros de Francisco II, propusera, confusamente, alguns dos lineamentos do modelo familiar que se vai expandir no período posterior: catolicismo intransigente, espírito cavalheiresco, gosto pelo poder, competência militar, sedução diante das multidões. A segunda geração, a de Henri de Guise (assassinado em 1588), confere a esse esboço um desenvolvimento grandioso e uma conclusão trágica, jamais ausente, de resto, dos destinos da *gens*: François de Guise, pai de Henri, morrera em 1563, sob os golpes de um assassino, Poltrot de Méré (este talvez teleguiado, Deus ou Coligny sabiam por quem).

A carreira de Henri de Guise, uma vez saído da adolescência, reveste suas dimensões históricas a partir de 1575 (vitória sobre os mercenários germânicos em Dormans). Desde 1584, ela ganha um novo impulso: esse é, com efeito, o ano do falecimento de François-Hercule, ex-duque de Alençon, irmão caçula de Henrique III. Trespasse decisivo! Encontram-se colocados, de maneira doravante incontornável, os problemas da sucessão dos Valois. Henrique III, cujo casamento permanece estéril, tem, apenas pelas normas da lei sálica, um único herdeiro legítimo, aquele mes-

(*) Em alguns momentos dos anos 1584-9, o Estado dos Valois, provisoriamente enfraquecido, acaba por aparecer apenas como uma facção entre outras...

mo que tantas pessoas temiam havia muito tempo: Henri de Navarra, descendente longínquo de são Luís... e príncipe huguenote. A França católica está sem saída. Um dossiê sucessorial quase tão complicado quanto esse já provocara, dois séculos e meio antes, nada menos que a Guerra dos Cem Anos. Quanto aos tormentos de consciência criados pela diferença religiosa entre o príncipe e seu povo, encontrar-se-á seu equivalente aproximado, em sentido inverso, cem anos mais tarde, entre os britânicos, quando Jaime II, rei papista, deverá governar súditos anglicanos: uma revolução pacífica, por certo, porém profunda e "gloriosa", seguir-se-á em 1688. O que significa afirmar o caráter espinhoso da alternativa que se apresenta, a partir de 1584.

A primeira Liga católica, não obstante, nascera em 1576, em torno de Péronne. Não devia grande coisa à iniciativa dos Guise: o movimento era fomentado pelo governador da cidade, a nobreza local e as três ordens regionais. Tratava-se, para esses primeiros membros da Liga, de impedir a instauração (legal) de Condé, príncipe huguenote, em seu governo da Picardia. A segunda Liga, a "verdadeira", cristaliza-se na Lorena, nove anos mais tarde, em torno de Henri de Guise, acompanhado de seu clã fraterno; ela se desenvolve também em Paris, com algumas semanas de distância, entre os togados, curas e comerciantes, uns e outros apegados ao culto tradicional. Esse duplo surgimento ocorre no fim de 1584, como reação lógica à morte recente de François-Hercule. A união assim formada leva, desde 1585, às ações de tomada de poder e de guerra civil, conduzidas segundo dois eixos: há dominação parcial dos Guise e de seus sectários sobre as cidades, grandes ou pequenas, e sobre as praças-fortes do Norte da França; há, por outro lado, luta militar contra os protestantes e navarristas, reagrupados mais ao sul nas Províncias Unidas do Midi. O exército real se associa a essa segunda ofensiva, pois Henrique III, que de qualquer maneira é muito devoto, tem de aceitar por coação um tratado de servil aliança com a Liga, em julho de 1585, por razões essencialmente táticas. "Eu sou chefe deles, católico como convém; portanto, sigo-os." Na circunstância, o aliado é mais perigoso que o inimigo; o soberano teme a cada instante ser ultrapassado pelo incômodo "amigo" que se tornou para ele o duque de Guise. Além do mais, o exército real é duramente arranhado por Navarra em Coutras (outubro de 1587). Essa derrota não acomoda as coisas, a despeito dos funerais quase reais e altamente barrocos com que Henrique III honra os despojos de seu favorito Joyeuse, morto na batalha. As contradições se aguçam entre os dois Henri (Valois e Guise) no Norte, enquanto o terceiro Henri (Navarra), no Sul, continua a ser a aposta ou o pretexto do conflito.

Por duas vezes (fevereiro de 1586 e sobretudo maio de 1588), Guise vem pavonear-se em Paris, capital católica e já partidária da Liga, na qual, na falta de consenso total, ele suscita um entusiasmo muitas vezes delirante. De resto, ele se sabe, recurso inesperado, parcialmente fortalecido por algum apoio que lhe vem de Catarina de Medici: a rainha-mãe sofre, com efeito, de ver ser-lhe confiscado o poder real, em razão das prerrogativas institucionais de seu filho Henrique III que, entretanto, não deixa de amar de todo o coração. Não esquece, por outro lado, seu laço familiar, mesmo afrouxado, com os Guise: ela é a mãe de uma princesa lorena (sua filha casou-se ducalmente em Nancy); é a sogra de uma outra lorena (a rainha Louise, mulher de Henrique III, nasceu da linhagem soberana desse pequeno Estado). Em suma, o catolicismo desmedido dos membros lorenos da Liga não tem nada que possa assustar *a priori* a piedosa italiana que Catarina ainda é de quando em quando, por simples lembrança de seu nascimento e de sua infância.

Em maio de 1588, a segunda vinda de Guise a Paris, munido desses reforços simbólicos, desencadeia por contragolpe (pois que Henrique III não tem, em relação ao príncipe integrista, as complacências de sua mãe) a imediata ocupação da cidade pelas tropas reais. Estas, por reação lógica, provocam em conseqüência a jornada das Barricadas (12 de maio de 1588). Ela é conduzida, sob as armas, pelos artesãos, os comerciantes, os universitários, os procuradores e mesmo os magistrados, hostis à presença dos militares. Essas barricadas são as primeiras do gênero, e serão objeto de imitações múltiplas durante os séculos seguintes. Estando Paris, daí para a frente, dominada *de facto* por Guise, Henrique III, mais astucioso nisso do que o será Luís XVI, foge na sexta-feira, 13 de maio, de sua capital em direção ao Oeste pela porta Nova, a partir das Tulherias mal cercadas pela insurreição. Pernoita em Rambouillet, primeira etapa de um percurso que terminará em Blois. É logo alcançado por um de seus favoritos (D'O), pelo chanceler, os ministros, os marechais da França. Ele conserva inúmeros e poderosos trunfos, mesmo que lhe tenha faltado, momentaneamente, a ajuda de seu primeiro-ministro oficioso, Épernon, ausente de Paris na época.

Resta um recurso ao soberano (e não é o único, pois que o poderio monárquico igualmente, em 1588, está longe de estar totalmente destruído). Henrique III projeta então, visando o esforço necessário, fazer apelo à França profunda e convocar os Estados Gerais, que se reunirão, com efeito, no mês de outubro de 1588. Com esse propósito, ele assume previamente o risco de uma crise ministerial (8 de setembro de 1588), a primeira do gênero: demite seus secretários de Estado e seu chanceler, impopulares ou, por vezes, cúmplices de Guise;* ele os substitui por personalidades menos comprometidas e menos desgastadas. "Ofensiva de sedução?"

(*) A demissão vale para os titulares da Chancelaria (Cheverny), das Finanças (Bellièvre) e dos Secretariados de Estado (Brûlart, Pinart, Villeroy).

Ela não é tola, mesmo que a vitória real permaneça problemática no momento, tratando-se da convocação e sobretudo da composição dos Estados. O comportamento monárquico na matéria é tão diferente daquele de um Guise ou de um Navarra? No decorrer de uma década furiosa, em que a sorte é terrível contra os reis e em que os lances estão longe de ser feitos em favor do absolutismo, é-se obrigado a fazer apelo à representação do país, meridional para o bearnês, setentrional ao gosto do loreno, nacional pela vontade do Valois. Daí a reunião prevista do que não é ainda inteiramente, por certo, uma assembléia plenamente representativa dos reinícolas. Uma coisa, entretanto, é convocar os Estados; apenas conviria, a esse respeito, influenciar ou manipular previamente o processo eleitoral que os prepara e instala. Henrique exercitou-se o melhor possível nesse jogo difícil. Faltava-lhe, no caso, a rede dos prefeitos e subprefeitos de que se servirão as repúblicas nos séculos XIX e XX, com o objetivo de ganhar as eleições? Os bailios e senescais, em todo caso, não eram capazes, naquele ano, de reagir eficazmente. Os Guise, seguros do assentimento das cidades majoritariamente católicas, saem-se muito melhor na matéria do que o faz o desafortunado Henrique III. Ajudados pela rede organizacional e multicitadina da Liga, eles obtêm, na abertura dos Estados (outubro de 1588) um apoio bastante geral dos deputados, apoio que o país "de base" em seu conjunto está bem longe de conceder aos lorenos nas mesmas proporções. Os Estados Gerais são dominados, portanto, pelo partido da Liga e dos Guise, pelo menos no que se refere ao Terceiro Estado e (naturalmente) aos clérigos. A nobreza está mais dividida. No conjunto, a assembléia triestatal manifesta tendências a uma autogestão *avant la lettre*. As três ordens, sobretudo duas delas e principalmente as cidades, desejam de maneira clara ou confusa controlar um pouco o poder real, fazer a lei, gerir o imposto, até o ponto em que as finanças seriam contidas em um cofre com duas chaves, uma simplesmente para Sua Majestade, a outra para Suas Majestades, os Estados. Considera-se também, iniciativa bastante revolucionária, que a assembléia ou a nação ou o povo (finalmente a Liga e os Guises) tenham sua palavra a dizer na nomeação dos principais funcionários da Coroa: chanceler, condestável, intendentes das finanças, secretários de Estado. Surpreendente audácia! Ela se inspira em inúmeros exemplos europeus (Suécia, Polônia, Parlamento inglês, Vaticano, Estados do Languedoc e, por que não também?, Cortes da Espanha... ou mesmo Constituição helvécia ou veneziana). Henrique III põe um fim brutal a esse crescimento, perigoso para ele, de um princípio representativo e, dir-se-ia, eletivo ou democrático. Põe fim também à competição dos Guise, objetivamente feroz. A 23 de dezembro de 1588, suprime pura e simplesmente, por ocasião da famosa emboscada de Blois, o duque de Guise e depois seu irmão, o cardeal. Nem mesmo as conotações sociais e regionalistas estão ausentes desse acontecimento espetacular: a guarda pretoriana dos Quarenta e Cinco, aos cuidados da qual é confiado o assassinato do duque, compõe-se de gascões, pouco permeáveis às influências da Liga que emanam da capital. Eles nasceram na "nobreza secundária" ou média nobreza meridional, que desconfia por vezes dos grandes aristocratas de tipo loreno. A matança reafirma, contra o princípio da Liga com pretensões eletivas e representativas, as vontades teimosas de um proto-absolutismo que logo se pretenderá sem fraquezas. Henrique III, a despeito de sua real impopularidade, que só faz aumentar depois do assassínio, sai disso muito menos enfraquecido do que se pretendeu. Doravante desacreditado no plano moral, daí tira pelo menos o benefício de haver decapitado o partido contrário. "Vantagem suplementar": os ódios ultrapapistas que oprimem o Valois incitam-no agora à aliança aberta com os políticos e reformadores do Sul, únicos contrapesos possíveis em relação às cidades da Liga no Setentrião. Fato impressionante: a conselheira de Henrique III, que o empurra para os braços de Navarra, é justamente sua meia-irmã Diane da França, bastarda de Henrique II e viúva de um Montmorency. O jogo das famílias continua...

Por uma brusca reviravolta de aliança, no decorrer de uma entrevista histórica entre os dois soberanos (Plessis-lès-Tours, 30 de abril de 1589), Henrique III associa-se a Henrique de Navarra e aos protestantes: a legitimidade sucessorial tem primazia aos olhos do monarca francês em relação à ortodoxia católica. Ela confere doravante ao Valois, por mais detestado que seja, grandes vantagens em comparação com a Liga; esta continua poderosa, mas está privada de seus grandes chefes. Pode contar apenas consigo mesma, na falta de aliados de peso no campo monárquico, *a fortiori* huguenote. Nova tragédia: a 1º de agosto de 1589, Henrique III é apunhalado por sua vez pelo monge Jacques Clément, incitado ao regicídio pelas certezas da fé romana. Com essa morte, que não desejou, Navarra é senhor do jogo. Tornando-se Henrique IV, ele tem apenas de encerrar a partida. Alguns anos, bem difíceis de atravessar, serão ainda necessários para que se estabeleça enfim a síntese henriquina, rumo a uma abertura absolutista, contra os resquícios da monarquia constitucional ou, pelo menos, quase controlada pelos diversos grupos de súditos. Esta se situara, contudo, por algum tempo, na linha de meta das ações que haviam sido conduzidas, no modo antagonista, respectivamente pelas Províncias Unidas do Midi e pelas cidades partidárias da Liga no Norte, mais ou menos federadas sob a égide dos Guise. O que mostra que, de um lado e de outro, diferia-se sobre a religião, mas nem sempre sobre as concepções políticas, afinadas com certas tendências da época e, em suma, favoráveis ao regime semi-representativo.

* * *

Aquém dos acontecimentos que terminam mal, a personalidade dos Guise, e principalmente dos dois chefes da família, pai e filho, François e Henri, é mais que fascinante. Seu encanto e sua generosidade contrastam com as friezas ou pesadumes repulsivos do falecido chefe da família concorrente, o ex-condestável Montmorency. Cavalheiresco, Henri de Guise salva alguns protestantes durante o São Bartolomeu (o que não o impede, por certo, de ser um dos fomentadores do massacre). O pai e o filho, François e Henri, ostentam no rosto, cada um por sua vez, a célebre cicatriz que atesta a bravura militar. Duplo ferimento! Ele fortalece os carismas da linhagem. Segundo as tradições francesas, Guise sênior e júnior, aliás pouco amados pela historiografia, encarnam, no entanto, segundo os casos, a expansão conquistadora ou a resistência nacional, nas fronteiras da Lorena e da Champagne, contra os mercenários da Alemanha: François se torna célebre, assim, por ocasião da defesa de Metz (1552) e Henri na batalha de Dormans (1575). Ambos tomam lugar, a despeito de sua reputação reacionária, no panteão patriótico: neste, as reivindicações, válidas ou hipertrofiadas, de defesa contra o ''germanismo'' desempenharão, com efeito, um papel eminente. É Henri de Guise um Joffre *avant la lettre*? No plano estritamente militar, o gênio estratégico de François e a simples habilidade tática de Henri ganham livre curso, sob formas variadas, no método do efeito de surpresa, comumente utilizado por um ou pelo outro, nos combates de Calais, Dreux, Dormans, Vimory, Auneau. Muito piedosos, os dois homens e, em conseqüência, qualquer um de sua família, beneficiam-se de uma ''aura messiânica'', colorida de qualidades diversas: alto nascimento principesco, beleza, coragem, maneiras livres e graciosas, devoção intensa, esta não impedindo de modo algum Henri, até as últimas noites, de amar as damas. Outros membros da linhagem, entretanto, adotam comportamentos mais contestáveis: a histérica duquesa de Montpensier, irmã de Henri de Guise, muniu-se de tesouras de ouro para cortar os cabelos do rei Valois e para melhor o reduzir, assim, ao estado de monge descoroado.

Opulentos, os Guise são cumulados de riquezas, de clientelas, de cargos, de governos. O duque Henri e os seus agem como jogadores de xadrez. Suas combinações ultrapassam amplamente o quadro francês; estendem-se à Alsácia e a Estrasburgo; desdobram-se a ponto de fomentar tal intriga cúmplice com príncipes protestantes (isso mesmo) da Alemanha, a começar pelo célebre João Casimiro, filho do eleitor palatino.[1] Guise teria mesmo entabulado negociações, em 1585, do lado de Henri de Navarra, por intermédio de um agente secreto que era simplesmente

Michel de Montaigne em pessoa! Os bravos homens tomados de paixão pela religião católica não entendiam coisa alguma disso, já que também ninguém os informava desses tratos secretos e mais que estranhos. A Corte principesca dos lorenos, em Nancy, funciona a esse respeito como plataforma giratória e como núcleo de relações européias, meio públicas, meio clandestinas.

Os Guise dirigem uma facção poderosa, distribuída em vários níveis, parisiense, provincial, aristocrático, citadino, multirregional... Dito isto, os contornos dessa facção não estão delimitados de uma vez por todas: muitas pessoas decepcionadas se juntam a ela; o descontentamento, como em toda época de crise para os níveis de vida ou as fortunas, desempenha um papel essencial na consolidação do partido guisardo. Até certos amigos de Henrique III, ou mesmo ex-favoritos como D'O, Épinay-Saint-Luc e também, por algum tempo, o marquês de Beauvais-Nangis, amargurado de ver Épernon ocupar o lugar preponderante que ele cobiçara no círculo real, passam para o campo dos lorenos: estes aliciam Beauvais-Nangis prometendo-lhe o cargo de coronel geral da infantaria..., mas não manterão a palavra. Daí a defecção posterior do marquês em relação a esse partido de Liga que abraça apenas passageiramente.

As adesões ou as "chegadas" podem, portanto, ser compensadas por "partidas". A tentação da Liga, com efeito, não impede em seguida certos retornos à órbita do Valois: assim, D'O é recuperado por seu real patrono graças ao prêmio de uma promoção na Ordem do Espírito Santo (janeiro de 1586). Da mesma maneira, o poderoso duque de Nevers, depois do aborto de um projeto de núpcias para seus filhos com os Guise da jovem ninhada, deixa-se levar a casar duas filhas com poderosos fiéis do monarca: desde então, Nevers e seu grupo estarão perdidos para os lorenos.

As sereias guisardas, porém, são capciosas: mesmo Catarina de Medici se deixa tentar, por momentos, já que tanto sua nora nasceu lorena como sua filha desposou um loreno; ao que se acrescentam os rancores da rainha-mãe contra Épernon, que lhe arrebatou uma grande porção de poder e de influência, no círculo próximo de Henrique III. Enfim, devemos lembrar que esse próprio rei considerou bom, em certo momento, pôr-se à frente dos movimentos iniciais da Liga, a fim de os controlar melhor. Pura manobra, evidentemente! Ela não abre muitas perspectivas. E, no entanto, ainda no mês de julho de 1585, Henrique III, que cede à força ou que se toma por um novo Maquiavel, assina, não sem remorsos íntimos, o tratado de Nemours: esse texto coloca o protestantismo fora da lei e satisfaz, assim, os membros da Liga, a bem dizer insaciáveis! Por outro lado, ele dá às tropas guisardas várias praças de segurança, assim como uma generosa promessa de subvenção. Coloquemo-nos então, para julgar o ato assim estabelecido em Nemours, no ângulo de mira dos próprios lorenos: para Henri de Guise em 1585 (e também em 1588), assim como para os Condé em 1560, 1562 ou 1567, como igualmente para Catarina de Medici em 1572, o problema é sempre de bem dominar, por escrito ou fisicamente, de longe ou de perto, a própria pessoa do soberano. "Fogo sobre o quartel-general", poder-se-ia dizer, parafraseando (às avessas, por certo!) a fórmula simbólica de certos revolucionários do século XX.

É verdade que não se pode reduzir o núcleo guisardo a um simples centro oportunista de intrigas e de cabalas. Os Guise, e em primeiro lugar o duque Henri, são profundamente católicos, de maneira visceral, assim como a Liga parisiense é extremamente piedosa.[2] Para a Igreja eles outorgam dons suntuosos. Apesar de algumas tentativas frustradas de uma aproximação adventícia com os príncipes protestantes da Alemanha ou do Béarn, eles sentem, como permanente obrigação de ordem espiritual, a necessidade de um combate contra o herético Henri de Navarra. O bearnês, com efeito, sofreu a excomunhão por bula papal, que visava também Condé, em setembro de 1585. Outra motivação do mesmo tipo, para os príncipes lorenos: o sofrimento dos católicos de além da Mancha, perseguidos pela rainha Elisabeth I, assim como a execução de Maria Stuart (fevereiro de 1587). Um e outra angustiam e desolam o catolicismo francês; inspiram o sermão violento dos pregadores, que têm sempre o Espírito Santo na boca; encorajam também as espetaculares "procissões brancas" que desfilam na Champagne guisarda, em nome de uma mística coletiva e mesmo barroca.

No plano leigo, o estabelecimento dos Guise relaciona-se a uma tripla constelação: esta é em primeiro lugar feudal. As agitações guisardas têm, com efeito, algo de arcaico, evocando as batalhas intestinas do século anterior, Praguerie, Liga do Bem Público, guerra insana; com a diferença de que os problemas religiosos ainda não afloravam nas lutas civis dos anos 1460 ou 1480. Henri de Guise, como anteriormente François, arrasta sob suas bandeiras uma parte da nobreza; mas a segunda ordem, em geral, onde são numerosos os fidalgos de nível modesto, tem algumas razões para se assustar com as pretensões "superfeudais" do agitador loreno; toda uma clientela oriunda da nobreza secundária está disponível, portanto, para Navarra e para o rei da França; este distribui sem sovinice, a fiéis saídos desse segundo grupo, os títulos de duque e par e as condecorações do Espírito Santo. A prestigiosa coletividade dos duques e pares, da qual Saint-Simon se fará o poeta genial, vê despontar, de resto, sob o último Valois, suas reivindicações de vaidade específica, hierárquica.

Em segundo lugar, o grupo guisardo não desdenha de contar com a triplicidade tradicional dos Estados Gerais: as três ordens! Para grande prejuízo do soberano, Guise soube fazer eleger seus partidários com larga maioria, entre os representantes do Terceiro e do clero, se não da nobreza, nos Estados de 1588. Diante de uma monarquia valoisiana e logo bourboniana que cultiva, sem parecer alcançá-las, as primeiras semeaduras do absolutismo, os lorenos, entre outros avatares, representam paradoxalmente uma espécie de alternativa constitucional, não ousamos dizer liberal! Desde o século XIV, *grosso modo* desde a época de Étienne Marcel, o espectro de uma monarquia controlada pela representação dos corpos que constituíam, em seu conjunto, o reino, obsedava as elites dirigentes e os agentes do Poder. Os Guise (algumas vezes superados, no caso, por seus adeptos mais ardentes) dão corpo outra vez a esse velho sonho, por ocasião dos debates agitados que opõem as três ordens ao rei ou a seus próximos, durante os Estados de 1588.

Desse ponto de vista, repitamo-lo, está a facção guisarda tão afastada dos protestantes e dos políticos, dos quais a separam, em outros domínios, o intransponível fosso da divergência teológica e do horror mútuo, assim como o fluxo torrencial do sangue derramado? Constatemos simplesmente que, por volta de 1585-9, duas grandes redes de delegações regionais desenham-se no território francês: são as Províncias Unidas do Midi, político-protestantes; e, por outro lado, os poderes confederativos, por mal cimentados que estejam, emanam das cidades e corpos que, principalmente na França setentrional, reconhecem a autoridade dos Guise, assim como da Santa União católica. Ousemos, nesse sentido, uma comparação que talvez choque: a França de 1588, ou parte dela, a fim de evitar a impensável elevação ao trono de um rei calvinista na pessoa de Navarra, desejaria fiar-se com plena confiança na delegação católica dos agrupamentos urbanos, eclesiásticos e regionais de toda espécie, coligados sob a égide dos Guise. Ora, essa porção do reino é tão diferente, pelo menos nisso, da Inglaterra de 1688? Esta, para afastar o "pesadelo" de um soberano católico (Jaime II), confiará prudentemente o depósito do poder legítimo às instâncias expressivas das comunidades regulares, Igreja anglicana, Lordes, Comuns... tudo sob os auspícios de um líder protestante, Guilherme de Orange, expressamente chamado, e que afinal das contas ocupará o trono londrino. Mas é verdade que além da Mancha a religião localmente minoritária (os católicos) disporá apenas, com exceção da Irlanda, de efetivos derrisórios; portanto, as coisas serão conduzidas pacificamente, e com mão de mestre. Na França, em compensação, os huguenotes são em grande número e os ódios, poderosos, ao ponto de serem necessários duros combates; só se sairá deles, para terminar, por meio de um recurso ao proto-absolutismo "aberto", gerido por um supremo árbitro, Henrique IV, depois de 1589-95.

Resta, enfim, "sob" os Guise, mas não totalmente controlada por eles, a questão da base citadina, e especialmente parisiense, do movimento: em maio de 1588, os membros da Liga inventam o método e mesmo a simples existência física das barricadas, cujo destino, em seguida, será prodigioso para a longa história das revoluções e sublevações urbanas, do século XVII ao século XX. As ditas barricadas, nesse maio primaveril do fim do reinado de Henrique III, têm, de resto, dupla significação: com efeito, a burguesia que as mandou erguer as concebera tanto para conter a plebe artesanal ou popular em veia de pilhagem quanto para formar obstáculo e bloqueio aos deslocamentos da soldadesca real, que acabava de se instalar indevidamente em Paris.

A Liga, como iniciativa comunitária, é em primeiro lugar marcada por um catolicismo sem concessões. Encarna também certas frustrações da burguesia secundária, a do partido dos Dezesseis,* dos procuradores, mestres de ofícios, comerciantes, funcionários subalternos, homens de lei, sobretudo no gênero de Louchard, Crucé, Bussy-Leclerc; e isso em detrimento das "grandes togas" parlamentares, suspeitas de excessiva afeição pela monarquia centralizadora. Os membros da Liga são apegados às franquias medievais e corporativas da cidade, ameaçadas pela intrusão de um exército sob as ordens do Estado nacional. Não desdenham de ir mais longe, até cair no localismo; cada uma de suas tropas está enraizada de maneira sólida em seu bairro próprio e, portanto, pouco capaz de uma tentativa estratégica na escala da inteira aglomeração (essa é a razão pela qual Henrique III, a 13 de maio de 1588, não tem muita dificuldade em fugir de Paris por uma porta ocidental, fora de alcance dos fortes pelotões da Liga que estão postados na margem esquerda, no centro da cidade ou na prefeitura). Esse "paroquialismo" exacerbado não impede, no plano interurbano desta vez, que os agentes da Liga, subvencionados por Paris e pelos Guise, percorram a Beauce, a Touraine, o Anjou, o Maine; esforçam-se por articular em rede diversas cidades, a fim de reforçar a causa do partido na escala multirregional.

Impressiona, em toda essa história, a ambigüidade profunda do fenômeno de Liga: sob certos aspectos, ele exibe características bastante repulsivas. Michelet ficará indignado com o clericalismo abjeto da facção, excludente de qualquer tolerância em relação ao protestantismo (mas os anglicanos e dissidentes da Inglaterra "gloriosamente revolucionária", em

(*) Os Dezesseis, de fato algumas centenas de quadros leigos da Liga, "tiram seu nome de uma referência aos dezesseis bairros que dividem o território parisiense".[3]

1688, serão tão abertos e tolerantes em relação à comunidade papista, minoritária nas ilhas britânicas, mas majoritária na Irlanda?). A mescla de fanatismo beato e de populismo surgido das massas, que se detecta nas manifestações da Liga, faz pensar por antecipação, simples analogia, nos desfiles dos mulás de Teerã, durante os anos 1970-80, também eles portadores dessa dupla característica. Tal aproximação, por certo, não contribui de modo algum para tornar mais atraentes as operações geminadas dos Guise e da prefeitura, mantida nas mãos da Liga. Sem que seja preciso ir necessariamente tão longe nas comparações com o nosso tempo, muitas vezes se notou que as práticas da Liga parisiense (caça aos suspeitos, delação, Terror simbólico ou, às vezes, real, organização "seccionária" dos bairros, preparação dos citadinos pela propaganda) prefiguram os métodos dos jacobinos, *sans-culottes* e membros da Comuna de Paris, nos rudes anos 1793-4. Daí a estabelecer uma filiação de uma ao outro há apenas um passo, lento de transpor!

Tendo esses prolongamentos possíveis sido devidamente evocados, devemos ater-nos, apesar de tudo, a alguns dados confiáveis. E em primeiro lugar: os vínculos tradicionalistas da Liga (espaço urbano legado pelos séculos, hábitos antigos de tomada de controle pela cidade, relativamente a seus problemas imediatos e locais de subsistência, de auto-administração e de religião) são demasiado fortes para que se possa, num só golpe de reflexão apressada, projetar nossos membros da Liga para fora de si mesmos, na direção das agruras ainda por nascer do terrorismo robespierriano.

E isso tanto mais que deva ser matizada, atenuada mesmo, uma consideração do fenômeno guisardo que fosse por demais pejorativa. Na realidade, a Liga é muito "francesa" nas significações diversas desse adjetivo, boas e menos boas. Pela atuação das cidades filiadas aos Guise e pela ação dos governadores provinciais que são seus amigos, ela se apóia nas regiões do Norte e do Leste que se comportam, em certa medida, como bastiões da identidade nacional e que permanecerão (com o posterior destaque da linha Saint-Malo/Genebra) como os pontos fortes do desenvolvimento sócio-econômico-cultural no quadro francês. Entre essas zonas preferencialmente partidárias da Liga, e norte-orientais ou, em todo caso, de *oïl*, citemos Champagne, Brie, Borgonha, Lorena (que ainda diz respeito à França apenas graças à linguagem comum, aos Guise e às proximidades fronteiriças), Picardia, Île-de-France, e depois, periféricos, Berry, Maine-Anjou; e mais ao sul, um pouco do Delfinado, Lyonnais, Poitou, Auvergne, Provença... Em compensação, a Liga encontra dificuldades mais claras em se expandir no Midi languedociano e no Sudoeste, um e outro fortemente contaminados pelo protestantismo, assim como pelo moderantismo correlativo dos católicos políticos. É verdade que os Joyeuse, tão fortes em Toulouse, afirmam simpatias crescentes em relação à Liga; graças à ajuda inesperada fornecida por essa grande família, "ex-favorita" de Henrique III, a Santa União se beneficia de um útil ponto de apoio na cidade rosa, no coração de uma Aquitânia mais geralmente navarrista.

Mas deixemos esse prolongamento meridional da Liga e proponhamos brevemente uma visada de conjunto, com grande distância de tempo e sobrevôo de espaço: digamos que o dia em que soar para as populações setentrionais, em 1789, a hora da emancipação, por mais difícil que seja, em relação ao puro e simples absolutismo monárquico, reencontrar-nos-emos um tanto, sem o saber muito bem, no caso figurado de 1588, no tempo em que as províncias do Leste e do Norte, em maioria, afirmavam sob os Guise uma certa vontade de autodeterminação ou, pelo menos, de participação no processo governamental, o conjunto contra a política de Henrique III.

E, no entanto..., a Liga não é estritamente nacional. Muitas vezes desejosa, contra os votos de um galicanismo enraizado, de introduzir na França os decretos do concílio do Trento, ela tem necessariamente algo de ultramontano; seus olhares se voltam de bom grado para a Roma dos soberanos pontífices. Além do mais, Guise é pesadamente subvencionado por Filipe II, em centenas de milhares de escudos em dinheiro vivo. Deve-se pensar que estes são recém-saídos ou refundidos das minas de Potosí? Guise, que os correspondentes diplomáticos do soberano madrileno designam pelo codinome de Mucius, não se torna por isso um puro e simples agente da Coroa espanhola, a soldo dos desígnios hostis que esta cultiva contra o protestantismo internacional e, em primeiro lugar, contra a Inglaterra (a expedição finalmente desastrosa da "Invencível Armada" em direção às costas britânicas data precisamente de 1588). Feudal, com sólidas posses na França e na Lotaríngia, Guise, desde o ano das barricadas, pode contar firmemente, além disso, com a vasta popularidade de que se beneficia em Paris, uma das maiores cidades do Ocidente. Quando ele trata com Filipe, é de potência a potência, ou de par a companheiro. Mesmo diminuído em relação ao Habsburgo da Espanha, que toca vantajosamente (não sem notas discordantes) em um teclado mundial (Europa, América, Filipinas...), François de Guise encarna, também ele, em escala bem menor, um poder quase nacional e mesmo moderadamente internacional; pode fazer frente à Sua Majestade católica, no quadro de uma aliança comum, empoleirada no integrismo religioso. O duque loreno pode até chegar a fazer subir os lances, nessa perigosa partida em que acabará por cair sob o ataque dos matadores.

Guise quis com toda a sinceridade identificar-se com Carlos Magno, que pretensamente seria seu ancestral? Assim teria sido substituída, um belo dia, a linhagem declinante dos Capetos pelo ramo verdejante dos lorenos da Carolíngia... Na realidade, deve-se evitar, nesse ponto, todo exagero retórico. Sem dúvida, Guise deu toda a liberdade aos propagandistas e genealogistas complacentes, que faziam descender do grande imperador os príncipes da Lorena e que remontavam, nessa busca das origens familiares, até Clódio, o Cabeludo, herdeiro direto de César e dos troianos! Mas afinal, e apesar desses transbordamentos verbais de um círculo, Guise manifestava certo respeito pela pessoa e pela função de Henrique III. Quando muito, aspirava ele tornar-se condestável junto ao soberano. O príncipe loreno evitou cuidadosamente derrubar o rei francês, quando em maio de 1588 teria podido abatê-lo inteiramente, se houvesse agido com uma determinação que justamente não era a sua na circunstância. Essa mansuetude não foi recompensada e lhe valeu, sete meses mais tarde, ser assassinado. Não se é revolucionário pela metade: o Valois não poupará, portanto, em dezembro de 1588, o homem que o deixara sobreviver física e politicamente em maio do mesmo ano.

Conclusão lógica: como outrora Luís XI ao cortar o fio das ambições borgonhesas, Henrique III e depois Henrique IV porão um termo às perspectivas utópicas de uma Lotaríngia sem fronteira..., e parisianizada; elas encantavam havia algum tempo os mais audaciosos no clã dos Guise. Por outro lado, tendo sido desfeita a Liga, doravante estará fechado o caminho da França, e até o século XX, para a duradoura carreira de um grande partido político de obediência e de dependência clerical ou muito simplesmente católica. O último Valois e depois o primeiro Bourbon vencem os Guise, assim como também Richelieu vencerá Marillac... De agora em diante, o patriotismo, na longa duração, tem mais aceitação que o catolicismo que, no entanto, permanece religião da vasta maioria dos franceses. O país não fica pior por isso. Mesmo portadora, a prazo, de instituições monárquicas tornadas felizmente constitucionais e representativas, a vitória da Liga, no imediato, teria significado o domínio de uma intolerância beata e monopolista, à imagem daquela que faziam reinar respectivamente Filipe II na Espanha, na órbita católica, e Elisabeth I ao norte do canal, em território anglicano. A vitória difícil de Henrique III e depois a vitória quase total de Henrique IV, o Vert Galant, darão ao protestantismo francês um descanso muito positivo de quase cem anos (1589-1685); ele lançará, nacionalmente, as bases do pluralismo confessional e da diversidade ideológica. Tal é, em suma, o desfecho de modo nenhum muito insatisfatório, obtido com grandes custos, dos avatares do longo século XVI: aí se desfaz finalmente o modelo sócio-político de base urbana e multicitadina que constituíra um dos fundamentos da Liga. Essa derrota é de todo proveito para o sistema nacional-estatal. Ou, pelo menos, vê-se passar a dominância do primeiro para o segundo dos dois sistemas assim postos em causa.[4] Ora, ocorre que o modelo vitorioso (nacional-estatal) produz na França uma lógica absolutista em termos de poder, mas gera também, felizmente, uma configuração semiliberal, tratando-se da cultura intelectual. Basta considerar, a esse respeito, a época de Richelieu, diretamente saída, com trinta ou quarenta anos de distância, da decadência da Liga. Os grandes, e mesmo certos militares protestantes, serão submetidos a vexações pelo cardeal. Mas os pensadores, os escritores de uma época que se tornou barroca e mesmo libertina permanecerão relativamente livres tanto para escrever como para publicar. A França não se tornará tão cedo comparável à Inglaterra aberta e parlamentar do tempo de Newton e de Locke, mas pelo menos evitará a triste sorte da Espanha inquisitorial.[5]

*Terceira parte*

# *O VERDOR DO BOURBON*

# 11
# A ABERTURA

Henrique IV que (teoricamente) chega ao trono, ou ao que resta dele, no ano de desgraça de 1589, marca ruptura e continuidade em relação à precedente dinastia dos Valois. Primo muito distante de Henrique III, ele pertence a essa família dos Bourbon que, durante três séculos, vivera à sombra do poder, servindo-o freqüentemente, traindo-o algumas vezes, bruscamente lançada, no fim do século XVI, nos postos avançados de uma atualidade que não a deixará mais. Bearnês, populista, autenticamente próximo dos camponeses que conheceu bem em sua infância e que gostará de reencontrar mais tarde, Henri de Navarra conservará se não a fanfarronice, pelo menos "a sovinice e a cordialidade fácil" que um estereótipo atribui a seus compatriotas do "lugarejo". Albret por sua mãe, ele herda o humanismo erasmiano e sorridente que caracterizava sua avó Marguerite d'Angoulême, digna irmã de Francisco I; participa também das idéias calvinistas adotadas e propagadas energicamente por Jeanne d'Albret, que o gerou: a mãe e o filho figuram, com efeito, na primeiríssima fila dos signatários da Confissão de La Rochelle, que permanecerá durante séculos o *Credo* dos protestantes franceses.*

Monarca de Navarra, Henrique está em litígio permanente com a Espanha. Em 1512, esta incorporara aos países castelhanos as províncias navarresas além dos Pireneus; Madri reduzira, assim, o que restava desse pequeno reino à superfície de um Estado-rabo, situado ao norte da cumeada dos Pireneus. No entanto, Henri, desde a morte de sua mãe, con-

(*) "Em abril de 1571, Jeanne d'Albret assiste com seu filho Henri de Navarra, o futuro Henrique IV, ao sínodo huguenote de La Rochelle, que reúne as mais altas autoridades da 'Religião' calvinista, entre as primeiras das quais Théodore de Bèze [...]. A confissão de fé dita de La Rochelle é aí elaborada, texto fundamental que permanece ainda hoje como o *Credo* da Igreja reformada da França. O texto original da confissão traz, na ordem, as assinaturas de Jeanne d'Albret, Henri de Navarra, Condé, Nassau, Coligny, depois os pastores..."[1]

tinua a ser minipotentado regional ou mesmo seminacional: além de sua realeza hereditária, dispõe, com efeito, do Béarn, do condado de Foix e do Armagnac; é, enfim, governador da Guyenne em nome do rei da França.*

Meridional, ou antes gascão, como se dizia na época, ele é também francês, inseparavelmente. As alianças ou as parentelas de seus ascendentes ligam-no a Francisco I (com quem se parece vagamente), a Luís XI, assim como aos príncipes lorenos e savoianos; em razão desses laços e dos parentescos de primos que implicam, ele se move facilmente na rede internacional dos altos príncipes francófonos. Por bem ou por mal, passou uma parte de sua infância e de sua adolescência na Corte dos Valois: portanto, escreve perfeitamente a língua francesa, sem que um gasconismo aflore sob sua pena. Por várias vezes, mudou de dogma, passando do protestantismo ao catolicismo e vice-versa: sua fé é múltipla, mas tanto mais profunda.** O Antigo e o Novo Testamento dão forma e substância às experiências plurais que viveu no domínio do sagrado. Conhece e medita sobre os Salmos. Pretende-se homem de diálogo e de tolerância, unicamente em razão de uma consciência exigente e livre, educada no puro estilo da Reforma. Sua cultura clássica, mais latina que grega, é adequada, sem mais: por definição, ela se situa à margem ou acima dos conflitos religiosos entre cristãos. Conforta-o na busca de uma zona neutra e de uma terra comum às duas Igrejas. Com o risco, depois da conversão, de que Henri favoreça mais o lado católico, sem por isso deixar de amar os huguenotes.

Moderno, Henri o é sob outros aspectos; por certo, tem referências arcaicas: identifica-se com os heróis de Plutarco e mais ainda com os cavaleiros corteses representados por Amadis de Gaula, com os quais de bom grado se deleitou. Afinal, a cavalaria, em seu tempo, continua a ser a

(*) Mais precisamente, ele é soberano em Béarn, Navarra e condado de Foix; possui o ducado de Albret e centenas de feudos prestam-lhe homenagem no condado de Armagnac; no Norte do Loire, é duque de Vermandois e Beaumont, conde de Marly, visconde de Châteauneuf-en-Thimerais; rege, por outro lado, o governo real de Guyenne, em colaboração com o lugar-tenente geral François de Matignon.

(**) Pode parecer paradoxal afirmar que uma fé múltipla (pluralista? ecumenizante?) é tanto mais profunda. No entanto, esse é o caso de muitos homens do século XVI e, especialmente, de Henrique IV. Provido de uma excelente educação religiosa na infância e na idade adulta, o bearnês, com efeito, provavelmente tomou "o melhor" dos dogmas concorrentes que lhe inculcaram de modo sucessivo. Henrique foi batizado católico em 1554, passa sob a influência protestante de 1559 a 1562; é mais uma vez católico (por causa de seu pai) de junho a dezembro de 1562; depois protestante de 1563 a 1573; católico ainda, à força, depois do São Bartolomeu (1572); ele retorna uma terceira vez ao protestantismo depois de sua fuga da Corte (1576); enfim, reconverte-se definitivamente ao catolicismo em 1593. No século XVIII, tais palinódias (seis ou sete vezes!) engendrariam o ceticismo puro e simples. Mas o século XVI, com seu imenso apetite do divino, ainda não é "negador".

rainha das batalhas, mesmo que não lhes forneça mais os grandes batalhões. Mas vemos também o navarrês, na emboscada de Eauze, distribuir por todo lado os tiros de pistola que lhe salvarão a vida, no estilo dos heróis de western.*

Um casamento fracassado o fez genro de Catarina de Medici, unindo-o à sedutora Marguerite de Valois, filha de Henrique II. A incompatibilidade de humor separará para sempre os dois esposos, depois de algumas tentativas de vacilante coabitação. Henri vai permanecer muito tempo semicelibatário de fato. Sujeito a ser explorado pelo amor, tira partido do fracasso conjugal em aventuras e amores passageiros, provocados por sua sedução pessoal, acompanhada de um título principesco. O vigor na cama não é sua qualidade primeira: "Capitão Boa Disposição, não é grande demolidor de armações de cama" (Tallemant des Réaux). Suas ligações mais importantes até por volta de 1600 servem, porém, à política de união supraconfessional que preconiza. A católica Corisande, condessa de Guiche, incita o jovem Navarra às reconquistas do reino de que ele é o herdeiro legítimo; com esse fim, ela não hesita em desafiar a admoestação do confessor que, no entanto, deveria escutar. Corisande-Chimène encontrou seu Rodrigue na pessoa de Henri. Gabrielle d'Estrées retoma a tocha, nos anos 1590; apóia fielmente a política conciliadora expressa pelo edito de Nantes. As bodas infelizes de Navarra com Marguerite haviam prefigurado, também, uma certa vocação henriquina: marcavam, em duvidoso benefício do cônjuge, o início (abortado) de uma política de síntese nacional que só terá êxito realmente vinte anos mais tarde. Catarina de Medici, ao unir sua filha Marguerite (católica) a Navarra (huguenote) usava, com efeito, métodos de conciliação e de esperteza que lhe eram familiares desde a década de 1560; por um casamento, ela esperava chegar, se não à fusão, pelo menos à reunificação dos dois partidos que dividiam o reino: esse processo de síntese devia efetuar-se, se se seguissem as perspectivas da rainha-mãe, em benefício de uma hegemonia católica que Catarina, afinal, não desejava de modo algum tão monopolista. Para chegar a isso bastava, na opinião da astuciosa italiana, que dois pequenos empurrões fossem dados: o primeiro teria obrigado Navarra, como esposo de Margot, a converter-se posteriormente ao catolicismo. Assim, a facção anteriormente huguenote teria daí para a frente um chefe papista, maneira como outra qualquer de reconduzi-la para o seio da

(*) Em dezembro de 1577, Henrique é pego na armadilha, com alguns companheiros, na pequena cidade de Eauze, nas terras de Armagnac. Os dirigentes locais, com efeito, baixaram a "grade" da porta da muralha atrás deles, separando-os, assim, do grosso de sua tropa. Henrique, com tiros e ameaças de pistolas, consegue impor respeito aos seus adversários, até a chegada de um reforço.

unidade do país, ou pelo menos de a marginalizar. O segundo empurrão, nitidamente mais discutível, consistia, para melhor disciplinar os protestantes, em "liquidar" Coligny, por diligência de um matador do qual Catarina esperava que ajustasse convenientemente sua arma de fogo. Sabe-se que não foi assim; Maurevert errou o alvo; o simples ferimento de Coligny desencadeou por reações sucessivas o Massacre de São Bartolomeu, que pôs fim por quase duas décadas aos sonhos de fusão de Catarina. A visada estratégica desta, contudo, não era desprovida de intuições de futuro: elas ganharão corpo no fim do século, sob os auspícios da efetiva conversão de Henrique IV, geradora do edito de Nantes.

Navarra, durante sua "travessia do deserto", apóia-se em primeiro lugar em um partido, uma rede sólida, por vezes incômoda. Trata-se, no caso, das Igrejas francesas reformadas, cujo polígono de sustentação deslocou-se cada vez mais para o Sul. Com toda a amizade, elas contestam bem regularmente o bearnês, sobretudo no fim dos anos 1580 e até 1593, quando se torna clara, enfim, sua reaproximação com a Igreja católica. Elas eventualmente prefeririam a ele seu primo, Henri I de Bourbon, príncipe de Condé, muito mais militante. São obrigadas, contudo, a contentar-se com o *leadership* navarrês, ainda que fosse apenas em razão das mortes sucessivas dos outros grandes representantes do protestantismo, Coligny, Condé sênior e o próprio Henri de Condé, morto em conseqüência de um grave ferimento de 1588. Junto a Navarra, elas delegam Duplessis-Mornay, intelectual calvinista, homem de Estado e guerreiro, que se tornou diretor de consciência do rei pireneu; essa tarefa diretiva se mostra muitas vezes difícil, a tal ponto são freqüentes as estroinices do interessado. Como François Hotman, outro teórico protestante, Duplessis-Mornay retratou-se da ideologia "democratizante" que fora brevemente professada pelos pensadores huguenotes, logo depois do São Bartolomeu. O anterior democratismo dos protestantes monarcômacos, por certo mesclado de um recurso ao impulso divino, vai migrar em parte para o campo ultracatólico e para a Liga. Mornay, no período 1580-90, inspira-se doravante em um realismo mais puro, do qual Jeanne d'Albret dera o primeiro esboço no decorrer das décadas anteriores, em seu piedoso reino de Béarn; ela colocara o Estado pireneu sob o olhar e o estandarte do Eterno. Tal é, portanto, a força do calvinismo desse tempo: pode atuar em dois ou três quadros, republicano (em Genebra), monarcômaco depois de 1572 e em seguida realista, além de 1584.

Príncipe "herético", o chefe dos Bourbon faz parte, a título francês, da Internacional protestante. Dirige-lhe o destacamento meridional, pois ela está solidamente ancorada (por outro lado) no Norte do velho continente; inclui os principados luteranos da Alemanha, a Inglaterra elisabetana, a Escócia, as Províncias Unidas neerlandesas, a República genebrina, a Suécia... Esse bloco setentrional deve destinar-se a mais vastas conquistas européias para o Sul e para o Oeste, na direção do Midi latino que, em regra geral, permanece refratário à heterodoxia não católica? Os votos de Condé, bastante ativista, orientar-se-iam de bom grado nesse caminho. Mas Navarra não partilha os desejos de expansão desse príncipe; leva em consideração um statu quo das fronteiras, uma coexistência pacífica na escala continental; não quer saber de novas conquistas protestantes. No que, uma vez mais, distingue-se dos elementos extremistas e dogmáticos de seu próprio partido: a derrota dos mercenários alemães em Auneau (1587), pelos esforços do duque de Guise, justifica a orientação irônica do bearnês, ao mesmo tempo que constitui para ele, a curto prazo, um grave malogro. Mesma ambivalência do acontecimento, de resto, no que se refere à morte de Condé (1588): desastre para os huguenotes... e libertação para seu chefe Navarra que, por esse macabro acaso, é separado, enfim, de seu parceiro mais obstinado, mais intransigente.

No plano estritamente francês, as instituições representativas do calvinismo reúnem os delegados de certo número de cidades, grandes e pequenas, principalmente sulistas, que foram conquistadas pela propaganda protestante, ao passo que o campesinato, muito freqüentemente, permanecia apegado ao catolicismo tradicional. Essas entidades representativas, apenas em razão de seu forte recrutamento citadino, praticam então sem complexos a duplicação do Terceiro Estado (que, em compensação, gerará tantos problemas, em escala nacional, em 1789). Elas estão certas da amizade e da cumplicidade dos católicos "evoluídos" e moderados do Midi, que o misticismo não reprime muito. Assim se impõe uma dupla afirmação majoritariamente meridional: ela é simultaneamente democrática (falar-se-á comumente da República das Províncias Unidas do Midi) e monárquica (Henri é rei de Navarra, até sê-lo da França). Essa vocação gêmea sublinha a vitalidade de um vasto partido "apanha-tudo", mais ou menos submetido às auriflamas do bearnês; encontra-se nesse partido o chefe protestante Lesdiguières, entrincheirado nas montanhas do Delfinado; o católico Montmorency-Damville e seu clã fraterno, no Languedoc ou alhures; e enfim a clientela particular do protestante (e logo católico) Navarra em pessoa, que domina um arquipélago de territórios; eles vão do Béarn a La Rochelle, passando pelo médio Garonne de Agen e de Nérac.

Em escala nacional, uma coalizão de grandes linhagens aristocráticas e principescas apóia mais ou menos ativamente o navarrês. Figuram entre elas os diversos chefes da casa de Bourbon, entre os quais Condé, Conti, Soissons, mas não o cardeal de Bourbon, atraído pela Liga; os Montmorency, mais uma vez eles; e depois, até sua morte, pelo menos por intervalos, "Monsieur", *alias* François-Hercule, irmão de Henrique III; enfim, no decorrer dos últimos anos da dinastia valoisiana, o próprio Henrique III tornou-se pró-navarrista *in partibus*! Assim poderá surgir mais tarde, a partir de 1589, a miraculosa aliança dos dois soberanos, contra o extremismo da Liga. Ademais, Navarra conta com as simpatias prudentes de um grande número de funcionários leigos, civis e galicanos; eles desejam uma certa tolerância e a persistência de uma dinastia temporal, não sujeita ao capricho de Roma; na primeira fila deles individualiza-se Michel de Montaigne. Os poderosos togados do Conselho de Henrique III, ou seja, Cheverny, Bellièvre, Villeroy, por vezes seduzidos pelas sereias de Madri e da Liga, acabarão por passar também, depois de certo tempo, para a facção em crescimento daquele que, entrementes, vai tornar-se Henrique IV: essa adesão das "altas togas" se explica por seu oportunismo, mas também pela desconfiança tradicionalmente alimentada pelos grandes funcionários em relação à Espanha jesuítica, antigalicana, antifrancesa... Henri de Navarra, em estilo gaullista, possui, portanto, vocação para federar, pois constitui, sozinho, um denominador comum contra a hidra do "partido do estrangeiro" que reúne, aos olhos por vezes paranóicos dos "bons franceses", os italianos, espanhóis, savoianos, lorenos. Os representantes desses alógenos, na França e fora dela, supostamente exploram, parasitam, sugam as forças vivas do reino. Perante o navarrês, mesclado de galicanismo, inscreve-se *ipso facto*, por inevitável contragolpe, a ação decididamente hostil, embora oscilante, do papado. O impetuoso Sisto V excomunga Navarra, o huguenote, em 1585. Seus sucessores não serão muito mais brandos até que intervenha, enfim, o perdão papal outorgado a Henri por Clemente VIII em setembro de 1595.

Desde a morte de "Monsieur", *alias* François-Hercule (1555-84), o bearnês está em situação de legitimidade... e em crise desta. Ele aparece, com efeito, na linha dinástica, como o herdeiro normal do trono, do qual o excluem, porém, suas convicções calvinistas. Agitam-se, em conseqüência, outras soluções; Catarina de Medici, menos anti-Liga do que Henrique III, tem algumas amabilidades com os príncipes lorenos, aos quais a ligam as bodas de sua filha; a rainha-mãe consideraria de bom grado a possibilidade de ir buscar entre seus netos em linha feminina um jovem e novo rei da França. Os membros da Liga contentam-se, por sua vez, com a candidatura de um Guise, pretenso descendente de Carlos Magno; ou então, de maneira menos insensata, voltam-se para o cardeal de Bourbon, que representa o ramo papista de uma poderosa família da qual Navarra é o mais belo florão protestante. Mas a lei sálica é clara; ela constitui sem dúvida uma construção puramente francesa (pois em outras partes, em países "não sálicos", Escócia, Inglaterra, Espanha e mesmo nos grandes feudos internos do reino capeto, as mulheres, na falta de usar calças, podem certamente cobrir-se de coroa). Essa lei não deixa de designar o bearnês, descendente de são Luís, como devendo um dia assumir no Louvre, em primeira posição, a dignidade soberana..., com a condição, evidentemente, de que se digne converter-se. Nessa circunstância, impõe-se ao eleito genealógico a estratégia do caranguejo, à base de progressos laterais; pode-se passar apenas progressivamente da fé huguenote ao dogma romano, ainda que temperado de galicanismo. Navarra, de qualquer maneira, está já bem assegurado de sua monarquia pirenéia. Basta-lhe então, inicialmente, apresentar o protótipo pessoal de um novo Davi, fornicador, por certo, como o foi seu modelo bíblico, mas escolhido de todo modo por Jeová para lutar à maneira huguenote contra os filisteus ou membros da Liga e outros inimigos da "verdadeira" fé huguenote. Homem de espada, o bearnês, apesar das circunstâncias desfavoráveis, é vencedor em Coutras (outubro de 1587). A passagem à fé romana se operará em seguida, por etapas, até o "salto" final do interessado.

Desde essa época, Navarra oferece a imagem do soberano justo: tenta (entre outras tarefas) proteger a liberdade da lavoura contra os soldados saqueadores; tem nisso um êxito bem pequeno, por certo! Mostra-se prioritariamente interessado na conservação de seu futuro reino, fora de todo dogmatismo parcial. A personagem do bearnês cresce em majestade benevolente e natural, à medida que se estende o papel que lhe é reservado pela História. Sobrevém a violenta morte de Henrique III; apenas faltam ainda a "Henrique IV" a fé católica e algumas vitórias sobre a Liga para tornar-se monarca apresentável. Desde então, será cada vez mais aceito até sua própria morte em 1610, e politicamente canonizado depois desta.

Os anos que seguem imediatamente a morte de Henrique III são difíceis para aquele que doravante reivindica o nome legítimo de Henrique IV, que muitos franceses ainda lhe negam. Os membros da Liga fazem a religião passar na frente da nação; no limite, desejariam coroar um rei-padre, um novo Melquisedeque inteiramente submisso à Igreja de Roma... e à Espanha. Henrique IV, em compensação, pode valer-se do sentimento nacional (em pleno desenvolvimento), na falta de identificar-se inteiramente, já que as coisas ainda não estão maduras, às idéias religiosas professadas pela maioria dos franceses. Seria preciso, para que tal identificação ocorresse, que a "massa crítica" das adesões se materializasse em torno da pessoa real. Ora, os maiores senhores, como Épernon e Nevers, não se decidem de modo algum a ir ao seu encontro; alimentam ainda, em 1589, pensamentos um pouco vacilantes a seu respeito. Mesmo La Trémoille, líder huguenote, desliga-se ostensivamente da facção de Henrique, para o punir de sua tibieza diante da "heresia" e a fim de perseguir, em Poitou, ambições pessoais. No outono de 1589, o novo rei consegue, porém, enraizar-se nas regiões normandas, de maneira tenaz. Exorciza, assim, as maldições anteriores que pareciam condená-lo a jamais sair dos bastiões meridionais, da Aquitânia, de La Rochelle. A semivitória de Arques (setembro de 1589), concretizada pelo desembarque dos reforços ingleses em Dieppe, abrirá para o nosso homem a rota do vale do Sena e mesmo a de Paris? De fato, o monarca se limita, em outubro de 1589, a breves ataques de surpresa nos arrabaldes da capital rebelde. Suas bases mais sólidas permanecem ancoradas no vale do Loire. No fim de 1589, apesar do lançamento de alguns prolongamentos na Normandia, ele é apenas rei de Tours, no melhor dos casos; assim como Carlos VII, em situação pior ainda, era rei de Bourges, às vésperas de Joana d'Arc. A comparação tem valor de exemplo: sem legitimidade católica, conferida outrora pela Donzela, e logo a Henrique pela conversão, não há realeza efetiva. A vitória de Ivry (março de 1590) representa para o novo soberano um sucesso no campo de batalha; mas a propaganda henriquina, que se serve amplamente da difusão do texto impresso, aproveita-se também desse episódio para destacar um ecumenismo de bom quilate; o Deus dos exércitos, em Ivry-la-Bataille, deu a vitória ao Davi huguenote contra o Golias da Liga. Melhor ainda: Ele também outorga louros a um monarca cristão, não oficialmente recatolicizado, por certo, mas suscetível já de reagrupar sob o famoso penacho branco os nobres franceses, cuja maioria não calvinista se afirma progressivamente simpatizante a seu respeito.

Contudo, as coisas se arrastam até o começo de 1592: prudente, não querendo abandonar sem compensações os trunfos huguenotes que mantém solidamente nas mãos, Henrique não se decide ainda à conversão. O abominável cerco de Paris, partidária da Liga, conduzido pelas diligências do rei, e cujos horrores culminam em agosto de 1590, deixa 45 mil mortos entre a população citadina (para cerca de 220 mil habitantes). É muito mais grave que o São Bartolomeu! Tal cifra sublinha até a caricatura o estado de desorientação a que se encontra reduzida a França, ou parte dela, depois de três décadas de guerras religiosas: "A Liga nos reduziu não à pobreza, mas à indigência", observa nessa época o historiador Pasquier, no modo um pouco parcial que é algumas vezes o seu.[2] No decorrer dos primeiros meses de 1592, Henrique ainda não encontrou a "calmaria": os soldados espanhóis e acessoriamente seus aliados savoianos estão presentes um pouco em toda parte no Midi, na Bretanha e até na Bacia Parisiense. De resto, a capital permanece nessa época sob o domínio das facções da Liga, mesmo em via de ser isoladas moral e politicamente. Togados como Cheverny, senhores importantes como Nevers aderem, no entanto, à sigla de brancura de Henrique IV, simbólica da pureza das flores-de-lis. A oficina de propaganda que conduz a campanha de opinião em favor do bearnês não se priva de vilipendiar, no modo racial, os espanhóis, cúmplices da Liga; ei-los acusados, embora hipercatólicos, de ser meio muçulmanos e meio judeus. Henrique, enfim, não fica atrás no ataque: remexe em terreno papista, seduz freiras de alta posição, inaugura sobretudo seu grande *affaire* com Gabrielle d'Estrées, bafejado pela tolerante fortuna. Sobrevém em 1591 o gesto inábil do papa Gregório XIV, renovando em relação ao rei da França a excomunhão outrora fulminada contra o rei de Navarra por Sisto V.

Esse ato importuno do pontífice granjeia para o "excomungado", em conseqüência, certas simpatias galicanas, preponderantes nos Parlamentos e na Igreja da França. Mas, enquanto o rei não houver iniciado o processo de sua conversão, é como se quase nada fosse feito. Católicos que até então apoiavam Henrique tendem mesmo a afastar-se dele em favor de um outro Bourbon ou do bastardo de Carlos IX. Alarmante evolução.

Enfim, em abril de 1592, realiza-se um primeiro passo: o bearnês, estimulado especialmente por Villeroy, faz promessas destinadas a abrandar Mayenne e sua Liga, entre as quais se inclui um compromisso real de se fazer instruir, em um prazo determinado, na doutrina da Igreja católica. Essa iniciativa primaveril recebe o nome de *expediente*. Esboça-se uma modificação radical: o adversário recua; os chefes henriquinos (quer sejam protestantes como Turenne na Lorena e Lesdiguières no Delfinado, quer católicos, como Damville no Languedoc e Épernon, agora recém-filiado, na Provença), colecionam vitórias em todas as frentes das províncias periféricas. Em outubro de 1592, Henrique IV, a partir do dito "expediente", pode até se dar o luxo de enviar uma embaixada ao papa. Em Paris, o Parlamento, a Câmara das Contas, uma parcela do alto clero e da burguesia, em outubro de 1592, colocam-se em posições conciliadoras perante os exaltados do partido da Liga. A elite urbana abandona estes últimos; para melhor destruir sua reputação, qualifica-os de plebeus ou de povinho. De fato, uma decantação social se opera, entre os abastados ou os grandes que descobrem em si uma ternura nova pelo rei legítimo, e os pequenos ou médios, entre os quais muitos permanecerão fiéis por longo tempo à Santa União. Os Estados Gerais de 1593, reunidos por esta, não poderão evitar um início de negociação com o soberano. Do lado protestante, Mornay mantém o ideal (utópico, por certo) de uma reunificação das Igrejas, genebrina e romana; está aberto, portanto, às negociações de paz, das quais espera que incidentemente reforcem a esperança ecumênica, bem vã na realidade; fornece água (mesmo ilusória) ao moinho conciliador de Henrique IV. Em maio de 1593, este, que agora está com as mãos livres, pode então anunciar formalmente sua intenção de abjurar. Disso informa em primeiro lugar, na ordem hierárquica, os príncipes da linhagem real, cujas ações não cessam de subir na bolsa dos valores onde são classificadas as instituições e as posições; depois o anúncio cai no domínio público. Em julho, ele abjura em Saint-Denis, túmulo de tantos reis; na circunstância, sua sinceridade não é duvidosa... e seu espírito de oportunidade parece não menos evidente! Ao transitar para o catolicismo, Henrique conserva e mesmo consolida a formação cristã que recebera outrora dos pastores e de Jeanne d'Albret; aí acrescenta simplesmente um "fator a mais"; com efeito, integra a seu velho cabedal bíblico e cristão os faustos reais que são caros à Igreja de Roma; quando muito, mantém algumas reservas quanto à existência do Purgatório, que chama irreverentemente de "pão dos monges". As repetidas tentativas de assassinato, mas sempre frustradas até 1610 exclusive, vão constituir doravante contra ele o último recurso da Liga ou daqueles que lhe sucedem.* O poderio territorial da Liga exigirá, contudo, alguns anos ainda para ser reduzido. Essa redução se operará graças à força nua, graças também às adesões de convicção ou de resignação. Enfim e sobretudo, propinas serão pagas aos líderes do movimento, Mayenne à frente, pelo Tesouro real. Henrique pretenderá (diz-se) ter deixado aos Guise, no fim desastroso da Liga, apenas o pão e as prostitutas. Na verdade, os príncipes lorenos, pelo menos aqueles que sobrevivem, saem-se da guerra civil com substanciais entradas de dinheiro, polpudas gorjetas. Quanto ao alto clero, deseja apenas ser convencido: desde 1594, Henrique tem a seu favor 79% dos arcebispos franceses e 86% dos bispos. Só o papa, intimidado ou dissuadido pela Espanha, ainda se faz rogar para uma reconciliação final com o bearnês, sempre atingido, em princípio, pela excomunhão.

Um verdadeiro poder se assinala em primeiro lugar... por nomeações. Ao designar Montmorency-Damville para o posto de condestável (1593), Henrique afirma para a monarquia um renascimento de poder e

(*) Contar-se-iam no total vinte tentativas de assassinato contra Henrique IV, sendo as mais célebres as de Jean Châtel (1594) e, bem-sucedida, a de Ravaillac (1610). Estatisticamente, essas tentativas originam-se de meios sociais diversos, mas em primeiro lugar do monarquismo e dos pequenos meios jurídicos. Estamos longe dos reis franceses sagrados e "tabus" da Idade Média. Desde 1589 (assassínio de Henrique III) e 1610 (morte de Henrique IV), vemos precisar-se o tema de regicídio, que culminará com a decapitação de Luís XVI em 1793.[3]

de ambição militar;* ele marca também uma continuidade: Montmorency pai, que foi um dos árbitros das cabalas de corte no tempo de Henrique II, permanecera titular da espada condestabliana, até sua morte em 1567. Depois de um longo intervalo, o filho retoma por ordem do rei o famoso espadeirão no ponto em que o genitor o deixara, um quarto de século antes. No mês de fevereiro de 1594, enfim, a sagração se mostra possível, na catedral de Chartres: não é ela dedicada à Virgem, e vizinha do domínio dos Bourbon-Vendôme, tão próximos de Henrique IV? Chartres substitui Reims que, por alguns meses ainda, permanece cidade dos Guise e da Liga. Falta, por uma razão evidente, o óleo consagrado de Reims? Vai-se buscar outro óleo, igualmente válido, na abadia de Marmoutier, ao qual emprestaram glória são Martinho e o papa Urbano II, que consagrara no lugar a igreja abacial em 1096. A cerimônia da sagração propõe seu quinhão habitual de símbolos, adaptados algumas vezes às conjunturas do momento: em lugar dos seis pares antigos, há muito desaparecidos, que evocavam os pontos cardeais do reino (Borgonha, Normandia, Guyenne, Toulouse, Flandre, Champagne), utilizam-se seis pares leigos da mais alta senhoria, ou seja, três príncipes de sangue real (é bom, com efeito, exaltar a linhagem recém-coroada dos Bourbon, contestada ainda por inúmeros franceses); e três duques, entre os quais um Retz-Gondi, vindo da clientela dos Medici. Os ritos de aclamação popular na catedral haviam sido tardiamente introduzidos desde Henrique II nas cerimônias da sagração; eles não poderiam causar ilusão: na verdade, o rei, nos termos do juramento que presta nesse dia, deve contas apenas a Deus (e não ao povo) de seus atos governamentais, mesmo e sobretudo quando estes visam, em princípio, o bem público dos súditos. A entrega dos objetos reais (as *regalia*) se efetua segundo as disposições de uma ordem que não é de modo algum arbitrária: em primeiro lugar as esporas e a espada, em outras palavras, os instrumentos da função guerreira. Depois os atributos de primeira função (sacralidade e soberania): ou seja, a unção sagrada do óleo, seguida pelos objetos de soberania propriamente dita: anel, cetro, cetro da justiça, coroa; a justiça, uma vez mais, é posta em evidência, pelo menos no vocabulário, pela localização ritual que ocupa, justamente antes da imposição da coroa, jóia real por excelência.

A sagração marca um novo começo, uma retomada vigorosa. A partir de 1594, define-se pelos próximos dezesseis anos a formulação central

(*) Henri I de Montmorency, conde de Damville (1534-1614) é o filho caçula do velho condestável Anne de Montmorency (1493-1567). Henri é governador do Languedoc em 1563, marechal em 1567, duque de Montmorency em 1579, condestável em 1593. Político hábil, vimos que realizou na região de *oc*, em benefício de Henrique IV por fim, a união dos católicos moderados e dos protestantes, contra a Liga.

de uma política: sob certos aspectos, acreditar-se-ia remontar à época, antes tranqüila, dos Beaujeu ou do início de Francisco I (antes do caso dos cartazes); ou então aos maduros anos da viuvez de Catarina de Medici sob a égide do chanceler L'Hospital; ou a certas fases, as menos intolerantes, do período de Henrique III; assiste-se, com efeito, entre 1594 e 1610, à mobilização de uma estratégia de degelo-distensão, ou muito simplesmente de abertura, de resto seletiva.

A grande diferença entre as realizações de Henrique IV e as veleidades do fraco Henrique III ou da desafortunada Catarina dos anos 1560-7 é que o Vert Galant, este sim, tem os meios de sua política; assim como os terá mais tade, em uma mesma ótica de abertura, o regente Philippe d'Orléans, outro estrategista da distensão e do degelo entre 1715 e 1723.

A abertura se produz mediante um triplo limiar: há tolerância factual, se não conceitual, para os dissidentes e para as elites, especialmente protestantes, o que não impede (bem ao contrário!) que seja iniciado ou reforçado um certo absolutismo. No plano diplomático, a abertura, sob pena de contradições internas, não poderia, evidentemente, ser universal; estando excluído todo pacifismo lamuriento, vê-se grassar, então, uma ruptura ou semi-ruptura, em guerra quente ou fria, segundo os anos, com a Espanha dos Habsburgo, que simboliza na Europa o ultra-realismo intolerante, o "fechamento"; por contraste, uma amistosa política de diálogo se instaura em relação às potências protestantes do Norte, onde já eclodem, na Holanda pelo menos, os germes de um liberalismo de tipo capitalista; enfim, e aí está o que facilitará as coisas ou pacificará os espíritos mais ainda, a tendência espontânea, depois de 1600, está na retomada econômica, encorajada, ademais, pela paz e pelo voluntarismo dos governantes sob os auspícios de Henrique IV, e logo de Sully. Uma certa dose de bem-estar (relativo, sem dúvida) abranda os costumes e contribui para o relaxamento moderado das tensões, no interior do sistema político.

O edito de Nantes (1598) constitui, desse ponto de vista, a pedra angular do reino. Além disso, depois do próximo falecimento de Henrique, esse texto é uma das "massas de granito" cujo estabelecimento contribui para garantir as características originais, como as liberdades, de uma certa cultura francesa, na época clássica; graças às legislações tolerantes assim consagradas, esta evitará ser comprimida nas estruturas monocráticas de um catolicismo sem portas nem janelas, tal como o que encerra no mesmo momento a vizinha Espanha. A própria revogação do edito de Nantes, em 1685, não modificará mais em profundidade esse dado de base, que se tornou irreversível nesse entretempo.

O texto de Nantes, de início, não teria podido impor-se sem algumas vitórias guerreiras e territoriais: em Amiens (1597), na Bretanha (março de 1598), espanhóis e partidários da Liga, por bem ou por mal, têm de aceitar a derrota militar ou simplesmente política. Assim reforçado à sua "direita", Henrique IV pode obter à "esquerda", em boa lógica, concessões substanciais: impressionados pelo fortalecimento do rei, os protestantes rígidos renunciam a exigir do Estado condições de paz definitiva que lhes fossem demasiado complacentes (tais como a ilimitada liberdade de consciência etc.); elas teriam sido inaceitáveis para os católicos intransigentes. Dessa maneira, as bases de um compromisso vão poder ser lançadas. O *lobby* que favorece o apaziguamento, com Gabrielle à frente, está em condição de apoiar Sua Majestade, firmemente decidida a impor as vontades estatais.

O edito organiza não a emancipação total dos calvinistas, mas a simples contigüidade (legal) entre as duas variedades do cristianismo, huguenote e papista, minoritário e majoritário, essa contigüidade que quarenta anos de lutas fratricidas haviam feito tudo para impedir. O próprio texto, seus anexos e a jurisprudência que daí decorre a curto prazo asseguram aos huguenotes certas localidades, nas quais seu culto é permitido, ao passo que continua proibido alhures. Eles recebem também direitos civis (acesso amplamente assegurado aos empregos públicos), jurisdições específicas, praças militares de segurança, privilégios corporativos enfim, como convém a toda organização eclesial e religiosa, em uma sociedade de Antigo Regime composta por "Estados". Os protestantes franceses poderão realizar, dentro em pouco, a reunião regular e nacional de assembléias políticas.

A feliz situação assim criada não deixa de ter exemplo, mas permanece excepcional na escala européia e mundial. Por certo, trata-se apenas de uma práxis que, por mais genial que seja, aguardará muito tempo seu filósofo ou seu teórico. Demasiado tempo mesmo: sobre esse ponto, Bayle escreverá seus textos decisivos, que legitimarão os "direitos da consciência errante", somente a partir dos anos 1680, ensombrecidos pela perseguição.* O pássaro de Minerva levantará seu vôo no crepúsculo do classicismo, na espera da aurora das Luzes. Um breve *excursus* geográfico exprime bem o caráter original da prática sócio-religiosa de tendência dualista que, por menos de um século, instaura-se na França, durante o período de não-revogação, ou de "irrevogação" posterior ao edito, adquirindo esse período seu pleno efeito libertador de 1598 até por volta dos anos 1660.

No primeiro terço do século XVII, com efeito, o Japão da era de Edo, que é contemporânea, a longa distância, dos inícios da dinastia bourboniana, prepara-se para impor vexações aos cristãos; eles formavam já no

(*) Pierre Bayle (1647-1706) se exprimirá com força em favor da tolerância em suas *Notícias da República das Letras* (julho de 1685).

Sul do arquipélago nipônico uma minoria importante. A Espanha, em 1611, expulsa os mouriscos; desde 1492, a expulsão dos judeus da península Ibérica constituíra um modelo para as futuras discriminações na Europa Ocidental e Central. Os dirigentes russos, na metade do século XVII, reprimirão Avakkum e os seus. A Áustria maltrata os protestantes tchecos e húngaros. Na Inglaterra, os 40 mil católicos que se agarram à sua fé são submetidos ao regime estrito e por vezes mortal das leis penais. A Irlanda papista não perde nada por esperar. A Escandinávia em bloco é intolerante com o catolicismo: ele não é mais que residual na Suécia, Noruega, Islândia ou Dinamarca. O incontestável pluralismo polonês está geograficamente bem distante. A Alemanha exibe desde 1555 uma multiplicidade religiosa de pele de leopardo (*cujus regio, ejus religio*); mas esse grande país, provido de numerosos Estados semi-independentes e de cidades livres, não autoriza mais que uma comparação pouco pertinente com o reino dos Bourbon, já protocentralizado. Os holandeses praticam uma modesta tolerância *de facto*, mas não querem nem podem exportar o uso desta.

Depois de 1598, a França combina, portanto, em dose original, um policentrismo religioso e a dominação, ainda laxista, de uma monarquia unificadora. Essa mistura é instável e fecunda: os reformados, em seu "crescente fértil" do Sul da França, foram importantes minorias camponesas e urbanas, desde as Charentes até o Delfinado, passando pela Guyenne e o Languedoc. As últimas pesquisas de Philipp Benedict[4] situam o efetivo total dos huguenotes da França em 903 mil pessoas; mais 112 mil bearneses que (em princípio) são todos reformados, por bem ou por mal. Muitos dos calvinistas pertencem à elite urbana, intelectual, capitalista e mesmo à função pública. Sua pretensão militar, por outro lado, está garantida em diversas praças-fortes (La Rochelle, Montauban etc.); ela parecerá, passado o falecimento de Henrique, com ou sem razão, pouco digerível ao poder real; ele se deixará desviar para uma inclinação repressiva; daí em diante, os reformados se deixarão tentar, nos anos 1620, pela opção da guerra civil: sua mentalidade, de qualquer maneira, era habitualmente belicosa, em particular no Midi, onde se tem o pavio curto.

De 1598 a 1610, porém, ainda não se chegou a isso. O espírito de coexistência e de paz frutifica sem interrupção: as assembléias gerais das Igrejas reformadas da França se reúnem em ritmo trienal ou qüinqüenal. O governo não põe um fim nisso de modo algum. De resto, Henrique faz pressão sobre os Parlamentos, solidamente católicos, a fim de os obrigar a registrar o edito de Nantes. Encontram-se ainda protestantes entre os maiores nomes do país: Lesdiguières, grande amigo huguenote do bearnês, torna-se, assim, lugar-tenente geral na província do Delfinado, que havia muito tempo estava em sua mão. Ele é feito marechal da França em 1609: só se dignará converter-se ao catolicismo muito mais tarde, no tempo de Luís XIII, quando a pressão ideológica se terá tornado mais insistente, e mediante a outorga de uma espada de condestável. No plano das incidências doutrinais, um Louis Turquet de Mayerne, huguenote lionês, pode ainda elaborar no fim do reinado de Henrique IV, em sua *Monarquia aristodemocrática* (publicada em 1611), teorias que fazem pensar nas concepções contestadoras dos monarcômacos protestantes do século XVI. Segundo Turquet, a monarquia, embora inscrita em um plano divino, mantém sua soberania "como feudo do corpo universal de seu povo".[5] Deve subordinar-se a uma pirâmide de Conselhos representativos e a Estados Gerais regularmente convocados. O autor pretende mesmo se prevalecer de certos contatos com o próprio Henrique. Pelo menos, reata firmemente o laço que, no decorrer dos anos 1570, unira a escolha protestante às primeiras aspirações democráticas.

Evidentemente, seria ingênuo falar de um idílio entre as "duas religiões" no decorrer da primeira década do século XVII. A Igreja católica continua a exercer pressões de todos os tipos, inclusive pela pura e simples corrupção monetária, para que se convertam os huguenotes, de baixa ou alta posição. Vice-versa, no Béarn, e mesmo em Nîmes, a intolerância protestante continua a pesar sobre os "papistas" locais; eles são repelidos para uma semiclandestinidade quanto ao exercício de seu culto.

A época, contudo, é suficientemente "coabitante" para merecer inteiramente a onda de nostalgia retrospectiva com que a inundarão um século mais tarde os filósofos da tolerância, à frente dos quais se inscreverá Voltaire, autor de uma laudativa *Henriade*. Além do mais, o espírito de convivalidade multiconfessional e intraconfessional funciona como um compasso, aberto ao máximo de seu "afastamento": ele inclui em uma tomada ecumênica não apenas os huguenotes, mas também os chefes da Liga, ainda ontem adversários "irreconciliáveis" do bearnês. A adesão dos Guise, de Henri de Joyeuse e de alguns outros líderes provavelmente custou mais de 10 milhões de libras, em gratificações recebidas por eles, ou seja, a metade do "orçamento" anual da monarquia, tal como ele se estabelecia *de facto* por volta de 1600... A paz civil tem esse preço. Henrique manifesta no caso, com grandes despesas, por certo, uma vontade geral de integração e de reconciliação das elites aristocráticas: doravante um Guise pode estar ao lado de um Sully sem que os dois homens saltem ao pescoço um do outro. Luís XIV, em um outro plano, agirá da mesma maneira quando cumular de pensões os grandes senhores cortesãos, para os engaiolar. Uma análise puramente sociológica desses fenômenos, porém, seria demasiado seca. De fato, há no primeiro Bourbon um senso fino, pessoal, da justiça e da oportunidade, paradoxalmente reunidas. O panfleto que ele manda distribuir maciçamente por ocasião da retomada de Paris, em março de 1594, constituía, desse ponto de vista, um modelo do gênero: o real signatário, nesse texto, prometia perdão e anistia total para as pessoas e para os bens, em intenção dos partidários da Liga, inclusive os mais exaltados, especialmente os Dezesseis (cf. supra, p. 249). Esse compromisso, *grosso modo*, será respeitado. Desejar-se-ia que inspirasse até em nosso tempo os líderes de diversas guerras civis, em nações variadas, chefes muito freqüentemente vingativos, sanguinários, implacáveis...

Para além dos textos legislativos, a própria mentalidade das classes dirigentes está prenhe de diversificações culturais e de fecundas justaposições: a Igreja católica (galicana) é estimulada pela competição com o concorrente huguenote; ela se beneficia já das premissas do prodigioso crescimento do século dos santos; sobretudo, vê nascer em seu próprio seio a divergência jansenista, paradoxalmente cultivada por ex-membros da Liga (a família Acarie) e por ex-protestantes (a família Arnauld). Os primeiros proporcionam a essa empresa o toque de terrorismo intelectual que, de fato, caracterizará em seguida os discípulos de Jansênio; os segundos vão infundir no novo movimento as teorias anteriormente calvinistas da graça onipotente, primitivamente inspiradas em santo Agostinho.

A nova rodada de "abertura" mostra-se fértil e positiva no domínio da diplomacia. Há disponibilidade crescente desta em direção ao Norte e ao Leste: nota-se uma oscilação da entidade francesa na direção das potências protestantes; elas são eventualmente liberais e logo capitalistas, pelo menos no caso da Holanda, da Inglaterra, de Genebra. No Norte, Henrique cultiva "sua boa irmã Elisabeth", à qual o associa, apesar de alguns empecilhos, uma terna amizade epistolar; de resto, ele se inspirará em um modelo tipicamente elisabetano, quando tiver de condenar à morte Biron, da mesma maneira que a rainha-virgem ordenara a decapitação de seu ex-favorito, o conde de Essex (1601). Depois do falecimento desta (1603), Jaime I Stuart, a seu modo, é um outro Henrique IV — penacho e inteligência a menos, por certo — mas igualmente atento à sobrevivência do protestantismo, assim como à consolidação de um absolutismo monárquico, cuja efetuação, a bem dizer, mostra-se mais difícil em contexto londrino do que em meio parisiense. Grandes embaixadores itinerantes (Mornay, Sully) vêm confirmar, além do canal, a anglofilia do bearnês. No Noroeste, a independência da Holanda, comprada à custa de sangue pelos indígenas, encontra no rei da França um defensor vigilante: ele está pronto a contribuir financeiramente para os combates neerlandeses contra a Espanha. Henrique mantém ainda com todas as suas forças a muito zwingliana aliança helvécia, produtora de regimentos a soldo do Estado francês; consolida as conexões familiares com a República de Genebra, que repele em suas muralhas, em 1602, a escalada tentada pelo inimigo savoiano. Tratando-se dessas quatro potências (Londres, Amsterdam, Berna, Genebra), como também da Alemanha parcialmente luterana e dos escandinavos, tudo se passa como se Henrique não houvesse realmente abjurado o protestantismo, em termos de relações diplomáticas. É verdade que o cardeal de Richelieu, tão católico quanto ao resto, conformar-se-á nesse ponto preciso à política henriquina, tendo em vista um apoio aos príncipes protestantes, considerado como imperativo nacional.

A abertura ao norte acompanha-se de um fechamento ao sudoeste, pelo menos parcial: o conflito com a Espanha, cujo catolicismo rígido não convém de modo algum, na França, às mentalidades dominantes, atravessa como uma linha vermelha a diplomacia do bearnês e também, eventualmente, sua estratégia militar.

A vitória de Fontaine-Française, oriunda da audácia de Henrique IV (junho de 1597), depois a retomada de Amiens graças aos pesados canhões de Sully (setembro de 1597) anunciam, por certo, a total libertação do território, evacuado pelas forças militares da Espanha. Assim, chega-se à paz de Vervins (maio de 1598), posterior por alguns dias ao edito de Nantes: o governo de Madri conserva Cambrai. Quanto ao resto, são devolvidos ao reino seus territórios setentrionais e a Bretanha. Com quarenta anos de intervalo, riscados, por assim dizer, por um traço de pena, essa paz de Vervins é como uma volta ao acordo do Cateau-Cambrésis (1559). Os Pireneus, novamente, tornam-se fronteiras de não-beligerância; mas os sentimentos de hostilidade, dos dois lados da cumeada, permanecem costumeiros por volta de 1600, à diferença de Henrique II: no tratado do Cateau, ele espera obter uma autêntica amizade com o governo de Madri, sobre a base comum de um hipercatolicismo antiprotestante.

De qualquer maneira, Vervins permanece como data capital: desta vez, as Guerras de Religião e as guerras civis estão realmente acabadas. As primeiras florescerão novamente em breve, mas apenas no Midi,* no tempo de Luís XIII. As segundas terão uma curta e mortal chama no momento da Fronda. Em linhas gerais, contudo, o espaço nacional, entre 1598 e 1789, não experimentará mais, mesmo sob a Fronda tão rude, desordem nem desastre interno que se situasse no plano das intermináveis catástrofes guerreiras do período 1560-98. Durante o século XVII, a guerra

(*) Um Midi amplamente desenhado, por certo: tratar-se-á do que chamei de crescente huguenote, ou crescente fértil huguenote, de La Rochelle ao Vivarais, passando por Montauban, Montpellier e Alès.

continua a ser, para a França, fenômeno predominante, tanto sob Luís XIII como sob Luís XIV, mas apenas nas fronteiras. Aquém destas, na espessura mesma da nação, a paz civil e militar constitui por quase dois séculos (1598-1792) uma característica feliz e fundamental. Com exceção de algumas manchas que, por certo, nem sempre são desprezíveis... Dessa longa tranqüilidade (relativa), a reconstrução e a construção econômica tout court poderão tirar proveito amplamente.

Subsiste, no entanto, mesmo depois de Vervins, uma certa tensão com o poder espanhol. Ela é logicamente complementar à apreciável distensão registrada nas frentes setentrionais e protestantes. Não é possível, com efeito, obter simultaneamente a afeição inglesa e a amizade hispânica, assobiar e tocar flauta.

Essa tensão com Madri e também com a Corte de Turim, aliada à Espanha, manifesta-se em primeiro lugar, por meio de intermediários, por ocasião do caso do marechal de Biron. Grande senhor, "fiel" de Henrique IV, Biron é cunhado de La Force, o homem forte da Aquitânia; é também *de facto* o generalíssimo francês, tão importante à sua maneira como o era o condestável de Bourbon sob Francisco I. O marechal intriga do lado da Espanha, por meio de Fuentes, governador do ducado de Milão, e também do lado da Savóia, tudo em vista de uma "divisão" (fantasmagórica) que separaria da França as províncias lotaríngias..., das quais uma parte caberia a Biron; pelo menos, é o que este imagina. A cabala bironiana é principesca; está ligada de perto ou de longe ao conde de Auvergne, bastardo de Carlos IX, que é ele próprio meio-irmão de Henriette d'Entragues, nova amante do Vert Galant. Henriette, diferentemente de Corisande e de Gabrielle, é de bom grado hispanófila, para desespero de seu real amante. A cabala inclui também ex-partidários da Liga: ela representa, à sua maneira, uma "Liga" aristocrática; mas está desprovida dos apoios populares ou citadinos que fizeram a força do movimento guisardo. Um Bouillon, grande senhor protestante, ligado, aliás, aos príncipes reformados da Alemanha, cultiva também algum carinho pela facção de Biron, que se desenvolve, então, em duas alas, ultracatólica e discretamente huguenote. A denúncia, a detenção e a execução do marechal, decapitado em 1602, põem um fim aos complôs pró-espanhóis. Mas não é por isso que eles deixarão de renascer de suas cinzas.

A tendência hispanófila vai voltar à cena efetivamente, no quadro francês, durante a segunda metade dos anos 1600. Ela pode contar com certa boa vontade (sem mais) da nova mulher do rei, Maria de Medici; esta é apoiada nesse domínio pelo padre Coton, confessor jesuíta do soberano. O "hispanismo" choca-se, em compensação, com os grandes senhores protestantes, Sully, Lesdiguières e, finalmente, Bouillon. Os grandes togados maleáveis que, quinze ou vinte anos antes, foram por vezes partidários moderados da Liga (Villeroy, Jeannin, Sillery), navegam entre os dois grupos, jesuítico e huguenote. Os bobos do rei, cuja função, em princípio, é encarnar o bom senso popular, estão eles próprios divididos: mestre Guillaume é pacifista, portanto, "objetivamente" pró-espanhol. A boba da corte, Mathurine, armada dos pés à cabeça na Pont-Neuf, ataca vivamente o Habsburgo (ibérico), para grande alegria dos moleques parisienses. Em plano mais alto, Henriette d'Entragues e o conde de Auvergne (agora encarcerado) guardam a Espanha no coração. A questão da sucessão dos dois ducados germano-renanos de Clèves e Juliers, chaves da Holanda, vai impulsionar novamente um conflito aberto? Provoca, em todo caso, a ocupação de Juliers pelas tropas de Filipe III em julho de 1609: a Espanha se manifesta, assim, como potência européia, capaz de projetar um exército forte longe de suas bases. A França, por seu lado, vai correr em socorro das potências protestantes do Norte que se sentem ameaçadas pela ação do Rei Católico. Em maio de 1610, às vésperas de ser assassinado, Henrique toma a frente de um exército de quase 100 mil homens (sem comparação com os efetivos muito mais fracos do século XVI), entre os quais um forte destacamento se dispõe a marchar em direção de Juliers, contra as tropas ibéricas. A questão se agrava e a cabala Biron parece surgir mais uma vez da tumba, no momento em que o jovem Condé, primeiro príncipe da linhagem real, foge da corte, escapa para Bruxelas e em seguida, convidado pela administração espanhola, até Milão. Condé tem boas razões para agir dessa maneira: Henrique IV corteja a jovem e encantadora esposa do príncipe, Charlotte de Montmorency, filha e neta dos dois condestáveis. Ela não é insensível aos primeiros passos que lhe são prodigados pelo monarca. Assim se reata, sob as tramas de uma historieta de amor bastante ridícula, a velha cumplicidade dos Montmorency no tempo dos Bourbon, como outrora no dos Valois, com o partido dos "bons franceses", hostis ao inimigo hereditário de além dos Pireneus. A terna Charlotte preferirá a seu esposo hispanófilo um Bourbon velhusco, real e patriota? A punhalada de Ravaillac, em maio de 1610, interrompe esses reagrupamentos de clientelas familiares, tardiamente reativadas. Admitamos, sem nenhuma certeza, que Ravaillac matou Henrique IV apenas como resultado de um capricho individual. O assassino, de qualquer maneira, pertence afetivamente a uma tendência anti-henriquina (certamente!) que é ultracatólica, pró-espanhola. O gesto mortal do regicida se insere, conseqüentemente, na vasta lógica dos antagonismos que opõem uma certa França à Espanha, de 1560 a 1610.

Desse ponto de vista, o deciframento do regime e das oposições que o atravessam pode ser buscado em um célebre quadro do Louvre: "Duas mulheres nuas em uma banheira, uma morena e uma loira. A loira segura um anel com a mão direita, e a morena coloca-lhe a mão no seio. Exegese verossímil: Gabrielle, a loira, morreu sem ter podido pôr o anel nupcial em seu dedo; Henriette d'Entragues, a morena, prepara-se para sucedê-la nos favores reais e na ambição matrimonial. Uma criada, ao fundo do quadro, prepara-se para costurar o enxoval do filho esperado".[6] De fato, deixando de lado o epifenômeno final de Charlotte, esse diálogo mudo de damas evoca a contabilidade em duas vias da política, da erótica e da diplomacia do bearnês: tolerância amistosa com os huguenotes, encorajada por Gabrielle, de um lado; estratégias antiespanholas, combatidas às ocultas por Henriette, aliada de Madri, do outro lado.

E, no entanto, *tertia datur*. Há realmente uma "terceira" mulher; uma terça opção fundamental. A menos que se reconverta ao protestantismo e anule, assim, o compromisso que sustenta o regime, Henrique, com efeito, não pode dar-se o luxo de ser puramente "pró-protestante" (na França e em relação aos países do Leste ou do Norte); nem, em contrapartida, de ser hispanófobo unidimensional, obsessivo, sem mais. O rei deve encontrar um meio-termo graças ao qual enunciará sua catolicidade própria, recentemente afirmada por ocasião da conversão (1593), e sem que seja induzido, por isso, um fanatismo beato de tipo madrileno. O meio-termo assim mobilizado é ditado pela geografia, como também pelas conveniências religiosas e mundanas: ele repousa na Itália, na Roma dos papas, e na Florença dos Medici.

O casamento de Henrique IV com Maria de Medici (dezembro de 1600), pouco depois da morte de Gabrielle, confirma de maneira explícita, com efeito, a nova determinação do centro da política real, que foi, de resto, registrada de longa data e bem antes dessas bodas florentinas. Maria, que não é inteiramente tola, longe disso, não tem os grandes talentos de sua tia Catarina, nem, mais tarde, de uma Ana da Áustria; cerca-se, de qualquer maneira, de uma camarilha peninsular em que os Concini se mantêm em primeiro plano e na qual os huguenotes, por definição, não dispõem de nenhuma influência. Sobretudo, ela desempenha o papel de um símbolo ou de um "marcador" quanto às tendências vaticanófilas e toscanófilas;* umas e outras sustentam necessariamente, em parte, a política francesa, apenas em razão das mudanças de orientação do soberano, filiado há sete anos à Igreja estabelecida. Depois da abjuração do

(*) Maria de Medici (1573-1642) é a filha do grão-duque da Toscana e de Jeanne, que nasceu arquiduquesa da Áustria.

bearnês e da absolvição a ele conferida (1595), o reino, com efeito, aproxima-se gradualmente do papado, sem chegar, contudo, ao ponto de acolher do lado de cá dos Alpes os cânones do concílio de Trento. Um partido francês, amplamente financiado graças aos escudos exportados pelo Louvre, forma-se no conclave, pelos esforços do embaixador do Louvre na Cidade Eterna. Em 1605, o francófilo Paulo V recebe a tiara. Como se está decididamente longe da época do furioso Sisto V que excomungara Navarra em 1585!

Resta, no entanto, o grande problema da Companhia de Jesus, essa outra potência ultramontana, tão militante por conta de Sua Santidade. No fim de 1594, a tentativa de assassinato perpetrada por Jean Châtel contra a pessoa de Henrique IV irritara a augusta vítima e mais ainda o Parlamento, bastante hostil aos padres inacianos. Os jesuítas, dos quais Châtel era ex-aluno, foram responsabilizados por esse regicídio abortado, ao ponto de ser expulsos da França imediatamente. Saindo pela porta, iam voltar pela janela. As nações protestantes, a Inglaterra em particular, os detestavam tanto que decidiam sempre recusar seus serviços, por preciosos que fossem no plano cultural. Mas na França, onde a hostilidade a seu respeito era viva em uma parte das elites, eles contavam inúmeros amigos no seio da maioria católica; era insensato, afinal, não utilizar um dia ou outro seus reconhecidos talentos em matéria de pedagogia. A Companhia de Jesus retorna, então, ao território, discretamente, depois com força, desde 1602-3, em primeiro lugar por intermédio da região lorena de Pont-à-Mousson, depois graças ao colégio de alto nível de La Flèche. Enfim, sendo outorgadas doravante todas as autorizações legais, a Companhia cerca o próprio confessionário do Vert Galant, pesada tarefa logo atribuída ao padre Coton, S. J. Excluindo uma hispanidade demasiado virulenta, mas incluindo jesuítas titulares de cargo, a Contra-Reforma barroca à maneira francesa delimita já, no decorrer da última década henriquina, as fronteiras de seus investimentos culturais. O jesuitismo autóctone tem introdutores bem situados: a toga do Conselho (Hurault, Villeroy, Bellièvre) apóia as empresas dos padres. Em compensação, as reticências permanecem fortes do lado da toga do Parlamento (quase unanimemente galicana); do lado também de muitos intelectuais: eles são togados *in partibus*; situam-se, de qualquer maneira, em início de mutação jansenista. Harlay, o historiador Pasquier, Arnauld sênior e logo júnior reprovam, portanto, os amigos de santo Inácio... que, por esse motivo, guardarão firme rancor da linhagem dos arnauldianos.

Tornando-se, em graus diversos, pró-romana e pró-jesuítica, pensando bem pró-italiana (com toda a hispanofobia), a política real deve igualmente se modificar, curvar-se quanto à Savóia cisalpina e transalpina; por muito tempo, Henrique tratara friamente o duque da Savóia que considerava, não sem motivos, demasiado próximo das teses espanholas. As coisas se haviam deteriorado tanto que em 1600-1 ocorria, por iniciativa francesa, uma breve e forte expedição levada até Chambéry, e previamente munida de quarenta canhões pelos esforços de Sully. Em conseqüência disso, por ocasião do tratado de Lyon (1601), o bearnês arranca ao savoiano alguns pequenos bocados: Bresse, Bugey, Valroney, Gex. Esse quarteto formará, em nossos dias, com a Dombes, o departamento do Ain. Mas não se trata absolutamente, na verdade, de destruir a Savóia por isso. Os franceses antes querem, por meio de empurrões amigáveis e rudes, impeli-la para suas terras italianas; acenam-lhe então (assim como, com sucesso, Napoleão III) com a aquisição do ducado milanês espanhol; toma-se grande cuidado, de passagem, em garantir contra o Estado de Turim e de Chambéry a independência de Genebra, cidade tão huguenote quanto francófila. O tempo das guerras da Itália, travadas de Carlos VIII a Henrique II, está, em todo caso, interrompido. Por certo, a França sofre, com prazer ou paciência, as influências italianas no domínio religioso, dinástico, cultural. Absorve-as homeopaticamente como faria com um antídoto, contra o indigerível ultraísmo proposto pelos castelhanos. Catolicismo por catolicismo, mais vale engolir a poção de além dos Alpes que de além dos Pireneus. Mas já não se trata, para Paris, de anexar a Bota italiana (ainda que apenas por fragmentos, cano ou coxote) como o haviam desejado bem em vão os Valois da Renascença. Seu couro é decididamente áspero demais: a Espanha tem agora inexpugnáveis pontos de apoio no Mediterrâneo central, peninsular, insular. A França bem pode ali azucrinar o Habsburgo de Madri, mas não tem mais a vontade, nem talvez o poder, de o desentocar de lá.

# 12

# A TERRA E O SANGUE AZUL

Resta examinar um último aspecto da tentativa de abertura, constitutiva do reinado henriquino, e conduzida com o assentimento de uma grande parte das elites. Ficando bem entendido, por certo, que se trata de uma estratégia de "pequenos passos", muito mais empírica que dogmática. Este último aspecto diz respeito à economia; trata-se, de início, para os dirigentes, de contar com um crescimento conjuntural e espontâneo desta, crescimento típico de um longo período de reconstrução de pós-guerra (para além do término dos combates de religião). Essa fase positiva, os historiadores ornaram-na metaforicamente com o nome de "galinha na panela", expressão forjada, diz-se, por Henrique IV, e significativa de um belo período de prosperidade camponesa e urbana; o dito período deve ter começado provavelmente por volta de 1593-4; a "galinha na panela" prolongou-se em seguida, "cozida lentamente" até bem depois da morte do bearnês; talvez mesmo tenha durado até a grande reviravolta dos anos 1624-35, em que o aperto fiscal de Richelieu e a entrada na guerra aberta provocam novamente sofrimentos bastante rudes entre as massas populares. Sobre essa cronologia conjuntural, seremos mais precisos nos parágrafos posteriores da presente obra, consagrados a um balanço econômico, social, estatal da França henriquina. Por ora, evocaremos estritamente (sobre a base implícita dessas tendências ao crescimento espontâneo) os problemas de uma política de voluntarismo econômico e financeiro, como parte beneficiária das estratégias de abertura, iniciadas pelo poder central e regional. A figura ministerial de Sully, representativa de uma cultura e de um grupo elitista, polarizará nossas reflexões a esse respeito.

Nascido em 1559, Maximilien de Béthune, barão de Rosny, duque de Sully em 1606, protestante de família e de convicção, representa por si só uma síntese da aristocracia e, mais amplamente, das altas classes dirigentes de sua época. Aí está uma das razões de seu sucesso, explicado facilmente, ademais, por sua vasta inteligência, suas faculdades de iniciativa incessantemente demonstradas, seu saber imenso e sua capacidade politécnica: ele é a um só tempo agricultor, comerciante, agente secreto, soldado, cortesão, municionário, engenheiro, contador, memorialista... em suma, uma dessas personagens calvinistas a uma só vez eficazes e multivalentes das quais Max Weber fará o inesquecível retrato em seu ensaio sobre a ética protestante e o espírito do capitalismo. Eu falei de síntese social. Efetivamente, a genealogia e as alianças de Sully são expressivas: ele é de alto nascimento, pois que descende diretamente (não sem empobrecimento material nesse entretempo) da ilustre família dos condes de Flandres; em primeiras núpcias, desposa uma simpática Courtenay, que sai de um incontestável tronco, embora menor e distante, da família real francesa. Mas, por outro lado, em razão das linhagens de sua mãe e de sua segunda mulher, Sully liga-se por todas as suas fibras, ainda que não se gabe disso de modo algum, à casta de funcionários que ocupou primeiro imperceptivelmente, depois gradualmente as estruturas do Estado, desde a segunda metade do século XV. Sully, apesar de sua fé huguenote, jamais rompeu os laços, simultaneamente cordas afetivas e relações úteis, que o prendem aos outros filhos de seu pai, que permaneceram ou voltaram a ser católicos. Sobrevivente miraculoso do São Bartolomeu, o jovem Rosny, em 1575-6, consagrou-se a Navarra, ao lado do qual desenvolveu intensa atividade durante quinze anos. A partir de 1594-8, seu patrono Henrique lhe confere no círculo real, depois no Conselho das finanças e finalmente na superintendência destas, os elementos de poder indispensáveis para que sejam tomadas as medidas econômicas e financeiras que se mostrem conformes à nova conjuntura, assim como ao espírito do reinado. Sully diminui, então, os impostos diretos: a talha baixa em média anual de mais de 10% para o período que vai de 1599 à morte do rei, no momento mesmo em que sobe a renda nacional. É igual ganho para os camponeses. Contudo, o Estado não é lesado, já que a estabilidade da economia permite a alta das tributações indiretas (*traites*, *aides*, gabelas), de resto, mais bem geridas pelo ministro; suas mais-valias mais do que compensam a falta de ganho das contribuições diretas. Outras disposições, legais ou administrativas, acompanham e ao mesmo tempo encorajam a onda de crescimento ou de retomada da produção: o ministro arranja-se para fazer anular uma parte das dívidas do Estado, e para decretar a baixa das taxas de juro da renda constituída. Como mais tarde no tempo de Colbert e de Law, o declínio dessas taxas, que estimula o investimento, é a um só tempo um sintoma e um excitante, quanto à expansão conjuntural.

Particularmente inovadora é a ação de Sully em matéria de estradas e de desencravamento do território, graças à construção de pontes, faróis, canais etc. Por certo, as tendências "mercantilistas", em nome das quais o Estado, para seu fins próprios, especialmente fiscais, quer estimular a economia e fazer entrar o dinheiro, são antigas; datam de Luís XI ou de Francisco I. Mas nunca anteriormente a realeza e o ministério haviam afirmado até esse ponto suas responsabilidades quanto à remodelação das vias de comunicação. Esse intervencionismo inédito está ligado às possibilidades novas que se oferecem à administração, na medida em que esta já não está inteiramente obnubilada, como era o caso antes, pela guerra externa e pela guerra civil. Uma e outra haviam absorvido, com efeito, respectivamente as energias dos Valois da Renascença e dos Valois dos conflitos religiosos. Por outro lado, os mapas geográficos do reino fizeram imensos progressos no decorrer dos dois últimos terços do século XVI. Ora, quem diz visão espacial do território diz também mapas de estradas, e não mais concepção puramente feudal dos agregados provinciais. Oficial-mor das vias públicas da França a partir de 1599, e primeira personagem a usar esse título, Sully, no fim do reinado de Henrique IV, chegará a consagrar 5% das receitas anuais do Estado à construção ou ao conserto das vias e balizas, para os transportes aquáticos e sobretudo terrestres (farol de Cordouan, estradas e pontes do Poitou, começo do canal de Briare entre o Loire e o Sena). Tal esforço, em nossa história, não tem precedente. Sully, desse ponto de vista, é uma espécie de mutante, muito mais próximo de Colbert (grande "estradeiro" também) ou mesmo da administração da Viação sob Luís XV, que dos ministros tradicionais da antiga monarquia valoisiana. Mas ser protestante, para Sully (como outrora para o excepcional Coligny), não é, uma vez mais, situar-se em uma vanguarda? O crescimento (certamente modesto ainda) dos meios de comunicação se efetua, com Sully à frente, pelos esforços de uma falange, semi-hereditária já, de geógrafos, cartógrafos, matemáticos, chefes de obras, mestres-pedreiros, engenheiros; ela é recrutada, selecionada, "acarinhada" pelos cuidados do ministro. Ele sujeita os trabalhos desse grupo a regras contábeis extremamente severas. Por isso, os tesoureiros da França, ciosos de sua autoridade, e que até então haviam tradicionalmente "gerido" as grandes estradas, com muita freqüência de maneira letárgica, mantêm Sully sob vigilância. Isso não impede de modo algum esse mestre empreendedor de associar alguns deles, sem rancor, à criação e à administração da rede de estradas. Depois da morte de Henrique IV, os tesoureiros da França, enquanto corpo constituído, acabarão por desforrar-se de Sully; farão suprimir seu cargo de oficial-mor das vias públicas, cuja substância renascerá apenas sob Colbert. No total, e quaisquer que sejam esses tardios avatares, o colaborador do bearnês trabalhara magistralmente pela especialização dos funcionários (de estradas e outros), que constitui por si só um sintoma de modernidade.

Em matéria de urbanismo, na capital ou alhures, o superintendente das finanças é igualmente ativo e plenamente original. Por certo, durante a Renascença parisiense, nos anos 1540, procedera-se a loteamentos especulativos do domínio real do Leste da grande cidade (nos locais dos ex-palácios reais de Saint-Paul, de Borgonha etc.). Mas as empresas de Sully (construção da praça Dauphine, da praça Royale,* ou mesmo da "praça da França")** não visam simplesmente retalhar a cidade em frações passíveis de construção, em benefício primordial do Tesouro... e dos financistas ou especuladores; elas propõem o modelo, novo na França, de uma monarquia que quer prover a cidade de praças com caráter monumental e de passeios. Toda a Paris "moderna", a do marquês de Marigny, se não de Haussmann, está já em germe (por certo bem distante) nesse projeto. Acrescentemos que as carruagens parisienses que se contavam por unidades sob Francisco II, mas já por centenas sob Henrique IV, impõem também uma lógica inédita da circulação, devendo as ruas, se possível, ser alargadas por intenção desses veículos.

As iniciativas de Sully são essencialmente empíricas. *A priori*, não recusam de modo algum o intervencionismo estatal nem o encorajamento das manufaturas. O ministro não é, como o pretenderam alguns cronistas, um agrariano liberal, que seria, em princípio, contrário ao industrialismo voluntarista de seu contemporâneo Barthélemy de Laffemas.*** De fato, os dois homens estão bastante próximos um do outro, recusando Sully, no máximo, o dogmatismo abusivo de Laffemas em matéria de prioridade das fábricas em relação às trocas comerciais e à agricultura. De qualquer maneira, o crescimento econômico da primeira década do século XVII, nascido entre outras razões da paz henriquina e da reconstrução correlata, não teve necessidade dos empreendimentos de Sully para ocorrer; não se pode nem sequer dizer que estes tenham exercido quanto ao dito crescimento um efeito de estimulação que fosse mais que ultramarginal; Sully, nesse domínio, é em primeiro lugar e antes de tudo uma grande testemunha, um "marcador" ele também. Ele é significativo do "frêmito novo" que sentem agora os que tomam decisões administrativas ou políticas, mais voltados para a produção, a circulação e a troca

(*) Hoje praça dos Vosges.

(**) A praça da França, criada na imaginação de Henrique, de Sully e do promotor Claude Charlot, deveria instalar-se, em hemiciclo, na interseção das atuais ruas Vieille-du-Temple e Turenne. A morte de Henrique IV interrompe a realização do projeto.

(***) Barthélemy de Laffemas (1545-1612). Originário do Delfinado, camareiro (de alto nível!) de Henrique IV, Laffemas está no ponto de partida de iniciativas manufatureiras e comerciais, concretizadas em 1601 pela criação de um Conselho do comércio, cuja ação, por certo admiravelmente antecipadora, mostra-se mais simbólica que efetiva.

das riquezas do que seus antecessores. Esse "frêmito novo" tornar-se-á, nos intendentes da época colbertiana, uma tendência geral, universalmente assumida, finalmente fecunda, embora subordinada, a longo prazo e mesmo no mediato, às necessidades fiscais da monarquia.

A mais imaginativa abertura nos domínios ideológico, diplomático, econômico (ainda que simplesmente moderada ou momentânea) não se concebe, pelo menos na época, sem um Estado vigoroso e que até se reforça ainda mais, sendo esse aumento de poder suscetível de impedir qualquer evolução incontrolada do sistema, evolução que poderia, à força de abertura precisamente ou de concessões excessivas, rompê-lo, desintegrá-lo: o reinado henriquino, que foi imaginativo e fecundo quanto às medidas de tolerância ou de coexistência entre dogmas diversos, passa também, com justo motivo, sem que seja preciso ver aí um paradoxo, por ser uma etapa decisiva no caminho das consolidações do proto-absolutismo centralizado, embora aberto, mesmo, e sobretudo, que este não atinja ainda a fulgurância insustentável que caracterizará a época de Luís XIV.

Desse centralismo incompleto, mas crescente, Sully, ainda ele, é o agente responsável, ativo: ele se situa, evidentemente, na amistosa zona de influência de Sua Majestade. O homem de Estado constitui sua própria equipe de conselheiros (os Arnauld, Noël Regnouart etc.); eles formam em torno de sua pessoa um autêntico gabinete ministerial. Sully designa nos setores que controla (impostos e despesas, viação, construções, canhões) intendentes de finanças, lugar-tenentes reais de meios de comunicação e de artilharia que lhe são devotados ou mesmo submissos, enquanto criaturas dedicadas, mas tanto mais competentes. É bem a especialização de que se tratava anteriormente. Com um verniz de história romana, Sully faz valer o *imperium* real até o fundo das províncias. Suprime ou refreia os órgãos de finanças da baixa Normandia, por meio de uma correspondência autoritária. Retoma por sua conta as tentativas que, de Francisco I a Henrique II, visavam impor "eleições" (circunscrições fiscais diretamente controladas pelo poder monárquico) nas zonas em princípio autodeterminadas que são as regiões de Estados, as de Guyenne e outras. Ele é bem-sucedido nessa tarefa no tempo de Henrique IV, em seguida malogra (mais uma vez) depois da morte deste. Mas o sucesso coroará, enfim, esses esforços, para além da queda de Sully: as "eleições" de Guyenne serão definitivamente recolocadas em vigor sob Luís XIII por meio de medidas legais que darão razão, de uma vez por todas, às iniciativas do precursor.

Em relação aos credores, financistas, Parlamentos e outras cortes de funcionários, os dois cúmplices Henrique e Sully usam e abusam, entre

1597 e 1607, do sistema das câmaras de justiça. Colbert, Luís XIV e Philippe de Orléans as utilizarão por sua vez; mas não o infeliz Luís XVI, incapaz de obrigar a administração dos impostos indiretos, que se tornou progressivamente aristocrática e respeitável no século XVII, a devolver o que recolhera. Essa será uma das múltiplas causas da queda do último "Capeto". Manipuladas bem oficialmente pelo Poder, as câmaras de justiça permitem passar por cima da demasiado autônoma e mesmo independente Câmara das Contas, encarregada normalmente da análise das cifras das finanças; elas facilitam a bancarrota parcial das dívidas — capital e juros — contraídas pelo Tesouro público. De resto, Sully reembolsa uma honrosa porção dessas dívidas, particularmente aos emprestadores protestantes (ingleses, holandeses, germânicos, helvécios). Simples gesto de gratidão: eles haviam contribuído para impulsionar Henrique IV em seus começos difíceis.

A reordenação preconizada pelo ministro concerne também à porção do domínio real (terras, senhorias, edificações, amplos feudos, cargos, direitos fiscais) que foi alienada durante as Guerras de Religião com o fim de financiar o Poder e o exército; o governo de Henrique tenta recuperar-lhe as mais belas peças. Colbert agirá da mesma maneira, porém de modo mais eficaz, pois disporá de uns bons vinte anos para agir, e não de dez ou doze anos simplesmente como Sully.

Enfim, comissários, oriundos da toga do Conselho (relatores, conselheiros de Estado) e da toga propriamente dita (conselheiros das cortes dos impostos, tesoureiros da França), submetem as falhas à regalia (verificação vigilante dos abusos, das isenções, das repartições geográficas do imposto). Henrique III já empreendera essa operação; mas Henrique IV, mais seguro de seus poderes, está em melhor condição de a realizar, pelo menos em parte. Os impostos indiretos, arrendados a capitalistas, são reagrupados em cinco grandes arrendamentos, iniciados pelo rei precedente em 1584 e concretizados definitivamente em 1604. Um primeiro grande truste semiprivado, semipúblico é então formado em torno das gabelas, *aides* e *traites*, propondo dessa maneira um exemplo que o setor especificamente industrial ou comercial, pululante de pequenas empresas, está perto de imitar apenas em dose mínima. Nesse setor das finanças, Sully realiza, momentaneamente, é verdade, o velho sonho de Francisco I: dispor de reservas monetárias, de excedentes orçamentários acumulados em uma caixa centralizada, um Tesouro da Poupança, como dizia o soberano Valois; e dos "cofres na Bastilha", no caso de nosso superintendente das finanças. Sully amontoa assim 5 milhões de libras na fortaleza, mais 11,5 milhões na própria Poupança; no total, quase uma anuidade de receitas orçamentárias. Maria de Medici, tornando-se regente, apressar-se-á em dissipar esses 16 milhões de libras, especialmente em pensões, em despesas de corte, em pagamentos de preparativos militares que foram iniciados pelo falecido Henrique IV pouco antes de sua morte... Será uma maneira como qualquer outra, tratando-se das pensões pagas aos grandes, de impedir a guerra civil que ameaça os poderes da viúva do rei. Este não agira de modo diferente com os Guise; empanzinara-os, para ter a paz, das receitas engendradas já por um primeiro retorno à prosperidade.

Apostando em uma boa conjuntura, Sully, que nem sempre é um sovina decidido, pode também aumentar o brilho do centro político do reino pelas construções e sobretudo reconstruções de palácios reais (Louvre, Tulherias, Saint Germain en Laye, Villers-Cotterêts); elas vão de par, em nome das exigências da capital, com as remodelações muito parisienses da praça Royale e do bairro da Pont-Neuf. Para Sully, entretanto, o conceito de reino deve acompanhar-se da noção mais moderna, mais geral, menos personalizada, de pátria; essa tomada de consciência simultaneamente afetiva e geográfica põe em causa uma reflexão sobre o contorno das fronteiras, materializado no Norte, assim como no Leste, pela construção dispendiosa de fortalezas. Cercado, com esse propósito, de uma esquadra de engenheiros, Sully prefigura, desta vez, Richelieu e mais ainda Vauban. Os diretorados nacionais e regionais que ele pôs em funcionamento quanto às finanças e às fortificações brilham igualmente no domínio do "material" militar (cavalos, armas de fogo, canhões sobretudo). Deposita-se a artilharia para o Arsenal na própria residência do superintendente, lugar geométrico de seus poderes, de seus prazeres e de seus pensamentos. Contra a Espanha, as galeras se estendem a Marselha e a Toulon. A unidade de base, nas diversas frentes da centralização e da modernização estatal (estradas, artilharias, fortificações), situa-se a cada vez no milhão de libras tornesas de despesas comprometidas, ou seja, 5% a 6% das receitas orçamentárias do Estado. É pouco no absoluto, muito no relativo. A título de comparação, notemos que a fortuna de Sully, aumentada com especulações mais ou menos legais, eleva-se a 5 milhões de libras em fim de carreira, contra 2 ou 3 milhões de libras para um grande financista, mas 20 milhões para Richelieu e mais de 35 milhões para Mazarino (o amigo de Ana da Áustria permanecerá o recordista absoluto do enriquecimento ministerial sob o Antigo Regime). Primeiro-ministro, tendo já posto de lado o chanceler como principal personagem do Estado, Sully pretende-se grande senhor, duque riquíssimo, cercado por uma corte que reproduz em miniatura a de seu mestre e soberano Henrique IV. Para chegar a um poder mais considerável ainda, e para dar inteiramente ao reino a unidade de rei, de fé, de lei que constituiria o absolutismo pleno, falta a Sully, no entanto partidário da monarquia de direito divino, apenas tornar-se católico. Deve-se dizer em honra desse huguenote, não obstante "papófilo", que ele jamais consentirá nisso: teria sido remar na contracorrente de suas convicções; elas permaneciam calvinistas; teria sido também, pelo menos durante a vida de Henrique IV, solapar o acordo fértil sobre o qual se edificavam o reinado e sua vocação para a abertura.

No total, a França sob Henrique IV e Sully beneficia-se de uma favorável fase estratégica. Os Habsburgo, especialmente da Espanha, continuam hostis ao Bourbon, mas deixam de representar um grande perigo no interior mesmo do quadro francês, onde seus amigos da Liga são neutralizados. Por outro lado, os soberanos austro-madrilenos não constituem objeto, em sentido inverso, de uma ruinosa ofensiva contra eles dirigida pela França: o ano de 1590 se distancia e não se está ainda em 1635, quando Richelieu declarará "guerra aberta" aos Habsburgo. A paz, mesmo incompleta, permite então, de Amiens a Marselha, o desenvolvimento de uma monarquia e de uma administração dinâmicas; elas vão mais longe do que jamais foram na ambição centralizadora, ou mesmo absolutista. Ambição tanto mais voraz quanto um vasto espaço de liberdades locais, regionais, sociais se oferece aos apetites do poder. De passagem, este engendra, muito felizmente, seus próprios contrapesos: em 1604, a *Paulette* ou direito anual, expediente rentável caucionado por Sully, legitima as vendas e sobretudo as transmissões hereditárias dos cargos; ela rende 1 milhão de libras por ano ao Estado, ou seja, o equivalente a um sólido arsenal de canhões pesados; ratifica a instalação de um funcionarismo de pai para filho, suscetível de frear a arbitrariedade do poder central, e que é com freqüência enobrecido. A nobreza de espada, de corte ou imemorial, por seu lado, é convidada a ter certa participação no governo, em "Conselhos" talvez utópicos ou obscuros, já que, de fato, só verão a luz — salvo no tempo (ele próprio muito breve) da Polissinodia, 110 anos mais tarde! A nobreza militar, no entanto, não é inapta para o governo do reino (vide, desse ponto de vista, os belos desempenhos de Sully, Richelieu, e mesmo, em uma época mais tardia, os de Vauban e Choiseul). Mas a França não é a Inglaterra, onde a nobreza de linhagem poderá ocupar sua ampla porção de poder por meio das representações legislativas nos Comuns, por meio também da administração descentralizada e autodeterminada das regiões (é o sistema das *justices of the peace*). Ao sul do canal, a ocorrência de um sistema soberano, protocentralizado, dá toda a sua oportunidade à função pública de toga cuja qualidade muitas vezes se pretende nobiliária, mas cuja origem mais ou menos distante é geralmente burguesa. Sem toga não haveria Estado sob Henrique

IV e Luís XIII; e nem sequer ministério sob Luís XIV! Em todo caso, essa "ausência de toga" teria sido incompatível com as estruturas próprias do Estado de justiça e de finança (sob Henrique IV), do Estado militar (sob Richelieu e Mazarino) e da monarquia administrativa (no tempo de Colbert e de seus sucessores).

Procedemos até aqui a um percurso factual do reinado em que a evocação das duas figuras carismáticas, Henrique IV e Sully, autorizava desde já algumas sondagens em água mais profunda, nos planos do Estado, das estratégias, das conjunturas. Examinemos, portanto, fundamentais também para a compreensão dos sucessos da época, as infra-estruturas rurais, econômicas, os grupos sociais, os aparelhos sócio-políticos.

O balanço da época henriquina, em termos econômicos, não poderia, com efeito, limitar-se à ação pessoal de Sully. Esse balanço exige também uma volta atrás: desse ponto de vista, a massa rural (massa demográfica, econômica, produtiva...) fornecerá um bom terreno de experiência ou de reflexão. É certo que a produção agrícola havia caído fortemente durante os 35 ou quarenta anos das Guerras de Religião: as destruições, a paralisia do comércio e, portanto, do mercado, o desaparecimento de uma parte do gado, tanto para a tração quanto para a adubação, contribuíam então para fazer cair o produto das colheitas e das dízimas (ver supra, pp. 177, 178).

Ademais, a breve exposição que fazíamos a esse respeito no capítulo 6, relativa à baixa de produção cerealista dos últimos anos de Henrique III e dos primeiros anos de Henrique IV, baixa refletida pela evolução da dízima e do arrendamento, deixa de lado certos setores: a dízima, que concernia muito pouco a estes últimos, não suscitou, com efeito, importante documentação a seu respeito. Penso, por exemplo, tratando-se dessas zonas periféricas da agricultura, no pastel-dos-tintureiros de Toulouse, nos vinhos das Charentes ou de Bordeaux. O comportamento desses diversos gêneros, durante o longo conflito de religião, situa-os em uma conjuntura bastante análoga à dos grandes produtos deprimidos, como são os cereais ou a criação de animais. O pastel-dos-tintureiros de Toulouse inaugura sua decadência, com efeito, entre 1560 e 1600. A vinicultura das Charentes arruína-se depois de 1572. A de Bordeaux não valerá muito mais.

A população rural (e global), por seu lado, não fica atrás: um vazio demográfico muito claro é registrado nos campos franceses no decorrer das últimas décadas do século XVI, situando-se o epicentro desses desastres em torno da década "proto-henriquina", que vai de 1590 a 1599. Inútil insistir no papel determinante do complexo guerras-destruições-penúrias-epidemias-pestes como fato de explicação essencial no que se refere a esses processos de despovoamento. Restaria cifrar o fenômeno. Como escreve Jean Jacquart,[1] "uma baixa sensível dos povoamentos é mais ou menos certa, mas em que proporções: 5%, 10%, 20%? Quem o poderia afirmar?". Sugiramos então, com as reservas de praxe, uma queda até 16 milhões de habitantes, mas provavelmente não mais baixa (a cifra é já bem pessimista), e isso no quadro atual do hexágono, por volta de 1590-4, anos terríveis. Por isso, a retomada posterior não parece mais notável: por um forte movimento de "gangorra", deve ter-se subido novamente a 19 milhões de habitantes, pelo menos, por volta do fim do reinado de Henrique IV e durante a primeira década de Luís XIII, no quadro dos limites geográficos acima citados. Essas cifras, por vagas que sejam, falam-nos já, por si mesmas, de uma nítida subida de pós-guerra: uma vez passados os conflitos religiosos, uma vez transcorridos sobretudo os anos sangrentos de Liga e contra-Liga, o ecossistema rural se cicatriza e se reconstitui gradualmente. No que se refere, mais uma vez, à população: no Languedoc, em Anjou, na Bacia Parisiense, na região de Montbéliard, a recuperação do tempo de paz atravessa todo o reinado de Henrique IV e parece ter durado até a metade ou o fim dos anos 1630. Desde então, os altos tetos demográficos "antigos", de metade do século XVI, são quase alcançados, atingidos, por vezes superados; o nível dos 20 milhões de franceses é provavelmente encontrado, ou reencontrado, ao termo de uma lenta reascensão, por volta de 1636. De resto, por volta dessa data, as pestes, e logo as guerras e outras catástrofes, acompanham o estabelecimento de um regime de equilíbrio ou por vezes de declínio demográfico (depois de 1640 especialmente); esse equilíbrio está baseado na trilogia clássica: alta mortalidade, alta natalidade, casamento tardio.

Como quer que seja, até por volta de 1625 a maré ascendente (ou reascendente) do povoamento acompanhou-se, de maneira lógica, de uma retomada da produção e do consumo: o "varejo" nacional do sal taxado, na região de *oc* e de *oïl*, aumentou (por recuperação mais ou menos bem-sucedida do nível anterior à Liga ou de antes da guerra) pelo menos 15% durante o primeiro quarto do século XVII. Por volta de 1624-32, entretanto, esse consumo salino vai alcançar o máximo ou mesmo baixar (só reencontrará seu alto nível pós-henriquino a partir de... 1720!). É culpa especialmente do aperto fiscal de Richelieu a partir de 1624-5. Assim são traçados os limites cronológicos finais ou terminais da "galinha na panela" de Henrique IV. Ela não terá sobrevivido mais que uma quinzena de anos ao rei que propunha a metáfora.

Retornemos agora, quanto a esse período próspero, ao produto dos cereais (tal como mais uma vez ele é refletido ou refratado pelas dízimas e, acessoriamente, pelas contas de arrendamento e de exploração agrícola); nesse setor, vemos caracterizar-se, como para o povoamento e como para o consumo do sal, um período henriquino que é inteiramente favorável depois de 1595-1600: é o primeiro quarto ou o primeiro terço do século XVII. Aí caímos, uma segunda vez, em interessantes fenômenos de unanimidade "nacional". Há elevação-recuperação geral do produto líquido das dízimas e arrendamentos (em espécie e deflacionado). Mais uma vez, a "galinha na panela" é de fato realizada. Tendo o cozimento em fogo brando dessa simpática ave de criação se prolongado até bem depois da morte de Henrique IV. Unanimidade "nacional" e conclusão de conjunto: em toda a zona (agrária) atingida pelas anteriores guerras religiosas, de Cambrai-Namur e Montpellier-Arles, passando por Paris e Clermont-Ferrand, assiste-se, entre 1600 e 1640, a um episódio de recuperação positiva. Coloquemos à parte, com um prêmio de excelência, nesse balanço de conjunto, a região parisiense; o dinamismo arrebatador que anima a capital (e que ela propaga ao seu redor) permite localmente, depois de 1620, um verdadeiro crescimento cerealista que bate os recordes doravante caducos do século anterior. Excetuando-se essa zona, não se trata, alhures, de superação; no máximo trata-se de recuperação em relação ao florescente intervalo do século XVI. As curvas "decimais" limitam-se, por volta de 1620-30, a recuperar (Lyonnais, Cambrésis), em comparação com esse antigo teto. Em outros casos (Namurois, Borgonha, Auvergne e mesmo o Midi mediterrâneo), elas se restringem, nas mesmas datas, a tetos de 5% a 10% inferiores em relação aos níveis recordes do século passado. Por volta de 1625 (excetuada a Île-de-France), quando Richelieu assume definitivamente o poder, o produto líquido das dízimas e dos arrendamentos (em espécie ou deflacionado), digamos, *grosso modo*, o produto cerealista na França conhecida, parece quando muito igual ao que era sob Henrique II e Carlos IX. Encontra-se em estado de recuperação em relação ao período intermediário, em outros termos, em relação aos duros anos da Liga. Já é alguma coisa.

Os grãos, evidentemente, não estão sozinhos no mundo: Olivier de Serres o sentiu, em seu *Teatro de agricultura e cuidado dos campos* (1600). Esse autor, por si só, é um sintoma (cultural) da retomada das produções vegetais e animais na época do Vert Galant. A inovação propriamente dita, no domínio agrícola, está longe de ser inexistente no decorrer desse período: o milho, vindo da América via Espanha, aparece nos Pireneus ocidentais desde o fim do século XVI ou desde o começo do século XVII. Ele aí se torna um produto da região, basco-bearnês... como o é também seu contemporâneo Henrique IV! Essa planta nova chegou à França meridional por Bayonne. Em 1637, já estará implantada perto de Toulouse, em Castelnaudary e em Verfeil. Substituirá no lugar o quase findo pastel-dos-tintureiros. Será empregada para a subsistência da região e estimulará incidentalmente o grande comércio regional, em razão dos excedentes de fermento que tornará disponíveis.

No baixo Languedoc produzem-se também alguns fenômenos exemplares de renovação e de crescimento setorial: amoreiras para a seda (essas árvores que Oliver de Serres e Henrique IV teriam desejado, a despeito do clima, plantar até no Norte da França); vinha... Na escala francesa, a vinicultura é fortemente estimulada pelas produções de aguardente, fabricada em Saintonge desde a segunda metade do século XVI, por intenção dos negociantes holandeses. A aguardente, cujo teor de álcool é seis ou sete vezes superior ao do vinho, representa, com efeito, um produto de forte valor agregado, cuja exportação, especialmente por mar, é rentável. Globalmente, pode-se admitir que o volume médio das vindimas francesas aumentou de um terço para a metade entre 1550 e 1665; crescimento particularmente acentuado durante os reinados de Henrique IV e do começo de Luís XIII.

As propriedades henriquinas e pós-henriquinas beneficiam os lavradores, os proprietários, os senhores. Os próprios salários agrícolas, nessa época, saem-se bem,[2] em limites modestos, por certo. Os ordenados rurais reais (pagos em dinheiro, mas recalculados por nós em grão) na região parisiense haviam culminado no índice 557,1 por volta de 1495, quando grassava ainda "o intervalo dourado das remunerações salariais",[3] aos últimos lampejos de uma baixa Idade Média que terminava.[4] Em seguida, a pauperização das classes laboriosas, contemporânea da Renascença e do começo do século XVI, deprimiria esse salário (que constituía sobretudo um "dinheiro miúdo" ou um rendimento complementar) até o índice 161,1 em 1550; as Guerras de Religião e de Liga, enfim, faziam-no cair para seu ponto mais baixo, no índice 69,3 em 1590-5. Os faustos da primeira fase de paz henriquina voltam a elevá-lo moderada mas seguramente até 102,6 em 1601-6, depois, nesse impulso, 110,5 em 1615-9; em seguida, o dito salário oscila entre os índices noventa e 123 de 1625 e 1666. Os ordenados agrícolas, assim como os rendimentos dos trabalhadores da construção parisiense, não reencontraram, por certo, como se pode ver, os altos níveis de vida do bom velho tempo de Carlos VIII e Luís XII. Pelo menos, os assalariados puderam ter a impressão, sob Henrique IV e parcialmente graças à paz henriquina, de uma recuperação, de certa melhoria de sua sorte. Esse sentimento autêntico contribuirá, entre muitos outros fatores, para a popularidade póstuma do bearnês, cuidadosamente mantida depois de 1610. A consciência de um leve (muito leve!) bem-estar, melhor-estar ou "menos-mal-estar" é tanto mais fundada, à sua maneira, quanto a inflação dos preços do longo século XVI, tão perniciosa para o nível de vida das pessoas assalariadas, acaba de ter fim. Ela termina muito exatamente em torno de 1595; desde então, dá lugar a uma longa estabilidade dos preços que, excetuadas as grandes crises, dura até por volta de 1690 (em preços nominais) e mesmo até 1735 (em valor real). Cada um é livre para ver nessa fase prolongada de estabilização dos preços o sinal de um período de depressão ou, em todo caso, de normalização econômica, a tão discutida "crise geral do século XVII". Os assalariados da época de Henrique IV não vêem nada de ruim aí: podem apenas regozijar-se de um processo de desinflação que mantém ipso facto ou mesmo revaloriza um pouco suas remunerações, sem por isso reconduzi-las às atitudes elevadas que elas conheceram no fim da Idade Média.

A recuperação ou mesmo o crescimento das atividades agrícolas e do nível de vida dos camponeses é acompanhada por uma distensão ou um relaxamento na expressão das consciências aldeãs. O reinado de Henrique IV, desse ponto de vista, começara "mal", por uma série de revoltas agrárias, contemporâneas dos últimos sobressaltos da guerra da Liga ou religiosa. A sublevação dos *croquants*, *alias chasse-voleurs* ou *tard-avisés* eclodira em Limousin, no viscondado de Turenne, região de bosques, de sebes, de ausência de grandes cidades, de contestação encorajada às ocultas pelas poderosas senhorias regionais. De início, antes da irrupção do movimento de revolta propriamente dito, os camponeses locais partiam em guerra contra os bandidos, escória dos soldados combatentes, apenas com a autorização dos senhores. Depois, por volta de 1593, decidem reunir-se por paróquias, armar-se sem pedir permissão a quem quer que seja. No domingo, fazem vastos comícios, no meio dos tonéis de vinho virados para a ocasião. Os síndicos (representantes municipais) vão de grupo em grupo e de barrica em barrica para debater as decisões dos bebedores: elas são adotadas democraticamente. A partir de abril de 1594, o movimento ganha o vizinho Périgord.

A rebelião é escandida, em junho de 1594, por um primeiro massacre, no decorrer do qual a nobreza do Limousin destroça uma grande partida de *croquants*. Em setembro de 1595, depois de um novo combate (indeciso) contra a nobreza, os *croquants* voltam definitivamente para as suas explorações agrícolas para ali efetuar os prosaicos e indispensáveis labores de outono. Durante uma geração, não dão motivo para que se fale mais deles: é bem o apaziguamento henriquino e pós-henriquino, correlativo à moderação dos impostos na época de Sully. Por outro lado, diversos episódios de contestação rural ocorreram, em outras províncias, durante os anos do reinado de Henrique, de 1589 a 1594: particularmente na Borgonha vitícola dos "Boinas Vermelhas" (pró-realistas) e na Bretanha regionalista (pró-Liga). Posteriormente, o regime e o monarca, uma vez recuperada a paz, saberão desativar as rebeliões agrárias. Esse amadurecimento se deve ao crescimento do consenso interconfessional, à restauração da ordem, à menor presença dos bandidos e dos soldados saqueadores, à melhoria dos rendimentos rústicos enfim, que torna menos dolorosa a pressão fiscal, ela própria diminuída. Dito isto, estaríamos errados em pintar idilicamente a situação das massas camponesas, inclusive durante os belos anos de "galinha na panela", do fim de Henrique IV e do começo de Luís XIII: nos Estados Gerais de 1614, o presidente do bailiado de Auvergne, Savaron,[5] representante do Terceiro Estado, não hesita em descrever publicamente a miséria dos rurais de sua região, em presença do pequeno Luís XIII: "Que diríeis vós, sire, se houvésseis visto, em vossas regiões de Guyenne e de Auvergne, pastar os homens à maneira dos animais?". Para além do exagero literário, tal observação bem poderia ser pertinente quanto ao baixo nível de vida das províncias de *oc*, no Centro e no Sudeste, habitualmente turbulentas. De resto, bastará que Richelieu torne novamente mais pesado o lagar fiscal para que, nos anos 1630, exprima-se mais uma vez, vindima amarga, o ciclo da revolta camponesa dos gascões.

A prosperidade da época do "pós-guerra", no tempo de Henrique IV e no começo de Luís XIII, contrasta, portanto, com os infortúnios das décadas anteriores; evidentemente, ela é pão bento para os grandes lavradores, cobradores de senhorias, mandachuvas, arrendatários de pesadas botas ou "figurões" (como se dirá no século XVIII), que são a elite plebéia e já empreendedora, ou mesmo semicapitalista, do mundo rural. Essa felicidade (relativa) dos camponeses abastados manifesta uma capacidade capilar: "remonta" até os arrendadores do solo que fazem contrato com esses arrendatários ou, em outros termos, até a nobreza senhorial e fundiária; ela detém um quarto ou um quinto do solo francês, lado a lado com a Igreja e a burguesia (um outro quarto para ambas; o campesinato foreiro ou parcelar controla a metade restante dos bens imóveis). Os destinos maiores dos grandes aristocratas, Sully, Condé, Richelieu, Guise não devem, com efeito, criar ilusão. Contemos 200 mil nobres no máximo (homens, mulheres, crianças) no reino de Henrique IV, para 19 milhões de habitantes. Daqueles, cerca de um terço depende de famílias de funcionários, recém-enobrecidas. O resto, que forma a nobreza nativa ou de linhagem, compõe-se de 70% de proprietários de terras, mais ou menos puros-sangues; 20% de militares (geralmente também proprietários de domínios): o resto, um pequeno décimo, goza do prestígio máximo, graças a contatos permanentes, freqüentes ou ocasionais com a Corte do monarca. Os agrários ou fidalgos provincianos de sangue azul, que representam, portanto, a maioria da ordem nobiliária, exploram por si mesmos florestas, vinhas, pradarias e sobretudo lavouras cerealistas, à razão de três ou quatro charruas por família nobre, ou seja, setenta a oitenta hectares; aí vigiam a colheita dos grãos ou dos cachos; vendem seus casulos, enxertam suas macieiras; ou então, solução que não exclui a anterior, vivem da renda fundiária em escudos ou cereais, expansiva e dilatada depois do fim das guerras religiosas. Esses rendimentos, e também "quinhões de frutos", lhes são pagos, provenientes de outras terras dos bens familiares, por arrendatários ou meeiros, sendo estes vigiados, dirigidos, subvencionados muito de perto pelos fidalgos-arrendadores. "Produtos da terra" bastante diferentes, de natureza industrial desta vez, a saber o vidro e o ferro, são igualmente controlados em 80% ou 90% de sua produção nacional por nobres, qualificados de gentis-homens vidreiros ou mestres de forjas; uns e outros são levados para a frente, também, pela conjuntura henriquina, que coloca vidros nas janelas e canhões nos arsenais. A casa campestre do gentil-homem — castelo ou, mais freqüentemente, grande edificação opulenta — pode abrigar família e domésticos, treze a catorze pessoas, regidas pelo *paterfamilias* e por sua esposa (ou sua viúva). Mulher enérgica, administradora avisada, vela pela vida de trabalho e de lazer (caça, canto, festins) da vasta família. Os fidalgos de província são habitualmente calorosos, o que não impede alguns deles de exercer uma considerável violência sobre o mundo camponês. Só poderá trazê-los enfim à razão, mais tarde, a intendência provincial, delegada por Luís XIV. No tempo dos últimos Valois e dos primeiros Bourbon, a classe nobiliária ainda está relativamente aberta; os antigos plebeus aí penetram graças ao serviço funcional ou militar, efetuado a serviço do rei: esse segundo modo de acesso é de alta freqüência no tempo das Guerras de Religião. Entra-se também na nobreza de maneira mais simples, levando o gênero de vida de um gentil-homem do campo. Assim, ao fim de duas ou três gerações de "usança", está lavada a plebeidade e transformado o gentil-homem de fato em nobre de direito. Na época de Henrique IV, entretanto, as guerras estão acabadas, o prestígio ainda informal da Corte não tem a intensa irradiação que Versalhes projetará. Esse período intermediário, a uma só vez pacífico e rústico, é, portanto, a idade de ouro dos gentis-homens do campo, que se apropriam tranqüilamente de sua parte das riquezas rústicas criadas em quantidade crescente. Cultivam as virtudes, ocupações e valores que formam, todos eles, o ponto de honra da vida privada. Formalizam casamentos se possível bem arranjados mas que não excluem necessariamente a ternura conjugal. São atentos e mesmo atenciosos com sua parentela numerosa, com muitos ramos. De igual para igual, ou de superior a inferior, praticam[6] o clientelismo, a hospitalidade generosa e, sobretudo, a amizade, contrabalançada, porém, por inexpiáveis vendetas. Cristalizam-se em vastos grupos endogâmicos, a exemplo dos duques e pares, bem no alto da hierarquia; a exemplo igualmente da nobreza protestante, nas províncias meridionais. A conduta dissoluta de certos nobres, antes minoritários, contrasta com a profunda piedade do conjunto do grupo: a aristocracia "libertina", a caminho do ateísmo, faz tímida aparição apenas a partir de 1620. Certo número de caçulas, cuja formação intelectual e esportiva, de resto, é excelente, sai pela tangente na direção do exército real, enquanto os primogênitos continuam a cuidar dos bens de família.

No conjunto, as poucas dezenas de milhares de linhagens nobres, mesmo violentas quanto às relações com seus inferiores, não são mais ou não são ainda um quebra-cabeça para o governo. As revoltas nobiliárias estiveram ligadas aos Guise até a década de 1590; estarão relacionadas aos Condé sob Luís XIII e Mazarino. No intermédio, sob Henrique IV, apaziguam-se provisoriamente, graças à paz ou à prosperidade bastante geral, e a despeito das tentativas (frustradas) de Biron. Os desejos, puramente reformistas, de participação nobiliária no poder quase não emergem, em uma "segunda ordem que permanece visceralmente monarquista"; eles só tomarão forma consistente no século XVIII, com a sedimentação definitiva do liberalismo aristocrático, estimulado pelo exemplo inglês. Além disso, tratando-se da primeira década do século XVII, a época da Liga, que todos guardavam na memória, provara abundantemente que a "democracia", em todo caso o espírito de participação representativa no Estado central, beneficiava sobretudo o fanatismo católico mais reacionário e, por momentos, mais tolo. As soluções para a nobreza parecem, portanto, situar-se alhures: ela se lança nos braços de um monarca, em última análise, esclarecido. Ademais, ele não pede mais do que se deixar levar. Pode, assim, exibir os recursos de um paternalismo autoritário, dominando sua cara nobreza; trata-a com maior respeito amistoso do que o fará Luís XIV. À guisa de consolo, a própria segunda ordem tem sempre a possibilidade de crispar-se sobre seus próprios valores, estreitamente concebidos: eles "tendem à vontade de autofechamento do grupo, por esgotamento dos enobrecimentos; a um monopólio não de representatividade mas de nomeação, para os mais importantes cargos do Estado e da Igreja; a uma separação franca e legível entre nobres e plebeus", em inteiro benefício daqueles.[7]

# 13
# CIDADE, FINANÇA, CARGO

Tratando-se agora da economia e da sociedade não agrícola (industrial, comercial, urbana), a retomada henriquina (e pós-henriquina) desde o pós-guerra é igualmente nítida. A coisa é evidente quanto a Paris, livres das perturbações da Liga: o efetivo humano aí passa de 275 mil habitantes, por volta de 1571, para menos de 200 mil logo depois do cerco de 1590; mas aí se contarão (alturas jamais vistas ainda na capital) 415 mil almas em 1637 e mais de 500 mil por volta de 1680. A grande cidade, centro coletor de uma parte pelo menos dos impostos arrancados de todo o reino, não tem, evidentemente, nenhuma dificuldade em se recuperar e depois em crescer, desde o reinado pacificado do bearnês, seguido por seu filho. Mas o dinamismo urbano é reencontrado alhures, em um desenvolvimento em que se misturam inextricavelmente, mais uma vez, recuperação e verdadeiro crescimento. Em Lyon, os rendimentos do pedágio de Roche-taillée, indicadores da intensificação do comércio, crescem 18% entre 1600 e 1607; depois, novamente, 45% entre 1607 e 1621 (com base nos níveis de 1607). O pedágio do arcebispo de Arles é indexado também sobre os tráficos lioneses: seu produto cresce 84% entre o mínimo de "saída da guerra", de 1596, e o ano de 1605; depois novamente 21% em dois anos apenas (1605 a 1607). Mesmo que tenha havido, no caso, apenas recuperação (na verdade incompleta, em comparação com os esplendores dos ditos pedágios sob Francisco I), compreende-se que a época de Henrique IV tenha sido retrospectivamente considerada como uma idade de ouro pelos naturais da confluência Saône—Rhône. A fabricação dos tecidos de seda lioneses, expulsando as produções italianas, vê quase triplicar o número dos teares entre 1575-95 e 1621. A cidade inicia uma transição do estágio comercial e bancário para a etapa manufatureira. A estabilidade dos salários reais lioneses entre 1597 e 1625 (em comparação com seu grave rebaixamento de 1569 a 1596) confirma o vigor dessa retomada rodaniana.[1]

Ela diz respeito também ao baixo Rhône... e ao seu prolongamento marselhês; a arrancada e depois o crescimento henriquino e pós-henriquino em Marselha, medidos pela gabela do porto, são inicialmente lentos: + 15% de 1595-9 a 1600-4; mas em seguida há aceleração (+ 81% de 1600-4 a 1605-9); e, enfim, ritmo de cruzeiro, depois reaceleração no decorrer dos dois qüinqüênios seguintes, até 1619 (respectivamente + 23% e 30%). Em seguida, o limite máximo no decorrer da década de 1620. No geral, a excelente conjuntura comercial dos anos que correm de 1600 a 1620 é bem confirmada na orla mediterrânea. Quanto à fachada atlântica, indícios diversos aí não faltam: "decolagem" das exportações de vinhos e de aguardentes a partir de La Rochelle ou de Nantes; vigor das cunhagens monetárias... Um testemunho importante, e mais preciso, vem das exportações de sal das Charentes para o Báltico: elas desabam, depois de 1570, mas em seguida decolam poderosamente, sem dúvida a partir de 1595-6, e certamente de 1601 a 1610. (Existe aí um paralelismo notável com o consumo propriamente francês do sal.) Essa prosperidade encontra um apoio no comércio holandês, cujos navios e negociantes se instalam em Bordeaux, Nantes, Rouen e, sobretudo, La Rochelle: desde 1605-15, a maior parte do sal francês com destino ao Báltico é carregado em barcos neerlandeses. Tal presença dos Países Baixos, enriquecedora, na realidade, para a França, suscita, porém, nos súditos dos Bourbon, o clássico reflexo mercantilista e mesmo chauvinista. Ao nacionalismo econômico de crise,[2] típico da segunda metade do século XVI, tão tempestuosa, segue-se durante a época henriquina e pós-henriquina um nacionalismo de reconstrução produtiva. Montchrétien, um dos fundadores da economia política, define-lhe as grandes linhas em seu *Tratado* de 1615: política manufatureira e marítima, protecionismo... O surpreendente Laffemas, no Conselho do comércio, a partir de 1601, pretende-se o chefe de uma facção industrialista. São obtidos resultados que se explicam igualmente, ou sobretudo, nem é preciso dizer, graças às facilidades de uma bela e boa conjuntura. As principais realizações se situam na manufatura de sedas, acessoriamente na fabricação de tapeçarias e tecidos finos. Em um plano de conjunto, ainda não há motivo para regozijar-se: o reino permanece antes de tudo um vasto entreposto de produções de fraco valor agregado: trigo, vinho, sais, lãs e tecidos grosseiros. Essa massa produzida, embora um pouco "subdesenvolvida", constitui cumulativamente a imensa riqueza da França. E, no entanto, os holandeses, no centro da nova Europa capitalista, são mais bem-sucedidos com uma população menor. As grandes empresas marítimas francesas, desde o Atlântico e a Mancha, são um fracasso, no conjunto, nas Índias Orientais; mas começam a ter sucesso no Canadá, na pista dos pescadores de bacalhau e dos primeiros missionários. Quebec é fundada por Champlain em 1608. Criação do futuro!

Nas cidades, a dupla subida de uma boa conjuntura econômica e das dízimas, estas clericais por definição, beneficia *ipso facto* a organização que é, por si mesma, sua beneficiária e recipiendária: a Igreja católica. Percorrida pelas procissões, no impulso do século anterior, a cidade henriquina vê multiplicar-se com grandes despesas os seminários, os conventos e mosteiros, nos arrabaldes e fora das muralhas. Estas piedosas edificações conotam a militância dos leigos:[3] as confrarias do Santo Sacramento, assim como aquelas, barrocas e "coguladas", dos Penitentes (negros, cinzentos, azuis), que são mais especificamente meridionais, enquadram a elite e mesmo o povo miúdo ou a gentinha dos bairros da plebe. A cidade, em geral, produz os inúmeros jovens padres de origem nobre, burguesa e pequeno-burguesa; fornece-os às paróquias rurais do campo, que acolhem de bom grado esses pastores e mesmo pedem mais. O número das missas pagas pelo povo devoto dilata-se até o céu nas cidades de cem campanários.

Ao lado dos santuários católicos e das edificações conventuais, a prefeitura, fora do domínio espiritual, preserva, aumenta, modifica suas funções. As deliberações edílicas, nota Roger Chartier, tratam prioritariamente dos encargos fiscais, dos problemas frumentícios e da conservação das muralhas.[4] Os conselheiros municipais são também, não o esqueçamos, funcionários de polícia judiciária: fazem concorrência à jurisdição real, senhorial, parlamentar, em seu próprio terreno. O corpo da cidade zela por manter os prestígios de uma história do lugar, político-corporativa e carregada de símbolos, pela qual se interessam cada vez mais, nos anos 1600, os eruditos locais e outros amadores de antiguidades. As querelas intestinas que são próprias à comunidade de habitantes, *intra muros*, permanecem clássicas: grandes personagens dos belos bairros contra povo miúdo; funcionários reais contra comerciantes do "setor privado"; elite "enraizada" contra grandes servidores "pará-quedistas" do soberano. Em matéria eleitoral, ou pseudo-eleitoral, a cooptação na cúpula prevalece sobre a livre escolha; esta, teoricamente, deveria fazer os eleitos locais serem designados por numerosas pessoas que, em princípio, são dotadas do direito de voto com esse fim. Na realidade, o povinho é progressivamente eliminado da política local, ainda que seja apenas em conseqüência de seu freqüente absenteísmo nas assembléias gerais. Os funcionários reais, geradores ou genitores de uma nobreza de cloche, tendem a arrogar-se o poder oficial na cidade, contra os negociantes que, no século XVI ainda, ocupavam a primeira posição. A Liga, em seu próprio interesse, tentara impor localmente candidatos autenticamente vindos da base ou da classe média e média inferior. Mas o poder real tem outros objetivos. Continua a respeitar, por certo, o decoro fictício que cerca as eleições (que sistema autoritário não fará igual, mesmo no século XX?). Na realidade, entretanto, contra o projeto objetivamente descentralizador dos militantes da Liga, a monarquia trata de desembaraçar-se, pelo menos em parte, da burguesia secundária, a fim de entronizar pais da cidade que serão mais bem aceitos pelo aparelho de Estado. O próprio militarismo municipal é mantido sob vigilância por uma monarquia de autoridade; ela desconfia das prerrogativas que as cidades de província querem preservar no domínio do armamento cívico. As milícias urbanas passam, portanto, por um começo de decadência. Ela é facilitada pela relativa passividade do mundo citadino no decorrer da calma estiada dos anos 1600-20, que se intercala ela própria entre dois grandes ciclos de revolta urbana, com caráter de Liga por volta de 1590, com tonalidade antifiscal desde 1630-40. Assim coexistem, em uma espécie de harmonia provisória, de alto a baixo da hierarquia comunitária, desde os ricos até os miseráveis, os "mais poderosos em recursos", as "pessoas honestas de pequena família", enfim os "necessitados e humildes".[5]

O enriquecimento e mesmo o desabrochamento que vêm à luz durante a primeira década, ou até o primeiro quarto do século XVII, influenciam também o aspecto puramente físico da cidade. A argamassa de barro e a madeira dão lugar, em muitas ocasiões, à pedra de cantaria, mesmo que Rouen, por exceção, permaneça fiel aos vigamentos aparentes de madeira, mais tarde recobertos de estuque. As condições de moradia permanecem precárias, mas as fachadas e os elementos externos, "muralhas, pontes, cais, fontes, praças", constituem objeto de construções ou de reconstruções originais. Sinos, relógios, estátuas embelezam as casas comuns e não apenas as catedrais.

A estética perecível e cara da festa vem animar as paisagens minerais da nova arquitetura, que são doravante justapostas ou coladas ao coração medieval e tradicional da aglomeração. Aí também, no domínio festivo, as mudanças são claras: a festa dos loucos[6] e o mistério religioso, dos quais participava muito maciçamente a população eclesiástica ou leiga, regridem e mesmo desaparecem... A festa tende a ser não mais um espetáculo que a cidade apresenta a si mesma, mas uma representação que as autoridades locais outorgam aos cidadãos. A fogueira logo se tornará fogo de artifício. O teatro, em poderosa ruptura cultural, sucede ou reforça as velhas e vulgares exibições de sempre (apresentadores de ursos, execuções capitais...). Ele faz sua aparição na segunda metade do século XVI e na primeira geração do século XVII, como obra literária com fortes raízes autóctones. Assim, em Aix-en-Provence, os dramaturgos da região, não desprovidos de talento, como Brueys e Zerbin, apresentam ao público local, atento e misturado, suas comédias de *oc*, carnavalescas, rabelaisianas e dialetais. Quem diz teatro pressupõe, evidentemente, aculturação ou, em outros termos, um mínimo de ensinamento primário e secundário, financiado também ele pelo fluxo razoável da expansão urbana e pelo enriquecimento global do século XVI, fluxo certamente interrompido durante as guerras civis, mas revigorado até bem depois de 1600 pela feliz conclusão destas. Em um nível superior, os colégios se desenvolveram então sob controle municipal antes, durante e depois do conflito religioso. Os escabinos, que nisso exprimiam muito fielmente o voto de seus mandatários, representativos da elite urbana, desejavam, com efeito, que as crianças da cidade, nascidas nas classes médias e mesmo, para as mais dotadas delas, saídas do povo, estivessem em condição de beneficiar-se da instrução que tornaria esses jovens, em seguida, aptos para as carreiras de cargos públicos, de comércio, de Igreja. De resto, o resultado devia superar as esperanças, já que uma grande porcentagem dos rapazes nascidos na nobreza rural e nas camadas aldeãs abastadas vinha, por sua vez, realizar estudos no colégio da cidade circunvizinha mais próxima. O exemplo inicial surgira dos estabelecimentos escolares da capital que, em conseqüência de diversas reformas, haviam se tornado desde 1500 os mais "em dia" no plano pedagógico. Muitas cidades, então, puderam pensar com sucesso em estabelecer colégios "de estilo parisiense".[7] Por volta de 1600-10, ao fim de um longo século de esforços a um só tempo espasmódicos e (a longo prazo) contínuos, a rede dos estabelecimentos de ensino secundário (com abertura para o superior) cobre, assim, a França. Em termos minoritários, mas dinâmicos, essa rede é inicialmente protestante, e dominada, nesse caso, por "academias" de alto nível, no Midi sobretudo, mas também em Saumur e em Sedan. Trata-se, na circunstância, de formar pastores e, além destes, o usual quadro elitista e leigo que dirigirá a "contra-sociedade" huguenote. Por outro lado, a rede dos colégios, nas cidades católicas, exibe um fundamento e um financiamento municipais. Enfim, sempre do lado católico, em correlação com esse querer "edilista", o sistema escolar é igualmente jesuítico, até ser oratoriano: as burguesias urbanas e os bons padres dão-se as mãos mais ou menos amigavelmente nas cidades de alguns milhares de habitantes, definidas (entre outras) por suas estruturas administrativas, graças à presença local de um bailiado, de uma eleição, de um bispado. Assim, em menos de cem anos, viu-se estabelecida uma semeadura de quase duzentos colégios de todo tipo, já bem viva à morte de Henrique IV, e que compreenderá sob Luís XIII, cifra recorde para o Antigo Regime, 80 mil alunos; efetivo a ser comparado com os cerca de 50 mil funcionários — muito freqüentemente ex-alunos — que a França contará pouco depois da elevação ao trono de Luís XIV. Os cargos, que se compram, e os colégios, nos quais se paga pensão, representam dois investimentos correlativos, sólidos, de bom grado consentidos pela burguesia francesa e pela nobreza de dignidade que sai de suas fileiras ou de seus flancos. Essa paixão de investir na toga funcional e na palmatória colegial contrasta com o medíocre interesse que essa mesma classe média tem pelas empresas propriamente industriais, bancárias, capitalistas, nas quais toda uma historiografia verá, erradamente talvez, o fino da vocação burguesa.

No nível do "primário", a cidade henriquina, pelo menos no Norte da França, contava provavelmente uma maioria ou uma sólida minoria de habitantes capazes de assinar seu nome, com base em uma formação pedagógica de origens variadas: as pequenas escolas, as escolas de canto coral dos cônegos, os escrivães e, enfim, os mestres clandestinos, não reconhecidos pelas autoridades citadinas, davam assim o "hábito" da escrita e da leitura a falanges de meninos, que com isso também tinham a vantagem, incidentemente, de não vadiar na rua como biltres, sem fazer nada. As comunidades de ursulinas, nascidas da Reforma católica, vão igualmente tentar, com zelo, difundir os elementos essenciais da instrução junto das meninas que, seguramente, acusam um grande atraso, em massa, em relação ao "sexo forte". No conjunto, a progressão gradual do número dos que lêem permite a difusão dos *canards*, brochuras ou livretes sensacionalistas, consagrados às catástrofes (inundações etc.) e aos crimes especialmente notáveis (infanticídios...). Em período politicamente quente, tal como o da Liga, assiste-se à edição múltipla de libelos e de panfletos, como aquele, bastante irenista, que Henrique IV mandou distribuir ou afixar por ocasião de seu retorno à capital (1594).

Resta o que se poderia chamar, com um termo envolvente, o "sanitário" da cidade. Saúde médica e social, interpretada segundo as normas ou preconceitos da época e simbolizada pelas instituições hospitalares ou de assistência. Saúde mais estreitamente física ou biológica, centrada na adução de água ou na evacuação das lamas e imundícies.

Na bela época de Henrique IV, a assistência aos pobres é, por assim dizer, rotinizada. Está-se mais uma vez em um "intermédio" que não é demasiado desagradável: a crise maior de subsistência é, *grosso modo*, do passado, contemporânea das desgraças da Liga; ou então, será do futuro, coincidindo com os anos Richelieu. A pauperização salarial continua a ser um fato, mas deixa de aumentar suas devastações, ou mesmo se inverte em leve aumento do bem-estar. Nessas condições, as grandes aquisições de um século XVI urbano, que foi decididamente inovador quanto à problemática dos pobres, se não sempre compassivo em relação a estes, permanecem em vigor. Mantêm-se as laicizações parciais do sistema de assistência, ocorridas há bom tempo e que se exprimiam pela desclericalização de certos hospitais e pela criação edilista de esmolas gerais e de repartições dos pobres. Com meios sem dúvida aumentados pelas facilidades econômicas dos anos 1600, esses organismos distribuem auxílios que respondem mais ou menos às necessidades mínimas de 5% a 7% da população de uma grande cidade, Lyon, por exemplo; trata-se, evidentemente, da camada social mais desfavorecida. Essa ajuda é restrita aos pobres do lugar. Ao miserável que tem a má sorte de ser forasteiro, só lhe resta ir cantar em outra freguesia; ele suscita os mesmos sentimentos negativos hoje despertados pelo tâmul ou pelo zairense recém-desembarcado de seu "Sul". Em geral, as medidas caritativas, que não têm a amplitude das *Poor Laws* inglesas,* dependem de receitas monetárias ou alimentares, que são fixadas sobre "os bens eclesiásticos e sobre os impostos, ou sobre loterias, doações, taxas especiais". Quanto ao confinamento dos pobres, trata-se de uma solução radical, já amplamente considerada: mas só será posta em prática de maneira séria (e parcial) no decorrer dos reinados seguintes.

O fornecimento hídrico, a limpeza e a iluminação das cidades constituem objeto de medidas em que a ineficácia leva a melhor sobre uma boa vontade comovente. A construção das fontes, incontestavelmente decorativas, a evacuação das imundícies parisienses, por carroças basculantes, em virtude do arrendamento geral de 1601, e enfim as taxas para as lanternas obtêm resultados bem fracos no plano prático e higiênico. Será preciso esperar a época colbertiana para que Paris seja convenientemente iluminada; esperar, enfim, o século XIX para que canais e esgotos cavados ou reconstruídos tragam a água e levem a múltipla sujeira de maneira satisfatória.

Tratando-se das cidades, o presente livro está centrado, contudo, na transformação do político ou do Estado soberano; e, em menor grau, na história propriamente econômica e social das cidades (e campos), que geralmente consideramos em obras anteriores. Tomemos, portanto, o Estado togado, factualmente citadino em uma acepção bastante ampla. Ela inclui dois aparelhos sociológicos que, no centro do sistema, justapõem-se: a finança e a toga são a uma só vez subestruturas da máquina monárquica e beneficiárias, elas também, da prosperidade henriquina em tem-

(*) As *Poor Laws* da Inglaterra correspondem a uma série de textos legislativos, promulgados em 1531 e 1601 (e mais tarde). Elas prevêem uma taxa sobre todos os lares para vir em socorro das pessoas mais desfavorecidas.

po de paz: a partir de 1598 toma forma definitiva um grupo de financistas simultaneamente públicos e privados. Eles são italianos vindos de Lyon ou diretamente da península, como Louis Dadiacéto e Sébastien Zamet, "senhor de 180 mil escudos". Sobretudo, eles se revelam, com freqüência cada vez maior, franceses, huguenotes algumas vezes, e logo majoritariamente católicos, como Jean de Moisset, Denis Feydeau, Pierre Longuet... Uma historiadora de nosso tempo, Françoise Bayard,[8] desmontou bem o mecanismo de sua ação: os "arrendatários, arrematantes de impostos ou emprestadores" utilizam habitualmente testas-de-ferro, tal como esse Henri de la Ruelle que foi, em 1605, o homem-de-palha de Feydeau no arrendamento das gabelas da França; os financistas cercam-se de segredo e se consolidam pela associação. Sendo seus fundos próprios altamente insuficientes para as necessidades do Estado que devem satisfazer, eles mais e mais tomam emprestado, por meio de um membro de sua equipe, especializado nesse gênero de operação. Em suma, "captam a poupança" inchada pelo enriquecimento dos começos do século XVII. Que poupança? O dinheiro deve ser tomado onde se encontra. Os emprestadores nos quais os financistas tomadores de empréstimos assim inspiram confiança recrutam-se no que o fisiocrata Quesnay chamará, muito mais tarde, no século XVIII, a "classe proprietária", aquela que possui a metade das terras do reino e que detém o ouro, a prata, os títulos, os cargos, as posições clericais, o tráfico das mercadorias; ela se compõe, em outros termos, dos "nobres de sangue e de toga, dos dignitários eclesiásticos e dos grandes burgueses". Isentos de impostos, na grande maioria deles, uns e outros não deixam de fornecer, por essa função emprestadora, seu (pesado) óbolo ao Estado; são levados a ser seu fiador, em suma, a subvencioná-lo em boa moeda corrente, não sem contrapartidas posteriores e suculentas. A monarquia pode contar, portanto, a um só tempo, com o dinheiro dos não-privilegiados (contribuintes) e com as minas de numerário que são controladas pela elite, em princípio isenta de talhas, sendo o caminho para as ditas "minas" aberto ou mediatizado pela finança: "A base financeira do Estado é muito menos estreita do que imaginarão, erradamente, inúmeros historiadores". É toda a nação, terra camponesa (sujeita à talha) e terra nobre (teoricamente isenta de talha, mas arrendadora de moeda), que contribui para as receitas do soberano! Assim se explicam as formidáveis capacidades de cobrança ou de "caixa" (em todos os sentidos do termo) que caracterizam a monarquia francesa, sob Henrique IV e mais ainda sob Richelieu e Luís XIV, no momento mesmo em que se supõe essa realeza, erroneamente, embaraçada nos dissabores financeiros e militares mais agudos. Ela é sempre muito menos pobre ou muito mais rica do que parece.

Mas tudo se paga! Os ricos emprestadores não investem sua liquidez no setor público simplesmente pelos belos olhos do rei. Os credores e financistas esperam de seus investimentos "estatais" um dividendo pelo menos equivalente ou superior àquele que renderia, nas mesmas circunstâncias, um domínio fundiário. Além dessas vantagens afinal normais, tais personagens esperam de Sua Majestade, ou de sua administração (como recompensa do bom e leal serviço que assim prestam em dinheiro vivo), "graças, dons, pensões, lucros ilegais, dispensas extralegais e nomeações de funcionários amigos".[9] Estabelece-se uma simbiose entre a finança e a monarquia, por circulação recíproca e contínua de fluxos monetários e de favores. O Estado, nessa questão, funciona simultaneamente à maneira de uma enorme firma, de longe a mais importante desse tempo, e no estilo de uma entidade mafiosa, um círculo fechado como uma coroa, onde se entrelaçam homens de finança e de poder. A corte, como torneira das graças e lugar geométrico das pensões, está no centro do complexo monárquico-financeiro.

Há então, na primeira metade do século XVII, alguns milhares de financistas para algumas dezenas de milhares de funcionários. Os primeiros, em sua maioria, vêm dos segundos. Digamos que aqueles nascem, em regra geral, em um meio de toga e de justiça de nível médio. Os historiadores[10] refutaram a fábula do homem de dinheiro "filho de lacaio"; essa filiação, se é que existe, não é absolutamente representativa da origem social do grupo dos financistas em seu conjunto; ele se compõe, com efeito, de filhos de boa família — mas não de altíssima família. Desprezados, contudo, por suas atividades *maltôtières*,* eles tratam de compensar, o melhor que podem, tanto desdém que os acabrunha. Então, "exageram", pelo luxo de seus castelos, de seus palácios, no primeiro lugar dos quais citaremos a bela casa parisiense do financista Zamet (rua da Cerisaie), freqüentada por Henrique IV para suas boas e más aventuras galantes. Quaisquer que sejam as tentativas ostentatórias, o bloqueio matrimonial permanece eficaz: impede quase sempre as filhas de financistas, embora soberbamente dotadas, de casar-se com príncipes ou com a alta aristocracia. Essas jovens pessoas têm acesso, contudo, por ocasião das bodas, a um nível decente de hierarquias sociais, ligeiramente superior à sua categoria de origem. De dote em mãos, elas dão novo brilho ao brasão por vezes desprateado dos jovens e grandes nobres da toga mais distinta. O desdém social que, de qualquer maneira, oprime os financistas, dá ocasião de os transformar, quando o Estado carece de fundos,

(*) A *maltôte*, ou tributação *maltôtière*, é uma taxa injusta, arbitrária, não consentida.

em bodes expiatórios dos quais se arrancam, por bem ou por mal, algumas centenas de milhares de libras, por meio de uma câmara de justiça, composta para a circunstância: quatro câmaras desse gênero são assim estabelecidas de 1597 a 1607, que obrigam bem incompletamente os homens de dinheiro mais desonestos a devolver ganhos ilícitos, mas poupam certos tesoureiros no entanto bastante comprometidos, quando estes freqüentam o círculo do rei e dos seus.[11]

As finanças, arrendamentos de *traites* ou gabelas são as partes vergonhosas, mas necessárias, do "Estado francês". A toga, em compensação, passa por ser honrosa tessitura de nosso sistema monárquico. Ligase muito de perto à finança, ainda que seja apenas pelas comuns origens familiares, e pelo dote das filhas de financistas, destinado a "engordar" os jovens magistrados que se casam. A toga custa ao Estado, por certo, pois é preciso assalariar (com modestas despesas) os togados. Mas provavelmente produz um ganho maior: com efeito, paga ao Tesouro a célebre *Paulette*, esse direito anual que garante a hereditariedade e a venalidade dos cargos; de resto, rendimento mais maciço ainda, as compras de cargos são lançadas pelos compradores nas "partidas eventuais"; ora, estas representam em média 7,4% da receita da Poupança, entre 1600 e 1610; em seguida, elas contarão ainda mais, quando a carga fiscal se tornar mais pesada sob Richelieu. O Estado se enriquece, se constrói, se desenvolve e se ramifica graças à cessão venal dos cargos. Em período "henriquino" de prosperidade, em que aumentam o produto bruto e o rendimento nacional, a procura de cargos, formulada por postulantes abastados, decola vivamente. Sinal que não engana: o preço nominal dos cargos faz mais do que triplicar no decorrer dos quinze anos, no entanto não inflacionários, que transcorrem entre a entrada de Henrique IV na capital e a punhalada de Ravaillac. As "partidas eventuais", nas duas primeiras décadas do século XVII, operam sobre um mercado de vendedores.

Com 25 mil funcionários, talvez, em 1610,[12] o reino ainda não é solidamente controlado, fechado a cadeado mesmo, como o será em 1665 sob Colbert, que dominará, ele próprio, 46 047 funcionários (cifra mínima); mas esse reino não está mais inteiramente subadministrado, como ainda era o caso por volta de 1515 com os 4041 funcionários (cifra mínima igualmente), aos destinos dos quais presidia o jovem Francisco I. Os funcionários justapõem uma estratificação dos comandos legais à arcaica hierarquia do status instaurada há centenas de anos pelas nobrezas de antiga origem. Eles formam uma elite do controle de Estado, da fortuna fundiária ou senhorial, do prestígio e da instrução. Muitos deles, nas cúpulas do grupo, vêm enriquecer as fileiras de uma "nobreza de dignidade" que faz concorrência, em posição favorável, à clássica aristocracia de linhagem. Nobreza dativa justaposta à nobreza nativa, diz Loyseau. Elementos principais ou secundários da "tecno-estrutura" e da classe política, os funcionários dispõem, além disso, de um forte prestígio cultural; constituem o "viveiro" de uma *intelligentsia*. A cultura francesa no século XVII é considerável no Ocidente. Deve-o em boa parte à coletividade dos funcionários, solidamente formada no humanismo nos colégios de jesuítas e de oratorianos, multiplicados um pouco em toda parte pela Reforma católica, pela demanda burguesa e pelo favor do Príncipe.

A excelente reflexão sobre o cargo público, ou sobre a toga, para os primeiros anos do século XVII, provém dos escritos de Charles Loyseau, ideólogo da função pública, no tempo de Henrique IV. Na base do sistema de cargos, tal como o considera esse autor, há a ordem, social e moral, no conjunto; e as ordens ou "Estados", em outras palavras, uma ou várias camadas ou estratos superiores povoados de famílias distintas, que a virtude, o nascimento, a educação e a riqueza colocam ao alcance de ser investidas eventualmente do poder público. As mesmas personagens, em competição com a nobreza de antiga linhagem, podem ter também acesso a outra forma do poder, a senhoria, que tem a seu favor a tradição medieval, assim como o cargo público detém a novidade secular. O cargo comporta apenas o exercício de um poder público. A outra entidade (a senhoria) implica a propriedade de uma parcela de poder público mas, desta vez, usurpada de longa data; ela consiste, com efeito, em promover localmente justiça e polícia, por meio de funcionários senhoriais (ainda e sempre os cargos, mas não mais reais), sobre a base territorial de uma posse, geralmente no campo, de terra ou de feudo. No topo desse sistema de duplo comando, funcional e senhorial, rejuvenescido e velhusco, encontra-se o rei. Ele deve a Deus a soberania "bodiniana", reto governo de várias famílias, poder absoluto e perpétuo de um Estado (ou, como se dizia então, de uma "República"). Essa soberania, porém, é absoluta apenas na aparência, ou em primeira análise. Inscreve-se de fato em limites bem precisos, e tanto mais benéficos aos súditos do monarca: as fronteiras assim definidas são traçadas sobre o terreno pelos imperativos divinos e sobretudo morais da religião; são desenhadas também pela lei natural, que ordena respeitar esses direitos do homem que são a liberdade, a utilidade pública e a propriedade; pois a monarquia não poderia em nenhum caso confundir-se com um despotismo escravagista. Os ditos limites, enfim, são definidos pelas leis fundamentais do reino e especialmente pela lei sálica, instaurada outrora segundo uma legitimidade costumeira.[13]

O funcionário encontra-se, assim, "como sanduíche" entre o Bourbon e a sociedade de ordens, entre o poder público e a aptidão para o poder público. O funcionário, dir-se-á, só tem de se comportar bem! De fato, a pequena parcela de soberania que ele detém não é mais que um estilhaço da soberania real, que é ela própria apenas um raio da soberania divina. Mas o funcionário tira sua desforra, já que, desde 1604 e mesmo bem antes, é ou se torna proprietário de seu cargo. Pode vendê-lo e legá-lo livremente, mediante certas restrições que não têm nada de abusivo: ele dispõe, em relação ao rei, de uma margem de manobra incontestável, pela simples razão dessa patrimonialidade funcional. A soberania "absoluta" à maneira de Bodin não deve iludir: o sistema é, com efeito, de proto-absolutismo, mas poderosamente temperado pelos pesos sociológicos. O rei, por certo, em parcial medida, pode colocar boa ordem em tudo isso. Basta-lhe passar por cima de certos funcionários recalcitrantes ou passivos, designando "comissários" cujo mandato é a uma só vez limitado no tempo e extraordinário no princípio.

A administração francesa logo contará 50 mil funcionários à medida que avançarem os reinados pessoais de Luís XIII e, sobretudo, de Luís XIV. Ela prefigura, em certo grau, a nossa: seus membros detêm já (como a terão os funcionários de 1987) a garantia do emprego, a bem-amada efetivação... e têm mesmo mais: dispõem de hereditariedade e das venalidades de emprego! A função pública, no tempo de Henrique IV, combina um nível moderado mas inegável de eficácia (algumas dezenas de milhares de pessoas bastam, mais ou menos, para manter o país) com fortes garantias contra uma degenerescência da monarquia em satrapia tirânica; e isso apenas em razão (entre outras) desse freio poderoso que é a efetivação vitalícia e além-vida dos funcionários.

Em seu conjunto, toga e não-toga, o sistema real, no tempo de Henrique IV, é aberto, como o era já, em condições mais difíceis, sob Catarina de Medici e Henrique III. Essa abertura lhe vem de uma certa autonomia das administrações funcionais; vem-lhe também do caráter liberal da personalidade do soberano, forjada no compromisso que terminou as guerras civis. O bearnês soube impor às cortes de justiça o edito de Nantes, apesar das reticências dos funcionários parlamentares; constituindo a liberdade de expressão destes, de maneira paradoxal, a outra garantia da manutenção de certas liberdades. A despeito dessa dupla abertura, funcional e soberana, já se faz sentir o forte desvio em direção a um "absolutismo" mesmo, e sobretudo, limitado; permanecendo este sabiamente enquadrado a um só tempo pelo direito divino, a lei natural e as leis fundamentais.

Simultaneamente aberta e autoritária, a monarquia proto-bourboniana tem, então, dupla fisionomia: na prática do poder, e sobretudo nas teorias *ad hoc* dos grandes juristas, o sistema de Henrique, o complacente, anuncia já o de Luís XIV. Sem ir tão longe, o regime, a médio prazo, está eventualmente disponível para opções duras. Elas prevalecerão quinze ou vinte anos depois da punhalada de Ravaillac, quinze ou vinte anos depois do fim mortal da fase de degelo beneficiador encarnada por Henrique IV. Elas intervirão por afirmação concomitante e contraditória das tendências anti-huguenotes... e antiespanholas. Lutar-se-á em duas frentes: em La Rochelle, mas também contra os Habsburgo. Isso implicará (no prolongamento, de resto, de certas intenções de Henrique IV) a escolha deliberada ou imposta de uma política de guerra, com base em impostos enormemente aumentados. Transcorrendo tudo isso doravante e consecutivamente sobre o pano de fundo, mais ou menos induzido, das crises freqüentes, das misérias e mortalidades do povo miúdo, das repetidas dificuldades econômicas e, em conseqüência, das revoltas plebéias. A prosperidade henriquina, mesmo idealizada de maneira nostálgica e retrospectiva, estará de agora em diante fora de alcance. Bem desaparecida, a galinha na panela! A esse preço, bastante elevado, inflar-se-ão, no tempo dos cardeais-ministros, a grandeza francesa, a glória dinástica e o crescimento contínuo, acelerado, de um Estado integrador, civilizador, centralizador. Tais custos, mesmo para desafios tão vastos, não estarão de acordo com a vontade de todo mundo. Compreende-se que se tenha cristalizado, *a posteriori*, a legenda dourada do simpático Henrique, anterior ao fulminante Richelieu, assim como florescera a legenda dourada de Luís XII, logo depois do esmagador Luís XI. É uma maneira como outra qualquer de sublinhar a continuidade que leva dos Valois ou de alguns deles até o primeiro Bourbon. Há nesses diversos reis (e também nas duas regentes, Anne de Beaujeu e Catarina de Medici) a permanência de uma certa política de abertura, porém com a exceção de Luís XI, do último Francisco I e de Henrique II. Notam-se também, em contraponto, por meio de fluxos e refluxos, as contínuas exigências da construção e do desenvolvimento de um Estado de governo de justiça, de finança e de guerra; Henrique IV encontrou essas exigências entre seus presentes de núpcias com a entidade francesa. Concede-lhes, com a ajuda das novas ideologias da soberania (Bodin, Loyseau...), um toque de aceleração decisivo. Para além das transições de uma segunda Regência Medici,* Luís XIII, tor-

(*) Maria de Medici, viúva de Henrique IV, manterá a Regência *de jure* de 1610 a 1614 e *de facto* de 1614 a 1617. Maria só será inteira e definitivamente expulsa do poder a partir de 1630.

nando-se maior, e sobretudo Richelieu darão, estes sim, um movimento de abrupta impulsão que será simultaneamente fiscal, católica, galicana, administrativa, militar: essa impulsão fará o Estado passar de maneira definitiva à potência superior (plenamente absolutista). No total, freqüente abertura e crescimento substancial permanecem as palavras essenciais das quinze décadas de história do Estado que correm de 1460 a 1610.

Ao longo desse século e meio, o desdobramento repetitivo de uma flexível estratégia de abertura passa pelo caminho difícil das coexistências religiosas aceitas ou forçadas; passa também pelo crescimento de uma toga efetivada, pela separação das vias temporais e espirituais, pelo uso ocasional das velhas instituições representativas, tais como Estados Gerais e provinciais. O processo do reforço estatal implica o aumento gradual dos volumes fiscais e dos efetivos militares, porém mais ainda a sofisticação mais aprofundada quanto ao emprego da autoridade central e regional. Os caminhos dessa primeira modernidade não foram semeados nem orlados de rosas: a começar por Péronne e Pavia, o som, a fúria e a estupidez em qualquer época, especialmente de 1560 a 1598, ocupam tanto ou mais espaço quanto o irenismo e a inteligência dos progressos ininterruptos.

# 14

# O SENSO NACIONAL

Resta levar em conta a nação ou, mais precisamente, a evolução do sentimento nacional. Dois cortes, dois balanços, um interrompido nos anos 1460-1500, o outro bloqueado por volta de 1600-10, tornam possível, sobre esse ponto, uma reflexão comparativa, à distância de um longo século, no quadro exato da cronologia do presente volume.

Para os círculos cultivados, por volta de 1500, a França era em primeiro lugar uma galeria de ancestrais, troianos e gauleses juntos, mesclados a alguma nostalgia franca. Esses velhos pseudotroianos constroem um mito tão errôneo quanto tenaz: eles servem para justificar um retorno às origens, e a cruzada para o Oriente (mesmo confinada na Itália, como no caso de Carlos VIII, que foi o último rei cruzado). Eles servem também para propagar o desdém pelos ingleses, pois estes não pretendem buscar suas origens em Tróia, nem na *Ilíada*. Além do mais, os mesmos troianos, em estilo perfeitamente arbitrário, são considerados pelos "bons" autores, durante a primeira Renascença, como antigos gauleses! Daí o reforço do conceito de um indigenato francês, como fonte de legitimação para o reino.

Uma nação tem necessidade de heróis fundadores: Clóvis perpetua esse papel quanto à França medieval, depois pré-absolutista. O chefe merovíngio, na vida real, era velhaco e bárbaro. Recebe, contudo, a nove ou dez séculos de distância, da parte de uma historiografia complacente, os dons da coragem cavalheiresca e da piedade monacal. Uma pomba levou-lhe a santa ampola; um anjo (inventado mais tarde), a auriflama e os lises. Rei santo e justo, é mostrado amável com os pobres, dispensando impostos e curando as escrófulas. Como santo Estêvão na Hungria, Olaf na Noruega, ele é objeto de um culto, não reconhecido pela Igreja, mas oficializado por Luís XI. A celebração de seus ritos se occitaniza em Moissac e em Tarascon, em função das necessidades de uma fronteira e do deslocamento da monarquia, cujo centro de gravidade, no século XV, tornou-se cada vez mais meridional.

A religião real, efetivamente, é culto nacional; contudo, não poderia contentar-se com as duvidosas venerações oferecidas a um merovíngio sem escrúpulos. A ascendência sagrada da monarquia vai buscar suas origens, de preferência, do lado de Davi, que foi o primeiro rei ungido; os franceses, com um pouco de sorte, podem mesmo aspirar, como os judeus (ancestrais também, segundo alguns), à condição de povo eleito ou messiânico. No último século da Idade Média, tem-se o hábito, ao menos nas classes superiores e cultivadas, de orar pelo rei que, assim, torna-se um membro periférico e superior da família, um tio *in partibus*, a ser agrupado na mesma prateleira que os ancestrais troianos, gauleses, francos ou mesmo israelitas. Na hagiografia hieropolítica que se constitui dessa maneira, são Dênis, no regaço parisiense das origens capetianas, permanece valor seguro, embora apócrifo (sua identidade como indivíduo da alta Idade Média é pelo menos discutível). Entretanto, ele será acusado, pela força das circunstâncias, de ter se mostrado, em sua grande abadia dos arredores de Paris, colaborador dos anglo-borgonheses, durante a segunda metade da Guerra dos Cem Anos; portanto, deverá afastar-se um pouco para dar lugar, no panteão da santidade propriamente francesa, a elementos mais jovens e mais dinâmicos.

Entre estes, são Luís constitui um candidato muito apresentável. Protótipo da renúncia e das virtudes cristãs, revestido do escapulário sob seus trajes de cruzado, adversário do blasfemo, protetor dos clérigos e dos aristocratas, fiador de uma boa moeda (como mais tarde Poincaré e Pinay), patrono das liberdades e das confrarias de artesãos de luxo, Luís IX, retrospectivamente, funciona como santo polivalente, cujo culto, sob a primeira Renascença, descerá desde a Bacia Parisiense até o Sudoeste e a Bretanha recém-recuperada. Padece, porém, de também ter tido (ou pelo menos os zeladores de sua devoção), em sua carreira póstuma, algumas complacências com os ingleses, nos séculos XIV e XV; seu apogeu será, então, muito mais tardio e contemporâneo dos Bourbon: desde Henrique IV e *a fortiori* com os quatro últimos reis Luíses, insiste-se na ligação dinástica da linhagem real com os velhos troncos ludovicianos.

São Dênis é figura do passado ou superada, demasiado anglófila e borgonhesa para o gosto dos últimos Valois. São Luís está destinado ao futuro e tem assegurada uma poderosa carreira bourbônica. Nosso período, no intervalo, é então preenchido por são Miguel, personagem altamente patriótica. Seu monte normando e seu mosteiro ''com os riscos do mar'' jamais foram ocupados pelos ingleses; ele está isento de qualquer censura de colaboração. De resto, falou com Joana d'Arc, entre outras vozes. Guardiãs das fronteiras, as igrejas a ele consagradas são normandas, mas se fazem pirenaicas, borgonhesas... Personagem hierárquica, ele é membro da rede estratificada dos arcanjos e dos anjos, cuja delicada cascata de desprezo funciona como modelo para uma sociedade apaixonada por aristocratismo e fundada nas posições sociais, celestes e terrestres. Luís XI funda mesmo, em honra desse santo alado, a Ordem de São Miguel, unificadora da cavalaria dos tempos novos. A divisa desta já não é feudalidade, mas fidelidade, ao rei, naturalmente. Henrique III, em uma época em que a Reforma desvaloriza um tanto o culto dos santos, rejuvenesce e coloca "na ordem do dia" essa mentalidade neocavalheiresca: cria a Ordem do Espírito Santo.

Para além das pessoas particulares dos santos protetores, impõe-se a noção coletiva de reino muito cristão, ela própria centrada, muito naturalmente, no ser próprio e na linhagem sagrada do rei, também ele "muito cristão". Por certo, em 1987, a Polônia e a Irlanda, com sua vitalidade religiosa, podem dar uma idéia longínqua do que foi uma França que se pretendia, em suas profundezas, "inteiramente católica". O poderoso novo impulso da Igreja da França, no sentido amplo desse complexo eclesial e nacional, depois de 1600, evoca, em um contexto completamente diferente, antigas realidades bastante análogas à vocação irlandesa ou polonesa, temperada *in situ*, entretanto, pela emergência de um Estado bourboniano em que se fazem sentir os primeiros rudimentos do laicismo. As bases de um reino correntemente qualificado de "muito cristão" são multisseculares. Desde Filipe, o Belo, a nação galicana se crê obrigada apenas com Deus, sem o intermédio do papa, o que aumenta na mesma proporção, no decorrer de uma primeira fase pelo menos, as responsabilidades religiosas do país inteiro, bem longe de as diminuir. Desde o fim dos cátaros e da expulsão medieval dos judeus, a França se define, de maneira simplificadora, como um país sem grupos heréticos, nem comunidades especificamente israelitas; essa definição faz pouco, de resto, de todo um passado anterior ao século XIV, no decorrer do qual esse Ser sem mácula, nem judeu nem heterodoxo, era muito menos evidente do que o pretenderão os apologistas.

Na França, por outro lado, em inúmeros santuários ou alhures, pululam as relíquias dos santos..., e em primeiro lugar a mais ativa delas, o sangue real; por sua simples transmissão, ele torna a cerimônia da sagração, se não supérflua, pelo menos essencialmente declarativa: a excelência "sanguínea" se afirma por ocasião do nascimento de um filho do milagre, como Carlos VIII, nascido tardiamente de pais reais por muito tempo desprovidos de descendência masculina. Em torno do sangue (ou dos príncipes de sangue real) e desse licor masculino cuja pregnância não cessou de aumentar pelo único motivo das progressivas emergências da lei sálica, organizam-se em cortejo os sinais privilegiados deste rei e daquele reino: santa unção, cura das escrófulas, dom angélico da insígnia dos três lises da França, auriflama, imunidade contra a excomunhão papal, lei sálica, direito de ser imperador em seu reino, funcionamento conexo da instituição do Parlamento e dos doze pares... À força de se afirmar assim, a descendência genética dos soberanos, garantida por Deus, anemiza, sem a destruir inteiramente, a independência conceitual e puramente jurídica da dignidade real. O sangue capeto, em princípio, não deveria ser de modo algum proprietário da dita dignidade, mas (no melhor dos casos) usufrutuário dela; é justamente essa modesta qualificação de usufrutuário que se tenderá a negligenciar cada vez mais no século XVII, para melhor exaltar a linhagem eleita dos Capetos e mais precisamente dos Bourbon. Além do mais, o princípio essencialmente hereditário, sob o signo do Céu, tende cada vez mais a prevalecer sobre o princípio representativo, concretizado, contudo, bem regularmente até o *terminus ad quem* de 1614, pela reunião, em pontilhado, dos Estados Gerais.

Dos privilégios ou sinais diversos da nação em seus estágios iniciais, Colette Beaune[1] propõe uma classificação sociológica, no plano das principais elites do reino: a França dos heraldistas, dos nobres e dos clérigos é a das três flores-de-lis, que um anjo outorgara a Clóvis e que vêm a simbolizar justiça, honestidade e paz, equivalentes do trinômio mais antigo e mais sagrado ainda formado por sapiência, cavalaria e fé. A França dos intelectuais e dos universitários sublinha, por sua vez, a importância da cultura e da língua nacional (de *oïl*), cuja competição erudita com o latim ainda está longe de ser triunfal. Enfim, o reino dos homens de lei e dos funcionários insiste na lei sálica, de origem teoricamente merovíngia, mas tardiamente desabrochada em sua totalidade conquistadora no tempo de Carlos VII; ela não é apenas a barreira de um sistema sucessório; é também o ponto de honra de um rei legislativo, que não se limita mais a consagrar os costumes, mas se arroga, na ausência muito freqüentemente costumeira, ela também, de representantes qualificados e permanentes do reino, o direito de fazer as leis, no interesse, evidentemente, de todos os súditos, pelo menos é o que esperam ou afirmam os apologistas do princípio de "salicidade". Enfim, globalmente, a França pela qual a partir de 1477 (primeiro texto)[2] é de bom-tom morrer, a França, dizia eu, é um jardim fértil; é representada, tipificada ou personalizada como um vergel, uma árvore sempre verde, ou ainda como uma voz, uma mulher... Desses símbolos, vários desaparecerão das memórias mais tarde;

alguns, no entanto, subsistem hoje, e em primeiro lugar a importância da língua, da cultura; e depois a personificação da pátria como graciosa e tutelar figura feminina; enfim, a honra de morrer pela França. "Orai por mim homens bons/ Pelos senhores de Bueil mortos na grande guerra/ Batalhando pela França e por vós" [Priez pour moi bonnes gens/ Pour les sires de Bueil occis à la grant guerre / En bataillant pour la France et pour vous], ou, muito simplesmente, em dois textos pouco anteriores à elevação ao trono de Luís XI, falar-se-á do amor pela França:

*Quando me houver tornado pó*
*Ainda a França permanecerá*
*E quando por disposição de Deus eu morrer,*
*Nos céus: "É minha França"*
*Meu espírito a amará...**[3]

Em comparação com essa situação da baixa Idade Média ou da pré-Renascença, as bases do nacionalismo francês no século XVI e até a época de Henrique IV vão alargando-se, enriquecendo-se; incorporam uma substância nova, que se justapõe ao núcleo tradicional. Nota-se em primeiro lugar, difícil de cifrar, um puro e simples aumento demográfico do número de pessoas ou da porcentagem da população que se interessa existencialmente, afetivamente pelo feito nacional. Por certo, houve de longa data camponeses patriotas e bem antes de nossa era contemporânea, no decorrer da qual Eugen Weber[4] notará a multiplicação de seus efetivos: basta ver, a esse respeito, os *maquis* antiingleses da Normandia no fim das Guerras dos Cem Anos; deve-se admitir, diante de suas ações, que desde essa época muitos camponeses manifestavam sentimentos "nacionais". Mas não deixa de ser verdade que o impulso "francês", durante o muito Antigo Regime, é mais habitual nas camadas mais instruídas ou menos ignorantes: ele floresce em minorias populares em via de alfabetização, e sobretudo entre as elites, cuja aculturação se torna mais aprofundada no decurso do longo século XVI. E, por exemplo, as regiões meridionais do país vêem difundir-se com grande rapidez desde o fim do século XV, o uso escrito, impresso sobretudo, ou mesmo oral, da língua francesa, que elas haviam ignorado anteriormente. Por isso, as idéias protestantes, mas também as novas mentalidades patrióticas, alcançam as províncias do Midi. Monluc, na Gasconha, e Bayard, no Delfinado, dão testemunho disso. Em um plano muito mais geral, o conceito de França, por volta de 1550, permanece ligado, como já era o caso durante o século

(*) "Quand serai poudre devenu/ Encore France demeurera/ Et quant par l'ordonnance de Dieu définerai,/ Es cieux: 'C'est ma France'/ Mon esprit l'aimera..."

XV, à influência direta de um Deus todo-poderoso, a idéias teocêntricas e um pouco chauvinistas (*Gesta Dei per francos*).*

Contudo, de maneira paralela, uma certa laicização das idéias nacionais vem à luz no fim dos Valois e no tempo do primeiro Bourbon. Ela se exprime, em particular, na historiografia das instituições, poderosamente renovada por Étienne Pasquier, a ponto de se poder falar, não sem algum exagero, de um "nascimento da história" no século XVI; uma história nacional, seguramente, porém mais atenta ao fato verídico que ao mito elaborado. Pasquier, por certo, acredita em Joana d'Arc enviada por Deus; mas, no plano puramente humano, sublinha a importância leiga dos Estados e Parlamentos, que o interessam mais que os heróis e os grandes homens. A carga religiosa da idéia de pátria não diminuiu em razão de tais pesquisas, mas é completada pela adjunção de operadores coletivos (as assembléias representativas, as cortes soberanas), que não são de ordem sobrenatural. Enfim, no domínio dos símbolos, os três lises da França carregam-se de significações novas e precisas; elas estão relacionadas ao crescimento do Estado, tal como ele se modifica e tal como funciona. O trio dos lises, sob a primeira Renascença, exprimia, como observávamos, a justiça, a honestidade e a paz (ou, anteriormente, a sapiência, a cavalaria e a fé). Loyseau,[5] sob Henrique IV, fala muito simplesmente, a propósito das três flores nacionais, de "justiça, finanças e governo", ou ainda, sinônimos, a crer nele, de justiça, finanças e armas (guerreiras). O primeiro termo (justiça) permanece o mesmo, de um período ao outro; o segundo (armas), com um considerável esforço de imaginação, pode ainda evocar bem de longe a cavalaria. Em compensação, o terceiro (finanças) é inédito em relação às antigas interpretações "liliais". Esse terceiro incluído conota a subida, na nação assim como na administração, de um Estado de finança: Luís XI assegurou-lhe o crescimento quantitativo e Francisco I, o desenvolvimento setorial, prosseguido pelos reis sucessores sem que seja recolocada em causa, contudo, a preeminência, mantida por muito tempo, do Estado de justiça.

Sobre esses temas rejuvenescidos, consolidados, a factualidade da Reforma e das Guerras de Religião procede a uma reescritura dramática do nacionalismo francês. Catarina de Medici que, desse ponto de vista, corre na vanguarda, depois o chanceler de L'Hospital e logo Henrique III afirmam, não sem variantes, a autonomia relativa do Estado em relação às crenças sagradas, e isso pelo único motivo das divisões sem precedente que separam católicos e huguenotes. O Estado e a pátria, segundo L'Hospital e seus êmulos, devem mesmo, no limite, estar nacionalmente aber-

(*) "As façanhas de Deus, realizadas pelos francos ou pelos franceses."

tos aos excomungados, aos pagãos, aos judeus, aos turcos, e não apenas aos cristãos das duas tendências, romana e genebrina. Depois vem, em 1572, o São Bartolomeu; como conseqüência imprevista, ele obriga os intelectuais, especialmente huguenotes, a levar mais longe as suas análises. Entre os ideólogos transtornados pelo acontecimento mortal nasce, com efeito, sob a égide especialmente de François Hotman, a corrente monarcômaca. Ela grassa sobretudo durante a década de 1570, a mais "sangrenta": aí são separadas de maneira radical a noção de reino (ou de pátria), que é legítima, e a imagem do rei, pessoal e de linhagem, o qual pode eventualmente se conduzir como insuportável déspota: portanto, não se confundirá mais um Príncipe com a coletividade segundo a qual ele vale apenas se respeitar seus deveres para com todos. Por certo, essa irrupção de um patriotismo com possibilidades tiranicidas é de curta duração, pelo menos na França. Mas está repassada de um poderoso futuro democrático, na escala dos dois ou três séculos que se seguirão.

O retorno dos protestantes ao realismo navarrês, no seio do qual se aliam aos católicos políticos, opera-se gradualmente de 1575 a 1588. E, no entanto, não se trata absolutamente, para esses dois grupos, calvinista e político, de fazer simplesmente reviver a antiga união do trono e do altar, em benefício teológico e ideológico deste último. Um Bodin, cripto-judaizante, separa de maneira nítida a noção de soberania (que seguramente é de origem divina) do tronco eclesial e clerical sobre o qual alguns desejariam de bom grado enxertá-la. Os elementos mais representativos da nobreza nativa e da toga, em torno do bearnês, devotam-se à França e ao Estado.

Essa dedicação, sem dúvida, flui de fonte amplamente cristã. No entanto, os togados e os aristocratas assim postos em cena retomam com força, contra Roma e mais ainda contra a Espanha, a velha cantilena galicana: ela sublinha o independentismo francês em matéria de religião. Quer eles sejam católicos políticos, quer huguenotes, uns e outros se elevam, além disso, até as considerações estratégicas de um ecumenismo sem a palavra, se não sem o saber.

Em compensação, a Liga, infelizmente para ela, fez exatamente o contrário, afastada da justificação nacional, pelo simples fato de suas atitudes pró-madrilenas e da preferência clara, explícita, que concede à religião em relação à pátria. Os membros da Liga são, assim, intelectualmente marginalizados, fazendo figura, por vezes, de desleais à unidade do país. Os monarcômacos haviam separado a nação do rei. Diante dos arrebatados partidários da Liga, a *intelligentsia* henriquina chega a separar a nação, em seu próprio interesse, das raízes católicas. Esta começa, então, a adquirir discretamente sua fisionomia contemporânea, afastada das sacralidades oriundas do Céu e por vezes mesmo afastada da dinastia. A nação esforça-se por tornar-se seu próprio fim, mesmo que desse ponto de vista, por volta de 1600, ainda se esteja redondamente enganado.

Considerada como antinacional pelos "bons franceses" navarristas, a propaganda pró-espanhola da Liga é tanto mais facilmente neutralizada quanto, para a sua própria causa, ela conta abertamente (com ou sem razão) com a adesão do povo miúdo devoto e das classes inferiores, contra as elites nobiliárias e togadas, acusadas pelos partidários da Liga de trair o papismo; vale dizer, contra a parte mais sadia ou *sanior pars* do conjunto francês. A despeito de grandes sucessos iniciais, a agitação da Liga, ao termo, condena-se, assim, ao isolamento plebeu, sob o fogo da pesada artilharia ideológica das classes superiores. Com efeito, elas continuam, apesar de algumas rupturas e agitações, a controlar solidamente os grupos sociais, de alto a baixo da hierarquia das posições e das classes. Henrique IV está seguro, portanto, do apoio de uma grande parte dos setores elitistas; mas ele é também, sem forçar seu talento, o mais populista dos reis da França na época moderna: pode arrancar, enfim, a plebe à Liga, refazer a unidade francesa em torno de sua pessoa e restituir à realeza, metáfora surpreendente, essa "fronte popular" que um escritor de Antigo Regime[6] atribuirá, com efeito, ao regime monárquico, em termos precisos e literais. Não que a realeza seja *pelo* povo. Mas, vinda de Deus (embora cuidadosamente estabelecida, como acabamos de a ver, fora das estruturas específicas da Igreja), ela é, ou pelo menos pretenderia ser, real ou nostalgicamente, *para* o povo cujas liberdades civis (se não políticas) e bens materiais ou fundiários ela faz profissão de proteger.

Incontestavelmente, a síntese nacional está em marcha, em estado de desenvolvimento rápido, em torno dos anos 1580-1610. O grito premonitório de "Viva a França" (mais precisamente "Viva Rei, viva França") é lançado pela primeira vez em nossa história em Marselha, em 1585, contra a Liga estreante. Os grandes intelectuais ou juristas do tempo, Coquille, Arnauld, Pasquier (mas não Bodin), aderem ao patriotismo galicano ou o estimulam; ele abala tanto mais as poderosas posições do integrismo da Liga, afinal insustentáveis, já que afastadas da justificação nacional, e sujeitas aos decretos de uma fé ultramontana: pois esta recusa, em estilo suicida, as concessões à oportunidade política ou patriótica, cada vez mais urgente segundo as tomadas de consciência desse tempo.

A velha fórmula de são Paulo na epístola aos efésios (4,4), "um só corpo e um só espírito, uma esperança, um Deus, um pai...", e sobretudo "um só senhor, uma só fé, um só batismo", fora retomada por Guillaume Postel e popularizada pelo poder católico no início das Guerras de Religião, sob uma forma ligeiramente, embora significativamente, modificada: "Um rei, uma fé, uma lei".[7] Postel simplesmente substituíra o Senhor divino pelo senhor real e o "batismo" pela "lei". Tímido início de laicização, por certo, mas amplamente compensado pelo rigoroso e religioso monismo ternário, logo puramente católico e anti-huguenote, de "Fé, lei, rei", em evidente benefício do termo inicial. No entanto, a longa prova das quatro décadas do conflito religioso e de resto a alegre perspectiva da hegemonia pacífica do bearnês, seguro das energias de uma França de há muito renascente, arranhadas mas de modo algum destruídas pelo furacão guerreiro, obrigam os bons espíritos, depois de 1595, a apreciações menos uniformemente devotas, mais exatas e mais realistas, quanto à situação ou mesmo à estrutura nacional. O protestante moderado Jean de Serres, em 1597, pode tirar então, na escala do reino, as lições, por vezes amargas, de um século e meio de crescimento poderoso e de consolidação dificultosa, incluídos os 38 últimos anos de matanças por causa ideológica. A partir daí, ele propõe implicitamente modificar ou abrandar a velha tríade verbal, tornando-a mais prosaica, mais aceitável, menos unitária. Assim, esse autor doravante escreve: "Um rei, uma Lei de Estado, uma Pátria", ao que acrescenta imediatamente "uma terra, um ar, um nascimento, um interesse comum de bem e de mal, de paz e de guerra".[8] Na trilogia famosa em que lei e rei afastavam batismo e Senhor celeste, a pátria agora substitui a fé. O antigo apotegma de são Paulo é doravante triplamente laicizado. É definitivo? Em relação às cúpulas leigas do poder institucional e da riqueza nacional, o fato religioso, mesmo permanecendo intenso e até mais vivo que na época anterior, encontra-se um pouco descentrado. Procurar-se-á, no decorrer dos cem anos que se seguirão, fazê-lo reencontrar sua posição dominante. Esse será um dos objetivos, nem sempre cumprido, do período comumente chamado, entre 1600 e 1700, de "século dos santos": o tempo das preces não exclui de modo algum, entretanto, fora de si, no plano temporal e real, a Busca de um Absoluto.

# CRONOLOGIA

1461 Morte de Carlos VII. Luís XI se torna rei da França.

1465 Revolta declarada, contra Luís XI, da Liga do Bem Público; ela é conduzida pelas grandes casas feudais do reino.

Julho de 1465 Em Montlhéry, batalha indecisa entre as forças reais e os membros da Liga do Bem Público.

1467 Retomada da guerra civil contra Luís XI a partir dos três ducados da Bretanha, Normandia e sobretudo Borgonha.

Setembro de 1468 Paz de Ancenis entre França e Bretanha.

Outubro de 1468 Luís XI é humilhado em Péronne por Carlos, o Temerário.

1472 A concordata de Amboise, como será chamada, estabelece uma comum hegemonia, real e papal, sobre a Igreja da França.

1472 Malogro de Carlos, o Temerário, diante do Beauvais.

1472-3 Morte dos grandes feudais do Midi, Charles de Guyenne, irmão do rei, e Jean d'Armagnac.

Julho de 1475 Eduardo IV da Inglaterra, aliado da Borgonha, desembarca em Calais.

Agosto de 1475 Negociações bem-sucedidas entre a França e a Inglaterra para a partida das tropas britânicas.

Janeiro de 1477 Carlos, o Temerário, é morto em Nancy.

Agosto de 1477 Marie de Borgonha, filha do falecido Temerário, desposa Maximiliano da Áustria, apesar da oposição da França.

1477 Nemours, "pobre Jacques", último dos grandes Armagnac, é executado como cúmplice do condestável "traidor" Saint-Pol.

1480 Morte de René d'Anjou, "o bom rei René", cujos domínios provençais vão voltar à França.

Agosto de 1483 Morte de Luís XI. Seu filho Carlos VIII, com treze anos de idade, sucede-lhe. O poder de fato pertence à filha de Luís, Anne, e ao seu esposo Pierre de Beaujeu, irmão caçula do duque de Bourbon.

1484 Reunião em Tours dos Estados Gerais. Baixa nacional dos recolhimentos fiscais. Discurso "democrático" de Philippe Pot.

1486-8 Guerra insana. A dama de Beaujeu, que mais tarde se chamará Bourbon, opõe-se, em nome do governo legítimo, à facção do duque de Orléans, futuro Luís XII, aliado do duque François II da Bretanha.

Julho de 1488 Derrota militar de Louis de Orléans e de seus aliados bretões.

Maio-junho de 1491 Chegada definitiva de Carlos VIII "aos negócios".

Dezembro de 1491 Anne da Bretanha, não sem sofrer algumas coerções, deve desposar Carlos VIII, contra o sonho independentista de seus súditos armoricanos.

1492 Tratado de Étaples. A França compra a preço de prata a não-intervenção do soberano da Inglaterra no território setentrional do reino.

1492 Cristóvão Colombo, por conta do rei da Espanha, inaugura a "descoberta da América" (para empregar uma expressão que vale apenas *a posteriori*). A península Ibérica participa, assim, da grande história, em contraste com uma França que permanece mais provincial.

1493 Para apaziguar o Império assim como a Espanha, e para ter as mãos livres na Itália, Carlos VIII restitui aos proprietários anteriores as conquistas recentes efetuadas por Luís XI (Franche-Comté, Artois, Roussillon).

1494 Na Itália, primeira expedição, conduzida por Carlos VIII com um exército de 40 mil homens.

Setembro de 1494 Desembarque francês em Rapallo, apoiado pela artilharia da marinha.

1494 O tratado de Tordesilhas, concluído entre a Espanha e Portugal, delimita as zonas de influência no Novo Mundo.

Fevereiro de 1495 Carlos VIII está em Nápoles.

Março-abril de 1495 Uma liga hostil aos franceses, reunindo Veneza, o papa, Milão, a Espanha e o Império, é preparada, assinada, declarada. Carlos VIII tem de abandonar a península, depois de haver desbaratado seus adversários em Fornovo.

7 de abril de 1498 Morte acidental de Carlos VIII, sem herdeiro direto. Seu tio Luís XII (duque de Orléans) sucede-lhe (ele foi o filho tardio do poeta Charles d'Orleáns e de Marie de Clèves).

Dezembro de 1498, Luís XII pode enfim repudiar Jeanne da França (filha de Luís XI) para desposar Anne da Bretanha (1499).

1498 Luís XII organiza definitivamente o Grande Conselho, espécie de tribunal de apelação, de evocação ou de cassação, estabelecido em escala nacional.

Setembro de 1499 O exército real (28 mil homens, entre os quais 5 mil mercenários) apodera-se pela primeira vez de Milão, da qual Luís XII reivindicava o ducado, enquanto neto de Valentina Visconti.

Abril de 1500 Ludovico Sforza, que recuperara em março sua cidade de Milão, é feito prisioneiro pelo exército real, com a cumplicidade dos suíços: a capital lombarda cai novamente nas mãos dos franceses.

1501-9 Os "heréticos" valdenses da Provença são defendidos, apoiados por Luís XII contra as autoridades religiosas e papais. É o indício de uma tendência monárquica à "abertura", se não ao autêntico espírito tolerante.

1501 Os franceses apoderam-se do reino de Nápoles, com a ajuda das tropas espanholas, comandadas por Gonzalo de Córdova, *el gran Capitan*.

1503 Gonzalo de Córdova expulsa o exército francês da Itália meridional, em conseqüência de algumas batalhas (Cerignola, Garigliano).

1504 Nos termos do surpreendente tratado de Blois (que não será aplicado), o futuro Carlos V e Claude da França (filha de Luís XII), que se tem a intenção de unir em casamento, receberão na circunstância o Blésois, a Borgonha, a Bretanha...

1506 Os "estados de Tours" (de fato uma assembléia de notáveis) sugerem a Luís XII, que não pede coisa melhor, a solução franco-francesa: far-se-á o casamento de Claude da França com François d'Angoulême. Assim é anulado o embaraçador tratado de Blois.

1510 O papa Júlio II reúne contra a França uma liga onde se encontram os suíços, os aragoneses, Veneza e mesmo a Inglaterra.

1511 Jean Lemaire de Belges, devotado a Luís XII, publica em Lyon uma *Preeminência da Igreja galicana*, ofensiva para o Vaticano.

Abril de 1512 Em Ravena, os Reais ganham a batalha e perdem a guerra. A presença francesa desmorona no Norte da Itália.

1512 Abertura do concílio de Latrão, cujas teses decididamente pró-papais vão pôr em xeque *ipso facto*, pelo menos em princípio, o galicanismo.

1513 Retorno, com grandes efetivos, do exército do rei Valois à Itália. Esse exército é derrotado em Novara pelos helvécios; o fracasso militar da França para além dos Alpes parece repetitivo.

Agosto de 1513 Henrique VIII da Inglaterra, desembarcado em Calais, ridiculariza a "grande debandada" do exército francês no combate de Guinegatte.

1º de janeiro de 1515 Morte de Luís XII, sem progenitura masculina. Sucede-lhe no trono Francisco I, descendente de Carlos V, sobrinho por afinidade de Luís XI, e genro do rei falecido.

Julho de 1515 O exército real, com a força de 40 mil homens e de uma poderosa artilharia, desbarata os suíços em Marignan. Francisco I, triunfal, entra em Milão.

1516 Em virtude da concordata de Bolonha, os bispos escapam doravante à eleição pelos cônegos e "capítulos" diocesanos; de agora em diante caberá ao rei nomear os prelados e ao papa, instituí-los.

1516 Assinatura em Friburgo de uma paz perpétua com o ex-inimigo helvécio, que doravante abastecerá a França de mercenários... até o fim do reinado de Luís XVI.

1516 O grande humanista Erasmo, de origem neerlandesa, redige para o futuro Carlos V uma *Instrução do príncipe cristão.*

Junho de 1519 O neto do falecido imperador Maximiliano é eleito imperador pelos grandes eleitores germânicos sob o nome de Carlos V. Francisco I, que esperava dominar essa eleição em seu próprio benefício, deve inclinar-se.

1519 Chegam a Paris, com a ajuda da imprensa, as primeiras brochuras de Lutero, atadas em pacotes de centenas de exemplares.

1521 Em novembro, Lautrec, chefe militar francês e irmão de uma amante de Francisco I, é expulso de Milão pelas tropas imperiais, apoiadas pelos citadinos locais.

1522 A emissão dos primeiros "títulos da prefeitura" em Paris marca os progressos ainda modestos do "crédito público" na França.

1523 Primeira condenação na França da "heresia" luterana.

1523 "Traição" do condestável de Bourbon. O malogro das tentativas desse grande senhor marca a decadência de um certo "feudalismo" de guerra civil, o qual só recobrará vigor depois de 1560 ao ornar-se dos prestígios da religião protestante, ou católica.

1524 O florentino Verazzano, mandatário de Francisco I, ladeia e faz a cartografia das costas atlânticas da América do Norte.

1525 Francisco I, que atravessou novamente os Alpes, é feito prisioneiro em Pavia. Sairá de seu cárcere espanhol em 1526 apenas à custa de um humilhante acordo cujas cláusulas está decidido, de resto, a não respeitar.

1528 O centro do poder real desloca-se do vale do Loire (que não é de modo algum abandonado por isso) para a região parisiense.

Abril de 1529 *Grande Rebeyne* (rebelião de subsistência) em Lyon contra a vida cara e o pão raro.

Agosto de 1529 Nos termos da paz das Damas, concluída graças aos bons serviços da mãe de Francisco I e da tia do imperador, o Valois renuncia mais uma vez (porém momentaneamente...) às suas ambições italianas, decididamente infelizes.

1530 A confissão de Augsburgo, que resume, por intenção de Carlos V, os artigos da fé luterana, é recusada pelos teólogos católicos.

1531 Fundação da *esmola geral* de Lyon, instituição caritativa, subvencionada e gerida pelos comerciantes locais: ela deve fornecer aos pobres, às crianças miseráveis, aos assistidos, o pão e o trabalho.

Setembro de 1531 Morte de Louise da Savóia (mãe de Francisco I), cujas vastas posses, no Centro da França, vão ser absorvidas pelo domínio real.

1532 O edito da união, publicado em Nantes depois de negociação com os estados provinciais, consagra a integração da Bretanha ao reino, começada desde 1491, por ocasião do casamento da duquesa Anne com Carlos VIII.

Outubro de 1533 Catarina de Medici, princesa florentina, sobrinha do papa Clemente VII, desposa Henrique, duque de Orléans, filho de Francisco I, que reinará sob o nome de Henrique II. Essa união sela uma aproximação precária entre a Corte da França e o Vaticano.

Outubro de 1534 O caso dos cartazes pregados em Paris, e muitos hostis à missa, assim como ao dogma da presença real de Cristo na Eucaristia, vai pôr fim, não sem hesitações, ao período de coexistência relativamente pacífica entre o humanismo (real) e a Reforma (protestante).

1534-6 Jacques Cartier, de Saint-Malo, "comissionado" por Francisco I, explora as costas da Terra Nova e a foz do rio São Lourenço, no Canadá.

1534 Inácio de Loyola forma em Paris, com alguns discípulos, o núcleo do que se tornará a Companhia de Jesus ou, em outras palavras, a ordem dos jesuítas.

1535 A morte de Francesco Sforza, duque de Milão, reanima em Francisco I a esperança italiana.

1536 O rei da França invade a Savóia e provoca, em conseqüência, a irrupção de Carlos V na Provença.

Julho de 1538 Amável entrevista de cúpula entre Francisco I e Carlos V, em Aigues-Mortes. O governo francês, sob a direção de Montmorency, vai esforçar-se, em seguida, por fazer respeitar "o espírito de Aigues-Mortes".

Abril de 1539 Greve dos companheiros impressores em Lyon.

Agosto de 1539 Promulgação da ordenação de Villers-Cotterêts; em princípio, ela torna obrigatório o uso da língua "materna francesa" no lugar do latim, nos atos públicos; obrigatórios também os registros paroquiais dos batismos, casamentos, sepulturas. A aplicação de fato desse texto está longe de intervir imediatamente.

Julho de 1542 Francisco I declara guerra ao imperador, depois lança um dupla ofensiva nas frentes setentrionais e meridionais.

Dezembro de 1542 Pelo edito de Cognac, dezesseis receitas gerais são criadas: elas são, fiscalmente, as matrizes das generalidades regionais em que se celebrizarão mais tarde os intendentes provinciais.

Abril de 1545 Massacre (de centenas ou de milhares?) dos "heréticos" valdenses na Provença.

Dezembro de 1545 Abertura do concílio de Trento: ele dará à Igreja romana seu estilo característico, que durará praticamente até o concílio Vaticano II, reunido quatro séculos mais tarde.

Março de 1547 Morte de Francisco I, cujo corpo será sepultado em maio na abadia de Saint-Denis; seu filho Henrique II sucede-lhe.

1548 Sublevação popular contra a gabela na Aquitânia. Montmorency a reprime vivamente. Mas os revoltosos vencem *de facto*: as províncias rebeldes permanecerão isentas do imposto do sal até o fim do Antigo Regime.

1550 Os ingleses, constrangidos e forçados, restituem Boulogne à França. Por isso, a cidade de Rouen é escolhida como sítio para uma entrada triunfal de Henrique II.

1552 Seguro de uma aliança com os príncipes protestantes do mundo germânico, Henrique II (aliás bem anti-huguenote na própria França) empreende, com um grande exército, a "viagem à Alemanha". Metz é ocupada, depois conservada por François de Guise, apesar da poderosa contra-ofensiva de um Carlos V que envelhece.

1552 Charles Estienne, que foi médico e depois impressor, publica o *Guia dos caminhos da França*.

1555 Eleição do papa Paulo V, quase octogenário. Hostil ao Império e à Espanha, ele vai tentar inutilmente, com o apoio francês, libertar do jugo castelhano sua boa cidade de Nápoles.

Fevereiro de 1556 A trégua de Vaucelles marca o apogeu militar, depois brevemente pacífico, de Henrique II. Metz, Córsega, Savóia, Piemonte são reconhecidos, às vezes por pouco tempo, como apêndices territoriais do reino.

Setembro de 1556 A Espanha invade os Estados do papa. A França, na pessoa de François de Guise, vai correr em socorro de Sua Santidade, atolando assim mais uma vez a fina flor do exército real nas profundezas da "Bota".

Agosto de 1557 Montmorency é derrotado pela Espanha em Saint-Quentin. Henrique II sai dali arranhado, mas não aniquilado. Guise retorna às pressas da península; em 1558, retoma Calais da Inglaterra.

Setembro de 1557 No impulso do edito real de Compiègne (junho de 1557) que, em princípio, pune de morte a heresia, uma rebelião anti-huguenote, em Paris, resulta posteriormente no encarceramento e depois na execução de seis damas nobres, por motivo de protestantismo.

Maio de 1558 Durante quatro noites consecutivas, milhares de protestantes, conduzidos pelo rei de Navarra, cantam seus salmos no Pré-aux-clercs, perto do Louvre e das Tulherias.

Abril de 1559 O tratado do Cateau-Cambrésis é assinado com a Espanha. A aventura italiana, como tal, está terminada. A França se desfaz de Savóia, Córsega e Piemonte. O conflito entre Valois e Habsburgo é deixado para as calendas gregas. A aproximação com o integrismo do reino madrileno se opera à custa do protestantismo francês, doravante atingido pela repressão (que fará bumerangue).

Julho de 1559 Henrique II é mortalmente ferido em um torneio. Esse acontecimento fortuito marca, quanto à França, a passagem do "belo século XVI" para o difícil e sangrento período das Guerras de Religião. O jovem Francisco II sucede ao falecido rei: os Guise, tios por afinidade do novo monarca, lançam-se no antiprotestantismo obsessivo.

1559-61 Jean Nicot é embaixador da França em Portugal, país do qual trará para a "metrópole" o uso do tabaco.

Dezembro de 1560 Morte de Francisco II. Catarina de Medici, viúva de Henrique II, governante da França, exerce o poder real em nome de seu filho Carlos IX, com dez anos de idade e irmão do falecido. Contra os Guise, ela preconiza (com um sucesso mitigado) uma certa tolerância religiosa.

Dezembro de 1560-janeiro de 1561 Reunião dos Estados Gerais de Orléans. Contra o clero guisardo, a rainha-mãe, o chanceler de L'Hospital, a nobreza e o Terceiro Estado mostram-se abertos a uma coexistência efetiva com a "heresia".

Setembro-outubro de 1561 No colóquio de Poissy, instaura-se uma tentativa de diálogo entre teólogos protestantes e cardeais católicos. Tudo tropeça no problema da presença real de Cristo na Eucaristia.

Março de 1562 A surpreendente meia reconciliação em virtude da qual os ultracatólicos (Guise), os moderados (L'Hospital) e os protestantes (Coligny) coabitam no alto Conselho da regente não resiste ao massacre de Wassy (março de 1562), espécie de pogrom antiprotestante conduzido pelos soldados do duque de Guise, em sua presença e em suas próprias terras.

Março de 1563 Os sucessos militares dos católicos mas também a morte violenta ou o cativeiro dos triúnviros integristas (Guise, Montmorency, Saint-André) permitem o restabelecimento provisório da paz religiosa (edito de Amboise, março de 1563). Os chefes protestantes vêm retomar seus lugares no alto Conselho ao lado das duas facções católicas, a rígida e a branda.

Janeiro de 1564 Início da "volta da França" de 27 meses, no decorrer da qual Catarina apresenta o reino a seu filho Carlos IX e reciprocamente. Ainda se está (politicamente) em situação pré-copernicana, é o Sol (real) que gira em torno da Terra (nacional). Muito mais tarde, sob a maturidade de Luís XIV, as coisas mudarão...

1564 A rainha-mãe "corta a omelete nas duas pontas". Ela afasta do alto Conselho os Guise integristas e os Châtillon-Coligny, huguenotes. Mas onde está a força do centro?

Outono de 1567 Os protestantes, inquietos com as ameaças que constituem a seu respeito as tropas espanholas e reais, dão novo impulso à guerra civil até 1568. Pela primeira vez, também, emitem o voto de uma monarquia controlada pelos Estados Gerais. Reivindicação "parademocrática" que será de imenso alcance para a década posterior, e mesmo para os séculos seguintes.

Agosto de 1568-agosto de 1570 Terceira Guerra de Religião. Longa marcha de Coligny pela Garonne, o Languedoc, o eixo Rhône—Saône. O crescente huguenote, de La Rochelle a Genebra, passando por Montpellier, adquire forma definitiva. Está estrategicamente isolado, separado pelo neocatolicismo da Bacia Parisiense, das grandes massas setentrionais do protestantismo da Europa (Alemanha, Países Baixos, Inglaterra...).

Agosto de 1570 A "paz claudicante e instável" de Saint-Germain recoloca os relógios na hora habitual de um compromisso recorrente: liberdade de consciência (teórica) no reino; lugares de culto e lugares de segurança para os huguenotes; relativa igualdade dos direitos entre confissões rivais. Com isso a elite governamental é mais ou menos reunificada; Coligny vai poder aí se alojar mais uma vez, e brevemente.

Agosto de 1572 Atentado frustrado contra Coligny. Por uma série de engrenagens em que a responsabilidade de Catarina está fortemente comprometida pelo menos no início, o caso se transforma em pogrom popular e em massacre antiprotestante (talvez 3,5 mil mortos em Paris, entre os quais Coligny).

1574 Edição francesa do *Direito dos magistrados sobre os súditos*, de Théodore de Bèze. O eminente teólogo protestante aí esboça, contra o horror do São Bartolomeu, os lineamentos de um pensamento "monarcômaco" que reforçaria os direitos do povo (e de Deus) diante do rei.

Maio de 1574 Morte de Carlos IX. Elevação ao trono, sob o nome de Henrique III, do irmão caçula do rei desaparecido. Henrique, que de início foi uma espécie de jovem frívolo e papista, não tarda a amadurecer e a retomar para si as idéias flexíveis de relativa tolerância que haviam marcado os começos da "governância" de Catarina, desde 1560.

Fim de 1575 Morte de François de Béthume, pai do jovem protestante Sully. Este, desde o ano seguinte, desenvolverá grande atividade junto de Henri de Navarra (futuro Henrique IV) ao qual, segundo a expressão da época, ele se "dedicou".

Maio de 1576 A ricocheteante Guerra de Religião se encerra, mais uma vez, com a paz de Monsieur, esta muito favorável aos huguenotes.

1576 Um embrião de Liga católica aparece em torno de Péronne (Picardia). Os verdadeiros membros da Liga, no sentido pleno do termo, só se manifestarão, contudo, nove anos mais tarde.

1576 Jean Bodin publica os seis livros da *República*. Sua teoria da soberania marca conceitualmente a passagem do Estado real ao absolutismo, devendo este, porém, impor-se inteiramente como tal apenas no tempo de Richelieu.

1577 Nova interrupção dos combates religiosos, graças ao edito de Poitiers, portador, em relação aos huguenotes, de uma tolerância bastante modesta. Confirma-se a frase descrente de Henrique III, segundo a qual "os homens dos três Estados não têm pressa de chegar à unidade de religião".

Fevereiro de 1579 Catarina de Medici em pessoa, em nome do Estado (ou do que resta dele), vem negociar com seu genro protestante Henri de Navarra, na pequena corte huguenote de Nérac, em torno da qual começam a cristalizar-se as "Províncias Unidas do Midi", parcialmente protestantes, parcialmente católico-moderadas.

1579 Publicação, por Charles Figon, do *Discurso dos Estados e dos cargos tanto do governo como da justiça e das finanças*, primeiro exemplo de um estudo por "organograma" do Estado de cargos, chamado ainda "árvore da justiça".

1579-80 O Carnaval de Romans, na cidade desse nome, no Delfinado, mistura os ritos folclóricos aos confrontos mortais entre grupos sociais, no quadro urbano e nas cercanias camponesas.

Novembro de 1580 A paz de Fleix (negociada por François-Hercule, irmão caçula de Henrique III) entre o rei da França e Henri de Navarra põe fim aos combates de religião por alguns anos, mediante as concessões usuais que são feitas aos huguenotes.

Setembro de 1585 Sisto V, o papa de ferro, que nasceu de uma família de trabalhadores agrícolas, excomunga Henri de Navarra, que, no entanto, será poupado um pouco mais tarde, quando se precisarem as perspectivas de uma conversão do interessado ao catolicismo.

1585 Expansão, em Paris e na Lorena, da segunda Liga católica, a "verdadeira", em torno de Henri de Guise e togados, curas ou comerciantes da capital, ligados à religião tradicional, assim como à identidade citadina.

1586 Grande fome na metade sul da França, especialmente no Maciço Central.

Outubro de 1587 O exército de Henrique III (já ameaçado, "à sua direita", pela Liga de Guise) é derrotado por Henri de Navarra em Coutras. Joyeuse, "predileto" do Valois, aí encontra a morte.

Maio de 1588 Invenção, em Paris, das "barricadas", cujo alto destino em toda agitação citadina far-se-á plurissecular. Henrique III, mais feliz desse ponto de vista do que o será Luís XVI, consegue deixar a capital, cuja atmosfera se lhe tornava irrespirável.

Verão de 1588 Malogro, nas costas britânicas, da frota espanhola, "Invencível Armada". Essa derrota marca um certo recuo do partido católico, na escala européia, até que se produza na França uma evolução análoga.

Dezembro de 1588 Assassinato do duque de Guise e de seu irmão, o cardeal, por ordem de Henrique III.

Abril de 1589 Reconciliação espetacular (contra a Liga) de Henrique III e de Henrique IV, em outros termos, do chefe dos católicos moderados e do líder protestante (este em via de conversão mais ou menos próxima à Igreja dominante).

Agosto de 1589 Assassinato de Henrique III por um monge fanático. Navarra sucede-lhe (em princípio...) sob o nome de Henrique IV.

1590 Cerco de Paris, partidária da Liga, por Henrique IV ainda protestante. Contam-se 45 mil mortos na capital, ou seja, treze vezes mais do que o número de vítimas quando do São Bartolomeu.

Março de 1591 O piedoso Gregório XIV, papa hispanófilo, renova a excomunhão contra Henrique IV, o que teve como resultado a adesão a este de inúmeros católicos galicanos, especialmente nos meios parlamentares.

Julho de 1593 Henrique IV abjura o protestantismo em Saint-Denis, túmulo de tantos reis; no mesmo ano, Montmorency-Damville, "príncipe dos políticos", ou seja, dos católicos moderados, é nomeado condestável, em distante sucessão a seu pai, Anne de Montmorency, morto em 1567.

Fevereiro de 1594 A sagração de Henrique IV tem lugar na catedral de Chartres, já que a cidade de Reims, normalmente prevista para esse fim, ainda está controlada pela Liga.

Março de 1594 Henrique IV faz seu regresso a Paris, com a cumplicidade de Brissac, governador local pela Liga. O rei promete e faz respeitar uma anistia; ela diz respeito às pessoas e aos bens de seus adversários.

Março de 1594 Manifesto dos *croquants*, camponeses do Périgord em rebelião, hostis às cidades e ao fisco.

Janeiro de 1595 Henrique IV declara guerra à Espanha; estigmatiza, assim, a intervenção *de facto* de Madri nos assuntos franceses como agressão caracterizada, doravante passível de uma legítima resposta nacional.

Maio de 1595 Sully é nomeado membro do Conselho (real) de direção dos negócios e finanças.

Abril de 1598 O edito de Nantes organiza enfim, de maneira duradoura, a contigüidade legal entre as duas variedades do cristianismo, huguenote e católico. Aos protestantes, outorga localidades de culto, direitos civis, jurisdições específicas, praças militares de segurança, privilégios corporativos.

Maio de 1598 A paz de Vervins é assinada com a Espanha, que retrocede as cidades que ainda detém na Bretanha e no Norte, com exceção de Cambrai. É o fim das Guerras de Religião, no que concerne à França: elas aí recomeçarão, no decorrer dos anos 1620, apenas de um modo puramente regional e sobretudo meridional.

Abril de 1599 Morte de Gabrielle d'Estrées, amante real e defensora da tolerância religiosa. O caminho está livre para o casamento de Henrique com Maria de Medici, celebrado em Florença, por procuração, em outubro de 1600, não sem que previamente (outubro de 1599) tenha sido anulada em corte de Roma a antiga e infeliz união do ''Vert Galant'' com a rainha Margot, filha de Henrique II.

Janeiro de 1601 O tratado de Lyon põe fim ao recente conflito guerreiro com a Savóia: o reino de Henrique é acrescido dos territórios que correspondem ao atual departamento do Ain. A França do início do século XVII renuncia de coração leve a essa Itália que, por razões essencialmente sucessórias, bastante estranhas à linhagem dos Bourbon, os Valois tanto haviam cobiçado.

Dezembro de 1604 O pagamento de um direito anual chamado *Paulette* permite aos funcionários (civis) que foram a elite dirigente do reino vender legalmente ou legar hereditariamente seu cargo. É uma efetivação não apenas vitalícia (como hoje para os funcionários) mas por várias vidas. Com isso o absolutismo vê-se um tanto paralisado, o que é bom; a *Paulette* atua, contudo, em detrimento da eficácia do poder.

Julho de 1608 Champlain, marinheiro de Brouage, funda, com privilégio real, a colônia de Quebec.

Maio de 1610 Henrique IV é assassinado por Ravaillac, extremista católico. ''Esse Ravaillac tinha a barba ruiva e os cabelos um pouco dourados. Era uma espécie de vadio, que se notava porque estava vestido antes à maneira flamenga que à francesa. Arrastava sempre uma espada. Era melancólico, mas de conversação bastante suave'' (Tallemant, *Historiettes*, cap. I).

# NOTAS

*INTRODUÇÃO: A MONARQUIA CLÁSSICA* (pp. 9-38)

(1) Saint-Simon, *Mémoires*, vol. 24, p. 360.

(2) Hegel, *Phénoménologie de l'esprit*.

(3) N. Elias, *La société de cour*; H. C. Ehalt, *Ausdruckformen absolutistischer Herrschaft Der Wiener Hof im 17 und 18 Jahrhundert*.

(4) B. Bennassar, *Recherches sur les grandes épidémies dans le nord de l'Espagne à la fin du XVIe siècle*.

(5) M. Reinhard, A. Armengaud & J. Dupaquier, *Histoire générale de la population mondiale*, p. 156; J. Meyer, *Le poids de l'État*, p. 33.

(6) J. Goy & E. Le Roy Ladurie, *Prestations paysannes, dîmes, rente foncière et mouvement de la production agricole à l'époque pré-industrielle*, vol. 1, p. 133.

(7) A. Collomp, *La maison du père*.

(8) J.-L. Flandrin, *Familles*, p. 78.

(9) Maquiavel, *Le prince*, p. 78.

(10) Orne, *arrondissement* Alençon. Os nomes de locais serão indicados neste livro de acordo com sua atual situação administrativa (*arrondissement*, *département*, *canton*).

(11) Archives nationales, G 7-73.

(12) E. Le Roy Ladurie, "Le système Louis XIV", p. 678.

(13) Akira Hayami e Anthony Wrigley desenvolveram essas idéias em suas contribuições em, respectivamente, *111[th] International Studies Conference on Japan* (Haia, set. 1982) e *Past and Present* XXXVII (1967), pp. 44-70.

(14) J. Jacquart, *La crise rurale en Ile-de-France*, p. 561.

(15) B. Chevalier, *Les bonnes villes de France du XIVe au XVIe siècle*, p. 81.

(16) R. Mousnier, *Institutions de la France sous la monarchie absolue*, vol. 1, pp. 57*ss*.

(17) R. Mousnier, *Le Conseil du roi*, cap. 1.

(18) Encontram-se tais expressões em P. Goubert & D. Roche, *Les français et l'Ancien Régime*, vol. 1; e em P. Chaunu, *L'État et la ville*, vol. 1 de F. Braudel & E. Labrousse (orgs.), *Histoire économique et sociale de la France*.

(19) R. Mousnier, *Institutions de la France sous la monarchie absolue*, vol. 1, p. 410.

(20) J. Bosher, *French finances*, *in fine*.

(21) Emprego o termo por comodidade. Na verdade, não havia orçamento da França, *stricto sensu*, sob o Antigo Regime.

(22) R. Mousnier, *Institutions de la France sous la monarchie absolue*, vol. 2, p. 73.

(23) D. Dessert, *Argent, pouvoir et société au Grand Siècle.*

(24) Saint-Simon, *Mémoires*, vol. 12, p. 289.

(25) Ver nosso prefácio a C. Grimmer, *La femme et le bâtard.*

(26) Tais anedotas foram disseminadas com complacência por Tallemant des Réaux. Ver também F. Bluche & J.-F. Solnon (*La véritable hiérarchie sociale de l'ancienne France. Le tarif de la première capitation (1695)*), um interessante levantamento sobre a questão.

(27) L. Stone, "Leçons au Collège de France, 1984".

(28) De acordo com Y. Durand (*Les fermiers généraux au XVIIIe siècle*), a parte dos impostos indiretos, nas receitas totais do Estado, foi de 23,7%, em 1648; 16,6%, em 1656; mas 46,7%, em 1662; 53%, por volta de 1685-95; e de 42 a 47%, no século XVIII.

(29) Ver p. 27.

(30) R. Mousnier, *Institutions de la France sous la monarchie absolue*, vol. 2, p. 177.

(31) R. Boudon & F. Bourricaud, "Bureaucratie", *Dictionnaire critique de la sociologie*. Ver também Max Weber, *Économie et société*, vol. 1, pp. 223-31.

(32) Saint-Simon, *Mémoires*, vol. 34, p. 279.

(33) Debate sobre essa questão entre E. Reischauer (*Japan, the story of a nation*, p. 74) e G. Sampson (*History of Japan*, vol. 2, p. 48).

(34) P. Goubert, *L'Ancien Régime*, vol. 2, p. 138.

(35) A. Brun, *Recherches historiques sur l'introduction du français dans les provinces du Midi.*

(36) R. de Roover, *Évolution de la lettre de change.*

(37) John Day, em *Past and Present* (maio 1979).

(38) Jean-Philippe Genet manifestou-se sobre esse tema em importante relatório (inédito) dirigido ao CNRS.

(39) P. Chaunu, em F. Braudel & E. Labrousse (orgs.), *Histoire économique et sociale de la France*, op. cit., vol. I, pp. 137ss. (Números revistos graças a Alain Guéry.)

## *PRIMEIRA PARTE*

### 1. *UMA RENASCENÇA* (pp. 41-65)

(1) J.-P. Bardet, *Rouen aux XVIIe et XVIIIe siècles*, vol. 2, quadros 4 e 10.

(2) A expressão é de Richard Gascon, em F. Braudel & E. Labrousse (orgs.), *Histoire économique et sociale de la France*, vol. 1.

(3) M. Baulant, "Le salaire des ouvriers du bâtiment de Paris de 1400 à 1726". E. Le Roy Ladurie, *Le territoire de l'historien*, vol. 1, pp. 127-8. P. Chaunu & R. Gascon, em F. Braudel & E. Labrousse (orgs.), *Histoire économique et sociale de la France*, vol. 1, p. 583.

(4) Ver os números exatos em R. Gascon, op. cit., vol. 1, p. 275.

(5) Utilizou-se para esse cálculo o número em libras tornesas apresentado por R. Gascon, o qual foi dividido pelo preço médio dos cereais num período de doze anos. Por exemplo, no período de 1498 a 1502, utilizou-se o preço dos cereais dos onze anos de 1495 a 1505.

(6) B. Chevalier, *Les bonnes villes de France du XIVe au XVIe siècle.* E G. Duby (org.), *Histoire de la France urbaine.*

(7) Ver, para estas questões, as obras de B. Chevalier já citadas, e sobretudo as de B. Guenée, *L'Occident aux XIVe et XVe siècles.*

(8) Ver G. Duby (org.), *Histoire de la France urbaine*, vol. 2, gráfico p. 494.

(9) Para uma monografia sobre tais sublevações, ver P. R. Gaussin, "Tricoterie et miquemaque", em Idem, *Louis XI*, p. 284.

2. *A ROSEIRA DAS GUERRAS* (pp. 66-90)

(1) B. Guenée, *L'Occident aux XIV^e et XV^e siècles.*

(2) P. R. Gaussin, *Louis XI*, p. 253. E. Lavisse, *Histoire de France*, vol. 4-2, pp. 406 e 428. A. Guéry, "Les finances de la monarchie française sous l'Ancien Régime". Apenas a talha elevava-se a 4,6 milhões de libras em 1481; o total das rendas régias, um pouco reduzidas devido à paz, elevava-se a 4.655.000 libras na época da morte de Luís XI.

(3) Sobre tudo isso, ver B. Chevalier & P. Contamine (orgs.), *La France à la fin du XV^e siècle; renouveau et apogée*, uma excelente obra coletiva.

(4) E. Lavisse, *Histoire de France*, vol. 4-2, p. 428.

3. *O EXUTÓRIO PENINSULAR* (pp. 91-125)

(1) B. Quilliet, *Louis XII.*

(2) P. Goubert, *Initiation à l'histoire de France*, p. 99.

(3) E. Lavisse, *Histoire de France*, vol. 5-1, pp. 5-6.

(4) Y. Labande-Mailfert, *Charles VIII.*

(5) Idem, ibidem, ed. 1975, cap. 12; ed. 1986, cap. 10.

(6) Idem, ibidem.

(7) Esses números referem-se apenas à talha propriamente dita, com exclusão de rendas proporcionadas pelo domínio e por impostos indiretos (*aides*, gabelas); os dados foram extraídos de Y. Labande-Mailfert, *Charles VIII*, pp. 512-3. Ver também E. Lavisse, *Histoire de France*, vol. 4-2, pp. 406 e 428.

(8) Ver C. Beaune, *Naissance de la nation française*, cap. 9.

(9) B. Quilliet, *Louis XII*, p. 354.

(10) Idem, ibidem.

(11) M. Harsgor, *Recherches sur le personnel du Conseil du roi sous Charles VIII et Louis XII*, vol. 3, p. 2754.

(12) Idem, ibidem, p. 2109.

(13) Idem, ibidem.

(14) Idem, ibidem.

4. *ESTRATÉGIAS HUMANISTAS, EVENTUALIDADE PLURALISTA* (pp. 126-139)

(1) Tudo isto, conforme as indicações que nos foram graciosamente confiadas por Anne-Marie Lecoq, cuja obra fundamental sobre o *Imaginaire de François I^er* está no prelo.

(2) J. Delumeau, *Naissance et affirmation de la Réforme*, p. 104 e passim.

5. *A INTOLERÂNCIA E O RESTO* (pp. 140-169)

(1) R. Doucet, *Les institutions de la France au XVI^e siècle*, vol. 1, p. 142.

(2) M. Baulant, "Le salaire des ouvriers du bâtiment de Paris de 1400 à 1726", p. 478.

(3) Editado por G. Fagniez em 1885.

(4) A. Guéry, "Les finances de la monarchie française sous l'Ancien Régime".

(5) F. Mosser, *Les intendants des finances au XVIII^e siècle*, p. 34.

(6) Sobre esta revolta, ver abaixo, p. 165.

6. *A FRATURA* (pp. 173-190)

(1) Sobre esta questão, nos baseamos na edição especial da revista *Past and Present* LXXIX (maio 1978).

(2) J. Dupaquier, *La population française aux XVII^e^ et XVIII^e^ siècles*, pp. 8-11.

(3) Ver, sobre isto, J. Goy & E. Le Roy Ladurie, *Prestations paysannes, dîmes, rente foncière et mouvement de la production agricole à l'époque pré-industrielle.*

(4) Ou *trends*: tendências de longa duração dos preços da economia em um período dado.

(5) Há, no entanto, exceções: na Bretanha, as porcentagens costumeiras do recolhimento decimal são claramente mais baixas e podem mesmo reduzir-se a 3% do produto bruto! Ver, a este respeito, P. Goubert, *Clio parmi les hommes*, p. 42.

(6) A. Guéry, "Les finances de la monarchie française sous l'Ancien Régime".

(7) Y.-M. Bercé, *Histoire des croquants. Étude des soulèvements populaires au XVII^e^ siècle dans le Sud-Ouest de la France*, vol. 2.

(8) J. Dupaquier, *La population française aux XVII^e^ et XVIII^e^ siècles*, pp. 17-8.

(9) R. Gascon, *Grand commerce et vie urbaine à Lyon au XVI^e^ siècle.*

(10) J. Garrisson-Estebe, *Protestants du Midi au XVI^e^ siècle.*

(11) Idem, ibidem. E P. Benedict, *Rouen during the Wars of Religion.*

7. *O CONFLITO CONVIVAL* (pp. 191-202)

(1) O total de 1400 igrejas construídas resulta de correções propostas por J. Garrisson-Estebe (*Protestants du Midi*, p. 64) aos números publicados por Samuel Mours.

(2) Terei a oportunidade de dizer (abaixo, pp. 193-7) que este massacre não foi premeditado sob a forma de uma conspiração organizada em todas as suas partes. Mas as mentalidades católicas (e protestantes) eram portadoras de uma possível mortandade de massa, em detrimento do adversário ideológico ou religioso do momento.

8. *O PONTO SEM RETORNO* (pp. 203-225)

(1) C. Devic & J. Vaissette, *Histoire générale du Languedoc*, vol. 2, t. 1, p. 48.

(2) J. Garrisson-Estebe, *Tocsin pour un massacre ou la saison de Saint-Barthélemy.* N. Davis, *Les cultures du peuple*, cap. 6.

9. *A ÁRVORE DA JUSTIÇA* (pp. 226-239)

(1) C. Beaune, *Naissance de la France.*

(2) F. A. Yates, *L'art de la mémoire*, pp. 188 e 250.

(3) *Actes du colloque interdisciplinaire d'Angers consacré à Jean Bodin*, vol. 1, p. 120.

(4) Os prefeitos recentemente adotaram o nome (durante o septênio de François Mitterand) de "comissários da República".

(5) M. Antoine, *Le dur métier de roi*, p. 38.

(6) Tallemant des Réaux, *Historiettes*, vol. 1, p. 15.

(7) De acordo com um gráfico inédito de A. Guéry.

(8) Essas duas expressões foram propostas, respectivamente, em P. Goubert & D. Roche, *Les français et l'Ancien Régime*, e na contribuição de P. Chaunu, em F. Braudel & E. Labrousse (orgs.), *Histoire économique et sociale de la France*.

10. *GUISE E GUISARDOS* (pp. 240-253)

(1) J.-M. Constant, *Les Guise*, p. 111.

(2) A pesquisa em andamento de Denis Crouzet, sobre as brochuras produzidas pelos adeptos da Liga e seus amigos, confirma o caráter ultradevoto desse movimento.

(3) Ver, a respeito, o estudo fundamental de Robert Descimon na edição especial da revista *Paris et Ile-de-France* XXXIV (1983).

(4) Cf. R. Descimon, op. cit.

(5) As análises dos guisardos e da Liga têm caráter provisório e deverão ser revistas à luz dos trabalhos no prelo de Robert Descimon e Denis Crouzet, no quadro das pesquisas dirigidas por Denis Richet.

*TERCEIRA PARTE*

11. *A ABERTURA* (pp. 257-278)

(1) J.-P. Babelon, *Henri IV*, p. 160.

(2) M. Yardeni, *La conscience nationale en France pendant les guerres de religion, 1559-1598*, p. 266.

(3) Segundo J. Garrisson-Estebe, *Henri IV*, p. 301.

(4) Cf. *Annales E.S.C.* (jun. 1986): os números posteriores são de 764 mil em 1675 (incluindo o Bearnais) e 734 mil em 1682.

(5) J.-P. Babelon, *Henri IV*, p. 766. Michel Foucault, em um texto de 1980 publicado em *Le Débat* (1986), estranhamente descreveu Tourquet como inclinado ao totalitarismo. Inexplicável erro foucaultiano.

(6) Cito livremente de J.-P. Babelon, *Henri IV*.

12. *A TERRA E O SANGUE AZUL* (pp. 279-294)

(1) G. Duby (org.), *Histoire de la France rurale*, vol. 2, p. 186.

(2) Sobre esta questão, remetemos o leitor à nossa contribuição em F. Braudel & E. Labrousse (orgs.), *Histoire économique et sociale de la France*.

(3) A expressão foi tirada de nossa tese de doutoramento: *Les paysans de Languedoc*.

(4) Situamos o índice 100 em 1608-40.

(5) P. Chevallier, *Louis XIII*, p. 115.

(6) J.-M. Constant, *La vie quotidienne de la noblesse française aux XVI^e^ et XVII^e^ siècles*.

(7) R. Chartier & D. Richet, *Répresentation et vouloir politique: autour des États Généraux de 1614*, p. 123.

13. *CIDADE, FINANÇA, CARGO* (pp. 295-308)

(1) F. Braudel & E. Labrousse (orgs.), *Histoire économique et sociale de la France*, vol. 1, p. 425.

(2) P. Chaunu & R. Gascon, *L'État et la ville*, p. 348.

(3) G. Duby (org.), *Histoire de la France urbaine*, vol. 3.

(4) Idem, ibidem.

(5) Idem, ibidem.

(6) Idem, ibidem.

(7) Idem, ibidem, p. 244.

(8) Françoise Bayard ("Finances et financiers en France dans la première moitié du XVIIe siècle", pp. 49-56) nos proporcionou a substância e, por vezes, até mesmo as palavras deste parágrafo.

(9) Idem, ibidem.

(10) Idem, ibidem. E D. Dessert, *Argent, pouvoir et société au Grand Siècle*.

(11) Ver, a este respeito, a tese (no prelo) de Françoise Bayard.

(12) Número hipotético, e talvez muito inferior à realidade; os trabalhos, a serem publicados, de Descimon e Nagle esclarecerão a questão.

(13) B. Basdevant-Gaudemet, *Charles Loyseau, 1564-1627, théoricien de la puissance publique*.

14. *O SENSO NACIONAL* (pp. 309-317)

(1) C. Beaune, *Naissance de la nation française*.

(2) Na obra de Colette Beaune, fundamental para este capítulo, encontram-se referências aos primeiros usos de expressões que hoje se tornaram familiares, como "morrer pela França", "viva a França" etc.

(3) C. Beaune, *Naissance de la nation française*.

(4) E. Weber, *La fin des terroirs*.

(5) B. Basdevant-Gaudemet, *Charles Loyseau, 1564-1627, théoricien de la puissance publique*, p. 233.

(6) Sébastien Mercier, no século XVIII. A referência a ele, feita em 1911 pelo historiador F. Funck-Brentano (*L'Ancienne France, le roi*, p. 187), infelizmente é imprecisa.

(7) Segundo Myriam Yardeni, "une foi, une loi, un roi": alteramos a ordem das palavras em nosso texto para facilitar a comparação com a epístola de são Paulo. Ver, sobre isso, a importante obra de M. Yardeni, *La conscience nationale en France pendant les guerres de religion, 1559-1598*, p. 77.

(8) Idem, ibidem, p. 329.

Esta obra situa-se na seqüência de trabalhos anteriores, incluídos em F. Braudel & E. Labrousse (orgs.), *Histoire économique et sociale de la France*; em G. Duby & A. Wallon (orgs.), *Histoire de la France rurale*; e, por fim, em G. Duby (org.), *Histoire de la France urbaine*. O autor não pode deixar de exprimir a alta estima que tem pelos historiadores que publicaram várias biografias recentemente, consagradas aos reis franceses e a alguns personagens importantes: entre elas, citemos o *Charles VIII* de Y. Labande-Mailfer, o *Louis XII* de B. Quilliet, o *Henri II* de I. Cloulas, o *Henri III* de P. Chevallier, o *Henri IV* de J.-P. Babelon. As obras em outras línguas também são essenciais, mas nos limitaremos a assinalar, nesta nota que está longe de ser exaustiva, o *François Ier* de R. J. Knecht, e os *Secretaries of State* de N. Sutherland.

# BIBLIOGRAFIA E LISTA DAS OBRAS UTILIZADAS OU CITADAS


*Actes du colloque interdisciplinaire consacré à Jean Bodin*. Presses de l'université d'Angers, 1985.

*Albums de Croÿ*. Org. Jean-Marie Duvosquel. Comté de Hainaut, Bruxelas, Crédit communal de Belgique, 1986, t. IV.

Antoine, Michel. *Le dur métier de roi*. Paris, PUF, 1986.

Audisio, Gabriel. *Les Vaudois, naissance, vie et mort d'une dissidence* (*XII*[e] — *XVI*[e] *siècles*). Turim, Albert Meynier, 1989.

Babelon, Jean-Pierre. *Henri IV*. Paris, Fayard, 1982.

Barbiche, Bernard. *Sully*. Paris, Albin Michel, 1978.

Bardet, Jean-Pierre. *Rouen aux XVII*[e] *et XVIII*[e] *siècles, les mutations d'un espace social*. Paris, SEDES, 1983.

Barnavi, Elie. *Le parti de Dieu. Étude sociale et politique des chefs de la Ligue parisienne, 1585-1594*. Louvain, Nauwelaerts, 1980.

Basdevant-Gaudemer, Brigitte. *Charles Loyseau, 1564-1627, théoricien de la puissance publique*. Paris, Economica, 1977.

Batifol, Louis. *Le siècle de la Renaissance*. Paris, Hachette, 1828.

Baulant, Micheline. "Le salaire des ouvriers du bâtiment à Paris de 1400 à 1726". *Annales E. S. C.* 2 (mar.-abr. 1971).

Bayard, Françoise. "Finances et financiers en France dans la première moitié du XVIIe siècle". *Bulletin d'histoire économique et sociale de la région lyonnaise* 1 (1985), pp. 49-56.

__________. *Le monde des financiers au XVII*[e] *siècle*. Paris, Flammarion, 1988.

Beaune, Colette. *Le miroir du pouvoir*. Paris, Hervas, 1989.

__________. *Naissance de la nation française*. Paris, Gallimard, 1985.

Benedict, Philip. *Rouen during the Wars of Religion*. Cambridge-Londres-Nova York, Cambridge University Press, 1981.

__________. "La population réformée française de 1600 à 1685". *Annales E. S. C.* (nov.-dez. 1987).

Bennassar, Bartholomé. *Recherches sur les grandes épidémies dans le Nord de l'Espagne à la fin du XVI*[e] *siècle*. Paris, SEVPEN, 1969.

__________. *Le siècle d'or espagnol*. Paris, Laffont, 1982.

Bercé, Yves-Marie. *Histoire des croquants. Étude des soulèvements populaires aux XVII*[e] *et XVIII*[e] *siècles dans le Sud-Ouest de la France*. Paris-Genebra, Droz, 1984.

Bluche, François & Solnon, Jean-François. *La véritable hiérarchie sociale de l'ancienne France. Le tarif de la première capitation (1695)*. Genebra, Droz, 1983.

Bodin, Jean. Ver *Actes du colloque...*

__________. *Les six livres de la République*. Paris, Fayard, 1986.

Bormgartner, Frédéric J. *Henri II King of France 1547-1559*. Durham N. C., Duke University Press, 1988.

Bosher, John. *French finances*. Cambridge University Press, 1970.

Boudon, Raymond & Bourricaud, François. *Dictionnaire critique de la sociologie*. Paris, PUF, 1982.

Boutier, Jean & Dewerpe, Alain. *Le tour de France royal: le voyage de Charles IX (1564-1566)*. Paris, Aubier, 1984.

Braudel, Fernand. *Écrits sur l'Histoire*. Paris, Arthaud, 1990, vol. 2.

__________. *La Méditerranée et le monde méditerranéen à l'époque de Philippe II*. 4ª. ed. Paris, A. Colin, 1979.

__________ & Labrousse, Ernest (orgs.). *Histoire économique et sociale de la France*. Paris, PUF, 1977, t. I, vol. 2, *1450-1660: Paysannerie et croissance*, por Emmanuel Le Roy Ladurie e Michel Morineau.

Brun, A. *Recherches historiques sur l'introduction du français dans les provinces du Midi*. Paris, 1923.

Bryant, Laurence M. *The king and the city in the Parisian royal entry ceremony: politics, ritual and art in the Renaissance*. Genebra, Droz, 1986.

Buisseret, David. *Sully and the growth of centralized government in France, 1598-1610*. Londres, 1968.

Buisson, Albert. *Michel de l'Hospital (1503-1573)*. Paris, Hachette, 1950.

Calmette, Joseph. *Les grands ducs de Bourgogne*. Paris, Albin Michel, 1949.

Carré, Henry. *Sully, sa vie et son oeuvre, 1559-1641*. Paris, Payot, 1980.

Champion, Pierre. *Paris au temps des guerres de religion, fin du règne de Henri II, régence de Catherine de Médicis, Charles IX*. Paris, Calmann-Lévy, 1938.

Chartier, Roger & Richet, Denis. *Répresentation et vouloir politique; autour des États Généraux de 1614*. Paris, ed. da EHESS, 1982.

Chastel, André. *Culture et demeures en France*. Paris, Julliard, 1989. Conferências, ensaios e aulas do Collège de France.

Chaunu, Pierre. *L'Espagne de Charles V*. Paris, SEDES, 1973.

Chevalier, Bernard. *Les bonnes villes de France du XIV^e au XVI^e siècle*. Paris, Aubier-Montaigne, 1982.

__________ & Contamine, Philippe (orgs.). *La France à la fin du XV^e siècle: renouveau et apogée*. Paris, ed. do CNRS, 1985.

Chevaleier, Pierre. *Henri III*. Paris, Fayard, 1985.

__________. *Louis XIII*. Paris, Fayard, 1979, e Marabout, 1980.

*Christianisme et révolution dans l'Allemagne du XVI^e siècle, Thomas Müntzer (1490-1525)*, escritos teológicos e políticos, cartas escolhidas. Trad. e introd. Joël Lefebvre. Lyon, Presses Universitaires de Lyon, 1982.

Cloulas, Yvan. *Catherine de Médicis*. Paris, Fayard, 1979.

__________. *Henri II*. Paris, Fayard, 1985.

Collomp, A. *La maison du père*. Paris, PUF, 1983.

Constant, Jean-Marie. *Les Guise*. Paris, Hachette, 1985.

Constant, Jean-Marie. *La vie quotidienne de la noblesse française aux XVI e et XVII e siècles*. Paris, Hachette, 1985.

Crété, Liliane. *Coligny*. Paris, Fayard, 1985.

Croix, Alain. *La Bretagne aux XVI e et XVII e siècles: la vie, la mort, la foi*. Paris, Maloine, 1980.

__________. *Nantes et le pays nantais au XVI e siècle, étude démographique*. Paris, SEVPEN, 1974.

*Dal Verrazzano al Cartier alla scoperta del Canada*. Verona, Cassa di Risparmio di Verona, 1988.

Davis, Nathalie. *Les cultures du peuple, rituels, savoirs et résistances au XVI e siècle*. Paris, Aubier-Montaigne, 1979.

Delumeau, Jean. *Le catholicisme entre Luther et Voltaire*. Paris, PUF, 1979.

__________. *Naissance et affirmation de la Réforme*. (1ª ed., 1965.) 2ª ed. Paris, PUF, 1983.

__________. *Le péché et la peur. La culpabilisation en Occident, XIII e-XVIII e siècles*. Paris, Fayard, 1983. ed. bras., *História do medo no Ocidente 1300-1800*. São Paulo, Companhia das Letras, 1989.

De Maddalena, Aldo. *Moneta e mercato nel'500. La revoluzione dei prezzi*. Florença, Sansoni, 1973.

Descimon, Robert. *Qui étaient les Seize?: mythes et réalités de la Ligue parisienne: 1585-1594*. Paris, Klincksieck, 1983, t. 34, "Extrait des Mémoires de la Fédération des sociétés historiques et archéologiques de Paris et Île-de-France".

Dessert, Daniel. *Argent, pouvoir et société au Grand Siècle*. Paris, Fayard, 1984.

De Vic, Claude & Vaissette, Joseph. *Histoire générale de Languedoc*. Toulouse, Privat, 1872-92, 15 vols.

Deyon, Solange & Lottin, Alain. *Les casseurs de l'été 1566: l'iconoclasme dans le Nord*. Presses Universitaires de Lille, Westhoek, 1986.

Dolan, Claire. *Entre tours et clochers, des gens d'Église à Aix-en-Provence au XVI e siècle*. Aix-en-Provence, Edisud, 1981.

Doucet, R. *Les institutions de la France au XVI e siècle*. Paris, A. e J. Picard, 1948, 2 vols.

Duby, Georges (org.). *Histoire de la France urbaine*. Paris, Seuil, 1980 e 1981, vol. 1, *La ville médiévale*, por André Chédeville, Jacques Le Goff, Jacques Rossiaud, vol. 2, *La ville classique*, por Roger Chartier, Guy Chaussinand-Nogaret, Hugues Neveux, Emmanuel Le Roy Ladurie.

__________ & Wallon, Armand (orgs.). *Histoire de la France rurale*. Paris, Seuil, 1975, vol. 2, *L'Age classique des paysans, 1340-1789*, por Hugues Neveux, Jean Jacquart e Emmanuel Le Roy Ladurie.

Dupaquier, Jacques. *La population française aux XVII e et XVIII e siècles*. Paris, PUF, 1979. Col. Que sais-je?.

Durand, Yves. *Le fermiers généraux au XVIII e siècle*. Paris, 1971.

Ehalt, Hubert Charles. *Ausdruckformen absolutistischer Herrschaft Der Wiener Hof im 17. und 18. Jahrhundert*. Viena, Verlag für Geschichte und Politik, 1980.

Elias, Norbert. *La société de cour*. Paris, Calmann-Lévy, 1974.

Febvre, Lucien. *Le problème de l'incroyance au XVI$^e$ siècle: la religion de Rabelais*. (1ª ed., 1942) Paris, Albin Michel, 1988.

__________. *Philippe II et la Franche-Comté*. Paris, Flammarion, 1970. Col. Champs.

Flandrin, Jean-Louis. *Familles*. 2ª ed. Paris, Seuil, 1984.

Foisil, Madeleine. *Journal de Jean Héroard*. Pref. P. Chaunu. Paris, Fayard, 1989.

__________. *Le sire de Gouberville, un gentilhomme normand au XVI$^e$ siècle*. Paris, Flammarion, 1986.

Funck-Brentano, Franck. *L'ancienne France, le roi*. Paris, Hachette, 1912.

Garrisson-Estebe, Janine. *Les protestants au XVI$^e$ siècle*. Paris, Fayard, 1988.

__________. *Protestants du Midi au XVI$^e$ siècle*. Toulouse, Privat, 1980. Col. Le Midi et son histoire.

__________. *Tocsin pour un massacre ou la saison des Saint-Barthélemy*. Paris, Centurion, 1968.

__________. *Henri IV*. Paris, Seuil, 1984.

Gascon, Richard. *Grand commerce et vie urbaine à Lyon au XVI$^e$ siècle*. Paris-Haia, Mouton, 1971, 2 vols.

Gaussin, P. R. *Louis XI*. Paris, Nizet, 1976.

Giesey, Ralph E. *Cérémonial et puissance souveraine: la France du XV$^e$ au XVII$^e$ siècle*. Paris, A. Colin, 1987.

__________. *Le roi ne meurt jamais: les obsèques royales dans la France de la Renaissance*. Paris, Flammarion, 1987.

Goubert, Pierre. *L'Ancien Régime*. Paris, A. Colin, 1969 e 1973, 2 vols.

__________. *Clio parmi les hommes*. Paris-Haia, Mouton, 1976.

__________. *Initiation à l'histoire de France*. Paris, Tallandier, 1984.

__________ & Roche, Daniel. *Les français et l'Ancien Régime*. Paris, A. Colin, 1984.

Goy, Joseph & Le Roy Ladurie, Emmanuel (orgs.). *Prestations paysannes, dîmes, rente foncière et mouvement de la production agricole à l'époque pré-industrielle*. Paris-Haia-Nova York, Mouton, 1982, 2 vols.

Grimmer, Claude. *La femme et le bâtard*. Paris, Presses de la Renaissance, 1983 (pref. de Emmanuel Le Roy Ladurie).

Guenée, Bernard. *L'Occident aux XIV$^e$ et XV$^e$ siècles*. Paris, PUF, 1971, Col. Nouvelle Clio.

Guéry, Alain. "Les finances de la monarchie française sous l'Ancien Régime". *Annales E. S. C.* 2 (mar.-abr. 1978).

Harsgor, Mikhaël. *Recherches sur le personnel du Conseil du roi sous Charles VIII et Louis XII*. Lille, Champion, 1980, 4 vols.

Hegel, G. W. F. *Phénoménologie de l'esprit*. Paris, Aubier, 1947.

"Histoire des provinces et des villes", ver o catálogo *Civilisations*, das ed. Privat, Toulouse, 1989. Col. Univers de la France et des pays francophones.

Huppert, George. *Bourgeois et gentilshommes. La réussite sociale en France au XVI$^e$ siècle*. Paris, Flammarion, 1983.

Huysmans, Joris-Karl. *Les Grünewald du musée de Colmar. Des primitifs au retable d'Isseheim*. Ed. crit. Pierre Brunel, André Guyaux e Christian Kech. Paris, Hermann, 1988.

Jacquart, Jean. *La crise rurale en Île-de-France*. Paris, A. Colin, 1974.
___________. *François Ier*. Paris, Fayard, 1981.
___________ & Bennassar, Bartholomé, *Le XVIe siècle*. Paris, A. Colin, 1972, col. U.

Kingdon, Robert M. *Myths about the Saint Bartholomew's Day Massacre, 1572-1576*. Cambridge (Mass.), Harvard University Press, 1988.
Knecht, R. J. *French Renaissance Monarchy: François I and Henri II*. Londres-Nova York, Longman, 1984.
___________. *François I*, Londres-Nova York-Melbourne, Cambridge University Press, 1982.

Labande-Mailfert, Yvonne. *Charles VIII*. (1ª ed., Paris, Klincksieck, 1975.) Paris, Fayard, 1986.
Lafon, Jacques. *Régimes matrimoniaux et mutations sociles, les époux bordelais, 1450-1550*. Paris, SEVPEN, 1972.
Lavisse, Ernest. *Histoire de France*. Paris, 1911.
Lecoq, Anne-Marie. *François Ier imaginaire: symbolique et politique à l'aube de la Renaissance*. Paris, Macula, 1987.
Leonard, Émile. *Histoire générale du protestantisme*. Paris, PUF, 1961, vol. 1, *La Réformation (des origines à 1564)*, vol. 2, *L'établissement (fin XVIe-XVIIe siècles)*.
Le Roy Ladurie, Emmanuel. *Les paysans de Languedoc*. Paris, SEVPEN, 1966, 2 vols.
___________. *Le territoire de l'historien*. Paris, Gallimard, 1973 e 1978, 2 vols.
___________. "Le Système Louis XIV". In *Annuaire du Collège de France* (Paris, 1982-3).
Lewis, Peter Schezvey. *La France à la fin du Moyen Age, la société politique*. Paris, Hachette, 1977.
Lyman-Roelker, Nancy. *Jeanne d'Albret, reine de Navarre: 1528-1572*. Paris, Imprimerie Nationale, 1979.

Maquiavel. *Le Prince*. In *Oeuvres complètes*. Paris, Gallimard, 1984, Bibliothèque de la Pléiade.
Margolin, Jean-Claude. *L'avènement des temps modernes*. Paris, PUF, 1977.
Memórias de Jean Burel. *Journal d'un bourgeois du Puy à l'époque des guerres de religion*. Publ. e anot. Augustin Chassaing. Saint-Vidal, centro de estudos do vale do Borne, 1983.
Meuvret, Jean, e Baulant, Micheline. *Les prix des céréales extraits de la mercuriale de Paris (1520-1698)*. Paris, SEVPEN, 1960.
Meyer, Jean. *Le poids de l'État*. Paris.
Miolo, Gerolamo. *Historia breve e vera de l'affari de i Valdesi delle Valli*. Turim, Claudiana, 1971.
Mollat, Michel. *Le commerce maritime normand à la fin du Moyen Age*. Paris, Plon, 1952.
More, Thomas. *Utopia*. Paris, Sociales, 1982.
Mosser, Françoise. *Les intendants des finances au XVIIIe siècle* (com um parágrafo inicial sobre o século XVI). Genebra-Paris, Droz, 1978.
Mousnier, Roland. *Le Conseil du roi*. Paris, PUF, 1971.
___________. *Institutions de la France sous la monarchie absolue*. Paris, PUF, 1974, vol. 1.
___________. *14 mai 1610, l'assassinat d'Henri IV (trente journées qui ont fait la France)*. Paris, Gallimard, 1964.

Mousnier, Roland. *La vénalité des offices sous Henri IV et Louis XIII*. Paris, PUF, 1971.

__________. *La plume, la faucille et le marteau*. Paris, PUF, 1970.

*Mouvements populaires et conscience sociale, XVI*^e^*-XIX*^e^ siècles, Antuérpia, atas de colóquio de Paris VII-CNRS, 1984. Paris, Maloine, 1985.

Muchembled, Robert. *La violence au village (XV*^e^*-XVII*^e^ *siècles)*. Bélgica, S. A. Brépols, 1989.

Neveux, Hugues. *Vie et déclin d'une structure économique. Les grains du Cambrésis fin du XIV*^e^*, début du XVII*^e^ *siècle*. Paris, Mouton-EHESS, 1980.

*Paris et Catherine de Médicis*. Sob a dir. de M. N. Baudoin-Matuszek. Paris, Delegação junto à Ação Artística da Cidade de Paris, s. d.

*Pratiques et discours alimentaires à la Renaissance*, ata do colóquio de Tours, 1979. Org. J. C. Margolin e R. Sauzet. Paris, Maisonneuve e Larose, 1982.

Quilliet, Bernard. *Louis XII*. Paris, Fayard, 1986.

Ramsey, Peter H. *The price revolution in sixteenth-century England*. Londres, Methyen and Co., 1971.

Reinhard, Marcel; Armengaud, André & Dupaquier, Jacques. *Histoire générale de la population mondiale*. Paris, Domat-Montchrestien, 1968.

Reischauer, E. *Japan, the story of a nation*. Tóquio, 1981.

Roover, Raymond de. *L'évolution de la lettre de change*. Paris, 1951.

Saint-Simon, Louis de Rouvroy, duque de. *Mémoires*. Ed. A. de Boislisle. Paris, Hachette, 1879-1928, 41 vols.

Sampson, G. *History of Japan*. Tóquio, 1981.

Seyssel, Claude de. *La monarchie de France et deux autres fragments politiques*. Textos apresentados por Jacques Poujul. Paris, Librairie d'Aigences, 1961.

Simon, Gérard. *Kepler astronome astrologue*. Paris, Gallimard, 1979, Col. Bibliothèque des sciences humaines.

Stone, L. "Leçons au Collège de France, 1984".

Stouff, Louis. *Ravitaillement et alimentation en Provence aux XIV*^e^ *et XV*^e^ *siècles*. Paris-Haia, Mouton, 1970.

Sutherland, Nicolas-Mary. *The French secretaries of State in the age of Catherine de Medici*. Londres, 1962.

__________. *Princes, politics and religion*, 1547-1589. Londres, Hambledon Press, 1984.

__________. *Catherine de Medici and the Ancient Regime*. Londres, Historical Association, 1966.

Tallemant des Réaux. *Historiettes*. Paris, Gallimard, 1980, 2 vols., Col. Bibliothèque de la Pléiade.

Terrasse, Charles. *François I$^{er}$, le roi et le règne*. Paris, Grasset, 1943 (vol. 1), 1948 (vol. 2), 1970 (vol. 3).

Vaissière, Pierre de. *Gentilshommes campagnards de l'ancienne France*. Genebra, Slatkine, 1975.
*Villages désertés et histoire économique, XI$^{e}$-XVIII$^{e}$ siècles*. Paris, SEVPEN, 1965.

Weber, Eugen. *La fin des terroirs*. Paris, Fayard, 1984.
Weber, Max. *Éthique protestante et esprit du capitalisme*. Paris, Plon, 1964.
Wolff, Philippe (org.). *Histoire des protestants en France*. Toulouse, Privat, 1977.

Yardeni, Myriam. *La conscience nationale en France pendant les guerres de religion, 1559-1598*. Paris, B. Nauwelaerts, 1971.
__________. *Le refuge protestant*. Paris, PUF, 1985.
Yates, Frances A. *L'Art de la mémoire*. Paris, Gallimard, 1975.
__________. *Astrée: le symbolisme impérial au XVI$^{e}$ siècle*. Paris, Belin, 1989.

# ÍNDICE REMISSIVO

ESTA OBRA FOI COMPOSTA PELA HELVÉTICA EDITORIAL EM ENGLISH TIMES E IMPRESSA PELA GRÁFICA EDITORA HAMBURG EM OFF-SET PARA A EDITORA SCHWARCZ EM MARÇO DE 1994.

*O ESTADO MONÁRQUICO*